Sieglinde

Erzählungen 1936 - 1961

**Würzburg, Wiesenbronn,
München und London**

**Erinnerungen wachgehalten,
lebhaft niedergeschrieben.**

Sieglinde Johnston

Dieses Buch widme ich in Liebe und Verehrung

meinem Vater Hans Ullrich, geb. 24.2.1901

ein Opfer des zweiten Weltkrieges

und

meiner Mutter Elisabeth Ullrich, geb. 3.10.1903
verstorben 27. 3. 1972

Mein Dank gebührt meinem Mann

John Patrick Johnston
(J.J.Print Planning)
der den Druck übernahm

und mich einschließlich meiner Kinder
Peter und Victoria
stets zur Fertigstellung meiner Erzählungen ermutigte.

Ein Dankeschön
an Frau Christiane Vetter
für ihre Unterstützung und beherzigenden Worte,
an Silke Collins und Marianne Niemeyer ebenso ein Vergeltsgott.

Gedruckt und herausgegeben Juni 1999
von J.J. Print Planning
typsetting S. Johnston
277 Ashford Road
Laleham, Middx. TW 18 1QR, England

ISBN 0 9521719 10

Der Inhalt besteht aus:

Zur Einleitung

Ich heiße Sieg .... und ich bin Linde. Merken Sie etwas ? Hier geht es um zwei Personen in einem Namen vereint. Wer kommt hier zu Wort, die Sieg oder die Linde. Beide. Bis zum vierzehnten Lebensjahr wurde ich brav Linde genannt. Nach Kriegsschluss unter amerikanischer Besatzung wurde alles verkürzt, modernisiert, so rief man mich Siggi. Das fing in der Schule an.
Mit fünfzig Jahren sagte ich mir, ich heiße Sieglinde und habe das Recht, das man meinen Namen ausspricht. Aber auch das ist unpraktisch. Ich wohne im Ausland und die Aussprache noch mehr das Buchstabieren ist immer ein Verhängnis. Bin ich gut in Form, dann erkläre ich den Unwissenden wo mein Name herkommt, auf typisch english, höflich bis zur Selbstverneinung sage ich vorweg: "Meine Mutter hatte natürlich keine Ahnung, dass ich mal einen Engländer heiraten werde und so gab sie mir einen echt germanischen Namen." Hing auch mit dem 3. Reich zusammen. Jahrgang 1936, Hitler bereits 3 Jahre an der Regierung also meine Mutter dachte sich drei Namen aus, Margarete, Sieglinde, Christa. Dem Vater gefiel Sieglinde und so wurde mein mittlerer Name mein Rufname. Erklären sie das einem Beamten beim Ausfüllen eines Formulars, speziell dem Bankangestellten, denn ich unterzeichne meine Schecks mit S. Johnston und nicht mit M. Eine praktische Lösung war, ganz einfach meine Namen umzudrehen. Hier zu Lande ist immer der 1. Name der Rufname. Für diejenigen, die Wagner und seine Musik verehren ist es sehr einfach meinen Namen zu verstehen, sie kennen "Siegfried", "Tannhäuser", das "Nibelungenlied" udgl. Aufklärend füge ich manchmal hinzu: "Die Mutter vom Siegfried hieß Sieglind... aus der deutschen Heldensage". Geboren bin ich auch noch im Juni, also unter dem Sternzeichen "Zwilling", so ist mir das Sprechen und Erzählen in die Wiege gelegt worden. Habe ich mein Talent erkannt ?
Ja ! Habe ich es ausgebaut und als Beruf gewählt ? Nein ! Warum nicht. Nachkriegsjahre - ohne Vater, Mutter Witwe, Kind mußte vernünftig sein und praktischen Beruf ergreifen. **Aber** - ich habe meine Talente in mein Hobby aufgenommen. 1964 schon in London lebend habe ich folgendes über mich selbst geschrieben:

Blick zurück - ohne Zorn.

Da war ein kleines Geschöpf, femal born, thats me,
ich hatte Vater, Mutter, eine Schwester,
einen Bruder dazu - all together we were a happy family.

Deutschland, Deutschland über alles,
über alles in der Welt ......
Ein Führer, eine Partei, eine Idee,
Macht, Sucht, Zerstörung im Klischee
aller Zeitungen, Photos da was das Phänom
der Krieg - war, bombs, soldiers cried,
and what was the end - so many millions died.
Mütter und Kinder, Alte und Kranke,
sie alle starben ohne zu wehren,
das Übel bedeckte das Reich mit Schande,
Verderben, Verenden ein einzig Begehren,
kommt ihr Befreier, wir werden nicht zürnen.
Sie kamen in Scharen, die Soldaten der Befreier,
sie nahmen die müden Kämpfer in Fesseln,
im Osten mein Vater gefangen er ward.
Ich war ein Mädchen noch unter zehn,
doch meinen Vater hab' ich nie mehr wieder gesehn.
Verschollen, verstorben, das war das Resultat,
gestorben in Russland als gefangener Soldat.
Nicht nur ein Toter in unserer Familie war zu beklagen,
meinen Bruder, kaum neun, haben wir im gleichen Jahr zu Grabe getragen.
Es kann doch keinen lieben Gott mehr geben,
es bleiben von fünf nur dreie am Leben.
Mutter und Schwester und meine Existenz
wir alle versuchten zu leben, zu geben, zu nehmen.
Dank der mütterlichen Obhut und Pflege,
man zwang mich zu einem "ordentlichen" Wege,
es kam die Schule, hab' die mittlere Reife bestanden.
Geh' ins Büro, da verdienst Du gut,
sieh dein Leben bürokratisch - hab' Mut.

In meinem Zeugnis steht -
sie ist pünktlich, ehrlich und vollerPflicht
und den Beruf den ich erlernte, ausführte,
gutes Geld verdiente - den wollt' ich eigentlich nicht.

Zur Einleitung über mich selbst, bereits 1973 aufgezeichnet.

Ich bin ein ungeduldiges Geschöpf und lehne alles ab, was langweilig ist. Somit werde ich meinen Lesern aus meinem Leben erzählen, besonders das, was mir noch sehr lebhaft in Erinnerung ist.
Wenn Sie mit meinem "Ich" und "Du" also Sieg und Linde vertraut sind, können Sie sich vielleicht auch ab und zu in meine Lage versetzen. Ich bin kompliziert und doch wieder total unkompliziert. Ich erfasse hauptsächlich alles instinktiv - zuerst war es der Instinkt im Menschen, der uns half, später kam die Logik. Besessen bin ich von einer großen Menschenfreundlichkeit (Global village personality..) Ich lese Menschen, andere lesen Bücher. Doch Bücher stellen keine Widerrede, sie können einem auch nicht weh tun. Menschen fesseln mich, Menschen will ich nahe sein, sie kennenlernen, sie "beschnüffeln" . Ich suche stets das Innere vom Menschen, das Wertvollste, ignoriere dabei sehr oft äußere Werte, Kostbarkeiten, Geld und Gut.

Frühjahr 1960:
Ach, was bin ich glücklich in der Liebe,
schenke ich stets mehr als Du,
ist es doch bei mir nicht aus dem Triebe
nur den Körper zu besitzen,
sondern möcht' ich Dich, - Dein Herz.

Doch bin ich gleich wie jede Eva,
in dem ew'gen listigen Spiel
Doch meine Küsse, Zärtlichkeiten und Begehren
wollen nur das eine Ziel - Dein Herz.

Zur Sieg und Linde passt, laut Goethe: "Zwei Seelen wohnen ach' in meiner Brust, die eine will sich von der anderen trennen". Meine Seele ist mein Heiligtum. Meine innere Stimme flüstert mir zu, sie irritiert mich, warnt mich, droht mir. Was sage ich, ich habe ja zwei in einem. Wenn die eine "nein" sagt, jubelt die andere "ja". Ich bin ständig in Konferenz mit mir selbst. Das kann sich gut auf den Mitmenschen auswirken, denn man geht davon aus, dass man nicht immer alles richtig macht und das der andere eventuell dies oder jenes auch nicht so meinte.

Im Alter von 23 Jahren begegnete ich einem jungen Poeten, der mir half, mit seinem unendlichen Menschen- und Sichselbstverstehen, ganz tief in meinem Innersten einen Glauben an mich selbst wachzurufen und von der Stunde an, im Lichtblick des ersten zaghaften Philosophieren, ward ich dessen bewußt, was man "Sichselbsterkennen" nennt.
Einige Bemerkungen zur Philosophie.
"..In philosophischen Dingen hält sich fast jeder für urteilsfähig...... Das eigene Menschsein, das eigene Schicksal und die eigene Erfahrung gelten als genügende Voraussetzung". Karl Jasper, "Einführung in die Philosophie." S.10, R. Piper & Co. Verlag München.

Immer und immer wieder in meinem Leben half mir die Frage nach dem Sein, die ersten Schritte in die Philosophie, meinem Stimmchen eine zufriedene Antwort zu geben, eine Wunde an meiner Seele zu heilen.
"Das philosophische Denken muss jederzeit ursprünglich sein. Jeder Mensch muss es selber vollziehen". K. Jasper, S.11, " Einführung in die Philosophie."

Das Ursprüngliche in mir ist sehr ausschlaggebend für mich. Ich bin ein Quell voll mit Ideen, Schöpfungen, Revolutionen. Ich spreche Menschen an, da wo sie gerne verschleiert bleiben, ich überrasche Menschen dann, wenn sie es am wenigsten erwarten. Mein Ich und Du kam stark zum Vorschein als ich mit 16 Jahren bei Schulabschluß vom Klassenlehrer gefragt wurde: "Was wollen sie mal werden?" Antwort: "Die eine Hälfte von mir möchte gerne zur Bühne, Kabarett. Die andere Hälfte möchte Kindergärtnerin, Kinderpflegerin werden." Ich habe eine übergroße Zuneigung zu Kindern und alten Leuten. In beiden Altersrubriken findet man die größte Wahrheit. Ein Kind fürchtet sich nicht groß und laut das preiszugeben was es denkt. Nachdem ein Kleinkind erfolgreich die ersten wackeligen Schritte im Leben hinter sich hat und die Beinchen kräftig werden, so wird auch die Antwort geradeheraus wachsend. Die alten Leute, sagt man so schön, werden wie kleine Kinder. Nur, die Alten blicken nicht mehr so stark vorwärts, sie sind wahrheitsgebunden, sie blicken zurück und erkennen die Wahrheit als Gutes und sind stolz selbiges Erkennen preiszugeben.
Sie haben gelernt zu leben, zu philosophieren. "Wenn philosophieren Sterbenlernen ist, so ist dieses Sterbenkönnen gerade die Bedingung für das rechte Leben. Lebenlernen und Sterbenkönnen ist dasselbe." K. Jasper
Da ich nun vom Sterben schon spreche muss ich auch gleich bekennen, dass

ich den eben zitierten Text sehr beherzige, denn es wird mir bewusst, ich werde noch einige Jahre durchstehen müssen, um das Lebenlernen und Sterbenkönnen als dasselbe zu begreifen.

Oktober 1973 - ein Jahr nach dem Tode meiner Mutter - und die erste grosse Ehekrise.

Meine Seele schreit zum Himmel,
ach' Mutter helf mir doch...
Befreit vom Leben diesseits,
erlöst von Deinem Joch.
So hoff' ich Du bist im Jenseits,
wo niemand Dich mehr quält,
wo ewiger Friede herrschet,
wo man auch nicht mehr säht.
Dort hält man wohl die Ernte,
holt alle Seelen heim,
oh Friede, Ruhe, wann bist Du endlich mein.

Auf die zynische Frage eines "Irgendjemanden", warum ich mich aufeinmal schriftstellerisch betätige, sagte ich: "Der Spötter muss wissen, dass eine Selbstanalyse im Aufschreiben steckt, also eine Reinigung, ein Aufräumen sich vollzieht. So kann man sich den Psychiater ersparen."

Ein innerer Drang zum Aufschreiben fing schon vor 1973 an, jedoch hatte ich zuvor nie eine eigene Schreibmaschine. Heute sitze ich am Komputer und tippe mühelos darauf los. Aber auch der Sprung von der elektrischen Schreibmaschine zum Komputer, Programmen usw. musste erstmal geschafft werden. Mit Hilfe meines Mannes und Sohnes, habe ich so quasi mit dem elektronischem Verarbeitungssystem etwas Freundschaft geschlossen. Ich bin vom menschlichen Standpunkt her total gegen die Einführung des Komputers in allen Sektoren, der die Entlassung und das sog. "auf die Seite schieben" von vielen Berufstätigen zur Folge hatte. Fortschritt nennt man es, wenn am Bahnhof nur noch eine Maschine steht und Fahrkarten hergibt. Es wäre menschlich fortschrittlicher einen Beamten dort zu sehen, auch wenn er schon über 50 Jahre wäre. Er hat eine langjährige Berufserfahrung, er gibt gute Auskunft, er sagt ein freundliches Wort am Morgen, wenn man sich in die Hetze des Alltags begibt.

Januar 1984: Aus meinem Geschriebenen vom Sept.73 entnehme ich den

Satz: "ein ständiger innerlicher Drang hielt mich gefesselt alles aufzuschreiben was ich bisher erlebt/durchlebt habe. Mit einem Seufzer stelle ich fest, ich suche noch immer nach dem was alles zusammenhalten soll. Aller Anfang ist schwer..... das sagt man so dahin. Aber in Wirklichkeit finde ich es w ine quälende Last, einen Anfang zu finden, in dem, was ich besonders gut kann - erzählen. Es ist bestimmt mein Alter, ich weiss ich bin noch nicht irgendwo angekommen. Ich stehe kurz vor 50 Jahre. Schwieriges Alter bei uns Frauen, Wechseljahre haben angefangen. Wusste ich nie was Depressionen sind, so weiss ich es seit März 1985. Doch die Medizin hat ein Mittelchen, das heisst Hormon-Ersatz. Gut, dann schaffe ich es auch. Ich bin im Alter wo ich sozusagen Vorstoss - mit Bremsen an - empfinde. Ich bin im Stauverkehr meiner Gedanken. Man kann weder vor noch zurück. Bin selbst Autofahrerin und weiss, im Stau muß man geduldig sitzen bleiben, bis man wieder Gas geben kann.

Ostern 1983 kamen zwei ganz liebe Mädchen aus Wiesenbronn/Steigerwald, mich besuchen. Margot ist die Tochter meines Cousins, ihre Freundin Doris wurde später zur Weinkönigin von Franken gewählt, und Margot wurde Weinprinzessin. Also sie brachten mir als Geschenk ein Buch: "Zwischerlichten", Verlag Theo Steinbrenner, Albertshofen. Es sind Erzählungen, die bei Mund überliefert wurden. Um die Dämmerstunde, oder wie man im Buch so schön sagte, um Zwischerlichten, also zwischen dem Tageslicht und der Nacht, hat man sich in der guten Stube versammelt und die Tante, oder die Oma haben Geschichten erzählt, in diesem Fall aus der Grafschaft Castell. Da ich meine Kindheit in Wiesenbronn verbrachte, habe ich natürlich mit viel Freude vom "Kobold" gelesen, der sich in den Fluren herumschlich. Mit 12 Jahren haben wir einen Ausflug mit unserem Volksschullehrer zur Ruine Speckfeld gemacht (im Steigerwald), da sind auch beim Lesen so manche Erinnerungen wach geworden. Ich habe das ganze Buch von vorne bis hinten durchgelesen. Ab und zu nehme ich es immer noch in die Hand und lese die eine oder andere Geschichte.
Ich befinde mich noch nicht in der Dämmerstunde meines Lebens, möchte eher sagen am frühen Nachmittag und so möchte ich all das nieder schreiben, was mich schon so viele Jahre bewegte. Im Ausland lebend, könnte da nicht auch eine gewisse Sehnsucht nach der Anwendung der Muttersprache der Urheber sein ?!
Dazu aus "Zwischerlichten" S.5 zum Geleit: .. "Niemand ist für die aus dem Volksgemüt stammenden Erzählungen wohl dankbarer als **diejenigen, die**

fern von den Stätten ihrer Kindheit echtes Heimweh empfinden.
Wenn diese Sammlung von Volkserzählungen beispielgebend wirken will, wer dächte dann nicht auch an die Millionen von Deutschen, die ihre Heimat ganz verloren haben und denen als einzige Brücke zu ihr die Lieder und Erzählungen geblieben sind." Donata Prinzessin von Preußen, Gräfin zu Castell-Rüdenhausen. Ferner Dr.H.Bauer auf dem Einband (Innenseite) des Buches: ... "Es wäre bedauerlich, ja beschämend, wenn wir uns nicht immer wieder auf das zurückbesännen, was wir als Heimat empfinden: das **Dorf am Steigerwaldrand,** das romantische Winzerstädtchen am Main, die vertraute Häuserzeile, die bekannten Gesichter der Nachbarn und auch die **Erinnerungen der Kindheit,** die mit den Eindrücken einheimischer Märchen und Sagen verwoben sind...."

Jetzt bin ich im Frühjahr 1991 angekommen. Heimatbesuch! Seit 1988, Hochzeit meiner Großcousine Margot in Kleinlangheim, bin ich nun schon zweimal in die Heimat gereist. Gibt es noch Heimweh nach 30 Jahren ? und ob. Es liegt an der ursprünglichen Verwurzelung des Menschen. Immer mehr und mehr wurde es mir bewußt, wie gut solche Reisen fürs Gemüt sind. Ich habe eine Entscheidung mit 24 Jahren getroffen, meine Heimat für den "Mann für's Leben" zu verlassen. Ich wusste damals nicht, typisch Jugend mit viel Begeisterung und Drang nach der Ferne...wie ich denken und fühlen werde, wenn ich die 40iger, oder 50iger Jahre erreicht habe. Meine englischen Freunde meinten oft: "Nach so vielen Jahren im Ausland kennst Du doch fast niemanden mehr, Deine Mutter ist tot, Deine Schwester in USA verheiratet, wer bleibt da noch, ein oder zwei Freunde?"
"Oh nein", war meine Antwort. "Im Gegenteil ich habe viele Cousinen, Großcousinen, Schulfreundinen vom 6. Lebensjahr her stammend, Ruderfreundinnen von der Jugendzeit und zualledem habe ich einen guten Kontakt gepflegt, vorallem zwischen Würzburg und Wiesenbronn, Nürnberg und Schweinfurt, auch Frankfurt. Dort lande ich mit einem Billigflug. Werde entweder von Cousine, Patensohn oder Freundin herzlich aufgenommen. Oft bleibe ich ein paar Tage und dann mache ich mich gemütlich mit dem Zug auf nach Würzburg. Ein paar mal hatte ich auch das Glück von den Frankfurtern mit dem Auto nach Franken gebracht zu werden. "
Diesmal also am 13. März 1991 trat ich meine Reise an, mit ganz bestimmten Vorsätzen. Nach einem problemreichen Jahr in der Familie, einschließlich Schwiegereltern, finanziellen Sorgen usw. kam ich zum Entschluß: Jetzt oder

nie mehr. Heim ins Frankenland. Hinsetzen und Manuskript schreiben. Bei meiner Groß-Cousine Agnes und Familie in Rödelsee durfte ich mein Stammquartier aufschlagen. Ein Interview mit Radio "Schari-Vari" (Würzburg) folgte und zu meiner grossen Freude, stellte man dort ebenfalls fest, dass nach 30 Jahren Ausland ich noch einen guten, unwahrscheinlich engen Kontakt zur Heimat habe. Mein Interview dauerte 30 Minuten mit Musik zwischendurch. Ich durfte von meinem hobby erzählen, von meiner Jugendzeit und meine Gedichte vortragen. Einige sind noch in Mundart. Von Rödelsee/Wiesenbronn aus unternahm ich meine kleinen Besuche hie und da. Es galt auch den Verwandten zu erklären, wie und warum ich Genehmigung !!! oder nicht hatte, einen längeren Heimat-Aufenthalt zu gestalten. Meine ältere, verwitwete Cousine Liesl konnte es nicht fassen, dass ich meinen Mann so lange alleine lassen will. Ich sagte nur, dass er ja nicht alleine im Hause ist, sondern dass unser Sohn noch dort wohnt und beide Männer sind fähig mal für ein paar Wochen sich selbst zu verpflegen. Ich flüchtete ja aus einer Stress-Situation und für meine Gesundheit sei es sehr wichtig mal auszuspannen. Eine große Aufmunterung erhielt ich von meiner Schulfreundin Erna, in Kitzingen wohnend, "also Sieglinde so fang schon mal mit Deinem Manuskript an, Du hast Talent. Das hat schon unserer Lehrer Landsberg gesagt, ihn habe ich vor kurzem im Krankenhaus besucht und als ich ihm Deinen Brief mit vielen Erinnerungen aus Deiner Wiesenbronner-Schulzeit vorlas, war er so begeistert. Er lachte herzhaft und sagte: die Sieglinde hat schon immer gute Aufsätze geschrieben..." Ich besuchte diese Freundin gleich zu Beginn meines Aufenthaltes und solch' eine Äußerung tat gut. Sie gab mir auch gleich als Bettlektüre das Buch: "Herbstmilch".

"Eine einfache Bauersfrau hat es fertig gebracht von sich und ihrem Leben zu erzählen", meinte sie aufheiternd. Das Buch las ich schon fast zur Hälfte auf meiner kurzen Bahnfahrt nach Würzburg rein. Als ich bei meiner Freundin Alice in Reichenberg ankam und ihr gleich meine Bettlektüre zeigt, meinte diese: "Kindchen, solche Geschichten wie die in Herbstmilch gibt es hunderte..." Wohlgemerkt sie hat ein riesengrosses Bücherregal, sie bezieht ihre Lektüre vom Buchklub. Sie hatte Recht, "Herbstmilch" ist so gesehen kein Meisterwerk - aber - was mich so beeindruckte war die schlichte sehr lebensnahe Schilderung ihres harten Lebens auf dem Bauernhof. Keine Anklage, kein Aufbegehren, sie akzeptierte einfach alles. Zu der damaligen Zeit, Anfang bis Mitte des 20. Jahrhunderts, wurde immer von der Frau ein

Opfer gefordert, angenommen und durchgeführt. Ohne Rücksicht auf Verluste, körperlich und seelisch. Wie hätte es auch änderns sein können, von Emanzipation der Frauen (Befreiung von Sklaverei und Unterdrückung !!!) war nicht die Rede. Vergleichen wir das mit der heutigen Gesellschaft - die Frau zu Ende des 20. Jahrhunderts - Kindererziehung, Verhältniss zum Ehepartner, Vertauschen der Rollen usw. - da hat mehr wie eine Wende stattgefunden. Ich glaube, sagen zu dürfen, das ich im gewissen Sinn in Allem meiner Zeit etwas voraus war, aber als Frau nicht meine Weiblichkeit und Mütterlichsein an den Nagel gehängt habe. In England nimmt man so gerne als Beispiel: die emanzipierte Frau trägt keinen BH !! Verbrennt ihn ! Da sagte ich immer scherzend: "Das kann ich mir nicht leisten, meine Brust ist zu groß!!!"

Zwischenzeitlich bin ich bei meiner Freundin Waltraud in Heidingsfeld angekommen und mein Vorhaben sprudelte nur so heraus: "Ja, stell Dir vor, ich will wirklich ganz ernstlich mein Manuskript anfangen". Ich ging ins Fremdenzimmer und da stand ein kleiner Schreibtisch "wunderbar" sagte ich, "da kann ich mich gleich heimisch machen". Es wurde ausgepackt, die Unterlagen gleich auf den Tisch gelegt. Dank dem lieben Mann, der seine Sachen wegnahm um mir Platz zu machen. Nach einem Nachtmahl wurde noch viel erzählt von Kindern und deren Neuigkeiten. Meine Freundin ist die Patentante zu meinem Sohn und als unsere Kinder so ca. 14 Jahre waren haben wir Ferienaustausch mit ihnen gemacht.
Am nächsten Morgen, gleich nach dem Frühstück sagte die Frau Lehrerin a.D. "So jetzt kannst Dich gleich rein setzen und anfangen, ich klopfe, wenn das Mittagessen fertig ist". Der freundliche und bestimmte Ton in ihrer Stimme, forderte Disziplin und das brauchte ich sehr.
Ich fühlte mich so geborgen, verstanden und umsorgt, dass ich fähig war alles auszusortieren und einen Anfang mit meinen vielen getippten Seiten fand. Auch das Spazierengehen am Nachmittag und die kleine Kaffeepause waren echt wichtig, richtig.
Bei einem Spaziergang durch die Fluren auf einer kleinen Anhöhe (Katzenberg) angekommen, sah ich meine geliebte Heimatstadt dort liegen im Maintal. Zur Linken oben ragend die Festung Marienberg. Dieser Anblick wirkt immer wie Balsam auf meine Seele.

Dazu: “Ankunft” -

Würzburg schliesse mich in Deine Arme,
drücke mich ganz sachte an Dein Herz,
gib’ mir Deinen Pulsschlag, Deinen Atem flöß mir ein,
lass mich fühlen, gib mir Leben und ich weiss,
ich bin nicht allein.

Bin ich in Wiesenbronn bei Verwandten oder in Rödelsee, so liegen beide Dörfer am Rand des Steigerwaldes. Von Rödelsee aus ragt der Schwanberg aus dem Wald. Ein beliebter, wenn nicht ein einziger Ausflugsort während meiner Kindheit in Wiesenbronn. Dort wurde quer durch den Wald hinspaziert, Autos gab es ja fast keine. Brote wurden mitgenommen, Limonade konnte man dort kaufen. Aber - nicht vergessen darf ich die Weinberge. Meine Verwandtschaft haben alle ihren eigenen, so habe ich schon als Kind die Weinlese mitgemacht. Welch eine Ernte. Alleine die “Brotzeit” war’s wert tapfer mitzuhalten mit den Erwachsenen. Immer zwei Leute nahmen eine Zeile. Wie gut haben die “Träubeli” geschmeckt.

1. Lebensabschnitt

Anno 1936 wurde ich, Sieglinde, geboren. Es war der 8. Juni, früh morgens, als mir meine Mutter das Leben schenkte. Ich war ne Art Geburtstagsgeschenk. Mutter's Geburtstag ist im Oktober, also 9 Monate später war ich da. Mein Vater, ein Weinkaufmann, war schon Wochen lang unterwegs, ahnte aber, dass seine liebe Elisabeth der Entbindung nahe stand, und kam am 9.6. in Würzburg an. Ich der Vorwitz, sollte erst am 11.6. kommen, doch siehe da, ich wählte mein eigenes Datum. Vati reiste in einem DKW hoch bis nach Berlin, Danzig, Königsberg, kurz gesagt, die ganzen Ostgebiete ab. Obwohl er Franke war, schloß er sich einer Firma a.d. Mosel an, eine Witwe suchte dringend einen tüchtigen Kaufmann und mein Vater wurde 1939 engagiert. Meine Schwester wurde schon 1934 geboren, so war ich das zweite Mädchen. Eigentlich sollte ich der erwünschte Junge gewesen sein und dieser Wunsch hat sich in meiner Natur fast geprägt. Ich war alles andere als ein liebes Mädchen. Ich war waghalsig, burschikos, laut, hatte immer stuppiges Haar, deshalb war der Kosename meines Vati's für mich "Strupp".
Meine Mutti äußerte sich später mal so:
"Ihr Mund steht nie still, sie fragt mir ein Loch im Bauch". Ich fragte einfach: "und warum", das ist eben so, sagen gerne die Mütter, aber ich wollte wissen - warum ist das so. Anstrengendes Kind hieß es. Als meine Mutter mich von der Klinik nach Hause brachte habe ich viel geschrien. Wahrscheinlich mehr aus Hunger als alles andere. Damals wurde der Säugling streng nach Anweisung gefüttert. Niemals in der Nacht. Man sollte bis zum Morgen durchschlafen. Meiner lieben Schwester, die ein Gemütskind war, ging das auf die Nerven und sie sagte schlicht und einfach zu meiner Mutti: "Stell es Schwesterlein doch runter im Keller". Ja, der Schreihals hat eine starke, kräftige Stimme entwickelt und man konnte ihn einfach nie überhören, so gerne man das wohl manchmal getan hätte.
Nach Aussagen der Mutter, habe mein Vater sich schnell damit abgefunden, das ich nun nicht der Stammhalter war. Da ich dem Wesen nach das Gegenteil meiner älteren Schwester bin, gelang es ihm schnell beide Mädchen zu lieben. Einer meiner "Kosenamen" war auch "Hexesibille". Meine Schwester wurde Maria-Dorothea getauft und Margot genannt. Sie war sehr ruhig, fast schüchtern, so meinte Mutti. Als sie kaum 2 Jahre war entwickelte sie etwas Asthma und der Arzt empfahl: "Gehen sie mit dem Kind ans Meer. Oder fangen sie an es eiskalt abzuduschen. Es wird dann kräftig schreien und durchatmen lernen."

“Das brave Kind”, so erzählte Mutti, “hat aber nicht mal geschrien, sondern nur geseufzet und ‘oh’ gesagt”.

Im Februar 1938 verkündigte ich ganz eifrig und freudig: “Ich hab’ ein Brüderchen bekommen und es heißt Hans-Peter”. Weil ich so schnell sprach, habe ich angeblich mit der Zunge etwas angestoßen, das sich aber bald legte. Ich war überglücklich über den Zuwachs.Wenn ich an dieses Ereignis noch heute denke, so sehe ich mich eine grosse breite Steintreppe runter kommen. Mutti meinte aufklärend. “ Du bist als fast Zweijährige damals mit Deinem Vati die Treppen der Klinik heruntergelaufen. Dr. Köster’s Klinik habe ich dann selbst mal entdeckt, nach dem Kriege in der Mergentheimer Straße in Würzburg, und da waren die vielen, breiten Steintreppen, die hoch zum Gebäude führten.

Ab bis zu meinem 4. Lebensjahr besteht meine Erinnerung nur aus Wiedergebungen dessen, was meine Mutter durch öfteres Erzählen wachgehalten hat, und sich somit in mein Erinnerungsvermögen einprägte. Heute bin ich ganz stolz auf das, an was ich mich erinnern kann.

Oma ist krank !

Meine Großmutter mütterlicher Seite litt schwer unter Asthma und war Anfang des Jahres 1938 bettlägerisch. So erzählt Mutti: Sie war in der Küche am Bügeln, als Oma sie rief. Ich hatte ihr die Hustenbonbons vom Nachtisch genommen und hielt die Tüte hinter meinem Rücken und wollte sie nicht mehr hergeben. “Sind meine Bonbons , sind meine Bonbons” erklärte ich stolz.
Auch auf das freundliche Bitten meiner Mutter, die Hustenbonbons ihr zu geben, sie seien viel zu stark für mich, reagierte ich, indem ich durchs Zimmer sauste. So musste Mutti mich erstmal fangen und dann mit Gewalt die Tüte abnehmen. Oma bat: “Tu’ ihr nichts”, Mutti sagte sicher “Du bist aber ein böses Mädchen”.
Mutti war wieder beim Bügeln als Oma erneut rief: “Elisabeth, Elisabeth komm doch mal schnell”. Mutti dachte, was hat sie jetzt angestellt. Sie war hochschwanger mit dem 3. Kind, meine ältere, brave Schwester durfte nach oben im 3. Stock wo die Cousinen Ruth und Elfriede wohnten und mit ihnen spielen. Nun aber saß ich auf einem kleinen Fußschemel mit leuchtenden Augen, Oma sagte ganz beglückt, das ich eben ihr die erste Strophe von “Ihr Kinderlein kommet” gesungen habe. Wohlgemerkt so nehme ich an in Kinderversion, da ich erst eindreiviertel Jahre alt war.

Auf Oma's Aufforderung hin, habe ich das Singen nochmal wiederholt und nun war ich in aller Augen "das brave Kind".
Vom immer wiederholtem Erzählen, sehe ich tatsächlich noch das Bett mit der Oma, einen hochpolierten Fußboden und Tisch und Stühle um die ich herumgesaust bin. "Noch ein Gedicht"!
Mutti ging mit der "Großen", so wurde meine Schwester genannt, und ich war die "Kleine" einkaufen. Nur ganz schnell zum Geschäft an der Ecke. Ich war ja sicher im Bettstättchen und fest am Schlafen. Es war Hochsommer und ich schlief nur im Unterhemdchen und Höschen. Als ich wach wurde und Mutti nicht erschien obwohl ich "Aaa machen" rief, dachte ich mir sicher, ja was mach ich nun. Ich zog mein Höschen aus und setzte mich in die Ecke vom Bettstättchen und machte mein Häufchen. Angeblich habe meine liebe Schwester den gleichen Ausweg mal gewählt. Ich jedoch dachte noch an die Verarbeitung meines Produktes und fing eifrig an es überall zu verteilen. An mir selbst, im Bett und an der Wand. Als Mutti ins Zimmer trat erschrak sie ganz jämmerlich. Sie packte mich, schleppte mich in die Küche, stellte mich in den Guß, der gross und viereckig war und drehte das kalte Wasser an, hat sicher das stinkende Hemdchen ausgezogen und spritzte mich ab. Der Hahn hatte einen kleinen oragenfarbigen Schlauch, diesen und den Guß habe ich auch noch heute vor Augen.
Opa dagegen erzählte viel Geschichten und ging mit uns Kindern spazieren. Als Oma starb weiß ich auch noch ganz genau, wir wurden zum Onkel gebracht bis nach der Beerdigung. Wenn man mich hinterher fragte: "Was sagt Onkel Hans?" habe ich den Finger auf den Mund und gesagt: "Psst kein Wort". Ich ging in Oma's Wohnung und suchte Oma. Ich schaute jeden Erwachsenen an und meinte mit fragenden Augen: "Oma fort?" Das sind wenige Erinnerungen an meine Oma Margarete, aber es folgten viele Besuche zum Friedhof.
So erzählte Mutti. Bei einem Besuch zum Grabe versuchte ich mit meinen kleinen Händen einige Kieselsteine wegzunehmen und auf die Frage, "was machst Du denn da"? meinte ich ganz ernst :"Löchle machen und Oma sehen". Wenn ich wiedermal Langweile hatte, spielte ich mit den Rädern meines Sportwagens, die Hände wurden ölig und ich putzte sie am Kleid ab, natürlich mußte Mutti mich dann schimpfen. Sie wußte aber auch wie sie mich ganz zahm halten könnte. Ich hatte tatsächlich vor etwas Angst. In der Nähe vom Friedhof gibt es eine Eisenbahnbrücke. Die Lockmaschine mit Dampf geheizt ließ oft eine rießen große Dampfwolke hoch, die sich bis über die Brücke erhob und total alles verdunstete. Da wußte ich sicher nicht mehr wo ich war und ich

hielt mir die Hände vor die Augen. Danach war ich wiedermal das brave Kind.

Das Oberhaupt der Familie trifft eine Entscheidung.
Als glücklicher Vater von drei Kindern, wollte er auch seine finanzielle Lage verbessern (damals konnten die Frauen sich mit dem Mitverdienen noch nicht so gut durchsetzen) und das setzte einen Umzug an die Mosel voraus. Mein Vater hatte als freier Handelskaufmann in den anfangs Ehejahren viele finanzielle Sorgen, teils auch Schulden. Die neue Position in der Weinhandlung an der Mosel, die mit einem 10 Jahresvertrag bestätigt wurde, sicherte einen guten Lebensstandard.
Pläne wurden geschmiedet und meine Eltern stellten alle Möbel in ein Möbel-Transportgeschäft unter, griffbereit für den bevorstehenden Umzug an die Mosel. Man wollte aber nichts überstürzen, die Wohnung an der Mosel war auch noch nicht bezugsfertig. So wurden Koffer gepackt und auf gings nach Wiesenbronn, aufs Land, wo die Oma sich auf uns freute. Die Mutter meines Vaters war noch am Leben und wollte ihre drei Enkelkinder gerne nochmal bei sich haben, bevor der große Umzug statt fand. Man bedenke im Jahre 1939 waren die Entfernungen noch gemessen, wie lange man per Auto oder Zug unterwegs war. Vom Main zur Mosel war es eine lange Strecke.

Es war der Wonnemonat Mai, als wir alle fünf Mann hoch in Wiesenbronn ankamen. Damals hatte meine große, schon verheiratete Cousine Anna bereits ihr eigenes Haus, ohne Bauernhof, Haus Nr.17, ein Eckhaus. Rechts ging's hinter ins Roth's Gässle und geradeaus ging man das Oberdorf hoch, die Straße zum Kindergarten. Heute die Koboldstraße.
Wir wollten den ganzen Sommer über dort bleiben. Ach, was war es schön für uns Kinder, es hieß nicht mehr: "Margot nimm das Schwesterchen bei der Hand, schaue rechts und links, pass schön auf" dann wurde die Straße überquert. Mutti schob ja einen Sportwagen mit dem einjährigen Hans-Peter drinnen.
Auf dem Dorf gab es nur holprige Pflasterstein-Straßen und Leiterwagen mit entweder einem Kuhgespann oder einem Pferd und einer Kuh, oder die ganz reichen hatten gleich zwei Pferde.
Einen Tracktor gab's auch, aber der wurde hauptsächlich im Sommer zur Ernte und dem Dreschen eingesetzt.
Nun sah ich endlich mal die "Muh", das Huhn, die Katze "Mietze" genannt und das Schwein und alle anderen Tiere in Haus und Hof vom Bilderbuch in Leibhaftigkeit. Lernte auch, dass man die großen Haufen die die Muh auf der

Straße ablegte umgeht und wenn man reinfällt man schrecklich stinkt, die Mutti schimpft und man von Kopf bis Fuß ausgezogen wird, gewaschen und frisch angezogen werden muss. Wenn es ganz schlimm war, durfte ich hinterher nicht mehr auf die Straße und wir mussten uns alle im Höfchen aufhalten. Dies war damals mit einem hölzernen Zaun und einem kleinen Tor umgeben. Dies sollte meiner Mutter helfen, uns Kinder etwas im Blickpunkt zu behalten.
Margot wurde im Kindergarten aufgenommen, Hans-Peter und ich waren ja noch zu klein.
Die Schwester Mina, eine Neudettelsauer Schwester, leitete den Kindergarten.
Außer der Oma hatten wir vier Tanten, alle Vati's Schwestern. Eine war in Gemünden , die restlichen alle hier im Oberdorf verheiratet. Er war als letzter geboren, also der Stammhalter und es wurde uns erzählt, dass der alte Ullrichs Großvater so stolz auf seinen Sohn war, dass er am Tage seiner Geburt für die Schulkinder "Weckli" beim Bäcker bestellte.Nun entwickelte sich aber der Hans als ein recht intelligenter Junge und als er 14 Jahre alt war und die Schule verlassen sollte, haben angeblich der damalige Lehrer und der Pfarrer, wir schreiben das Jahr 1915, meinen Großvater überredet, den Buben doch nicht auf dem Bauernhof zu behalten, sondern ihn in die Stadt zu schicken, wo er ein Handwerk/Beruf erlernen kann. Mein Vater wurde daraufhin in eine Weinhandlung nach Würzburg zur Lehre und Gesellenzeit geschickt.

Die älteste Schwester meines Vaters war schon 14 Jahre, als er geboren wurde. Dann folgten hintereinander noch vier Mädchen. So hatte ich nun Cousinen die schon verheiratet waren und andere anfangs Zwanzig, nur ein Cousin war nur ca. 10 Jahre älter. Die älteste Schwester erbte auch den Bauernhof, d.h. er wurde auf ihren Namen überschrieben und mein Vater ausbezahlt. Später erzählten mir die alten Tanten mal, dass mein Vater seinen Anteil während seiner Lehr- und Gesellenzeit "verjubelt" hätte und nichts übrig blieb, nicht mal ein kleiner Acker. Man bedenke aber, dass zu Anfang des Zwanzigstenjahrhunderts mein Großvater für die Lehre mit Kost-und Verpflegung aufkommen musste.
So wie ich meinen Vater aus Erzählungen kenne, hat er das Leben genossen, wie gut, denn er musste schon mit 45 Jahren sterben, elend in Gefangenschaft und somit hat er m.E. jede goldene Stunde verdient.

Wir blenden zurück zum Sommer 1939. Vati geht viel auf Reisen, Mutti und die Kinder sind gut bei der Cousine Anna untergebracht und die Oma

verwöhnt uns etwas. So z.B. wenn wir sie besuchen und im Garten hinter der Scheune spielen, dann pflückt sie für uns frische Erdbeeren, Johannisbeeren udgl. Jedes bekommt ein Schüssele in die Hand, sie gibt etwas Zucker und frischen Rahm, von der Milch abgeschöpft, dazu. Meine Oma war schon leicht gebückt und traditionell in fast schwarz gekleidet, wie das damals so üblich auf dem Lande war. Noch eine Anekdote: Wenn ein Gewitter im Anzug war, es donnerte und blitzte und wir uns zur Oma flüchteten, dann sagte sie eines Tages: "Hört nur wie der Himmelpapa schimpft, da waren die Menschen wiedermal böse". Somit fing meine nichtauszutreibende Angst und die Furcht eines Gewitters an. Ich fühle mich noch heute unbehaglich, wenn es donnert und blitzt, obwohl der Lehrer in Naturwissenschaft alles genau erklärt hat.
Ein Kind das öfters mal was anstellt oder wie die Mutter es nennt: Ein böses Kind ist, glaubt natürlich auch an die Bestrafung, die oft auf den Fuß folgte, somit die Angst, der liebe Gott schimpft, die Höchststrafe ist, wenn der Blitz einschlägt und das ist auch alles passiert. Auf den Feldern, in der Scheune usw. Das gehört aber auch zu der damaligen Zeit und die Art und Weise wie man Kinder belehrte oder entleerte.

1939 gab es bei der Cousine Anna auch noch ein kleine Erna und so waren wir eigentlich vier Kinder im Hause Nr.17. Während des Tages aber half Anna oft auf dem elterlichen Bauernhof aus. Der Ehemann war ein Milchkontrolleur. Er fuhr auf einem Motorrad durch die Gegend und untersuchte die Kühe und deren Milch.

September 1939 - Kriegsausbruch !

Der Sommer neigte sich, es wurde September. Der Umzug sollte stattfinden. Aber es kam ganz anders. Der Krieg brach aus. Oder wie man später mit Gewissheit sagen konnte, Hitler hat den Krieg angefangen, er besetzte Polen, die Tschechei usw. Für meine Eltern war das ein "Strich durch die Rechnung" die Wohnung an der Mosel in Traben-Trarbach wurde nach Fertigstellung sofort von der Wehrmacht beschlagnahmt. Die Wohnung in Würzburg war aufgegeben, Möbel untergestellt. Mein Vater beschloß und Mutti mußte es wohl akzeptieren und zwar: wir bleiben alle in Wiesenbronn wohnen bis der Krieg vorbei ist. Er war, und so waren viele, davon überzeugt, dass der Krieg höchstens 1 - 2 Jahre dauern wird.
Da er viel unterwegs war, wollte er seine Frau und drei Kinder geborgen wissen und so schien ein längerer Aufenthalt auf dem Dorf unvermeidlich.

Sehr gegen den Wunsch meiner Mutti. Sie war, wie man das beschreiben könnte eine typische Städterin. Sie hielt nicht viel von den Manieren, den groben Scherzen und den Maßstäben, das man es eben auf dem Dorf so macht und nicht anders. Sie war eine super Hausfrau und ihre Reinlichkeit und ihr Schöheitssinn standen ihr oft im Wege. Es war für sie viel schwerer sich einzuleben als für uns Kinder.
Die Freiheit, die frische Luft und die vielen Erlebnisse auf dem Bauernhof, dem Stall, der Wiese. Wer seine Kindheit auf dem Land verbracht hat, weiß was ich meine.
Vati bestand darauf, dass wir alle unsere älteren Cousinen mit Tante ansprechen mußten. So wohnten wir also bei Tante Anna. Wir hatten ein großes Schlafzimmer und Küche und Wohnzimmer wurden geteilt. In der Küche spielte sich meistens alles ab. Ins Wohnzimmer ging man nur an Sonn- und Feiertagen. Im Winter wurde dann extra der Kachelofen geheizt.
Die Farben der Küche haben sich so eingeprägt, dass ich mich später in meinem eigenen Haushalt ebenso nach blau/weiß umschaute.
Der Tünchner kam im Sommer, der Tisch und die Stühle wurden in das Höfchen gestellt und herrlich fanden wir es, dass wir dort auch essen durften. Eine Mahlzeit ist mir noch im Kopf. Es musste schnell gehen, deshalb ganze gekochte Kartoffeln, wohlgemerkt im Kartoffeldämpfer gekocht und angemachte Herringe. Sauere Sahne, viel Zwiebeln, gelbe Rüben und Essiggurken. Die Wände wurden hellblau gestriechen und dann nahm der Tünchner den Pinsel und schleuterte weiße Punkte obendrauf. Wir Kinder fanden das herrlich, wenn es erlaubt war, mal kurz zuzusehen. Das Geschirr meiner Mutti war ebenfalls weiss, mit einem kleinen, dünnen, blauen Streifen oben am Rand. Oft wurde auch u.a. eine hellblaue Tischdecke aufgelegt. Das aber nur nach dem Essen. So ne Art Schlußstrich für meine Mutti, somit war alles in der Küche erledigt.
Ein Jahr nach dem anderen verlief. In meiner Erinnerung sind es heiße Sommer und kalte Winter gewesen. Die Regentage habe ich fast vergessen. An graue Tage kann ich mich auch nicht entsinnen.
Noch bevor meine Schwester mit 6 Jahren die Schule anfing, durfte ich mit ihr erstmal ein paar Wochen in den Kindergarten. Ich wollte zwar zu Beginn nicht gerne meine Mutti und Brüderchen verlassen, doch bald war alles was sich dort bot viel zu interessant für mich und ich wollte es nicht vermissen. Da hatte ich nun mein eigenes kleines braunes Kinderschultäschle mit meinem Pausebrot. Im Kindergarten angekommen, wurde das Täschle auf einen Haken im Gang gehängt, das Bild sollte helfen sich den Platz zu merken. Ich glaube ich fing

mit einem Steinpilz an. Die kleinen Toiletten gefielen mir auch sehr.
Der Raum selbst schien rießen groß, im Vergleich zur kleinen Küche zu Hause.
Da wir im Oberdorf sowieso schon wohnten, war der Weg nicht weit. Zur Mittagszeit wurden die Kinder von der Schwester Mina und Helferin in einem langen Reihenzug hinunter geführt bis zum Rathaus und dort jeweils abgeholt.
Da fällt mir ein Lied ein, das wir in Mundart lernten:

Elfa Mitdoch, die Suppen leit im Boch,
die Katz hat sie g'frassen,
jetzt hömmer nix mehr zu assen.
Viele schöne Lieder folgten, wie: "Kommt ein Vogel geflogen,... Alle meine Entchen,.... Fuchs Du hast die Gans gestohlen.... es geht ein Pipa Putzemann in unserem Kreis herum, ... zeigt her eure Füßchen, zeigt her eure Schuh....
Nach dem Mittagessen zu Hause ging es wieder hoch in den Kindergarten. Dort lernten wir auch mit etwas Disziplin ein Mittagsschläfchen zu halten. Es gab kleine Klapp-Liegen und jedes Kind hatte seine eigene kleine Decke und Kissen. Nicht immer gefiel mir das Schlafen, aber Schwester Mina war streng und lieb zur gleichen Zeit.
Hinterher ging es in den Sandkasten. Da erzählte mir Mutti wiedermal. Meine Taschentücher sahen oft sehr verschmutzt aus, sie fragte mich gleich: "Putzt Du wohl allen Kindern die Rotznase damit, das ist nicht nötig." Prompt habe ich meine Taschentücher nicht mehr mit nach Hause gebracht, sondern sie im Sandkasten versteckt. Das hat Schwester Mina ausfindig gemacht, denn der Kasten wurde immer mal neu aufgeschaufelt. Ich konnte wahrscheinlich keine sog. "Rotzglocken" sehen und habe tapfer weiter den Spielgefährten die Nase geputzt.

Ostern und auch Weihnachten wurden besonders schön im Kindergarten gefeiert. Ostern war für meine Schwester und mich der Anfang um endlich Kniestrümpfe tragen zu dürfen. Mutti's Stimme warnte:
"Es ist aber noch zu kalt um auf der Wiese zu sitzen". Sollten wir das mal nicht beherzigt haben, so mussten wir lernen, wie weh es tut eine Blasenentzündung zu haben.
Angeblich hätte ich immer "Theater" gemacht, wenn der Wechsel kam vom Kniestrumpf zum langen Strumpf. Damals musste man noch ein sog. Leibchen tragen und rechts und links war eine langer Straps, der die Strümpfe hoch hielt.
Für meine Haut waren die langen Dinger einfach zu kratzig. Mutti zog sie hoch, ich streifte sie nach unten. So ging das Spielchen hin und her, so erzählt

Tante Anna, “bis Deiner Mutter der Kragen platzte und sie Dich geklopft hat”. Ich habe ihr leid getan, aber helfen hat sie mir auch nicht können.Oft stand ich vor dem Spiegelschrank weinend und habe ihm meinen Kummer erzählt. Noch heute ist der Spiegel mein Freund.
Bald durfte Hans-Peter auch mit in den Kindergarten und ich führte ihn am Händchen jeden Tag hoch mit mir. Damals nannte er mich “Linne”. Wir wurden die besten Spielgefährten, denn wie gesagt, an mir ging ein Bub verloren, also konnte ich mich gut auf mein Brüderchen einstellen.
Vati kam nach Hause. Welch eine Freude, der DKW wurde beim Hüßner’s Nachbarn in die Scheune gestellt und wir umringten ihn, wie eben Kinder die ihren Vater nicht jeden Tag sehen. Ich setzte mich gerne auf seinen Schoß, ich war als Schmußkätzchen bekannt. Aber manchmal, so meinte Mutti, habe ich es so übertrieben, dass es ihm zu viel wurde und er mich runter stellte mit den Worten: “So, jetzt kommt die Große mal auf Papa’s Schoß”, er wusste sie war etwas schüchtern und hätte es von alleine nicht getan.
Hans-Peter’s Wangen mussten auch oft herhalten. Ich bat um 10 Küsschen auf jeder Wange. Wehedem wenn ich mich verzählte und das mit Absicht, dann schrie er nach Mutti.
Vati war nicht begeistert, dass Hans-Peter, den er Hanne oft rief, noch immer nicht sein “R” richtig sagen konnte. Losemali für Rosemarie, Lohöl anstatt Rohöl und Witz Wämer für Fritz Krämer der Freund meines Vaters, der auch das Lebensmittelgeschäft im Ort hatte. Ich bekam nun den Auftrag bis zum nächsten Besuch von Vati mit Peter zu üben. Das tat ich auch mit der größten schwesterlichen Liebe und Hingabe. Als wir Papa das nächstemal sahen, konnte er ganz stolz seine “R”s sagen.
Gleich zu Anfang des Krieges zog noch eine junge Würzburgerin mit ihrem damals ein- jährigem Kind, von uns Rosele genannt, bei Krämers ein. Sie wurde dort als Kontoristin eingestellt und da ihr Mann an der Front war, nahm sie auch Kost und Logie mit im Hause. Wir durften sie auch Tante Maria nennen und unsere beiden Mütter freundeten sich an.Peter sagte oft: “Tante Maria bleib mal steh’n ich will’s Rosele mal drück”. Freitag war der letzte Arbeitstag und es wurde gebaden!!. Das war eine große Zinnwanne am Abend in der Küche, wo uns Mutti hintereinander badete, Kopfwaschen war eine Plage, Mutti tat Essig ins Nachspülwasser und ich mochte den Geruch nicht. Mit Waschlappen vor die Augen musste ich es eben erdulden.

Zwischengedanke:
Was für ein Luxus doch unseren heutigen Müttern zur Verfügung steht.

Badezimmer, Kinderbadewanne aus Plastik, heißes und kaltes Wasser aus den Hähnen, Zentralheizung..
Unsere Mütter mussten kräftig einheizen, damit genügend Wasser im Kessel am Herd war. Wissen die meisten jungen Frauen von heute all den Luxus zu schätzen ?
Da fällt mir ein: "Arbeit macht das Leben froh, Faulheit stärkt die Glieder". Demzufolge müßten alle diejenigen, die nicht gerne arbeiten starke Glieder haben? Was sie haben , so glaube ich, ist eine starke Ablehnung gegen das was man nicht tun will. Sie haben ja die Wahl !

Als wir noch klein waren trug uns unsere liebe Mutti nach dem Baden eine nach der anderen die steile Bodentreppe hoch. Unsere Gebete sprachen wir gemeinsam mit Mutti. So habe ich es später auch mit meinen Kindern gemacht.

"Lieber Gott, mach mich fromm, dass ich in den Himmel komm,
in dem Himmel ist so schön, darf ich mit den Englein spieln". Oder:
"Ich bin klein, mein Herz mach rein, kann niemand drinn wohnen als Jesus allein".
Das nächst größere war dann:
"Abends wenn ich schlafen geh, vierzehn Englein um mich stehn,
zwei zu meiner Rechten, zwei zu meiner Linken,
zwei die mich decken, zwei die mich wecken
und zwei die mich führen, zu des Himmels Türen."

Was ich noch heute bete:
"Müde bin ich geh' zur Ruh, schließe meine Augen zu,
Vater lass die Augen Dein über meinem Bette sein.
Hab' ich Unrecht heut getan, sieh' es lieber Gott nicht an,
Deine Gnad und Christi Blut macht ja allen Schaden gut.
Alle die wir sind verwandt, Gott lass ruhn in Deiner Hand,
alle Menschen groß und klein, sollen Dir befohlen sein.
Kranke Herzen sende Ruh, nasse Augen schließe zu,
lass den Mond am Himmel stehn, und die stille Welt besehn."

Kam der Samstag, dann gingen unsere Mütter mit uns spazieren. Über die Fluren, Wege die in Richtung Rödelsee, Kleinlangheim, Rüdenhausen oder nach Castell führten. Nicht immer auf den Landstrassen, die waren oft sehr staubig. Desöfteren wurde eine spöttische Bemerkung von den noch auf den

Feldern arbeitenden Frauen zugeworfen: “Na, aweng a Spaziergängle gemacht. Ihr Weiber habt’s halt schö, unsereins muss sich halt noch plag.”

Schlagfertig antwortete Tante Maria: “Ja , gearbeitet haben wir auch, aber unsere Woche hört mit Freitag auf und jetzt gehn wir eben an die frische Luft”.

Im Kindergarten lernte uns die Schwester Mina ein zeitgemäßes Gebet. Dieses beteten wir oftmals am Ende der Kinderschule.
“Ernst ist jetzt die Zeit, Feinde weit und breit,
stehen rings an unseren Grenzen,
Kugel fliegen, Waffen glänzen,
Herr mit starker Hand schütz das Vaterland.”

Ich muss noch recht klein gewesen sein, denn damals dachte ich bei dem Wort ‘Ernst’ an unseren kleinen Spielgefährten von nebenan, der Ernst hieß. Die Schule und das Leben selbst haben mir die Tragweite dieses Wortes gelehrt.
Als ich ca. 4 Jahre alt war hatte ich meinen ersten Unfall. Ich wollte in Oma’s Garten gehen der Weg führte durch die Scheune. Ich spazierte nicht weit vom Scheunentürchen, als mich die Gänsemutter die ihre Jungen hütete sah und mich jagte. Ein Biss von der Gans kann ganz schön weh tun, so lief ich schnell in Richtung Scheune zurück. In der Hast aber, bekam ich das Türchen nicht schnell genug auf und stolperte so an eine Egge hin, die neben dem Tor angelehnt war. Ich fiel zu Boden und einer der großen, eisernen Haken streifte meinen Fuß und verletzte mich direkt hinter dem Knochen. Auf meine Schreie hin hat man mich gefunden und mich auf den Armen zur Mutter getragen und gleich nach dem Doktor telefoniert. Dieser war in Rüdenhausen nicht zu finden. So kam ein junger Fürst, der Medizin studierte, denn als er hörte, dass es sich um ein Kind handelte, sprang er hilfsbereit ein. Die Wunde hatte nicht viel geblutet und mir wurde eine Wundstarrspritze gegeben. Am nächsten Tag kam dann unser Doktor und ein großer Verband bis zum Knie wurde angelegt und ich durfte nicht mehr laufen, bis die Wunde verheilt war. So mußte ich zurück in den Sportwagen, aus dem eben mein Brüderchen Hans-Peter herausgewachsen war.
Mutti meinte: ” Es war nicht einfach, einen Wildfang wieder ins Wägelchen zu zwingen. Du warst ab und zu recht kratzbürstig und wolltest immer selbst entscheiden wer dich schieben darf und wer nicht.” Die Wunde mußte öfters mit Kamille (vorher aufgekocht) abgetupft werden und der Doktor empfahl, die Kamille als Tee zu trinken. Reinigt das Blut und heilt, so sagte man. Noch heute trinke ich gerne Kamillentee und glaube an seine Heilkraft.

Als der Verband herunter kam und meine Mutti sich die Wunde so ansah sagte sie zu mir: “Mein Kind, diese Narbe wirst Du Dein ganzes Leben lang sehen können”. Ich glaubte es nicht so ganz, aber es ist in der Tat so, ich kann sie heute noch erkennen.

Meine Schwester hatte ihre eigenen Schulfreunde. Peter und ich dagegen waren die besten Spielgefährten . So kam es wohl auch, dass ich mich mehr und mehr in einen Lausbub entwickelte, zum Entsetzen meiner Schwester. Sie hat uns oft getadelt und war nicht begeistert, wenn sie uns kurz vor dem Abendbrot erstmal suchen mußte. Unsere Nachbarin Frau Schmitt hat oft erzählt, wie sehr sie vermisst habe, die Stimme unserer Mutter zu hören wenn sie Hand am Mund laut rief :”Sieglinde, Hans-Peter”. Für uns war das schon ein Warnsignal und wir wußten - Abendbrot steht auf dem Tisch - oft sagte auch eine Bauersfrau zu uns: “Euer Mutter hat scho g’schrien, schaut dass ihr heim geht, sonst gibt’s Schläg.” Mutti hatte eine lose Hand und eine Ohrfeige haben wir oft “einreiben” müssen.
Wenn wir sie in späteren Jahren kritisierten, meinte sie in Verteidigung: “Euer Vater hat mir ans Herz gelegt: ‘Mutti bitte erziehe die Kinder zu ordentlichen Menschen. Vorallem sollen sie auch keine schlechten Manieren haben, ich will mit ihnen überall hingehen können.’ So habe ich mein bestes getan.

Zwischengedanke: In der englischen Sprach heißt erziehen “to bring up”. Legt man die Worte auseinander, so geht direkt eine mildere Version im Englischen hervor. Die Kinder “hochbringen” während im Deutschen ein “hochziehen” eine mehr strengere Betonung hat.

Mein Brüderchen war auch für seinen Jähzorn bekannt und da mußte Mutti strenge Maßnahmen einführen. Er hatte ein wunderschönes Schaukelpferd, das man abschrauben konnte und entlang ziehen konnte. Doch das war nur für Winter, drinnen im Gang möglich. Im Sommer spielten wir alle Drei oft im Höfchen. Margot sollte Pferdchen spielen, ich habe sicher mit Erna was anderes gespielt. Sie hatte keine große Lust, doch er band ihr eine lange Schnur um den Bauch und hielt das Ende als Zügel in seiner Hand. Er trieb sie an wie der Bauer das macht: “Hü, hot, wista”, sie weigerte sich los zu springen und so schlug er mit seiner kleinen Peitsche auf sie ein. Sie schrie so entsetzlich, dass Mutti gleich herauskam. Man konnte rote Streifen auf ihrer Haut sehen. Mutti war sehr wütend, sie legte ihn erstmal übers Knie und dann schleppte sie ihn ins Haus und die Bodentreppe hoch. Dort war eine alte, dunkle Rumpelkammer

und in diese sperrte sie ihn. Er weinte und jammerte sehr und rief nach mir, doch ich konnte ihn nicht befreien, Mutti hatte den Schlüssel in ihrer Schürzentasche. Ich war sehr traurig und saß oben auf der Bodentreppe und sprach ihm gut zu. Zu Essen bekam er auch nichts. So streng war unsere Mutti noch nie. Sie meinte aber: "Der Peter hat seine Schwester aus Jähzorn geschlagen und da muß Strafe sein damit er es nicht wieder tut."
Zwischengedanke: Ich weiss, wie sehr die Erziehungsmethoden in den letzten 30 Jahren gewechselt haben. Nicht schlagen, doch schlagen. Der autoritäre Stil teils total verpönt. Aber, ich habe keine Bücher gelesen um mich nicht zu verwirren, lediglich das was wir in der Erziehungskunde in der Schule gelernt haben blieb teils in meinem Gedächtnis heften, - aber ich bin fest davon überzeugt, ein Klapps auf den Popo, direkt nach der "Übeltat" schadet weder Kind noch Mutter. Das ewige Drohen "warte nur bis der Vater heimkommt....." oder "morgen darfst Du nicht zum spielen raus gehen.." hilft nichts, wenn man hinterher nicht konsequent bleibt.

Mutti war wohl nicht immer glücklich mit dem Leben auf dem Dorf. Dass nie die Küche ihre Domäne war. Sie immer Rücksicht auf andere nehmen musste. Sie legte, wie gesagt, grossen Wert auf Reinlichkeit, dazu gehörte, dass der Küchenboden auch jeden Tag nach dem Kochen/Essen aufgewischt wurde. Sie setzte uns alle drei dann auf den Küchentisch und wehe, wenn wir uns auf den noch nicht trockenen Boden bewegten. Einer ihrer Drohungen war: "Wenn ihr mich zu viel ärgert, dann gehe ich weg." Sie nahm tatsächlich zur Demonstration ihren Mantel von der Flurgaderobe und Tasche unterm Arm. Das rief ein Jammern hervor und das grosse Versprechen, dass wir alle lieb und brav sein wollen. Haben Peter und ich sie ganz besonders geärgert dann sagte sie: "Schläg' oder Hausarrest". Wir antworteten prompt: "Schläg". Das konnte man einreiben, aber Hausarrest bedeutete das Haus nicht verlassen, und draußen hört man die Stimmen seiner Spielgefährten.
Auf einem Spaziergang nach Castell wurden wir auch oft getestet. Der Trautberg war ein Gehöfte auf dem Wege. So wie unsere Mütter uns erzählten, kommen dort nur die bösen Kinder rein und nicht mehr raus. Ich glaube es war eine Anstalt für schwer erziehbare Kinder, aber das war kein Begriff für uns. Auf jeden Fall waren wir ganz gewiss an jenen Tagen, auf dem Spaziergang nach Castell die besten Kinder. Wenn Vati dabei war oder Freunde der Eltern, kehrten wir in einer Wirtschaft ein. Mutti brachte die Butterbrote und wir Kinder bekamen eine Limonade vom Gastwirt. Man überlege, wir sind doch viel gelaufen. Drei Kilometer hin und drei Kilometer zurück. Oft gingen wir

auch erst noch in dem Schloßpark spazieren.
Während der Kriegsjahre gab es auch ab und zu mal im Hochsommer ein Eis am Sonntag bei Neubauers zu kaufen. Die Oma hat das in einer elektrischen Maschine selbst angefertigt. Wir Kinder waren so froh, es störte uns gar nicht, das wir keine Waffeln hatten, sondern kleine Papptellerchen. Ab und zu schickte uns Mutti auch mal mit einer Schüssel und wir holten für uns alle Eis am Sonntag. Das war dann ein ganz besonders großer Genuß. Was waren wir doch bescheiden, wir Kinder des Krieges.
Nicht vergessen darf man zwar, dass wir so viel frisches Obst direkt unter der Nase hatten. Früh-Äpfel z. B. gab es immer oben beim Hösche-Bauer. Dann hatten meine Verwandten genug Äpfel, Birnen, Kirschen, Mirabellen, Nüsse und das beste von allem waren die Trauben. Ende September war die Kirchweih im Dorfe und danach fing die Weinlese an. Bis man dabei sein durfte, mußte man schon im Alter sein, wo man kräftig mithelfen konnte. Die Kleinen mussten immer zu Hause bleiben. Oft kamen zusätzliche Helfer aus der Stadt, auch meine Verwandten aus Würzburg halfen mit. Ich höre, dass es heute noch so Sitte ist. Man ladet die Verwandten und deren Bekannte aus der Stadt ein, denn viele wollen mal die Weinernte miterlebt haben. Wir sprechen natürlich von kleineren Weinbergen, wo noch nicht maschinell geerntet wird.

"Mein erster Schultag 1942"

Das steht auf einer kleinen Schiefertafel geschrieben im Bild neben mir links auf der Treppe. Schultüten - nein so was gab es nicht. Fotos wurden gemacht. Jedes Kind einzeln und die 1. Klasse zusammen und dann noch die 1. & 2. Klasse. Unsere Lehrerin war Frau Eberl. Gleich am ersten Tag bekam ich von ihr eine Ohrfeige, ungerechterweise behaupte ich. Wir sollten ruhig sein und anständig stillstehen usw. und jemand fragte mich etwas und ich antwortete und ich wurde erwischt und "klatsch" ich erhielt eine "Schelle" wie das auf fränkisch so schön heißt. Also so fing ich mein erstes Schuljahr an und wußte, dass ich die Lehrerin absolut nicht mag.
Sie war immer überfreundlich, trug eine Brille mit dicken Gläsern und hatte eine typische altdeutsche Frisur, nämlich, gepflochtene Zöpfe wurden um den Kopf gelegt. Meine Schwester hatte sie auch in der 3. Klasse. Was uns Schulkinder besonders ablenkte und was wir wohl alle begrüßten, war, wenn ihre Tochter, die leider etwas geistig behindert war, ins Klassenzimmer spazierte um ihre Mutter zu besuchen. Dazu muß ich erklären, dass im Erdgeschoß und im 1.Stock des Schulgebäudes je eine Dienstwohnung war.

Unten wohnte der Oberlehrer, ein sehr strenger Mann und ich war froh, dass er nicht mein Lehrer war.
Also Frau Eberl war eine von Adolf Hitler begeisterte Frau, sie gehörte der Partei an. Sie brachte ihre Liebe und Verehrung zum Ausdruck, indem das Kruzifix von der Wand im Klassenzimmer verschwand und Hitler's Bild im Rahmen wurde dort hingehängt. Wir Kinder fanden das noch nicht mal störend, denn wir mussten ja auch als Gruß unseren rechten Arm hochheben, Hand ausgestreckt "Heil-Hitler" sagen und so begrüßten wir auch unsere Lehrerin am Morgen.
Das Schulgebäude in Wiesenbronn liegt auf dem Kirchberg, rechts davon die Kirche und hinter der Kirche rechts das Pfarrhaus. Vor der Kirche aber steht noch ein altes Haus, fast Herrschaftshaus, dort wurde der Zehnt-Teil einst abgegeben, heute noch im Familienbesitz einer Weinhandlung.
Ich hatte, wie jedes andere Kind einen Bücherrantzen auf dem Rücken.Darinnen war eine kleine Schiefertafel, ein Kasten mit Griffeln und ein Döschen mit einem Schwämmchen. Als Pausebrot gab es oft nur einen Apfel und eine Scheibe trockenes Schwarzbrot. Nach Schulschluss rannten wir Kinder gerne den Berg hinunter, die Freude wieder frei zu sein war groß. Hans-Peter fiel es am Anfang sehr schwer alleine in die Kinderschule zu müssen. Oftmals ist er der Schwester Mina ausgerissen und stand vor der Tür mit bittenden Augen, so sagte Mutti, sie habe oft klein beigegeben und ihn nicht wieder zurückgebracht.

1942 und Vati wurde zum Militär eingezogen.

Er durfte zwar mit spezieller Genehmigung noch ab und zu an die Mosel in die Firma und dort nach dem Rechten sehen, da die Inhaberin eine Witwe war und beide ihre Söhne blutjung, aber schon Hitler's Ruf folgten.
So arbeitete er in Neustadt a.d. Aisch im Wehrmeldeamt. Das wiederum hatte seine Vorteile, denn oft half er am Wochenende wenn er nach Hause kam, seinen Freunden und Verwandten beim Ausfüllen von "Rückstellungs-Anträgen". Das bedeutete, dass je nach Größe des Bauernhofes der eine Sohn oder der Vater zurückgestellt, also nicht eingezogen wurden. Wie sich später herausstellte, haben ihm das einige seiner Mitbürger verübelt.
Wenn Vati zu Hause war machte er halt seine Runden. Besuchte Schwester Babette Erbshäuser und gab Rat, beide meine Cousins, Hans und Paul waren bereits schon eingezogen. Onkel und Tante mussten den Bauernhof alleine

bewirtschaften. Ab und zu haben wir ihn auch mal auf dem Felde mithelfen sehen. Oben bei der Gundels Schwester Lena oder vis a vis bei der Schwester Anna, die mit einem Wehrwein verheiratet war. Der einzige Sohn Georg auch schon Soldat, so blieben noch zwei Mädchen Leni und Lisbeth auf dem Bauernhof und die mußten kräftig mithelfen. Der Gundels-Onkel war gehbehindert, er ging an zwei Stöcken und seine beiden Töchter Anna und Liesl mußten ebenfalls die Landwirtschaft mitversorgen. Der Sohn Ulli war noch sehr jung, im Schulalter und er wollte eigentlich kein Bauer sein, er hatte Interesse Friseur zu werden.

Der erste große Ehekrach.

Wir Kinder waren alle entsetzt, denn so etwas hatte sich noch nicht ereignet. Nach dem Wochenende Besuch mußte Vati den Zug von Kleinlangheim nach Kitzingen nehmen, dort umsteigen in Richtung Nürnberg, um nach Neustadt a.d. Aish zu gelangen. Mutti hat es immer gerne so eingerichtet, dass wir alle vorher noch an der Kaffeetafel saßen. Alle Augen warteten auf ihn, den Vater, doch er kam und kam nicht.

Ärgerlich meinte Mutti dann: “Immer kommen seine Bauern zuerst, seine Familie kommt an zweiter Stelle. Schließlich und endlich wissen wir ja auch nicht wann wir ihn wiedersehen. Da heißt es dann ‘Hans dies und Hans das’ und er kann einfach nicht nein sagen. Ach Kinder, manchmal wünschte ich es wäre kein Krieg und wir könnten alle mit Vati an der Mosel leben”.

Nun kam Vati heim, hat sich schon irgendwie entschuldigt, aber Mutti war ernstlich “eingeschnappt” und als Vati wohl nicht die richtigen Worte finden konnte, flossen Tränen und es hagelte von Vorwürfen. Vati nahm nun seine Tasse voll mit Kaffee und warf sie an die Decke. Mutti weinte noch mehr und wir Kinder standen alle auf und klammerten uns an sie. Das ist ne Art Absicherung nehme ich an. Doch da wurde Vati ganz todernst traurig und sagte: “Ja, ja, so ist das nun, jetzt hängt ihr Euch noch alle an die Mutti hin und niemand kommt zu mir”. So überquerte ich die unsichtbare Grenze und schritt auf Vati zu, doch er wiess mich ganz schroff zurück mit den Worten: “Nein, nein, bleib Du nur mal schön bei der Mutti, ich zähle ja sowieso nicht”. Nun fing ich an zu weinen, mit mir meine anderen zwei Geschwister. Auf dem Küchenboden lag die zerbrochene Tasse, der Kaffe liess einen Flecken auf der Zimmerdecke zurück, die Eltern warfen einen Blick auf die große Uhr a.d. Wand - oh Schreck, es blieben nur noch eine knappe Stunde zum Aufbruch. Ende gut alles gut. Die Eltern zogen sich für eine Weile ins Wohnzimmer

zurück. Wir Kinder waren eifrig dabei in der Küche aufzuräumen, so gut wir das konnten. Als Vati und Mutti wieder in die Küche kamen waren beide ausgesöhnt . Mutti wischte ihre verweinten Augen etwas ab.
Wir machten uns auf die Landstrasse nach Kleinlangheim. Kurz vor dem Dorfeingang blieben wir alle stehen, denn da war immer das 'Aufwiedersehn-Sagen'. Diesmal drückte uns Vati ganz besonders herzlich und meinte: "Ich hätte es gerne, dass ihr vergesst, dass der Papa heute etwas 'aus dem Häusle geraten ist'. Seid trotzdem weiterhin brave Kinder und folgt eurer Mutti. Nun fangt schon mal an zu laufen, ich will noch mal kurz mit Mutti sprechen".
Wir erfassten wahrscheinlich alle drei, dass irgendetwas Aussergewöhnliches heute passiert ist und so nahm uns die "Große" an der Hand und wir entfernten uns langsam. Als ich, der Vorwitz zurückblickte, sah ich zu meiner Freude, dass Vati die Mutti in den Arm genommen hatte und sie sich küssten. So meldete ich:
"Sie haben sich wieder lieb, jetzt ist die Mutti auch gleich wieder froh".
Man bedenke, 3 Kilometer bis zum Dorfeingang, 3 Kilomenter wieder zurück, wir Kinder hatten wirklich genug Bewegung.
Später meinte Mutti zu diesem Vorfall: "Wisst ihr Kinder, der Vati ist sehr nervös und er leidet unter dem Druck des Militärs, er ist ganz einfach kein Soldat. Er sieht oft was schief gehen könnte".

Ich bin fest davon überzeugt, daß man als Kind besser damit zurechtkommt, wenn sich die Eltern auch mal streiten, man macht es ja auch mit seinen Geschwistern, hinterher ist wieder alles gut. Das kann im Leben besser verkraftet werden, als wenn man die Eltern nur als Musterbeispiele in Erinnerung hat, die nie im Beisein ihrer Kinder mal eine Auseinandersetzung hatten.

Bei einem anderen Besuch ereignete sich folgendes, dass uns aber auch viel später Mutti aufklärenderweise erzählte.
Vati hat Skat gespielt in der Wirtschaft mit mehreren Freunden vom Dorf . Sie hatten sogar ihren Stammtisch beim Neubauer. Es wurde viel über den Stand des Krieges, Verluste an der Front, Wehrmacht, Eroberungen udgl. diskutiert. Oft hat man dann gerade meinen Vater um seine Meinung gefragt, da er ja selbst eingezogen war und evtl. besser Bescheid wußte.Auf eine Frage hin antwortete er:
"Unter den derzeitigen Umständen, die hohen Verluste an der Ostfront, wir

werden wahrscheinlich den Krieg nicht gewinnen". Augenblicklich gab ein Freund ihm unterm Tisch einen Stoß. Er schaltet sofort, stand auf und sagte schlagfertig:
"Aber Kameraden wir müssen und wir werden siegen, Heil Hitler", hoch ging der rechte Arm. Doch als er sich wieder hinsetzte, legte sich die Hand eines SS-Mannes vom Dorf auf seine Schulter und sprach im leicht ironischen Ton:
"Na, Hans das hast noch mal hingekriegt, aber melden muß ich das schon".
Die Folgen, so behauptete Mutti, waren - eine "Strafversetzung" nach Nürnberg-Langwasser ins Büro eines Gefangenenlagers.
Sie war davon überzeugt, dass die vielen Gesuche und Anträge die er half zu bearbeiten unter seinen sog. "Mitbürgern" vom Dorf, ihn schließlich und endlich zum Verhängnis wurden.

Von da an wurden die Besuche unseres Vaters seltener und er wurde immer ernster. Er trug jetzt einen Revolver am Gurt, der immer gleich weggelegt wurde, wenn er zu Hause war.An einem Samstag, als wir ihn wiedermal abholten, diesmal jedoch stieg er in Iphofen aus, er hatte dort sogar sein Fahrrad und er hatte mit Mutti ausgemacht, dass wir ihn treffen ca. auf halben Weg nach Rödelsee. Das dürfte ungefähr dort gewesen sein, wo die Weinberge anfangen. Zu unserer Freude strahlte er übers ganze Gesicht und nach der großen Begrüßung fragte er:
"Na Mutti fällt dir was auf?" Mutti sagte: "Nein, Hans, was soll mir denn auffallen?"
Daraufhin wandte er sich an uns, speziell zu Hans-Peter gewandt sagte er: "Na, Hanne siehst du was Neues am Papa?" Hans-Peter lachte übers ganze Gesicht und sagte stolz: "Freilich Vati, du hast eine neue Mütze".
Er schob sein Fahrrad, wir durften abwechseln mal eine hinten drauf sitzen, so erzählte er uns die Geschichte, wie er zur Schildmütze kam. Vorher war er ein einfacher Gefreiter, mit Schifflesmütze. In Nürnberg war ein großer Bombenangriff und als das schlimmste Getöse vorüber war, bekam er den Befehl mit einem Trupp von Gefangenen in den Trümmern nach Überlebenden zu suchen. Er hörte ein Klopfzeichen und es konnten 10 Bewohner eines Hauses ausgegraben und gerettet werden. Diese Tat und wahrscheinlich noch einiges andere beförderten ihn zum Gefreiten.
Er brachte uns auch einige wunderschönen Seidenschals nach Hause - aber - keiner durfte ein Wörtchen sagen, dass sie vom Papa kamen. Später erfuhren wir von Mutti, dass es ein Dankeschön von Gefangenen war, weil Vati ihnen

Im Namen des Führers und Obersten Befehlshabers der Wehrmacht

verleihe ich

dem

Unteroffizier Johann U l l r i c h

das

Kriegsverdienstkreuz 2. Klasse

mit Schwertern

Nürnberg, den 30. Januar 1945.

Der Stellv. Kommandierende General
des XIII. Armeekorps
und Befehlshaber im Wehrkreis XIII

Weisenberger

General der Jnfanterie

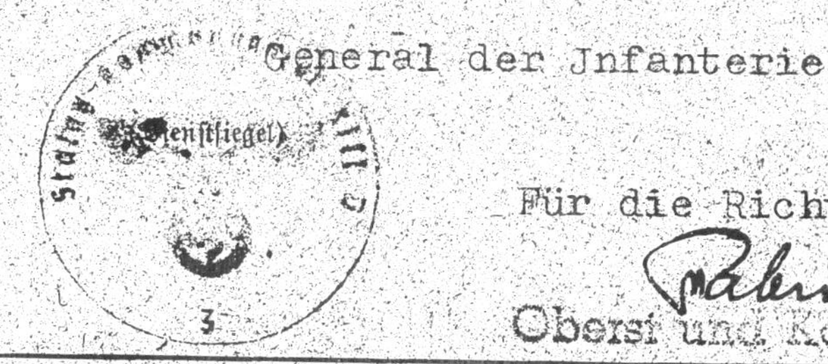

Für die Richtigkeit :

Oberst und Kommandant

Wehrkreisdruckerei XIII Nürnberg

heimlich immer einen Laib Brot mitbrachte, da die Rationen im Lager klein waren.
Ganz stolz bin ich auf zwei Kästchen, die noch heute in meinem Besitz sind, die Vati ebenfalls nach Hause brachte, als "Dankeschön" von zwei russischen Offizieren, die mit in der Amtsstube arbeiteten. Ein Kästchen ist ca. 20 cm lang das andere ca. 8 cm mit eingelegten Strohhalmen, kunstvolle Muster, typische russische Kunstarbeit, aus primitiven Mitteln hergestellt. Das Holz z.B. kam von einem Armeekasten, denn man kann noch unten am Boden die Buchstaben "ARMEE" erkennen. Für mich ist das ein Zeichen, dass mein Vater, mit dem ich ja nie als Erwachsener einen Gedankenaustausch hegen konnte, das gleiche tat, was ich auch tun würde. Menschliche Beziehungen zu hegen, eine Hand ausstrecken demjenigen der es am Nötigsten hat, ohne Rücksicht auf Verluste.

Mehr und mehr war die Hitlermaschine eifrig am Geldsammeln. Es gab sogenannte Haussammlungen. Ein junges BDM-Mädchen kam zur Türe mit einem SS/SA Soldat mit einer Büchse in der einen Hand und einer Liste in der anderen. Eingetragen waren die Haus Nummern und die Namen. Niemand getraute sich nichts zu geben.
Einmal war das Radio an - Volksempfänger - als gerade eingesammelt wurde. Wie Kinder eben mal sind, mein kleiner Bruder wollte sich etwas wichtig machen und sagte, indem er hoch zum Radio blickte:
"Du dummer Mann, du bist ein Teppichbeißer und ein Backsteinlanger". Mutti war ziemlich erschrocken, denn der überwachsame SS-Mann meinte gleich:
"Na, von wem hast Du das denn gelernt ?"
Prompte Antwort: "Von meinem Vati, der schimpft immer mit dem Männle im Radio".
"Na, wie heißt denn das Männle im Radio"?
"Weiß ich nicht.."
Die Situation war gerettet, doch Mutti warnte Papa bei seinem nächsten Heimaturlaub, nur nicht mehr im Beisein von uns Kindern irgendwelche Bemerkungen über den Führer zu machen. Man habe im Dorf sowieso erzählt, dass der Ullrich's Hans nochmal Glück gehabt hätte nach dem Vorfall beim Skatspiel, man hätte ihn schon damals in ein Konzentrationslager senden können. Gute Freunde, u.a. der Bürgermeister Krämer haben ein gutes Wort für ihn eingelegt.

Es war nun 1944 und Hans-Peter fing mit der Volksschule an. Alle drei Kinder gingen nun zur Schule. Opa aus Würzburg kommt zu Besuch! Das war immer

eine ganz besondere Freude. Erstmals brachte er, solange das noch ging, immer Bananen mit. Ich liebte Bananen, und konnte oft kaum warten, bis der Koffer aufgemacht wurde. Opa war mit seinen 73 Jahren noch ein sehr rüstiger Witwer, er versorgte sich alleine, eine Hilfe war es wohl, das die eine Tochter eine Etage über ihn wohnte und somit nach dem Rechten sehen konnte. Aber, so meinte er, er ginge gern zu seiner Lisbeth und den Kindern mal auf's Land. Mit seinem Spazierstock in der Hand ging Opa viel mit uns spazieren. Über Fluren in den Wald. Zur Kinderschule hoch, entweder gleich den Weg entlang, der im Winter uns zum Hügel führte wo wir Schlitten fuhren, oder weiter am Koboldsee vorbei in den Wald. Opa kannte alle Vögel bei Namen, jeden Baum der im Wald stand. Er kannte auch die Ecken wo es Pfifferlinge gab und das schmeckte lecker, wenn Mutti dann eine Mahlzeit daraus bereitete. Steinpilze sammelte er auch. Mutti erklärte immer ganz stolz:
“Ja, der Opa kennt sich im Wald aus, er ist ja in der Pfalz geboren, dort gibt es viel Wald und schon als Junge hat er mit seinen Geschwistern waschkorbweise die Pilze und Pfifferlinge gepflückt und dann auf dem Markt verkauft. Opa hat auch gerne ein Späßle mit uns gehabt, indem er sich ab und zu mal hinter einem dicken Baum versteckte und wir wie Hänsel und Gretel da standen. Unsere kleine Erna, die ja im gleichen Haus wohnte, wuchs als quasi 4. Geschwisterlein mit uns heran. Wir teilten viel Freizeit mit ihr. Sie war nun vier Jahre alt und Peter war immer ihr Beschützer. Sie kam auch oft auf unseren Spaziergängen mit. Meistens war ich diejenige die sie dann an der Hand führte, wenn sie etwas ermüdet war.
Müde und erschöpft kamen wir oft zu Hause an und dann sagte Mutti sich zu Opa wendend:
“Hast es wieder übertrieben und bist zu weit mit den armen kleinen Kindern gelaufen”. Aber er lachte und meinte:
“Lisbeth mach dir mal keine Gedanken, den Kindern tut das Laufen gut, im Wald ist frische, gute Luft”.

Wir Kinder hatten, denke ich so zurück, trotz des Krieges eine sorgenlose Zeit. Erst heute ist mir bewußt, wie gesegnet die Kinderjahre auf dem Lande eigentlich waren. Wir sind herangewachsen mit dem Verständnis für Ackerbau und Viehzucht. Die Saat, die Ernten, die Angst und das Bitten der Bauern um Sonnenschein oder Regen. Die Einstellung der Dorfbewohner, einschließlich unserer Verwandten zum Leben war einfach, praktisch, gütig wenn es die Ernte erlaubte, mit der Erde verbunden, wetterfest und im Glauben gefestigt.
Sonntag, war wirklich Sonntag, Tag der Ruhe und man ging in die Kirche.

Ausreden gab es keine. Der Pfarrer blickte auf die Bankreihen vor ihm. Rechts saßen die Buben von der 1. bis zur 8. Klasse, links die Mädchen. Schön der Ordnung nach. Erste Klasse in der 1. Reihe usw.
Am Sonntag hat man auch seine sog. Sonntagskleidung angezogen. Im Sommer, speziell zur Kirchweih gab es oft ein neues Kleid. "Der Staat" wurde dann zur Schau getragen beim Besuch in der Kirche am Morgen. Meine Mutti hatte genau ihre Bank und Platz wo die älteste Schwester meines Vaters auch saß einschließlich Cousine Anna und Lisbeth. Die Männer saßen oben.

Im Religionsunterricht hat der Pfarrer mal eine Frage an die Erstklässer gestellt im Zusammenhang mit einem Bibeltext und fragte: "Na, was denkt ihr euch, wie ist das nur möglich?" Peter habe geantwortet: "Herr Pfarrer, bei Gott ist kein Ding unmöglich".
Hans-Peter brachte ein sehr gutes Zeignis nach Hause. Mutti war stolz und schrieb es gleich in ihrem Brief an Vati. Ich war auch ziemlich gut, aber ich sei manchmal etwas leichtsinnig in den Prüfungsarbeiten, meinte die Lehrerin. Doch Mutti sagte, ich sei immer diejenige gewesen, die sofort ihre Hausaufgaben mühelos machte und dann erst zum Spielen hinausging.
Im Handarbeitsunterricht haben wir Mädchen schöne Lieder gelernt. Das Lied vom Edelweiß, ... "das Edelweiß ganz blutig rot, hält er in seiner Hand", die Geschichte vom jungen Bursch, der in den Bergen kletterte, um seiner Liebsten ein Edelweiß zu pflücken und dabei abstürtzte, also das war unsere Vorstellung eines Dramas, man bedenke wie viele Geschichten heute durchs Fernsehen auf unsere Kinder hereinstürtzen.
Am Wandertag wurde aus voller Kehle gesungen: "Im grünen Wald, dort wo das Rehlein springt, Rehlein springt..... wo Tann und Fichten steh'n am Waldessaum, verlebt ich meiner Jugend schönsten Traum". Heute, weit weg von der Heimat, bringen solche Lieder Tränen in meine Augen und die Gewissheit, dass meine Kindheit eine schöne war.
Wiesenbronn erstreckt sich am Waldessaum des Steigerwaldes. Wiesen und Felder und Weinberge ... "Wohlauf die Luft weht frisch und rein, wer lange sitzt muß rosten, den allerschönsten Sonnenschein läßt uns der Himmel kosten....... ich will zur schönen Sommerszeit ins Land der Franken fahren... Vallerie, Vallera.."

Himmelfahrt und Pfingsten wanderten wir mit Mutti, Tanten und Cousinen hoch zum Schwanberg. Dort bekamen wir Kinder unsere wohlverdiente Limonade und Mutti brachte die Butterbrote . Nach dem Vesper kam noch ein

kleiner Spaziergang durch den Schloßpark und dann gings wieder durch den Wald zurück nach Wiesenbronn.
Meine Schwester, Erna und ich pflückten gerne von einem Baum ein Zweiglein mit viel Blättern und dann wurde ein Sprüchlein gesagt, indem man jedesmal ein Blatt abriss:
"Er liebt mich von Herzen, mit Schmerzen, ein bisschen, ein wenig, gleich gar nicht. Er liebt mich von Herzen ..... usw. bis alle Blätter ab waren und da wo man stehen blieb, das war dann eine Aussage für einen heimlichen Schulfreund, dessen Name man nicht gerne preis gab. "Er liebt mich mit Schmerzen", brachte jeweils einen grossen Schrei und Seufzer, doch wussten wir bestimmt damals nicht über die verschiedenen Liebeserklärungen und deren Folgen Bescheid. Geahnt hat man wohl einiges.
Wenn wir jemanden ärgern wollten, das heißt mehr "aufziehen", da wir beobachteten, dass der eine oder andere Bursche ein Auge auf ein Mädchen hatte, dann sangen wir dem Mädchen folgendes vor: "Petersil und Suppenkraut wächst in unserm Garten, Fräulein Else ist die Braut, kann nicht länger warten und was dann und was dann, der Hannes ist der Bräutigam. Doch der Hannes konnt nicht lange warten und fing zu weinen an, da sagt die liebe Else, komm her du bist mein Mann. Und hinter einem Hollebusch, Hollebusch, Hollebusch, da gaben sich die zwei den ersten Heiratskuss..."
Gespielt wurde viel am Sonntag auf den leeren Dorfstrassen. "Mutter wie weit darf ich reisen?"
Eine/einer spielte die Mutter und stand auf der einen Seite an einem Haus oder Hoftor. Die übrigen Spielgefährten, manchmal 5 - 8 standen auf der gegenüberliegenden Seite. Wir mußten fragen: "Mutter wie weit darf ich reisen!". Sie antwortete immer mit einer Stadt. So z.B. Kitzingen. Man teilte das Wort auf so gut das ging z.B. Kit - zin - gen. Also durfte man 3 Schritte laufen. Aber wehe wenn man vergessen hat zu sagen: "Darf ich?". Ohne diese Worte vor den Schritten wurde man zurück geschickt. Derjenige der immer gut aufpasste und zuerst bei der Mutter ankam, hatte natürlich gewonnen. Die Nachbarschaftskinder waren u.a. die Höfers von Haus Nr.15 und Ferdinand von Nr.14 und Annemarie von visavi dann wir drei oder vier von Nr.17.
Das "Versteckeles" spielen war auch oft gewünscht. Beim Auszählen wurde entweder: "Inie minie meini Muh, Müllers Esel drauß bist Du" oder "Kaiser, König, Kurfürst, Graf, Edelmann, Bettelmann, Box-Soldat" gerufen.
"Räuber und Schander" haben wir wohl mehr gespielt als wir schon etwas größer waren. Da wird man ja auch in zwei Gruppen aufgeteilt, die einen die Räuber, die anderen die Schander (Schander ist der Name für Gendarm). Dann

versteckten sich die Räuber und die Schander mussten suchen. Das ging durch Scheunen, Gärten und Höfen und war eine "pfunds Gaudi".

Ich habe mir sagen lassen, dass es typisch sei, denken wir zurück an unsere Kindheit, uns nur die "goldenen Tage" einfallen lassen. Ich sehe z.B. fast nur heiße Sommer und eiskalte Winter vor mir. Natürlich, beim längeren Nachgrübeln fallen mir schon die Regentage ein, die endlos schienen. Wir mussten in der Stube bleiben. Wir trugen Gummistiefel zur Schule und einmal war eine rießengroße Überschwemmung. Das Wasser rauschte nur so in den kleinen Rillen neben den Dorfstrassen, rechts und links entlang und unten bei der "Becka" (Bäckcrei Hüßner) staute sich das Wasser und wir Kinder samt allen Erwachsenen vom Oberdorf durften bei der Seitentüre, wo die Backstube war rein, durch die Wirtschaft durch und auf der anderen Seite wieder raus. Somit haben wir alle das Wasser vermieden.
Wenn ich an die Bäckersfrau denke, so sehe ich vor mir eine große korpulente Frau, die immer ein freundliches Wort für uns Kinder hatte, auch ein Späßle mit uns hie und da machte und vorallem sie hat viel gesungen. Wie das auf dem Lande so ist, man kennt sich untereinander gut, man heiratet auch oft aus dem gleichen Dorf ein Mädle. So ist eine Tochter von der Bäckerei mit einem Bruder von meinem Onkel Michel Höfer verheiratet. Meine Cousine Anna, die ich ja Tante nennen musste, wegen des Altersunterschieds, heiratete einen Höfer. Die ganzen Höfers-Geschwister wurden dann unsere Tanten/ Onkels.(Gretel, Marie, Anna, Lenhard, Michel, Heiner).Als die Schwester Frieda während des Krieges heiratete, durfte ich das erstemal "Hochzeitsmädchen" machen. Ich war ca. 6 Jahre alt und hatte rechts und links noch ein drei- und vierjähriges Mädchen. Eines davon war Klein-Erna, das andere Elsa. Wir liefen vor dem Brautpaar her und hatten ein jedes ein Körbchen mit Blumen umhängen und ein Kränzchen im Haar. Mein Kleidchen war rosa mit einem runden Krägelchen, Buffärmel und einem Sattel mit Rüschchen. Beim Kircheneinzug streuten wir unsere Blumen und die Orgel spielte das Lied: "Jesu geh' voran, auf der Lebensbahn..." Es war immer eine besondere Ehre, als Hochzeitsmädchen ausgewählt zu werden.
Im Zusammenhang mit dem Einzug des Hochzeitspaares in die Kirche fällt mir eben noch eine Geschichte ein, die sich aber erst nach Kriegsschluß ca. 1947 zugetragen hat. Ein junges Paar wurde, wie das so Sitte war, vom Pfarrer gefragt, ob sie noch "rein" sind, d.h. kein Kind unterwegs, denn der Kronleuchter, der im Kirchenschiff, also auf dem Weg zum Altar hing, wurde nur dann angeschaltet, wenn das Ehepaar die "Voraussetzungen" erfüllte.

Am Tage der Hochzeit, als das Brautpaar unter dem Lied "Jesus geh voran" in die Kirche einzog und sie kurz vor dem Kronleuchter waren und der Kronleuchter zu zucken anfing, an und aus ging, wußte die ganze Gemeinde Bescheid. Hier stimmt etwas nicht! Es hat sich dann ergeben, dass ein siebenmonatiges Baby geboren wurde. Eine Frühgeburt, eine sogenannte Entschuldigung (Ausrede), dass man dem Pfarrer nicht die Wahrheit gesagt hatte.

Unter'm Hitler-Regime wurde das Sammeln von Kräutern ganz groß unterstützt. Wir Schulkinder alle Jahrgänge hatten unsere bestimmten Kräuter zu sammeln. Sie wurden dann in der Schule abgeliefert. So z.B. mußten wir Kamille und Schafgarben sammeln. Eines Tages war eine Nachfrage nach "Kuheutern". Also eine Pflanze, die einer Kuheuter ähnlich sah. Peter und ich wußten genau, wo wir sie finden konnten. Auf einer saftigen Wiese, diese war auf dem Weg nach Kleinlangheim. Am Kellerhäußle vorbei, entlang an den Schräbergärtli, dort war unser "Eckele". Peter und ich hatten kaum unsern Platz erreicht, da gesellten sich noch drei andere Mädchen dazu, eine davon ein Pfeuffers Mädle und sie wollte uns wegjagen mit den Worten:
"Haut ab, des is unser Eckela". Wir waren recht tapfer und behaupteten, dass wir zuerst da waren und genau so viel Recht wie sie hätten. Da ging die grosse Annie auf meinen Peter los, zerrte ihn bei den Haaren und schrie: "Dir frachen Kerl werd' ich's schon zeiche".
Peter stiess einen Schrei aus, weil es so weh tat und, da ich viel kleiner war als die Annie, rannte ich auf sie zu und biss ihr in den Bauch. Sie ließ ganz schnell meinen Bruder los und nun schrie sie jämmerlich. Peter und ich nützten den Moment aus, wo ihre anderen zwei Freundinnen zu ihr hinliefen, nahmen unsere Körbchen mit wenig gesammelten Kräutern, hielten uns bei der Hand und rannten so schnell wir nur konnten in Richtung Dorf zurück. Erst verfolgten uns alle drei, gaben aber bald die Jagd auf, denn wir waren wirklich viel zu schnell. Zwischendurch zogen wir auch unsere etwas unbiegsamen Holzsandalen aus wir wussten, barfuß läuft's sich viel besser.
Im Oberdorf, Haus Nr.17 angekommen erzählten wir atemlos von unserem Mißgeschick. Mutti sagte: "Aber Sieglinde, man soll doch nicht beißen, das tun die Hunde". Aber ich blieb eisern und meinte: "Die Annie hat den Peter so fest an den Haaren gezogen und er hat geschriehen, ich hab's ja nur getan um ihn zu helfen, schau mal auf seinen Kopf".
Mutti stellte zum Entsetzen fest, dass die Kopfhaut ziemlich rot war und kleine Schwellungen zeigte. "Ach du liebe Güte", rief sie aus. "In Zukunft geht ihr

nicht mehr so weit vom Dorf weg und dann nehmt ihr eure große Schwester mit und am besten nicht herumstreiten, schon gleich gar nicht, wenn die Kinder älter und größer sind".
Als Tante Anna am Abend mit Klein-Erna nach Hause kam sagte sie auch gleich: "Mit der Pfeuffers Annie dürft ihr Euch gar nicht einlassen".
Aber ich war die mit der größten Angst. Denn es erzählte sich schnell unter den Schulkindern herum und sie drohte mir an, dass sie mich auf dem Weg zur Schule, der direkt an ihrem Haus vorbeiführte, abfangen wird und mich richtig verhauen will. So blieb mir nichts anders übrig, als einen kleinen Umweg zu machen und zwar ging ich anstatt runter zum Krämer und dann rechts beim Neubauer vorbei, erstmal ins Erbshäusers Gässle, dann gleich hinten weiter bei Steinmanns vorbei, beim Schneider vorbei, bis ich dann bei den Schönbergers weiter vorne wieder auf der Hauptstrasse war und gleich den Schulberg hoch konnte.

Nach dem Kriege stellte sich heraus, dass eine Apotheke in Wiesentheid noch immer Kräuter ankauft und so sammelten meine Freundin Waltraud und ich einmal recht viel Kamille, trockneten sie und radelten nach Weisentheid und dort zahlte man uns DM7.-, das war dann unsere Kirchweihgeld. Das dürfte ca. 1947 gewesen sein.

Erinnerungen an die Volksschule mit Lehrer Landsberg:

Alle Weiblichkeiten verehrten ihn, das ganze Dorf schätzten ihn. Seine Frau war in meinen Augen eine "Lady". An einem sehr heissen Sommertag fiel uns in der 6. Klasse (die 6. 7. und 8. Klasse waren zusammen in einem Zimmer) folgendes ein: Von der älteren Klasse schrieb eine/r in Abwesenheit unseres Lehrers an die Tafel: "Der Himmel ist blau, das Wetter ist schön, Herr Lehrer wir wollen spazieren gehen. Wir wollen lieber schwitzen, als auf der harten Schulbank sitzen". Der Herr Lehrer war beeindruckt und amüsierte sich, hatte ein Lächeln auf seinen Lippen und sagte: "Gut. Ihr dürfte alle an die frische Luft". Wir durften alle in den Hinterhof der Schule, dort lag ein großer Haufen von frischgesegten Holzklözchen. Einige Körbe wurden geholt und je zwei Schüler/innen trugen das Holz jeweils unter die Treppe für das zuständige Klassenzimmer oder in die Holzlege oder Keller für das Schulhaus und Lehrerwohnungen. Wir Kinder fanden allgemein diese Arbeit schöner als Unterricht im Klassenzimmer.

Es war wohl in der 3. Klasse, daß wir ins Hintergebäude der Schule zogen und dort hatten wir Fräulein Jungkunst. Sie war nicht mehr jung, viel weiß ich auch nicht mehr von ihrer Unterrichtskunst. Ich weiß nur, daß sie bei Neubauers zu Mittag aß evtl. dort auch logierte. Sie war streng und vorallem wenn es in der Grammatik nicht vorwärts ging konnte sie sehr ärgerlich werden. Einmal erwischte sie mich als ich mich mit Heiner Steinmann prügelte, ich war gut trainiert durch engen Kontakt mit meinem kleinen Bruder - ich konnte Fußball spielen und boxen - sie war so entsetzt, daß ich Strafarbeit bekam: 100mal "ich darf mich nicht mit Jungens schlagen".

In unserer Klasse wurde, mit Unterstützung der amerikanischen Besatzung, ein Wettbewerb im Buchstabieren durchgeführt. In der letzten Runde blieben nur noch Gotthard Sebert und ich übrig. Ihm mißglückte das Wort Arzt - so konnte ich es übernehmen, ich buchstabierte richtig und somit war ich die Siegerin in unserer Klasse, aber der Preis, der versprochen war, wurde nie ausgehändigt.

Von Gotthard fällt mir noch ein, dass er im Deutsch-Unterricht bei Frl. Jungkunst ganz stolz erklärte, dass sein Vater und seine Mutter sich so verhielten wie der Text im Lied:
"Sah' ein Knab ein Röslein stehn, Röslein auf der Heide ......" seine Mutter wollte nie so recht die Verehrung seines Vaters annehmen und drohte dem Vater .. doch dieser liess sich nicht abweisen, er brach das Röslein am Ende."
Wir waren alle total sprachlos, denn so eine Offenheit und das gezeigte Verständnis für den Text war uns neu.

Während der Pause im Schulhof fiel ich eines Tages über einen der viereckigen Blumenkästen. Sie hatten eine Blech-Umrahmungen, aber ich kann mich auf keine Blumen entsinnen, vielleicht war es Winter. Ich fiel mit dem Brustkorb auf die eine Kante und mit den Oberschenkeln auf die andere. Ich hatte Schmerzen und die Gemeindeschwester Margarete, die in Rüdenhausen stationiert war (eine Cousine meiner Mutter) kam um meinen Brustkorb, der noch ganz flach war und noch keine Anzeigen von sich gab, von wegen was sich da noch entwickeln könnte, zu massieren. (Ich verweise auf den heutigen Zustand, wo ich mich leider mit einer Oberweite von 102 cm herumschleppen muß). Die liebe Schwester aber rieb mich des öfteren mit Franzbranntwein ein,

denn es sollten ja keinerlei Entwicklungsstörungen zurückbleiben. Einer meiner frechen Verwandten äußerte sich dazu wie folgt: "Weißt Du warum du so einen großen Busen hast?" - ich war damals ca. 18 Jahre - "Das hängt mit dem Einreiben der Schwester Margarete zusammen, sie hat immer vor sich hingesagt...'Guten Morgen ihr zwä, wachst mer recht schö, wachst mer mitänander, das eins wird wie's andre..." Das ist echter Wiesenbronner Humor.
Längst war uns kleineren Klassen bekannt, daß der beste, gut aussehenste Lehrer die größeren Klassen unterrichtet, so waren wir natürlich froh, als wir die 6. Klasse erreichten. So wurde viel geflüstert, man ließ sich gerne von der größeren Schwester erzählen, da diese ja den besagten ,viel umschwärmten Lehrer längere Zeit im Unterricht hatte. Wenn ich so zurückdenke sehe ich die alten hölzernen Bänke, das hohe Pult und die große, schwarze Tafel deutlich vor mir. Herr Landsberg erzählte uns von seinem Einsatz im letzten Krieg - wenn ich mich nicht täusche war er Hauptmann? Mit der Kreide in der Hand zeigte er auf der Tafel wie es aussah, als der Russe angriff usw. Sein Endwort war: Nie wieder Krieg, nie wieder Soldat.

Herr und Frau Landsberg befreundeten sich mit meiner Mutti, was dazu führte das wir eines Tages zum Kaffee eingeladen waren. Da traf ich die Schwägerin, eine Schauspielerin aus Hannover. Ich war begeistert von ihr. Unser Lehrer, der schon bald meine kleine Schwäche für Literatur speziell Gedichteaufsagen, die Liebe zum Drama und Komödie erkannte, stellte mich seiner Verwandten vor - ich sagte irgend etwas auf, leider weiß ich nicht mehr was. Später hörte ich durch meine Mutti, daß die reizende Schauspielerin mir etwas Talent zusagte und meine Mutti aufforderte es zu unterstützen. Aber leider, mein Talent, meine Liebe zur Bühne mußte ich als Wunschtraum für lange Zeit begraben.

Es war eine besondere Ehre, nach den Dorfregeln gehend, die Pfarrers Kinder oder die Lehrers Kinder spazieren zu fahren, oder wenn groß genug mit ihnen spazieren zu gehen. So ergab es sich auch, daß ich mir Ernst und Monika am Schulberg an einem Sonntagnachmittag abholte. Es muß vorher viel geregnet haben, denn auf unserem Weg zum Koboldsee entlang den Wiesen vom Gundelsgarten angefangen, war viel knatschiger Lehm. Ich mußte ständig rufen: "paß auf, geh lieber rechts, nein links" usw. Es war ein warmer Tag, viele gesägten Bretter lagen aufgestapelt auf dem zementierten Flecken am Koboldsee. Ich forderte meine zwei Schützlinge auf, sich hinzusetzen, damit ich die Schuhe ausziehen kann. Oh weh, nicht nur die Schuhe waren schmutzig, auch die Socken. So beschloß ich kurzerhand, auch die Socken auszuwaschen. Ich kniete mich am See hin und säuberte die Schuhe mit meinen Händen, so gut das ging und stellte sie auf den Holzstapel zum Trocknen. Dann nahm ich vier Söckchen und warf sie vor mir ins Wasser. Als Kind von zehn oder elf Jahren, dachte ich wohl nicht alles richtig durch. Söckchen kann man in eine Schüssel oder einen Guss zum Auswaschen werfen, aber - zu meinem größten Schreck - vor meinen Augen versanken die Socken. Mit Mühe und Not konnte ich zwei noch retten. Nun, die Nachkriegszeit brachte es mit sich, daß man Socken nicht so leicht verlieren kann, zumal sie noch zu meinen Schützlingen gehörten also, blitzschnell hatte ich einen Plan. Ich holte mir einen langen Stecken und fing an zu fischen. Glück hatte ich wiedermal, mit etwas Schlamm vom Grund des Sees bekleckert konnte ich die beiden Söckchen hochziehen. Ich war natürlich heil froh und nachdem ich sie ausgewaschen hatte, hing ich sie auch aufs Holz zum Trocknen.

Was ich nicht ahnen konnte war, daß meine Mutti sich mit Herrn und Frau Landsberg und dem Baby im Kinderwagen ebenfalls auf einen Spaziergang zum Koboldsee befanden, aber gingen natürlich schön der Straße entlang am Kindergarten vorbei. Sie konnten so aus der nicht zu großen Ferne alles beobachten. Meine Mutti erzählte es mir am Abend und sie meinte: " Wir haben uns so gewundert und gelacht, denn wir wußten nicht gleich was du dort am Seeufer knieend machst. Herr Landsberg hat gleich gelacht und sagte "Sieglinde weiß sich zu helfen, das ist im Leben etwas wert". Diese Worte vom Herrn Lehrer kommend habe ich sehr beherzigt!

Zum Thema Bestrafung der Schüler/innen im Unterricht. Es muß eine wahnsinnige Anstrengung gewesen sein, für einen jungen Lehrer drei Klassen in einem Klassenzimmer zu haben und alle zu beschäftigen. Er konnte ja nur immer mit einer Klasse einen Stoff durchnehmen und die anderen zwei mussten sich mit Rechnen, Zeichnen udg. beschäftigen. So kam es, daß ich von einer Schülerin neben mir etwas gefragt wurde und als ich ihr die Antwort gab, da wurde ich erwischt. Schwatzen war verboten. Sieglinde wurde herausgerufen. Damals bekamen wir noch mit dem Stecken eine über die Hand, was ganz schön weh tun konnte. Innerlich wußte ich aber, daß ich eigentlich nicht die alleinschuldige Person war, aber ich wurde auf der Tat erwischt. So hielt ich meine Hand aus - ging zurück in meine Bank und dachte: "Das hat

überhaupt nicht weh getan, und wenn Du denkst, Du hast das richtig gemacht, dann bist Du ungerecht". Was geschah nun ? Herr Lehrer schaute mir ins Gesicht und konnte wohl mein Grinsen und meine negativen Gedanken in meinem Gesichtsausdruck lesen, er war nicht begeistert und forderte mich auf, nocheinmal zum Pult zu kommen, diesmal mußte ich die andere Hand hinhalten und der Stock schlug aber wirklich heftiger zu. Vor Wut und dem aufsteigenden Gefühl von Ungerechtigkeit und der Niederlage des kleinen Menschen gegen den großen Mann, mußte ich mit den Tränen kämpfen und saß mit gesenktem Haupte auf meiner Bank.
Meiner Mutti habe ich den Vorfall erzählt, denn ich war voll und ganz überzeugt, daß es ungerecht war, denn beim zweiten Mal sagte der Lehrer folgendes: "Na, es scheint Dir nicht weh getan zu haben, das Lächeln wird Dir wohl jetzt vergehn."
Später folgte eine Unterhaltung mit meiner Mutter und sie berichtete mir, daß es dem Herrn Lehrer sehr leid tat und er habe sichVorwürfe gemacht, er hätte fast als Lehrer versagt, aber - so meinte er - "sie hat mich so herausfordernd angesehen, daß ich mich nicht beherrschen konnte." Meine Mutti wußte nur zu gut, was er damit meinte. Sie erwiderte: "Ich kenne meine Sieglinde gut und sie hat etwas an sich, wenn sie auch von mir bestraft wird, da reißt mir oft der Geduldsfaden". Daraufhin Lehrer Landsberg: "Beide ihre Töchter haben einen ausgeprägten Gerechtigkeitssinn".
Diese Worte zielten auf einer meiner Eigenschaften. Deshalb verstehe ich noch heute nicht die Politiker, die Betriebs- und Volkswirtschaft und den Menschen als solchen in seiner Betätigung in Kirche und Staat. Wo ist die Gerechtigkeit??? Selbst die Inkraftsetzung unserer Gesetzgebung hilft oft nicht. Die Menschen winden sich nur so durch die Schlinge, um der Gerechtigkeit aus dem Wege zu gehen. Wenn der Mensch nur die 10 Gebote beherzigen würde, wir Christen würden ein Paradies auf Erden erleben.

Wie schon mal erwähnt, es war nicht einfach für unsere Mutti, sich auf dem Dorf so richtig wohl zu fühlen. Damals gab es ja auch nur ganz vereinzelte Familien aus der Stadt und die Lebensweise zwischen Dorfbewohnern und Stadtleuten war doch recht unterschiedlich. Wir aßen im Durchschnitt so gegen 12.30 zu Mittag, auch sonntags. Die Bauern hatten aber eine ganz andere Einteilung. Bedingt durch das Frühaufstehen, das Vieh mußte ja gefüttert werden usw. wurde auch schon um 11.30 Uhr zu Mittag gegessen und das galt auch für den Sonntag. Unsere Mutti brachte uns auch bei, daß wenn bei Leuten die Teller auf den Tisch gestellt werden es höchste Zeit zum Heimgehen ist.

Wurden wir dann gefragt: "Gell ihr esst noch nicht?" antworteten wir oft: "Nein wir essen später, so wie die Stadtleute". Mutti sorgte auch immer dafür, daß wir stets sauber und ordentlich, fast etwas modisch, gekleidet waren. Meine Schwester und ich trugen bis nach dem Kriege fast immer die gleichen Kleider, Röcke, Pullover usw. so wurden wir von einigen Dorfkindern "die Ullrich's Affen" genannt.
Gleich im ersten Jahr in Wiesenbronn sagte eine Bauersfrau zu mir: "Geh' hemm zu deiner Modder und soch sie söll der dein Orsch nauf schraub". Das mußte meine Cousine Anna erst mal meiner Mutter übersetzen, sie lachte herzhaft und meinte:
"Tante, das soll heißen, daß die Faltenröckli einfach zu kurz sind".

Eben fällt mir noch ein Gedicht vom Kindergarten ein:
"Wenn ich groß bin liebe Mutter, werd' ich alles für dich tun,
und dann haben Deine Hände endlich Zeit sich auszuruhn.
Wenn die Hähne krähn am Morgen
brauchst Du nicht mehr aufzustehn,
denn dann werd' ich für Dich sorgen und für Dich zur Arbeit gehn." und

"Schneeflöckchen weiß Röckchen, wann kommst du geschneit,
du wohnst in den Wolken, dein Weg ist so weit,
komm setz' dich ans Fenster du lieblicher Stern,
mal Blumen und Blätter, wir haben dich gern."

Mutti fuhr ab und zu mit uns nach Würzburg zum Einkaufen. Sie hatte ihre Marken, aber es half sehr, daß sie auch oft etwas Speck, Eier, Mehl und Brot mitnahm. Etwas von der Traglast wurde auf uns Kinder verteilt. In den letzten Kriegsjahren gab es keinen Bus nach Kitzingen, so mußten wir alle nach Kleinlangheim laufen. Am Dorfeingang waren es 3 Kilometer, aber bis zum Bahnhof nochmal ein ganzer Kilometer. Dort nahmen wir den Zug bis Kitzingen und als die Brücke zerbombt war, mußten wir in Etwashausen aussteigen und über die notdürftig reparierte Brücke bis zum Bahnhof nach Kitzingen maschieren. In Kitzingen war auch unser Zahnarzt. Mutti kaufte auch oft dort ein, aber Würzburg hatte ein besseres Anziehungsmittel. Erstmal die Tanten, Onkel, und Cousinen und in vielen Geschäften, so z.B. im Kaufhaus Völk, kannte Mutti einige Damen im Verkauf von früher, mit denen sie teilweise zusammengearbeitet hatte. Beziehungen !!! Das Wort hatte Gewicht. Auch erinnere ich mich an das Wort "geschmiert". Man hat eben

gewußt was nötig war, um für die Familie einzukaufen. Oft hat auch Mutti für Bekannte und Verwandte etliches mitbesorgt.
Wenn wir nach Würzburg fuhren, wohnten wir immer beim Opa. Ich durfte sogar bei ihm im Bett schlafen. Er kochte und hauswirtschaftete als Witwer noch recht gut. Seine "Pfälzer Kartoffeln" in Zwiebel und Fett geschmort schmeckten besonders gut. Er kam ja aus der Pfalz nach Würzburg ca. 1892. Tante Dora, Onkel Adam und meine Cousinen Ruth und Elfriede, die im gleichen Haus wohnten, nahmen uns auf kleinen und großen Spaziergängen mit. Ein extra schöner war durch die Weinberge hoch zur Steinburg. Dort gab es ein Kinder-Café und man konnte entweder ein Eis schlecken oder eine Laugenbretze mit Limonade bestellen.
Im Klein-Nizza, bei den Goldfischen und den Enten, auf den vielen Wegen und Treppen, konnte man sich richtig freilaufen. Von meinen Cousinen liebten wir alle Ruth besonders. Sie war die Älteste, 1929 geboren.
Wir fanden sie bildhübsch und mein Brüderchen fragte sie auch eines Tages: "Ruth willst Du auf mich warten, wenn ich groß bin heirate ich Dich!"
Onkel Hans, Tante Ida und Cousine Helga wohnten nahe am Luitpold Krankenhaus und von dort wurde über die Kirschenalle nach Versbach spaziert. Von Onkel Hans lernten wir so manchen Scherz, kam Mutti vom Friseur zurück so sagte er: "Mädle mach Dir Locken, sonst bleibst hocken, bleibst Du dennoch hocken, dann sind schuld Dein' Locken".
Wie mir soeben auffällt, sind wir als Kinder viel spazieren gegangen. Ganz logisch wir waren drei und dann bei Onkel und Tante mit noch zwei oder drei Cousinen, damals gab es ja kein Fernsehen und Beschäftigung waren bei schlechtem Wetter Spiele am Tisch, "Mensch-ärgere-Dich-nicht", "Mühle" udgl. bei Sonnenschein feste marschieren und sich austoben. Gesundes Leben was?
Bei unseren Einkaufsreisen überraschte uns dann so 1943 ein Fliegeralarm und im Kaufhaus Völk mußten wir alle in den Luftschutzkeller. Zu einem Angriff kam es nicht.
Bald aber fiel die erste Bombe im Nikolausberg, auf dem Weg zum "Käppele". Unsere Cousinen führten uns dorthin und mit Erstaunen beäugelten wir das erste zertrümmerte Haus. Kurz danach wurde ein Schulgebäude in Grombühl zerstört. Ein englisches Flugzeug stürzte ab. Der Pilot und ein Mann Besatzung seien verbrannt und lange dachte ich über die Beschreibung des "ganz verkohlten Körpers" nach.
Im Herbst 1944 erlitt Würzburg einen Teilangriff. Hauptsächlich wurde auf den Bahnhof gezielt. Eine Straßenecke von Opa weg schlugen Volltreffer ein

und alle seine Fenster waren zerstört. Sie mußten notdürftig mit Holz verschlagen werden. So erzählte Tante Dora später, "er wäre beinahe ums Leben gekommen. In den Keller wollte er nicht als die Sierenen losheulten, so blieb er im Bett. Als er den Haupttreffer hörte ging er aus dem Bett und schimpfte laut vor sich hin. Der Luftdruck, der die Fenster zerbrach hätte seine Lunge verletzen können".... Die Ausbesserung der Fenster dauerte Opa viel zu lange, er war ja doch schon 72 Jahre alt, auch seine Kohlenversorgung ließ nach. So schrieb er an Mutti, ob er den Winter über zu uns auf's Land kommen könnte.

Mutti telefonierte sofort ihre Antwort: "Ja, natürlich, packe Deinen Koffer und komme".

Wie Mutti später oft sagte: "Mit dem kleinsten Koffer kam er an, sagte immer er brauche ja nicht viel!"

Wir Kinder freuten uns alle, daß Großvater nun bei uns wohnte. Oben im 1. Stock war noch ein kleines Zimmer frei für ihn. Er war ein Experte im Erzählen von "Schauer-Geschichten", von Hexen und bösen Geistern war oft die Rede. Einmal habe der Teufel seinem Bruder beim Pilzesammeln eine Ohrfeige gegeben, weil sie den Rat der "Hexe" nicht befolgten und über eine Wiese liefen, das verboten war. Oft sammelten wir Pfifferlinge mit Opa im Steigerwald und als wir eine sog. Holzzuteilung von der Gemeinde erhielten, war er derjenige der die dünnen Bäumchen fällte. Mit einem Beil, einer Säge und einem Leiterwagen gings auf in den Wald. An der Kinderschule vorbei durch den Hohlgraben hoch. "Die Große", also Margot, war meistens nicht dabei, Entschuldigung: "Hausaufgaben machen". Aber Peter und ich wußten, daß sie nicht besonders gerne zum Holzholen mitging. Körperliche Arbeiten waren nicht ihre Sache. Einmal wurden wir von einem Hagelsturm überrascht. Wir suchten Schutz so gut das ging unter einem Baum, da rief Opa zu: "Linde nimm Deine Schürze runter und halt sie Dir und Peter überm Kopf". Auf dem Nachhauseweg merkte ich, daß von meinen sog. Kriegsschuhen die rote Farbe auslief. Opa erzählte Mutti später, daß wir ihn, im Walde unter dem Baum sitzend, an "Hänsel und Gretel" erinnerten.

Oft wurde ich hier im Ausland gefragt, ob ich mich an die Judenverfolgung/ Entführung erinnern kann. Was ich mich entsinne ist, daß in einem bestimmten Haus, auf dem Weg die Dorfstraße runter zum Rathaus, immer zwei ältere Frauen am Fenster saßen. Eines Tages waren sie nicht mehr da. Ich fragte meine Mutti: "Mutti wo sind denn die alten Oma's hin, ich seh' sie gar nicht mehr.?" Mutti's Antwort war kurz und fast so, als wolle sie keine nächste

Frage beantworten. Eine gewisse Ängstlichkeit in ihrem Gesichtsausdruck: "Sie sind weg, verreist, das ist alles was ich weiß!" Instinktiv muß ich gewusst haben, da stimmt was nicht, besser ruhig sein.
Nach dem Kriege erfuhr ich mit vielen anderen Aussagen, daß sie in ein KZ abtransportiert wurden.
Unsere Kinderbilderbücher hatten auch einige Bilder mit dicken fetten Juden, der Mann hatte einen Stoppelbart, ein Ehepaar saß bei Tisch und sie konnten kein Schweinefleisch essen. Gesungen haben wir auch ab und zu: "Am Montag, Dienstag, Mittwoch kommt die Lina, aus Palestina, aus Afrika. Ja die muß patent sein, muß ohne Hemd sein...." das ist alles. Was mir ganz besonders noch vor Augen ist, ein Anschlag am Brett visavis von Haus Nr.17 wo wir wohnten, (anfang vom Roth's Gässle): "Psst, Feind hört mit".
Das Wort "Feind" war überhaupt ein Wort voll von Drohung, Angst und Zweifel. Wer ist der Feind? Opa kam eines Morgens ins Schlafzimmer und sagte zu Mutti: "Lisbeth ich hab' eben am Radio gehört, daß die Russen jetzt auch noch angegriffen haben. Das gefällt mir gar nicht". Mutti's Reaktion war ein: "Umgotteswillen, da seh ich schwarz".
Von da an hatte das Wort "Russen" die Wirkung wie heute bei den Kindern "das schwarze Loch im Universium".

Ob Vati Weihnachten 1944 nochmal zu Hause war weiß ich nicht mehr. Unter den Briefen, die meine Mutti aufbewahrte und ich nach ihrem Tode übernahm, lese ich folgenden vor:

Nürnberg - Langwasser 27.1.45

Meine liebe Mutti & Kinder!
Ich kam gestern abend um 6 Uhr hier an. Der Schneesturm war schlimm und bin ich fast 3 Stunden maschiert. Der Zug kam mit 4 Stunden Verspätung in Nürnberg an. Aber alles dies ist nebensächlich, denn der Wehrmachtsbericht läßt einem erzittern. Die Russen sind 150 Kilometer vor Berlin und wo werden sie sein, wenn Du diese Zeilen bekommst? Glaube mir liebe Lisl, ich bin so froh, dass ich die zwei Tage zu Hause war. Wie jetzt alles kommt wissen wir nicht. Habe bitte den festen Glauben und die Hoffnung, dass ich immer im Geiste bei Euch bin, bei meinen Liebsten was ich auf der Welt habe. Bis zur Stunde habe ich noch keine Abstellung. Sollte sie schnell kommen rufe ich Dich telefonisch an. Sollte alles schlimm kommen, so bin ich so schnell als

möglich bei Dir. Nicht darüber mit jemanden sprechen. Schreibe mir sofort. Ich habe Dich lieb und liebe Dich immer.

Herzliche Grüße und Küsse

Dein Hans

Grüße an die Kinder!

Wenn auch immer ich diese Zeilen lese, werde ich sehr traurig. Ich fühle die Denkart meines Vaters, den Vater, mit dem ich mich nie als erwachsener Mensch unterhalten konnte, Gedanken und Gefühle austauschen konnte. Ich vermisse ihn heute noch so sehr, obwohl aus praktischen Gründen er ja fast nicht mehr am Leben sein würde. Er würde 95 Jahre alt sein.
Vor ein oder zwei Jahren hatte ich einen Traum. Er war so wirklichkeitsnah, so daß ich aufwachte und erstmal gar nicht wußte wo ich bin. Dann erzählte ich meinem Mann gleich meine Begegnung. Ein älterer Herr stieg aus einem Auto. Ich trat auf ihn zu, er schloß mich in seine Arme und wir drückten uns ganz fest. Ich sagte: "Na endlich, wo warst Du nur so lange". Ich habe das Umarmen ganz echt empfunden und was mich sehr verblüffte, obwohl ich meinen Vater zuletzt sah als er 44 Jahre war, war er gealtert aber ich erkannte ihn sofort.

Ende Februar 1945. Ein Bombenangriff auf Würzburg!

Meine Tante Dora und Familie in Grombühl wurden total ausgebombt. Auch Opa, der ja im 2. Stock wohnte, doch er mußte es gottlob nicht miterleben, er war ja bei uns. Tante Dora, Onkel Adam, Ruth und Elfriede retteten ihr Leben nur, weil sie in einem Nachbars Luftschutzkeller Schutz suchten und nicht im eigenen Haus Nr.6 Steinheilstraße. Wir erfuhren erst zwei Tage später von der Schreckensnachricht. Gegen Abend klopfte es an der Haustür von Nr.17 und alle vier standen da. Mit nur einigen Gepäckstücken in der Hand. Meine Cousinen hatten Kleidungsstücke übereinander angezogen, somit rettete man was man konnte.In der Nacht suchten sie verzweifelt ihren Weg vom Bahnhof in Kleinlangheim und hatten sich verlaufen, indem sie im Dorf selbst falsch abbogen und erst in Feuerbach waren. Sie waren erschöpft. Meine Tante sagte: "Ruth hat nur das eine gewollt, laßt uns doch zur Patin gehen, dort fallen keine Bomben, sie hilft uns auch.. Lisbeth und so sind wir hier." Meine Mutti und meine Tante haben an diesem Abend viel geweint.
Im Hause von Tante Anna war noch oben neben unserem Schlafzimmer ein leeres Zimmer. Dort wurden alle Viermannhoch einquartiert. Betten, Tisch und Stühle und Komode wurden aus der Nachbarschaft und Verwandtschaft zusammengeborgt.

Unten in der Küche wurde in Schichten gekocht, es war nur Platz am Tisch für je eine Familie zum Sitzen.
Es gab natürlich ab und zu mal Krach zwischen den Müttern und fünf Kindern.Was mir noch in Erinnerung ist, dass jede ihr eigenes Tütchen mit Salz in der Schürzentasche herum trug. Es war großer Salzmangel. Manchmal hörte ich das Wort "Viehsalz" nehmen. Aber wie üblich, wir Kinder verarbeiteten das Drama viel einfacher. Es war wirkliche Tragöde und nicht wie heute, wo alles vom Fernsehen her aufgenommen und verarbeitet werden muß. Wir spielten bei Regenwetter ein ganz tolles Spiel. Die große Ruth 16 Jahre, war die Lehrerin.
Sie setzte uns altersmäßig auf die Bodentreppe. Peter und Erna ganz unten, dann kam ich, dann Elfriede, Margot war die Oberstufe. Ruth besuchte schon die Handelsschule und lernte auch englisch und wir mußten mit ihr als Lehrerin unser Einmaleins und kleine Gedichte aufsagen .

Kurz vor Kriegsende kam noch eine Schwägerin von Tante Anna aus Fürth mit ihrem Klein-Karle. Der Fürther Dialekt war neu für uns. Sie rief manchmal voll Entsetzen: "Karle, hast wieder Husen voll g'macht". Sie hatte auch schrecklich Angst vor Mäusen, selbst, wenn sie tod waren. Ich trug oft die tode Maus in der Mausefalle die Treppe runter auf dem Wege begegnete ich ihr und ließ voll Vergnügen die Maus am Schwanz mit der Falle hin und her bammeln. Sie schrie entsetzt auf. Ich lief dann schnell in die Küche, wo Mutti den Ring vom glühenden Küchen-Herd aufhob und die Maus Zack ins glühende Feuer flog. Solche kleinen Übeltaten verhalfen mir zu meinem Spitznamen "Hexe-Sabille". Tante Maria und Karle zogen in Opa's Zimmer und er kam zu uns ins Schlafzimmer. Ich teilte das eine Ehebett mit ihm, das andere meine Mutti mit Margot so war zwischen mir und der Großen nur die sog. "Besuchsritze". Peter war der einzige, der sich noch richtig ausdehnen konnte, er hatte sein Kinderbett für sich selbst.
Tante Anna's Mann, Onkel Michael war schon lange im Krieg eingezogen. Bei ihr war noch ein Bett frei und da kam dann noch die Mutter von der Schwägerin aus Fürth rein.
Das Haus Nr. 17 war voll, das war aber keine Ausnahme, denn viele Flüchtlinge, Evakuierte und Verwandte aus der Stadt zogen ins Dorf ein. Der Bürgermeister mußte vom Rathaus aus organisieren und bald war fast kein Bauernhaus ohne Einquatierung. Aus dem Osten kamen die Siebenbürgen Flüchtlinge mit Roß und Wagen. Viel später habe ich solche ähnlichen Gespanne in den Cow-Boy Filmen wieder erkannt.

Noch ein Brief meines Vaters, ein Stimmungsbild der Zeit:

Nürnberg-Langwasser 18.2.45

Meine liebe Mutti & Kinder!

Ich erhielt Deine letzte Post heute und zwar Deinen Brief vom Sonntag. Freue mich, dass Opa zu Dir kam, denn Würzburg wird den Weg aller anderen deutschen Städte auch gehen müssen. Ich höre heute, dass am Donnerstag wieder Bomben in Würzburg fielen. Auch in Nürnberg krachte es am Mittwoch wieder. Die Woche war schlimm. Jeden Tag von 8 Uhr abends bis morgens 3 Uhr Alarm. Am Dienstag wurden 30 Kammeraden von unserer Kompanie abgestellt. Wie ich höre, wurde für mich ein U.K. Antrag gestellt, dass ich hier bleiben soll. Befürchte aber, dass der Antrag vom Generalkommandeur nicht genehmigt wird. So rechne ich mit meiner Abstellung bei Mitte März. Dann erfolgt in einer Kaserne eine vier-wöchentliche Ausbildung. Bis dorthin wird Schluss sein. Die Städte werden in der Zeit noch Furchtbares erleben müssen. Suche bitte in meinen Papieren nach meinem Auto-Führerschein, den brauche ich und will ihn mitnehmen, wenn ich heimkomme. Mach Dir keine Sorgen wegen Möbel in Wü.. Die Hauptsache ist, dass wir beide gesund bleiben. Alles weitere was dann kommt, werden wir meistern. Mein Herzenswunsch ist immer und ich bitte unseren Herr Gott darum: erhalte meine Frau und Kinder gesund.

Herzliche Grüße und Küsse
Dein Hans, Grüsse an die Kinder!

Dieser Brief bezeugt deutlich die Sorge, die sich mein Vater um seine Familie machte.

Selbst auf dem Dorf bestand Gefahr, von Tieffliegern auf dem Felde angeschossen zu werden. Einmal auf einem Spaziergang nahe am Waldessaum, mußten wir uns alle ganz schnell auf den Boden werfen, um nicht gesehen zu werden.

Mein Vater wußte mehr Bescheid, wie die Dinge standen. Er war, so bestätigte meine Mutti, kein Nazi. Er war gegen das Regime, aber er wußte auch wie man sich zu verhalten hatte - ganz einfach Mund halten und nicht vielen Menschen vertrauen. Er ahnte die Zerstörung von Würzburg.

Standpunkt

Der Luftangriff auf Würzburg

Bombenkrieg bedingungslos ächten

■ VON DIETER W. ROCKENMAIER

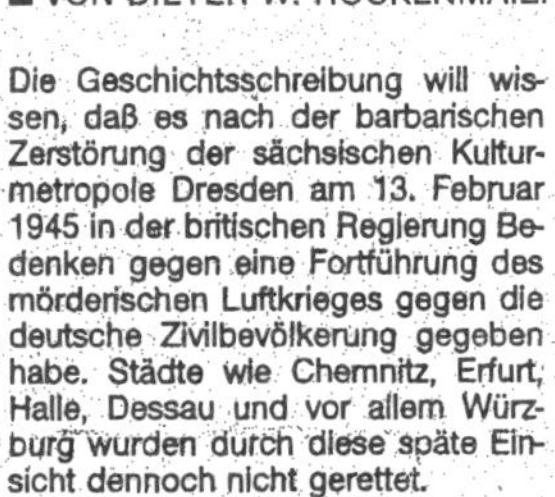

Die Geschichtsschreibung will wissen, daß es nach der barbarischen Zerstörung der sächsischen Kulturmetropole Dresden am 13. Februar 1945 in der britischen Regierung Bedenken gegen eine Fortführung des mörderischen Luftkrieges gegen die deutsche Zivilbevölkerung gegeben habe. Städte wie Chemnitz, Erfurt, Halle, Dessau und vor allem Würzburg wurden durch diese späte Einsicht dennoch nicht gerettet.

Denn am 17. Februar 1945 schrieb ein beim Alliierten Oberkommando akkreditierter Korrespondent: „Die Alliierten Luftwaffen-Chefs haben die erwartete Entscheidung getroffen, bewußte Terrorangriffe auf deutsche Bevölkerungszentren durchzuführen, um mit diesem unbarmherzigen Vorgehen das Schicksal Adolf Hitlers zu beschleunigen." Das war das Todesurteil auch für Würzburg.

Damit hatte sich selbst angesichts des abzusehenden Kriegsendes die fatale Fehleinschätzung des britischen Luftmarschalls Arthur Travers Harris durchgesetzt, durch gnadenloses Flächenbombardement deutscher Wohnviertel werde die Bevölkerung so demoralisiert, daß sie sich gegen die Nazi-Führung wenden und so eine schnellere Kapitulation der deutschen Wehrmacht herbeiführen werde.

Diese Fehleinschätzung hatte seit 1943 - als die Royal Air Force begann, deutsche Großstädte mit einer immer perfekter werdenden Strategie der Bombardierung systematisch zu zerstören - Millionen hilfloser Zivilisten das Leben gekostet. Und die Überlebenden umso enger an die Person Hitlers gebunden. Doch Harris hielt bis an sein Lebensende unbeirrbar an der Überzeugung fest, richtig gehandelt zu haben.

Nach Dresden gilt Würzburg heute als die am nachhaltigsten vernichtete Stadt mit den meisten Todesopfern. Dies ist selbst in der Bundesrepublik so gut wie unbekannt. Unterbrochene Kommunikationsmittel und eigene Sorgen in der Nachkriegszeit verhinderten, daß die Hiobsbotschaft vom Untergang einer der schönsten deutschen Städte die Runde machte, und ließen somit Dresden zum einzigen Synonym für den sinnlosen Terror gegen die deutsche Zivilbevölkerung werden.

Wenn am heutigen 50. Jahrestag Würzburg der schlimmsten Katastrophe seiner Geschichte gedenkt, dann darf dabei nicht vergessen werden, daß der Untergang der alten Stadt wie die Zerstörung aller im Zweiten Weltkrieg heimgesuchten Städte auf grausame Weise die bittere Wahrheit bestätigt hat: Wer Wind sät, wird Sturm ernten.

Denn vor Berlin, Hamburg, Köln, Dresden und Würzburg standen andere Städtenamen auf den Ziellisten: Warschau, Rotterdam, Belgrad, Leningrad, Coventry, London - die Bomben fielen aus deutschen Flugzeugen. Es war Adolf Hitler, der Englands Städte schon 1940 „ausradieren" wollte. Heute kann es deshalb nur einen tiefen Wunsch nach bedingungsloser Ächtung jedes Bombenkrieges gegen schutzlose Zivilisten geben.

Die Welt darf nicht tatenlos hinnehmen, daß auch in unseren Tagen Bomber wie in Grosny ungehindert eine ganze Stadt dem Erdboden gleichmachen. Das Gedenken an den Untergang deutscher Städte wie Würzburg macht nach einem halben Jahrhundert nur Sinn, wenn davon Impulse für einen grundsätzlichen Schutz der Zivilbevölkerung bei militärischen Auseinandersetzungen ausgehen.

Blick vom Festungsberg auf die ausgebrannte Domstraße. Der Dom hatte zu dieser Zeit berei die von deutschen Truppen gesprengte Alte Mainbrücke war eine Behelfsbrücke geschlagen w

r die Toten des Angriffs vom 16. März 1945 wurden gegenüber dem Hauptfriedhof Massen-
iber angelegt. Seit 1954 befindet sich hier ***das Mahnmal für die*** *Opfer der Brandnacht, das*
r Würzburger Bildhauer Fried Heuler ***geschaffen hat.***

Sie kam am 16. März 1945. In der letzten Phase des Krieges. Churchill hatte eine Liste aufgestellt, der Bomber Harry führte sie aus. Alle deutschen Städte über 100.000 Einwohner sollten mit einem Totalangriff zerstört werden.

Da Würzburg meine Heimatstadt ist, werde ich ihr die folgenden ausführlichen Seiten, Abschrift eines Artikels in der "Main-Post" widmen.

Sonderbeilage der "Main-Post" zum 50. Jahrestag der Brandnacht vom 16. März 1945. (von Dieter W. Rockenmaier)

Am späten Nachmittag des 16.März 1945 starten westlich von London rund 500 viermotorige Bomber vom Typ "Lancaster" und zwei Dutzend "Mosquitos" des Strategischen Bomberkommandos der Royal Air Force (R.A.F.) zum fast vierstündigen Flug nach Süden. Ziele an diesem Freitag: Nürnberg und Würzburg. Die Maschinen gehören zur No.1 und No.8 Group. Die No.5 Bomber Group gilt als das erfahrenste und präziseste Geschwader im Luftkrieg gegen Deutschland. Ihre Squadrons flogen Flächenangriffe gegen Heilbronn, Darmstadt, Königsberg, Braunschweig, München und Kassel. Bei der Vernichtung Dresdens am 13. Februar 1945 hatten sie den ersten und entscheidenden Angriff ausgeführt.
Aus Sicherheitsgründen nimmt der Bomberstrom nicht den kürzesten Weg. Er erreicht

230 Bomber nehmen Kurs auf Würzburg

den Kontinent über der Somme-Mündung verfolgt nordöstlich von Reims einen süd-östlichen Kurs bis zu den Vogesen und überfliegt mit Nordost-Kurs den Rhein, der hier bereits die Frontlinie bildet. Gegen 21 Uhr sammelt sich der Großverband im Luftraum von Crailsheim. Hier spalten sich die Bomber in zwei Verbände. Rund 280 Maschinen der No.1 und No. 8 Bomber Group nehmen endgültig Kurs auf Nürnberg, ca. 230 Flugzeuge der No.5 Bomber Group unter dem Kommando des R.A.F.- Obersten Dean steuern Würzburg an.
Bereits kurz nach 19 Uhr wird in der Stadt am Main "Kleinalarm", das heißt öffentliche Luftwarnung, ausgelöst. Der nächtliche Himmel über Würzburg ist wolkenlos, nur in Bodennähe herrscht leichter Dunst. Die äußeren Bedingungen in dieser Jahreszeit können für einen Großangriff kaum besser sein.

Gegen 20 Uhr heulen die Sirenen Vollalarm. Die Menschen in der Stadt stürzen in die Keller und öffentlichen Luftschutzräume. Doch mehr als eine Stunde bleibt es draußen ruhig. Hoffnung kommt auf, daß Würzburg auch in dieser Nacht vom großen Feuer verschont bleiben werde. Da meldet um 21.07 Uhr das Funk-Horch-Regiment West in Limburg-Lahn an die "Befehlsstelle des Gauleiters" im Bunker am letzten Hieb: "Größte Gefahr für Würzburg!". Im Bunker macht sich Bedrückung breit. "Zum erstenmal formuliert der Leiter des Stabes selbst die Luftlagemeldung: Die Stadt muß eindringlich gewarnt werden", schreibt Max Domarus in seinem Buch "Der Untergang des alten Würzburg". Die Ansagerin ist aufgeregt und verspricht sich beim Vorlesen: "Starker Kampfverband bei Crailsheim, nordöstliche Richtung. Äußerste Vorsicht ist geboten, mit einem Angriff auf unsere Stadt ist zu rechnen!"
Die Würzburger hören es an ihren Radios und erschrecken. Wer noch nicht im Keller ist, greift eilig nach dem Luftschutzgepäck und verläßt hastig die Wohnung. Inzwischen ist die für die Zielfindung und Zielmarkierung zuständige Squadron der No.5 Bomber

Bombardement in drei Wellen

Group über der Stadt eingetroffen, während das Motorengeräusch des anfliegenden Bomberstroms zu einem immer bedrohlicheren Dröhnen anschwillt. Heinrich Dunkhause, der die Ergebnisse seiner Studien in britischen Militärarchiven in dem Aufsatz: "Würzburg 16. März 1945, 21.25 Uhr - 21.42 Uhr, Hintergründe, Verlauf und Folgen des Luftangriffs der No.5 Bomber Group" festgehalten hat, schreibt dazu:
"Das für den Flächenangriff vorgesehene Gebiet war in Sektoren aufgeteilt; man nannte dieses Bombardement deshalb auch "sector bombing". Entscheidend für die Markierung und den Ablauf der anschließenden Bombardierung durch den Hauptverband war die Anwesenheit eines Master Bombers - auch Controller genannt. Diese Bombardierungstechnik erforderte hohes fliegerisches Können; die Squadrons von No.5 Bomber Group waren dafür bekannt und genossen innerhalb des Bomber Command besonderes Ansehen, jedoch auch den Neid anderer Groups. Für Würzburg bedeutete der Einsatz von No.5 Bomber Group ein sehr schlechtes Omen."

Und nun vollzieht sich das oft erprobte Ritual der R.A.F. mit grausamer Perfektion, unbehelligt von Flak und kaum gestört von deutschen Nachtjägern. Mit großer Geschwindigkeit wird am Himmel das Zielgebiet durch

Markierungsbomben abgesteckt. Dann folgen die "Christbäume", jene vom Volksmund mit grausiger Ironie so genannten traubenförmigen Leuchtzeichen, deren Licht so hell ist, daß man die anfliegenden Bomber deutlich erkennen kann.
Das Bombardement beginnt in Heidingsfeld und vollzieht sich in drei Wellen genau von 21.25 Uhr bis 21.42 Uhr. Es gibt um diese Zeitangabe nach dem Krieg viel Streit unter den Überlebenden, ob der Angriff nicht in Wirklichkeit eine Stunde früher stattgefunden habe. Dieser Streit wird auch in einer Reihe von Leserbriefen an die "Main-Post" ausgetragen. So heißt es in einer Zuschrift vom 22. März 1955: "Sollte es wirklich Menschen geben, die diese Schreckensnacht erlebten und heute, nach zehn Jahren, nicht mehr wissen, wann unser Unglück begann? Wenn dem wirklich so ist, will ich Ihnen mitteilen, daß zur Zeit noch einer in Würzburgs Mauern lebt, der diesen Zeitpunkt nicht vergessen wird. Ich war in jener Nacht der Lokomotivführer jenes Unglückszuges, der später im Bahnhof explodierte und die noch Lebenden in neue

Streit um Zeitpunkt des Angriffbeginns

Schrecken jagte. Sie werden es wohl zugeben, daß Lokführer auf ihrer Maschine stets richtiggehende Uhren bei sich führen. So auch ich an jenem Abend. Die erste Bombe fiel an jenem Abend um 20.22 Uhr auf Würzburg. Um 20.26 Uhr war mein Heizer schon tödlich getroffen, und um 20.32 Uhr hatte ich bereits die linke Hüfte verloren. Wäre der Angriff eine Stunde später erfolgt, so lebte heute mein Heizer, Ludwig Störlein, noch und ich selbst wäre kein Krüppel. Auch weiß ich mit Bestimmtheit, daß wir seinerzeit keine andere als die Normalzeit hatten".
Unter dem gleichen Datum heißt es in einer anderen in der "Main-Post" veröffentlichten Leserzuschrift.
"Wann war der Angriff? Hierzu teile ich Ihnen mit, daß ich seinerzeit auf der Steinburg und im Flugwachdienst eingesetzt war und ich mit Sicherheit behaupten kann, daß der Angriff um 20.20 Uhr stattgefunden hat".
Auch zahlreiche andere überlebenden Würzburger waren oft bis zu ihrem Tode nicht davon abzubringen, daß das Bombardement bereits gegen 20.20 Uhr begonnen habe.
Max Domarus erklärt die Erinnerungsdifferenz mit der Wartezeit zwischen Vollalarm und dem ersten Bombenabwurf, der über eine Stunde dauerte, vielen Menschen in den Kellern im Nachhinein aber verhältnismäßig kurz erschien. Einen weiteren Grund dafür, daß sich der genaue Zeitpunkt in der Erinnerung

verwischte sieht Domarus in der Tatsache, daß die meisten vorangegangenen Luftangriffe im Februar und März 1945 zwischen 20 und 21 Uhr erfolgten................

Die Luftwarnstelle Gemünden verzeichnet unter Eintrag Nr. 157: "21.24 Uhr: Lichtzeichen über Würzburg" Der ehemalige Leiter der Luftschutz-warnzentrale Würzburg, Mack, gibt

Brandnacht fordert 5000 Todesopfer

aufgrund persönlicher Aufzeichnungen als Zeitpunkt des ersten Bombenabwurfes 21.23 Uhr an. Schließlich ermittelt Heinrich Dunkhase anhand britischer Quellen die genaue Angriffszeit: 21.25 Uhr bis 21.42 Uhr (MEZ). Die Sommerzeit beginnt in Deutschland erst am 2. April 1945.
Es ist dehalb absolut korrekt, daß das Würzburger Standesamt alle Todesurkunden vom 16. März 1945 auf 21.30 Uhr als die Mitte zwischen 21.20 und 21.40 Uhr ausstellt. Rund 5000 Menschen sterben unter der mörderischen Fracht der angreifenden No.5 Bomber Group. Etwa 260 schwerste und schwere Sprengbomben sowie rund 300 000 Stabbrandbomben schlagen in den Straßenzügen der Stadt ein. Die alten Häuser, mit sehr viel Holz gebaut, stehen rasch in hellen Flammen.
Entgegen der vermeintlichen Erinnerung von Überlebenden werfen die Flugzeuge der R.A.F. zwar Benzolkanister, aber keine der gefürchteten Phosphorbomben ab. Das wird sowohl vom deutschen Polizeibericht als auch von britischer Seite bestätigt. Doch Phosphorbomben sind auch gar nicht nötig, um das infernalische Werk der Vernichtung zu vollenden. Ein fürchterlicher Feuersturm mit unvorstellbaren Temperaturen bis zu 2000 Grad Celsius entsteht und entfacht einen gefährlichen Funkenregen. Heulend rast der glühend heiße Luftsog durch die Straßen. Der "Bomber Command Operational Film", aus einem der angreifenden Flugzeuge gedreht, zeigt es auf noch heute beklemmende Weise: Immer mehr Brandherde wachsen zusammen - erfassen, was die Bomber nicht getroffen haben.
Später notiert der damalige Kaplan Fritz Bauer in sein Tagebuch: "In den Kellern der Wohlfahrts- und der Ursulinergasse jagten die Leute, wie Überlebende mir erzählten, durch die Mauerdurchbrüche von einem Keller zum anderen. Sie hatten im eigenen Haus das Feuer gewahrt und meinten, das nächste sei feuerfrei. So ging es durch zehn, fünfzehn und noch mehr Keller, zunächst einmal in Richtung des Vierröhrenbrunnens, dann, als .....

Wie Ratten durch die Keller gejagt

überall Feuer war, zurück in die entgegengesetzte Richtung. Mit dem gleichen Ergebnis. Und so ein paarmal hin und her, wie die Ratten gejagt. Welche Szenen sich dabei abgespielt haben mögen, wird nie jemand beschreiben...."
Ähnlich entsetzlich geht es in vielen Kellern unter der brennenden Stadt zu. Die Menschen flüchten zu Tausenden an die Mainufer, in die Grünanlagen oder weiter in die Vororte.
Die Würzburger Feuerwehr spritzt Wassergassen, viel mehr kann sie nicht tun. Die zu ihrer Unterstützung herbeieilenden Löschzüge kommen aus dem Umkreis von 100 Kilometern. Als erste meldet sich die Schweinfurter Wehr, die unmittelbar nach Angriffsbeginn losgefahren ist. Nur wenige Gebäude können gerettet werden wie zum Beispiel das NSV-Haus am Ludwigkai.
Der gesamte Feuerschutz der Stadt besteht am 16. März 1945 aus zwei Bereitschaften mit insgesamt 141 Mann, die der Luftschutzpolizei zugeteilt sind. Sie liegen in verschiedenen Unterkünften und sind mangels einheitlicher Befehlsgebung völlig auf sich allein gestellt. Der zweite Löschzug unter dem Kommando des Zugwachtmeisters Michael Grimm ist im südlichen Flügel der Residenz untergebracht und besteht neben Grimm aus dem Maschinisten Ackermann und sieben Feuerwehrleuten. Im Ernstfall sollen sie das Löschwasser den beiden underirdischen Wasserbehältern mit jeweils 600 Kubikmeter Wasser entnehmen, die die Luftschutzleitung in den Jahren 1942 und 1943 unter dem Residenzplatz hat anlegen lassen.
Noch während die Bomben fallen, erkundet Zugwachtmeister Grimm vorsichtig die Lage und stellt fest, daß in der Residenz zwischen Kaisersaal und Hofkirche bereits zehn Meter hohe Flammen aus dem Dachstuhl schlagen. Eilig prüft er einen Hydranten, muß sich aber

Hofkirche vor der Vernichtung bewahrt

damit abfinden, daß offenbar die gesamte Wasserversorgung ausgefallen ist. Unter Lebensgefahr und dank der unterirdischen Wasserbehälter beginnt der Löschzug nun am südlichen Residenzflügel mit der Brandbekämpfung, kann jedoch gegen den Funkenregen nichts ausrichten.
Mit verbissenem Einsatz gelingt es der kleinen Feuerwehrgruppe schließlich, die Hofkirche vor der Vernichtung zu bewahren. Maschinist Ackermann bedient dabei trotz der mörderischen Hitze aufopfernd die Wasserpumpe, die immer wieder zur Kühlung abgespritzt werden muß. Gegen 22.30 Uhr kommt

dann der Befehl, in der Hofstraße eine Wassergasse zu spritzen, um 60 Menschen die Flucht aus den Kellern zu ermöglichen.
Eine halbe Stunde nach dem Ende des Angriffs trifft Gauleiter Dr. Hellmuth im Befehlsbunker der Würzburger Luftwarnzentrale am Letzten Hieb ein. Niedergeschlagen empfängt er Oberbürgermeister Memmel, Behördenleiter und Offiziere zu einer "Krisensitzung". Als es tagt, ziehen schier endlose Züge obdachloser Würzburger mit verbrannten Haaren, rauchgeschwärzten Gesichtern und entzündeten Augen in die umliegenden Dörfer. Erst in den folgenden Tagen kann eine planmäßige Unterbringung beginnen. Mindestens 90 000 Menschen haben ihre Wohnung, alles Hab und Gut entweder ganz oder zum größten Teil verloren.
Sechs Tage lang werden die in der Stadt verbliebenen Einwohner unentgeltlich und ohne Lebensmittelmarken mit warmem Essen versorgt. Der "Hilfszug Hermann Göring", der aus mehreren Lastzügen mit Anhängern besteht und in bombardierten Städten eingesetzt wird, gibt schon am folgenden Tag heißen Kaffee, Verpflegung und Kleidung aus. Bereits in der nächsten Nummer der "Mainfränkischen Zeitung" wird eine lange Liste mit Auffangstellen veröffentlicht. Wasserwagen stellen eine notdürftige Wasserversorgung sicher, Handsirenen warnen bei erneuter Luftgefahr. Nach einer Woche öffnen die ersten provisorischen Lebensmittelgeschäfte. Die Warnung mit den provisorischen Sirenen ist dringed erforderlich. Denn bereits zwei Tag nach dem Großangriff, am 18. März 1945, bombardieren amerikanische Jagdbomber das Kasernengelände in der Zellerau, wobei auch Wohnviertel getroffen werden. Die "Jabos" werden bis zum letzten Kampf um die Trümmerstadt Würzburg noch öfter am Himmel erscheinen, insbesondere in Heidingsfeld Schäden anrichten und weitere Todesopfer fordern. Am 22. März 1945 zwischen 13 und 14 Uhr greifen

82 Prozent des Wohnraumes zerstört

acht schwere US-Bomber erneut die Zellerau an und zerstören mit etwa 80 Sprengbomben zahlreiche Häuser, die in diesem Stadtteil den Feuersturm überstanden hatten.
20 463 Wohnungen sind in geschwärzte oder zusammengestürzte Ruinen verwandelt worden. Damit haben die Bomber der R.A.F. in Würzburg rund 82 Prozent des gesamten Wohnraumes, fast alle öffentlichen Gebäude, die meisten der Kulturdenkmäler und 35 Kirchen der Mainfranken-Metropole zerstört. Nur noch ganze 6.000 Menschen sind es in den ersten Wochen, die - in den

wenigen stehengebliebenen Häusern zusammengepfercht oder in Kellern hausend - ein kümmerliches Dasein fristen. Alle anderen Überlebenden flüchten in die Städte und Dörfer des Gaues.

Auf einer anderen Seite schreibt Dieter W. Rockenmaier:

Von den rund 5 000 Todesopfern der Brandnacht konnten lediglich 1393 registriert werden.

Inmitten der Massengräber vor dem Hauptfriedhof befindet sich das Mahnmal der Stadt Würzburg für die Toten des 16. März 1945. Der Würzburger Bildhauer Fried Heuler (1889-1959) schuf es auf ergreifende Weise aus Diabasstein. Es zeigt - wie sie wohl auch in Wirklichkeit in den Kellern unter der gestorbenen Stadt gefunden worden war - die liegende Gruppe von vier toten Opfern der Brandnacht: eine Frau, zwei Kinder und ein alter Mann. Am 14. März 1954 wurde das aus eigenem Erleben gestaltete Monument Fried Heulers eingeweiht, und seitdem werden hier alljährlich Kränze niedergelegt. Auf einer Säule am Eingang zu dem Mahnmal stehen die Worte:

***Dreitausend Männer, Frauen und Kinder,
die bei der Zerstörung Würzburgs ihr Leben lassen mußten,
haben wir hier zur letzten Ruhe bestattet.***

Im Luftkrieg gegen das Deutsche Reich hat der Angriff vom 16. März 1945 auf Würzburg gemessen an der jeweiligen Bevölkerungszahl und bei **einem einzigen Bombardement**, nach Dresden die meisten Todesopfer gefordert. Man nimmt an, daß etwa 5000 Menschen den Tod gefunden haben. Die genaue Zahl hat sich wegen der vielen nicht registrierten Flüchtlinge in der Stadt jedoch nicht feststellen lassen. Die meisten Opfer der Brandnacht werden deshalb wohl für immer unter dem Mantel der Anonymität verborgen bleiben. Auch viele Würzburger konnten, weil sie oft bis zur Unkenntlichkeit verbrannt oder verstümmelt waren, nicht ermittelt werden und sind als Unbekannte in den vier Massengräbern vor dem Hauptfriedhof beigesetzt worden. Andere fanden in Familiengräbern die letzte Ruhe oder wurden unter schwierigsten Bedingungen von Angehörigen in Einzelgrabstätten beerdigt. Opfer, die in umliegenden Ortschaften zu Hause gewesen waren, hat man auf Handkarren, ja selbst auf Fahrrädern, übergeführt und auf dem Friedhof ihres Heimatortes bestattet.

Von zahlreichen Opfern wurden Überreste erst nach mehreren Jahren bei der Enttrümmerung ausgebrannter Häuser entdeckt. Von vielen anderen gab es überhaupt keine Spur mehr, sie waren im Feuersturm buchstäblich zu Staub und Asche verbrannt. Die letzten bekannt gewordenen Sterbefälle sind im Jahre 1963 registriert worden..........
Auf noch anderen Seiten erscheinen noch mehr Artikel hier von Lotte Brasch einige Überschriften ihrer Wiedergabe:

Sterbliche Überreste der Opfer waren im Dom aufgebahrt.

Man sagte mir, im Dom seien die sterblichen Überreste der Toten aufgebahrt, die man auf der Straße gefunden hätte. Es war ein grausiger Anblick, den ich nie vergessen werde. Mein Vater war aber nicht dabei......... Am 16. März 1945 war ich 22 Jahre alt und Angestellte bei der Deutschen Bank am Bahnhof. In der Grabengasse gab es nur die üblichen Kellerräume mit einem Fenster als Notausstieg. So liefen wir bei Fliegeralarm in den öffentlichen Luftschutzkeller in der Pleicher Schule an der Juliuspromenade. Als sich die Alarme 1945 häuften, gingen meine Eltern und ich auf Anraten einer Bekannten, die in der Zellerau in einem Haus mit großem Garten wohnte, abends zu ihr und schliefen dort.

Der Vater ist nicht mitgegangen - Kein Vorwärtskommen über die Mainbrücke -
Niemand konnte Auskunft geben - Viele Tote in der Kaiserstraße -
Knochen in der Gasmaskenbüchse - Im Keller ums Leben gekommen -"

Nachdem ich von der Sonderausgabe bisher Geschichten wiedergegeben habe, kann ich persönlich noch einiges hinzufügen, das ich hauptsächlich durch das Mithören der Unterhaltungen zwischen meiner Mutti , Verwandten und Freunden mitbekam.
In der Steinheilstraße 6 starb bei einem Angriff im Februar die liebe Else und noch mehrere Hausbewohner. Wir verehrten und liebten sie. Sie war bildschön und immer sehr schick angezogen.. Sie ging mit uns spazieren, lud uns zum Eisessen ein, wenn wir Opa besuchten. Ein schönes Foto mit ihr in der Domstraße.
Dann war die Frau eines Freundes meines Vaters auf einer Glaci-Bank ermordet.Nachdem das Ehepaar den Angriff überstanden hatte und sich in die

Anlagen flüchtete, fiel der Gattin noch ein wichtiger Gegenstand ein, den sie vom Haus wollte. Sie trug einen Pelzmantel und wartete auf der Bank. Als der Mann zurück kam, fand er seine Frau ermordet und der Pelzmantel war ihr weggenommen worden. Diese Geschichte fand ich sehr traurig.
1956 zogen wir in einen Neubau in die Weingartenstraße 12. Die Hausbesitzer überlebten die Zerstörung des Hauses, jedoch verloren sie die ältere Mutter auf dem Weg zum Main. Alle waren in feuchte Decken eingehüllt, gegen die Flammen und den Rauch.
Meine Tante, Onkel und Cousine in der Petrini-Straße nahe am Luitpold-Krankenhaus wurden nicht ausgebombt und wir waren heilfroh als wir das hörten.
Wir verloren alles untergestellte Möbel einer 4 Zimmer-Wohnung, das für den Umzug an die Mosel, bei einem Möbelgeschäft in der Innenstadt gelagert war. Wäsche, Geschirr, Teppich und Kleidung hatte Mutti schon vorher aufs Land gebracht.

Das ich die Sonderbeilage von 1995 überhaupt in Besitz habe, verdanke ich meiner Freundin Rosemarie, die meine Heimatverbundenheit kennt und mich hie und da mit "Material" versorgt.

Meine persönliche Meinung, heute als 60ig jährige Frau und Mutter, über Bombenangriffe, wo man innerhalb knapp 20 Minuten 5000 Menschen grausam tötet ist: Es ist tragisch, so himmelschreiend ungerecht und mörderisch. Die Taktik, durch Vernichtung der Moral der Zivilbevölkerung einen Diktator in die Kniee zu bringen ist toal unmenschlich, wahnsinnig, grausam. Mir fehlen die Worte. Nie wieder Krieg! Laßt uns deshalb alle in einem vereinten Europa leben. Wirtschaftlich in einem Glied. Laßt uns nebeneinander, mit unseren Traditionen friedlich leben. Es lebe die EG, es komme der Euro !!

Nach dem Bombenangriff und dem unsagbaren Wirbelsturm der folgte, fand man Tage danach Papiere, wie Geburts- und Heiratsurkunden halb angebrannte Dokumente mit schwarzen Rändern auf den Feldern und Wiesen in Wiesenbronn und Umgebung. Man bedenke, es sind ca. 30 km nach Würzburg. Eine Bauersfrau brachte meiner Mutti ein angebranntes Formular, sie konnte zu ihrem Staunen, den Namen einer Schulfreundin erkennen auf einem anderen den einer Geschäftskollegin.

Wenn ich heute als erwachsener Mensch mir die systematische Zerstörung von Städten während des Krieges vor Augen halte so grenzt das an, oder ist das Terrorismus, die Zivilbevölkerung wird zermalmt um die Moral des Diktators zu schwächen, d.h. ihn in die Knie zu bringen. Siehe den schrecklichen Golfkrieg Februar 1991 - wieder wurde die gleiche Taktik angewandt. Für den der es noch nicht gelesen hat folgt:

Eine Wiedergabe aus dem Lexikon über das Wort:
Krieg - die gewaltsame Lösung von Konflikten im zwischenstaatlichen Leben eines der Leitmotive der Weltgeschichte, bes. der polit. Entstehungsgeschichte des europ. Kontinents. Die zum Schlagwort gewordene Definition von Clausewitz lautet: "Krieg ist die Fortsetzung des politischen Verkehrs, eine Durchführung desselben mit anderen Mitteln."
Die Wirklichkeit lehrt, daß es sich beim Übergang von Diplomatie zum modernen Angriffskrieg oft um ein Ausweichen aus schwieriger (innen)politischen Lage in die Katastrophe handelt. Es ist historisch kaum mit Sicherheit festzustellen, ob jemals ein Volk in seiner Gesamtheit oder großen Mehrheit einen Krieg gewollt hat. Ausnahme ist der Verteidigungskrieg, den ein Volk aus Notwehr und zur Selbstbewahrung zu führen gezwungen ist. Es bedurfte der furchtbaren Ernüchterung durch den 1. Weltkrieg (rund 10 mil. Tote) um das Kriegsproblem (frage der Kriegsächtung) zum Gegenstand allgemeiner öffentlichen Diskussion werden zu lassen.(Völkerbund): Die unvollkommene Verwirklichung der im Völkerbund gegebenen Möglichkeiten der Kriegverhinderungen, das Heraufkommen totalitärer Diktaturen (—>Totalitarismus) führte zum 2. Weltkrieg (rund 15 mil. Tote), vorbereitet durch revolutionäre Methoden der politischen Propaganda und Infiltration, der Sabotage und fünften Kolonne, der Erpressung und des Terrors und durchgeführt als "totaler" Krieg, der die Menschkeit unter der Drohung der Atombombe zurückließ. Von der Völkerorganisation der —> Vereinten Nationen und der Kulterellen Völkerannäherung, welche die —> UNESCO erstrebt, hängt es in erster Linie ab, ob die Kriegächtung Wirklichkeit zu werden vermag.

Drittes Reich, eine i. d. Geschichte in versch. Formen vorkommende, mystisch-verschwommene Reichsidee; Begriff durch ein Buch und A. Moeller van den Bruck ("Das dritte Reich"; 1923) ins politische übertragen. In der Folge von den deutschen Nationalsozialisten als Bez. für den von ihnen angestrebten und später verwirklichten Einparteistaat unter diktatorischer

Führung verwendet.
...von Brecht ist die Drei-Groschen-Oper (1928).

Kapitulation (lat.) alte Bez. für zwischenstaatliche Verträge bes. für 1) ab dem 15 Jh. übliches Abkommen christl. mit oriental. Staaten über die Rechtsstellung der Angehörigen der ersteren in den letzteren. - 2) die Übergabe einer Festung oder das Waffenstrecken von Streitkräften.

Waffenstillstandsabkommen meist Hinblick auf (Friedens-)Vorhandlungen zwischen den Kriegsparteien abgeschlossene Vereinbarung die Kampfhandlungen einzustellen.

Waffenruhe im Verlauf von Gefechtshandlungen zwischen den milit. Befehlshabern vereinbarte Unterbrechung der Feindseligkeiten für kurze Zeit und zu einem best. örtlich begrenzten Zweck; z.B. Bergung von Verwundeten und Toten. Wegschaffung der Zivilbevölkerung —> Waffenstillstand.

Von unseren Abschweifungen zurück zur Familie:

Der letzte Brief meines Vaters:

Jermer, 25.3.45

Meine liebe Mutti und Kinder!

Das Paket mit meinem Brief, welchen ich dem jungen Dillich in Nürnberg mitgab müßt Du erhalten haben. Ich bin mit Kamerad Schneider und Krämer am Dienstag abend in Nürnberg weggefahren und kamen gestern nach 4tägiger Fahrt hier in Jermer (Tchechei) an; liegt bei Königgrätz - suche es auf der Karte. Wir sind in einer Kaserne. Sehr frontnah, ca. 50 km weg stehen die Russen bei Liegnitz und an der Neisse (Schlesien) uns trennt nur das Riesengebirge. Der Oberbefehlshaber (Ostmitte) General von Schimmer hat sein Quartier hier am Bahnhof in einem Sonderzug.

Wie ich heute vormittag hörte, sollen wir in den nächsten Tagen direkt hinter die Front kommen um Ausbildung, ob hier im Osten oder Westen ist noch ungewiß. Ich glaube jedoch im Osten. Morgen vormittag gehe ich zum Arzt; will sehen was ich erreichen werde. Die Front in Westen rückt euch bedenklich nah und sehe ich sehr schwarz was sein wird, wenn du diesen Brief bekommst. Jedenfalls bleibe im Ort, nur wenn bei Euch gekämpft werden sollte, gehe in den Wald. Es kann und muß bald jeden Tag eine Änderung kommen. Ich habe die feste Zuversicht, daß ich gesund wieder zu dir komme. Mein Glaube und mein Gebet geben mir diese Hoffnung. So sei auch du liebe gute Mutti stark in dieser Beharrung.

Bete abends mit der Anna, wenn ihr allein seid. Unsere Mütter im Himmel beten auch für uns. Verpacke mir einige Anzüge, Schuhe, Wäsche und Mantel und stelle dies zu Erbshäusers oder Wehrweins, wenn Gefahr droht, daß die Engländer oder die Amerikaner kommen. Schreibe mir bitte sofort hierher. Vielleicht bekomme ich noch ein Lebenszeichen von Dir.

So lebe denn wohl, auf ein gesundes baldiges Wiedersehen.
Ich umarme Dich liebe Liesl und grüße und küsse Dich

Dein Hans

Grüsse und Küsse an die Kinder von ihrem Vati.

Adresse:
Uffz. Hans Ullrich
Grenad. Ers. u. Ausb. Batl. 97
(A. Kompanie)
(11B Jermer (Protiktorat)

Grüsse an meine Geschwister und Völkels.

Wir haben nie mehr wieder von ihm gehört ....Mutti erfuhr von einem Kameraden aus Kitzingen der uns aufsuchte da er aus Jermer zurück kam, folgendes:

"Der Hans wollte unbedingt heim! So hat er sich ins Lazarett versetzen lassen! Ausgerechnet war das auf der anderen Seite vom Fluß. Dort sind die Russen einmarschiert. Bei uns kamen die Amerikaner. Er hat zwar sich noch retten wollen und ist dann aber auf der Brücke, zurück zu unserer Kompanie mit noch zwei Kameraden von den Russen erwischt und als Gefangener abtransportiert worden! Es tut mir so leid, der Hans war ein guter Kerl! Hat halt so Pech gehabt".

Dazu kann ich heute nur sagen, mein armer Vater, er hat sich so gewehrt gegen die Macht seines Schicksals, er hat sich ja freiwilling ins Lazarett überführen lassen! Er wollte keine Gefangenschaft, auf keinen Fall die russische. Es tut mir in der Seele leid. Ich fühle die Niederlage in meinem Herzen nach!
"Vati, deshalb will ich alles mal erzählen, das verdienst Du, nicht 'vergessen und verschollen, das ist des Sängers Fluch' (aus einem Gedicht das ich mal lernte!).
Nur vereinzelt bis 1948 hörten wir Aussagen von Mitgefangenen im Lager Sambor. Er habe z.B. Eisenbahnschienen helfen legen müssen, aber er hatte einen guten Kontakt zum Koch und bekam oft ein extra Breichen für seinen erkrankten Magen. Auch habe er Diskussionsabende organisiert und immer wieder in seinen Leidensgenossen den Mut auf Heimkehr wach gehalten. "Denkt an Eure Frauen und Kinder" so ermahnte er laut Aussage.

Was passierte bei Kriegszusammenbruch im Dorf am Steigerwald?

Es muß nach Ostern gewesen sein, es war eine dürftige Konfirmation für diesen Jahrgang. Da hieß es eines Tages beim Einkaufen bei Krämers "die Amis sind schon in Kleinlangheim und dort haben sie mit schweren Kanonen ins Dorf geschossen, weil die weiße Fahne oben auf dem Kirchturm fehlte. Einige Häuser wurden zerstört." Nun mußten die Obersten in unserem Dorf schnell Entschlüsse fassen. In Grüppchen standen die Bewohner auch meinen Opa und Onkel hörte ich Ratschläge geben. Einer der letzten Nazis sprach von Verteidigung mit Gewehr - da wurde mein Opa fast zornig und meinte, man müßte verrückt sein, solche Idee zu haben. Bauernfuhrwerke kamen beladen mit einigem Hab und Gut schon die Dorfstraße hoch Richtung Wald. Dort hat man sich versteckt. Sicher fürchtete man, daß ein Brand ausbrechen könnte und mit so vielen Scheunen voll Stroh, hätte alles lichterloh gebrannt. Keiner wußte wohl was zu erwarten war von dem Feind. Ängstlich holten uns die Mütter von Haus Nr. 17 zusammen, wir waren 3 Mütter, 1 Vater, 1 Großvater und 6 Kinder. Wir hatten unsere Trainingsanzüge an und gingen zum Hüßners Nachbar Haus Nr. 15. Dort gab es einen guten, tiefen Weinkeller. Höfers Familie von Haus Nr. 16 kam auch.
Mutter und fünf eigene Kinder und ein Füchtlingsmädle. Dazu noch die Hausbewohner bei Hüßners, hier war der Vater noch da. Der Sohn Ferdinand war im Alter meiner Schwester und eine junge Familie aus Pirmasens, die einquartiert war. Wir Kinder fanden wohl alles aufregend, denn wir wußten ja nicht vor was wir Angst zu haben brauchen, keiner hatte es zuvor erlebt und so

wurden wir für die Nacht auf die Kartoffeln gebettet, viel Decken als Unterlage und wir lagen wohl zu zehnt nebeneinander. Die Kleineren, so auch unser Brüderchen Hans-Peter, 7 Jahre, war bei Mutti, die mit anderen Frauen und Opa weiter hinten zwischen den großen Weinfässern sassen. Geborgen im Weinkeller wußten wir nicht was draußen im Dorf sich ereignete.

Wir hörten nur später, daß ein Kampf entstand zwischen den getreuen Nazis, die nicht die weiße Fahne auf dem Kirchturm hissen wollten, sondern es sollte die Hakenkreuzfahne hängen, dann half am Schluß eine couragierte Frau, die energisch die weiße Fahne zu guter Letzt hisste.

In der Nacht wurden wir Kinder jedoch wachgerissen durch immer lauter werdendes Donnern, die Kanonen schossen zuerst ums Dorf herum. Bis ein Volltreffer in der jetzigen Koboldstraße, wo auch wir waren, die Vorderseite beim Ackermanns Haus herausriss. Ein polnischer Kriegsgefangene, der Joseph, den wir alle mochten der beim Schnaps-Schmitt arbeitete, mußte die Griffe der Kellertüre mit beiden Händen festhalten, sonst hätte der Luftdruck sie aufgesprengt. Danach wurde viel gemurmelt, kleine Kinder weinten und wir waren wohl alle nicht sicher was auf uns zukommen würde. Am nächsten Tag gingen einige tapfere Männer auf die Straße und erkundschafteten. Die Mütter gingen zu Frau Hüßner in die Küche und holten was zum Essen für uns. Zwei bis drei Tage blieben wir in dem Keller, die Amerikaner hatten zwischendurch das Dorf besetzt. Der Bürgermeister, Fritz Krämer (Krämers Laden) wurde auch gleich abgeführt und in ein Gefangenenlager gesteckt. In seinem Haus quartierte sich der Offizier mit seinem Stab ein, der für das Dorf zuständig war. Hoch über dem Dorf kreisten die sog. ‘Aufklärungsflugzeuge’. Sie beobachteten alles was im Dorf geschah. Es wurde Ausgangssperre verhängt. Das bedeutete, daß keiner mehr nach 6:00 Uhr abends auf der Strasse sein durfte. Die Soldaten fuhren mit ihrem Jeep die drei Hauptdorfstraßen zur Kontrolle ab. Da erzählte man sich, daß z.B. ein oder zwei müde Soldaten, (Dorfbewohner) sich vom Schlachtfeld zurückgekämpft hatten, verfolgt von Hunger, Not und Panzern wurden sie dann noch am selben Tag ihrer Ankunft von den Amerikanern verhaftet und in ein Sammellager abgeschoben. Viele müde Kämpfer starben auf deutscher Erde gleich noch im ersten Jahr nach Kriegsende - sie verhungerten - in amerikanischen Gefangenenlagern. Die Bevölkerung konnte und durfte in den meisten Fällen nicht helfen. “Eingepfercht waren sie wie Schafe” meinte eine Frau, die ihren Mann suchte und fand. Er aß Gras aus Hunger, er überlebte mit Mühe und Not.

Für uns Kinder war es wiederum eine Zeitspanne voll von Überraschungen. Noch nie hatten wir einen Afrikaner gesehen, einen Neger (so nannte man sie damals), kohlschwarze Gesichter in amerikanischer Uniform. Hans-Peter und ich lernten bald "nix Kaugummi", "nix Schokolade" fragend zu sagen und wir wurden oft von den GIs belohnt. Eine Hausuntersuchung gab es auch. Von Haus zu Haus zogen immer vier Soldaten. Zwei standen am Tor/Hauseingang Wache, zwei gingen in die Häuser. Alle aber trugen sie ein Gewehr über der Schulter. Meine arme Mutti erschrak so sehr, daß sie gleich zum Klo laufen mußte und der Soldat folgte ihr. Cousine Ruth aus Würzburg half uns viel. Sie konnte Englisch von der Handelsschule und unterhielt sich mit den Soldaten. So hielten sie lieber ein kleines Gespräch und vergassen das Suchen. Besonders die Kammer wo Mutti Reservekartons hatte, auch von einer Freundin aus Würzburg. Aus unserem Hause wurde nichts mitgenommen. Oft kam es vor, daß die Soldaten Gegenstände einfach mitnahmen - das unausgesprochene Recht der Sieger - kann man eventuell sagen. Der Lebensmittelvorrat der Bauern wurde oft geplündert, so manch eine Speisekammer um einen ganzen Schinken beraubt.

Schweine wurden beschlagnahmt, geschlachtet durfte nur mit Genehmigung werden. Aber so manch schlauer Bauer fand einen "geräuschlosen" Weg, seine Sau zu schlachten. Schreien durfte sie also nicht.

Die Amerikaner verteilten Fett in Kanistern, das ranzig war, an die Familien von der Stadt. Meine Mutti mußte jede Portion Fett mit Zwiebeln noch mal auslassen, d.h. heißmachen, damit man es hinterher verwenden konnte. Eines Tages mußten wir Kinder aus der Stadt uns am Kirchberg nach der Schule ordnungsmäßig in einer Reihe aufstellen. Es wurde entschieden, wer Schulspeisung bekommen sollte. Die guternährten mußten abtreten. So geschah es, daß ein Beamter auf meine Schwester schaute und sagte: "Nein, Du brauchst keine extra Ernährung". Als er die Reihe weiter runter kam und ich mich ebenfalls mit dem Nachnamen Ullrich meldete meinte er: "Seid ihr beide miteinander verwandt?" "Ja" sagte ich, "ich bin die jüngere Schwester". "Na" meinte er halb lachend, "da steht ihr zwei aber in verschiedenen Ställen". Ich war eben eine rappeldürre Neunjährige. Meine Schwester, ein Gemütskind, gut proportioniert. Ich hatte viel nervöse Energie meinte meine Mutti. Ich würde alles weglaufen. Hans-Peter bekam auch mit seinen sieben Jahren Schulspeisung. So gegen 11:00 Uhr gab es jeden Tag ein amerikanisches Essen aus Dosen. Selbst die Frankfurter Würstchen schmeckten anders - sie schwammen in einer Gemüsesuppe. Kakao und ein Brötchen war auch eine Mahlzeit, so auch ein langweiliger Gries/Reispudding. Wir mußten unsere Geschirrchen und Löffel selbst mitbringen.

1945 im Sommer war viel los im Dorf. Manche Bauern regten sich auf und waren nicht immer freundlich zu den Zwangseinwohnern die ihnen zugeteilt wurden. Menschen strömten von überall auf die Dörfer zu, da es Nahrung gab. Man hat gehamstert, vor allem Eier konnte man eher erbetteln als Fett, Brot, Mehl und Schinken. Wir Städter hatten Markenbücher, Lebensmittelrationen. Wer kennt es noch? Soviel Fett, Butter, Zucker, Mehl und dgl. pro Person. Auch für Kleidung gab es Marken. Die Amerikaner machten eine Volkszählung. Jeder Bürger mußte sich melden und bekam eine Erkennungskarte. Die meines damals siebenjährigen Brüderchens habe ich unter den Papieren meiner Mutter gefunden.

MILITARY GOVERNMENT OF GERMANY

TEMPORARY REGISTRATION | Zeitweilige Registrierungskarte

Name / Name: U l l r i c h Hans-Peter | Alter / Age: 7 | Geschlecht / Sex: männl.

Staendige Adresse / Permanent Address: Wiesenbrunn | Beruf / Occupation: Schüler

Jetzige Adresse / Present Address: Wiesenbronn Hs.Nr. 17

Der Inhaber dieser Karte ist als Einwohner von der Stadt Wiesenbronn vorschriftsmaessig registriert und ist es ihm oder ihr strengstens verboten, sich von diesem Platz zu entfernen. Zuwiderhandlung dieser Massnahme führt zu sofortigem Arrest. Der Inhaber dieses Scheines muss diesen Ausweis stets bei sich führen.

The holder of this card is duly registered as a resident of the town of ______ and is prohibited from leaving the place designated. Violation of this restriction will lead to immediate arrest. Registrant will at all times have this paper on his person.

Legitimations-Nummer / Identity Card Number

H.P. Ullrich

Unterschrift des Inhabers / Signature of Holder

Right Index Finger

P. Chappell Capt.

Name and Rank / Mil Gov Officer, US Army

June 11 1945

Datum der Ausstellung / Date of Issue

(Dies ist kein Personal-Ausweis und erlaubt keine Vorrechte).
(This is not an identity document and allows no privileges).

Entnazifizierung !

Von Haus zu Haus zogen sonntags eine Bürodame von Krämers mit einer Schreibmaschine und ein oder zwei Soldaten von der Besatzungsmacht und es wurde bei jedem erwachsenen Bürger eine Entnazifizierung dokumentiert. Ein großes Formular wurde in die Maschine gespannt und viele Fragen über Parteizugehörigkeit und dgl. mußten beantwortet werden. Am Schluß war der Bürger mit Unterschrift von der Nazipartei befreit und ein freier Mensch. Wie konnte man aber frei sein, wenn das Dorf von den Allierten besetzt war? Am Schlimmsten empfanden wir Kinder und auch die Bauern, die ja auf dem Feld arbeiten mußten die sog. "Ausgangssperre" die dem Dorf in den ersten paar Wochen auferlegt wurde.

Im Herbst 1945 zogen meine Tante Dora mit Familie wieder zurück nach Würzburg.

Onkel Adam wurde dringenst bei der Bundesbahn gebraucht und so bekam er, gegen allen Erwartungen, in der ausgebombten Stadt, eine Altbauwohnung in der Nähe vom Himmelsschlüssel in Grombühl zugeteilt.

Mein Brüderchen liebte seine Cousine Ruth überalles, es entstandt im Sommer 1945 ein Foto, wo sie sich im Straßengraben außerhalb des Dorfes stellen mußte, so daß er Schulter an Schulter mit ihr stehen konnte. Er legte seinen Arm um sie und sagte: "Ruth warte auf mich, ich will Dich heiraten". Das war die Liebeserklärung eines Siebenjährigen. Die Zuneigung beruhte auf Gegenseitigkeit.

Ruth hatte aber auch unter den Dorfburschen Verehrer. Sie war ein sehr hübsches siebzehnjähriges Mädchen. Die Eltern waren beide mal weg und eine Freundin aus Würzburg war da. Da wurde in der Nacht eine Leiter über den Misthaufen vom Höfer's Hof rüber ans Fenster von Haus Nr.17 gelehnt und beide Mädchen kletterten hinüber in den anderen Bauernhof wo einige Burschen warteten. Im Dorf bleibt selbst das best geplante und geheimgehaltene Rendezvous nie ein Geheimnis. So wurde auch diese Episode in aller Mund weitererzählt und Eltern, Tanten und wir Kinder hörten auch davon. Aber das "Fensterln" gehört zur fränkischen d.h. bayrischen Tradition. Später gab es sogar einen Schlager (Schnulze genannt) der hieß: "Ich komm' heut zu Dir, aber nicht durch die Tür, ich klopf an Dei' Fensterl an, ich muß Dir was sag'n ich muß Dich was frag'n, es hängt unser Glück daran".

Weihnachten 1945.

Obwohl die Geschenke sehr bescheiden waren, so z.B. ein neues Kleid für die Puppe oder ein Ausmalbuch, wir waren glücklich über den schönen Tannenbaum. Er stand im Wohnzimmer von Tante Anna. Auf dem Schreibtisch wurde eine weiße Decke gelegt und dann kam der Baum und alle Geschenke darauf. Erst am Heiligen Abend wurde der Kachelofen im Zimmer geheizt. Wir glaubten ja alle noch gerne an das Christkindle, es brachte den Zauber mit sich, es hat den Baum auch geschmückt und natürlich auch die Geschenke mitgebracht.

Das Jahr zuvor war noch Vati dabei. Damals war ich diejenige, die aus der Küche schlich und zur Wohnzimmertüre ging, um durchs Schlüsselloch zu schauen; die Eltern waren schon lange drinnen, wir mußten brav sein und in der Küche spielen. Ich war der Vorwitz, ein ungeduldiges Geschöpf. Das Spitzen durchs Schlüsselloch war so quasi meine Aufgabe. Aber - Vati und Mutti hörten das Knatzen der Küchentür und ahnten was kommt -. So hielt mein Vati einen angezündeten Weihnachtsstern ans Schlüsselloch. Mein Auge war vom Knistern und Glitzen so angetan, so eilte ich zu meinen Geschwistern zurück und erzählte aufgeregt, daß ich das Christkindle persönlich gesehen habe.
Wenn uns die Eltern dann hereinriefen, mit den Worten: "Das Christkindle war da", sassen sie auf dem Sofa hinter uns und vor uns auf dem Schreibtisch stand der hellerleuchtende Tannenbaum. Jeder kannte seinen Platz mit Geschenken unter dem Baum. Erst kam Margot, ganz rechts, dann ich in der Mitte und Hans-Peter ganz links. Wir sagten einzeln ein Gedicht auf und sangen ein Weihnachtslied und da stimmten die Eltern mit ein. Dann wurde beschert. Diesen Gebrauch haben wir zu Hause stets weitergeführt und auch ich in meiner Familie im Ausland später festgehalten.
In England feiert man nicht den Heiligen Abend, dort fängt Weihnachten und Bescheren mit dem 1. Feiertag an und früh am Morgen kommt "Father Christmas". Oft hängt ein gefüllter Strumpf am Kamin oder am Bettrand, da glauben die Kinder, daß Father Christmas in der Nacht dagewesen sei.

Im Winter mit viel Schnee gab es viel zu tun nach der Schule. Wir gingen Schlittenfahren hinter der Kinderschule hoch. Unser Hans-Peter fand einen älteren Jungen, der legte sich auf den Bauch auf den Schlitten und ließ ihn wie einen Reiter obenauf sitzen. Da war er ganz begeistert. Wir Mädchen begnügten uns zu zweit auf unseren Schlitten zu sitzen. Die Hintere mußte lenken, die Fordere die Schnur halten. Oft rutschte ich dann ins "Häfele", den Leerraum zwischen Holz und Stange, wo die Schnur angebunden war. Damals gab es noch keine sog. wasserdichte Kleidung. Wir gingen eben heim, wenn wir naß, hungrig und kalt waren. Oft war uns warm vom vielen bergauflaufen. Die große Uhr vom Kirchturm und das Läuten ermahnte uns ebenfalls zum Heimgehen. Unsere braunen Schnürstiefelchen mußten dann am Abend mit Zeitungspapier ausgestopft werden, damit sie am Morgen wieder trocken waren. Ab und zu knapperte mal ein Maus in der Nacht an unseren Schnürriemchen.

Sommer 1946 war ein besonders schöner, heißer Sommer. Barfuß laufen nach der Schule war für uns Kinder besonders schön. Zur Schule und an Sonntagen gab es Holzsandalen. Sie waren so angefertigt, dass unten kleine Holzleistchen mit Gummibändchen zur Beweglichkeit zusammengenagelt waren. Was Kleidung anbeglangt, so wurden Margot und ich durch den Karitas beschenkt. Man sagte, die Sachen kamen aus Amerika, das imponierte uns sehr. Bis der Vorrat an Stöffchen, den Mutti hatte, aufgebraucht war, waren Margot und ich immer gleich angezogen. Mutti machte das wohl aus praktischen Gründen, drei Meter Ware konnte man besser bekommen als zweimal 1 1/2 Meter Stoff.

Sommer 1946 - der Storch war da !

Onkel Michael war wieder aus dem Krieg zurückgekehrt. Klein-Erna kaum sieben Jahre alt erzählte uns allen stolz, sie wolle sich beim Storch ein Brüderchen bestellen. Wir fragten Mutti, ob wir das auch machen könnten? Sie schaute uns verblüfft an, antwortete dann schnell: "Ja Kinder, da müßt ihr warten bis der Vati wieder da ist."
Eifrig riefen wir: "Wir brauchen nur Zucker auf die Fensterbank zu legen, der Storch sieht das dann". Nun merkte meine Mutti wohl, so schnell und reibungslos geht diese Unterhaltung nicht zu Ende. Sie fügte geduldig hinzu: "Jetzt warten wir erstmal ab, bis der Storch Tante Anna's Baby bringt. Eines ist vorläufig genug, denn wir haben nur noch einen Kinderwagen".
Zwischendurch hat die arme Tante Anna oft morgens sich erbrochen. Auf unsere Frage, was ihr denn fehle und ob sie krank sei, antwortete Mutti: "Nein sie ist nicht krank, aber hat zur Zeit einen empfindlichen Magen".
Über Magenbeschwerden wussten wir Bescheid. Wir wurden immer ermahnt, nie Wasser auf Kirschen oder Gurkensalat zu trinken, das gibt Blähungen! Sahen wir ab und zu mal im Dorf eine Bäuerin, die hochschwanger war, fragten wir Mutti, warum die Frau so einen dicken Bauch habe? Spassige Antwort von Tante Anna, die dabei stand: "Die hat zu viel Klöße g'essen".
Heute weiss ich nicht recht ob ich lachen oder weinen soll über solch' eine Verdummung.
Immerhin, noch im gleichen Jahr erzählte mir im Handarbeitsunterricht, wo man ja schwätzen darf, ein Mädchen aus dem Rheinland, sehr aufgeklärt für ihr Alter, wie ein Baby zustande kommt. Ich erzählte es kopfschüttelnd meiner Schwester, sie beichtet es unserer Mutti und sie wiederum hat eine viel schönere Beschreibung: "Das Kind wächst in Mutti's Bauch, weil es dort sehr geschützt ist, direkt unterm Herzen liegt und gut gedeiht."

Die Störche sind da.

22. [illegible]

Tante Anna hatte in vergangenen Monaten oder Jahren uns immer mitgeteilt, wo und wann sie einen Storch in dieser oder jener Gasse/Strasse gesehen habe. Es war oft dunkel auf ihrem Heimweg vom Gundelshof runter zur Haus Nr.17. Sie trug meistens Klein-Erna Huckepack bis zur Türe. Einmal war es im Bader's-Gässle. Auf unsere Frage an Erna, ob sie den Storch auch gesehen habe, bejahte sie es ganz kräftig. Siehe da, am nächsten Tag, wusste das ganze Dorf, dass der Bauer so-und-so Nachwuchs bekommen hatte.

Die Hebamme kommt:

Tante Anna liegt im Schlafzimmer, es ist heiss, die Vorhänge sind zu. Die Tanten geben sich die größte Mühe uns in den Gundelsgarten hoch zu schicken, wir sollen dort spielen. Man würde uns holen, wenn der Storch da gewesen war.

Nein, das ging auf keinen Fall. Margot, Peter, Erna und ich weigerten uns. "Wir bleiben im Höfchen, vorm Haus und spielen schön, aber wir wollten doch den Storch sehen." Das Ereignis war viel zu gross um es zu verpassen.

Wir waren eifrig dabei uns schöne Namen einfallen zu lassen. Erna hatte einen für einen Buben ausgesucht: "Dieter" Er gefiel uns, denn er lautete etwas wie Peter.

Aufeinmal ging die Haustüre auf, Mutti stand da und sagte freudestrahlend: "Erna Du hast ein Brüderchen bekommen".

"Was...!" rief ich entsetzt aus, "der Storch ist aber nicht zur Tür rein!" Wir alle waren erfreut und gleichzeitig enttäuscht, dass wir den Storch nicht gesehen hatten.

Mutti's Erklärung: "Er ist hintenrum reingekommen, wir haben ihn bei der Küchentür reingelassen".

Im Gänsemarsch durften wir auf leisen Sohlen ins Schlafzimmer. Erna uns allen voraus.

Da lag Tante Anna, ganz erschöpft in ihren Kissen. Im Arm hielt sie ein kleines Bündel, das kleine Köpfchen spitzte so eben aus dem weissen Wickelpaket. Ach, was waren wir alle vier angetan von dem Säugling. Die Hebamme, Frau Bauer, machte auch noch gleich einige Scherze. Sie sagte, dass es viele Mücken gäbe und wir sollen die Mückenpatsche holen und jeden Tag die frechen Dinger totschlagen.

Die Belohnung war, dass Tante Anna uns oft ein Stückchen vom Ulmer-Brot nehmen liess. Das war schon Gebackenes für die Taufe.

Ländlicher Humor - warum Peter keinen Senf mehr mochte.

Ganz einfach. Dieter wurde trockengelegt, dies fand auf dem Küchentisch statt. Er lag weich gebettet auf einem Kopfkissen mit einem Handtuch unterm Popo, wir alle rührten uns nicht vom Fleck. Da stank es aufeinmal jämmerlich, die Windel wurde abgenommen und eine grüne Masse hing teils am Popo, teils in der Windel.
"Ach Gott, das stinkt aber", Peter nahm einige Schritte rückwärts.
"So", meinte Tante Anna lachend, "jetzt weisst Du auch, aus was der Senf gemacht wird, blos bis er im Glas ist, stinkt's nicht mehr und Essig kommt noch rein".

Wir freuten uns, denn von der Stunde an, beschäftigten sich die Erwachsenen so viel mit dem kleinen Dieter, dass wir ab und zu mal still und heimlich davon schleichen konnten.
Aber bald entwickelte ich mein Talent zum Kinderhüten. Das Ausfahren, die Dorfstrasse rauf oder runter war einer meiner Lieblingsbeschäftigungen. Oft hörte ich die ermahnenden Worte meiner Mutti: "Schlepp doch das Kind nicht schon wieder herum, leg' es im Wagen, es braucht auch seine Ruhe".
Bei der Wehrwein's Lisbeth gab es auch ein Baby. Man vertraute mir ebenso das Kind im Kinderwagen an. Ich musste es Schorschle auf's Feld zur Mutter schieben, damit er gestillt werden konnte.

Bei Tante Anna kam 'der Storch' nochmal 1948, er brachte einen kleinen Sohn, er wurde Heiner, nach einem verstorbenen Onkel, genannt. Diesmal waren meine Schwester und ich aber voll über die 'Kinderbestellung' aufgeklärt. Auch der kleine Heiner wurde in dem gleichen Kinderwagen herumgeschoben, in dem schon: Mein Brüderchen und ich lagen, dann Erna, Dieter und nun er. Es war ein sehr stabiler weisser Korbwagen. Viel stabiler gebaut als die Nachkriegsprodukte.

Die beiden kleinen Buben von Tante Anna und Erna habe ich sehr ins Herz geschlossen und selbst als wir schon in Würzburg wohnten habe ich durch meine Besuche meinen guten Kontakt immer wieder erneuert.

Kirchweih !

Ein ganz großes Fest auf jedem Dorf. Man feiert drei Tage lang. Sonntag, Montag und Dienstag. Wir bekamen von der Schneiderin neue Kleidchen angefertigt. Hans-Peter bekam seinen ersten Anzug mit kurzen Hosen vom Schneider. Dazu ein Hemd mit Fliege. Ich sehe ihn noch heute vor mir stehen, stolz wie ein König. Wir "zwickten" bei ihm den Schneider raus, das war so Sitte. Als man ihn im Dorf fragte, wo er nur diesen schönen Anzug her habe, sagte er trocken: "Meine Mutti hat Beziehungen". Das Wort war ein Treffer für viele Jahre nach dem Krieg. Wer Beziehungen hatte, hatte Glück. Der Schwarzmarkt blühte.

Zurück zur Kirchweih. Wir genossen diese in 1946 besonders sehr, weil es endlich wiedermal ein Karussell gab unten am Kirchberg , gegenüber eine Schiffschaukel und Schießbuden.
Wir saßen frech und stolz auf unseren Pferdchen. Mutti beobachtete uns und wir mußten die Hand um die Stange halten. Ganz besonders waghalsig war es, wenn man auf dem äußersten Pferdchen saß und man einen Ring ziehen durfte. Bekam man den goldenen Ring, das bedeutete eine Freifahrt!
Ab und zu kam auch der Bürgermeister und bezahlte für alle Kinder eine Frei-Fahrt.

Bei Neubauers gab es Eis, hausgemacht bei Oma-Neubauer. Die Wirtschaften füllten sich mit Gästen aus anderen Dörfern und der Stadt. Das war so ne Sitte, daß zur Kirchweih sich die Bekannten und Verwandten aus den umliegenden Dörfern einen Besuch abstatteten, oder sich in der Wirtschaft ein Essen bestellten. Bratwurst mit Sauerkrat, oder ein Schweinebraten mit Klösen und Salat durfte damals wohl ein Stammgericht gewesen sein. Dazu gehörte natürlich auch der gute Fränkische Schoppen. Viele Wirtschaften hatten noch ihren Eigenbau.

Am Abend durften wir nochmals mit Mutti zum Dorf runter. Am Karussell waren die Lichter an und die alten abgedroschenen Schallplatten von Strauß und den Polkamelodien beschwingten die Herzen von Jung und Alt. Am Tanzboden im Gemeindesaal spielte auch für drei Tage eine zünftige Trachtenkapelle Blas-Musik. Auf dem Nachhauseweg im Dunkeln nahm Hans-Peter uns in seine Mitte, hakte ein und meinte rührend: "Mädli ich bin Euer Beschützer ich will auf Euch aufpassen."

Zur Kirchweih brauchte man immer Taschengeld. Das bekamen wir entweder vom Opa, Mutti oder unseren Tanten. Vom Kirchweih-Umzug muß ich auch noch berichten: Er fand am Sonntagnachmittag statt. Von jungen Männern zusammengestellt bewegte sich der Zug durch die Straßen und am Ende verlas ein Bursche hoch zu Ross die "Predigt". Alles, was sich in einem Jahr im Dorfe zugetragen hatte, wurde in Gedichtform preisgegeben und die eine oder andere Begebenheit bildlich auf Wagen vorgeführt. Peinlich für manche Dorfbewohner, denn man glaubte doch immer sehr heimlich, still und leise vorgegangen zu sein.
So geschah es einmal dass ein Bauernsohn eine polnische Magd heiratete, die freiwillig nach dem Krieg nicht mehr in die Heimat zurück wollte. Es sollte aber niemand wissen. So mußte sie und die zwei Trauzeugen und der Bräutigam per Fahrrad nach Kitzingen fahren. Jeder einzelne mußte eine andere Strecke wählen, so über Rödelsee, Großlangheim und Kleinlangheim. Im Kirchweih-Umzug waren vier verkleidete Burschen auf Fahrrädern zu sehen. Einer davon natürlich als Braut verkleidet. Die Trauzeugen und Bräutigam trugen sogar ihre schwarzen Zilinder. Namen wurden nie erwähnt, aber einer flüsterte dem anderen zu um wen es sich handelte. Am Kirchweih-Dienstag war Schützenfest. Es wurde scharf geschossen. Wir Kinder bewunderten die Bürger, die mit ihren Trachten zum Sportplatz in Reih und Glied maschierten

Hans-Peter hatte eine große Schwäche: Die Pferde beim Düll-Bauer. Mutti war stets um ihn besorgt und als man ihr erzählte, daß er hoch zu Ross saß und aus dem Bauernhof ritt, war sie besonders beängstigt und sagte: "Hans-Peter ich will nicht, daß Du zu den Pferden gehst, eines Tages passiert noch was". Heimlich ging er aber doch. Ein junges Fohlen wurde geboren und er mußte es sehen. Er kam später zurück und als er die Küche betrat sagte Mutti sofort:
"Du warst wieder bei den Pferden, wie oft soll ich es Dir noch verbieten?" Er fragte mich leise, ob ich ihn auch nicht verraten habe. Ich beteuerte "nein" Doch Mutti sagte uns später, daß sie den Pferdestallgeruch sofort erschnüffelte. Peter aber fragte: "Wie willst Du wissen wo ich war?", sie antwortete:
"Es steht Dir auf der Stirne geschrieben". Haha, dachte er. Das nächstemal kam er in die Küche und wischte sich schnell mit dem Waschlappen die Stirne und fragte Mutti:
"Na, wo war ich heute". Sie roch es doch und sagte sofort:
"Du warst wieder im Pferdestall beim Düll-Bauer". "Haha, lachte er, jetzt kannst Du aber nicht sagen, es steht auf meiner Stirne geschrieben, ich hab's

abgewischt!". Ich glaube wir haben ihm es dann mal erzählt, dass es der Geruch war, der ihn verraten hatte..

Vor mir sehe ich noch ganz deutlich mein Brüderchen mit seinem Polohemd, seinen Lederhosen und was steckte aus der Hose, eine Schleuder. Aus Holz und einen heimlich erworbenen Einmachgummi hatte er sich eine Schleuder gebastelt. Mutti warnte wiederum:
"Peter, pass doch auf, Du triffst jemanden ins Auge oder tust einem Tier weh. Du kennst doch den Spruch: "Quäle nie ein Tier zum Scherz, denn es fühlt wie Du den Schmerz".
Am Abend kam dann Tante Anna nach Hause und hielt eine tote Taube in der Hand. Der Düll-Bauer habe es ihr gegeben. Sie solle es für den Peter kochen, er habe sie mit seiner Schleuder erwischt. Tante Anna wußte wie man ein Tierchen zupft und kochfertig presentierte sie Mutti mit der Taube. Sie schmorte sie für Peter. Er aber konnte sie nicht essen, das ging irgendwie gegen seinen Strich. Somit versicherte er hoch und heilig, nicht wieder mit der Schleuder zu spielen. Noch am gleichen Abend nahm Mutti die Schleuder, öffnete das Ofentürle und hinein ins knisternde Feuer flog die Schleuder.
Hans-Peter war recht ärgerlich und protestierte. Einige Tage später zeigte er mir stolz eine neue Schleuder, diesmal aus Stahl angefertigt. Ich fragte sofort: "Wo hast Du diese denn her?" Er ganz stolz: "Ich bin zum Schmied, dem Herrn Full und er hat mir eine mit seinem Hammer gemacht, die kann Mutti nicht mehr verbrennen."
Aber unsere Mutti war eisern, als sie das "Ding" wie sie es nannte entdeckte, flog es wieder in den Herd. Peter war ganz ruhig und am nächsten Tag, nachdem der Aschenkasten ausgeleert war, ging er raus und fischte seine leicht angegraute Schleuder wieder aus der Asche.

Ich war u.a. auch seine Spielgefährtin. Ich lernte boxen und Fußballspielen, wenn nötig auch barfuß einen Ball schießen. Oft wurde ich losgesandt ihn zu finden, da er das Heimgehen meistens versäumte. Spielte er dann mit einigen Buben, dann wurde ich als die "böse" Schwester angesehen, die das Spiel abbricht. So habe ich oft mit ihnen gespielt und dann hinterher beim Eintritt durch die Haustür mit ihm eine "Schelle" von der Mutti eingerieben.

November 1946 - das Schicksal schlägt hart in unserer Familie zu.

Am 6. November 1946 war der Morgen mit Schule belegt. Wir waren alle drei in der Schule, der Unterricht fing meistens um 8 Uhr an bis 12.00 Uhr . Damals war es auch ein schöner Herbsttag, doch schon ein Hauch in der Luft von dem sich nahenden Winter. Ich trug noch ein weinrotes Strickkleid, lange Strümpfe und meine Schnürstiefelchen. Bis zum Ellbogen hoch eine schwarze Hülle, ein sog. Schoner, diente gegen Abscheuern der Strickwaren. Von der Schule nach Hause gekommen machte ich meine Hausarbeiten. Ich weiß nicht mehr warum, aber an jenem Tage hatten Peter und ich Hausarrest. Das bedeutete, wir durften nicht auf die Straße, nicht raus zum Spielen. Mutti pflegte im Durchschnitt uns mit einer Ohrfeige, eine auf dem Hintern oder mit dem Drohen eines Kochlöffels in Schach zu halten. Ich kann mich auch noch entsinnen, daß sie uns einmal wütend fragte: "Hausarrest oder Schläge?" Wir sagten beide wie aus einem Munde: "Schläge". Wenn ich mich nicht täusche, bekamen wir beides. Hans-Peter und ich waren uns einig: Schläge vergisst man schnell, aber Hausarrest ist langweilig und beschämend, wenn jemand an die Tür klopft und wir nicht zum Spielen raus können. Hausarrest war nicht bei anderen Kindern bekannt.
Mutti bestrafte mich manchmal indem ich mich in die Ecke stellen mußte und kein Wort sagen sollte. Meistens habe ich unentwegt mit mir selber gesprochen und vorallem habe ich über die Ungerechtigkeit in der Verteilung der Strafe gemeckert. Ich war fest davon überzeugt, dass meine Schwester Margot zu kurz kam bei der Bestrafung. Doch ich war immer diejenige die am lautesten argumentierte oder schrie, also mußte ich nach Mutti's Logik die Schuldige gewesen sein. Das habe ich ihr oft schwer verübelt. Sie hat mich nie nach dem warum und weshalb gefragt.
Also an jenem 6. November saß Mutti in der Küche mit einem Haufen Wäsche zum Ausbessern. Socken, Strümpfe, Opa's Hemden. Alles mußte gestopft werden, man konnte ja nichts nachkaufen. Ich nörgelte an meiner Mutti herum und bat um Aufhebung meines Hausarrestes. Ich habe Frau Pfarrer versprochen, den Hans-Gerhard spazieren zu fahren. Dies, nebenbei bemerkt, war eines meiner Hobbies: Kinderbetreuung.
Ich war verärgert, das heißt ich "bockte" und setzte mich auf die Bodentreppe im Gang. Ich sah meinen Großvater vorbeikommen mit einem Bündelchen Holz im Arm, er hackte das für meine Mutti in der Holzlege. Mein Bruder eilte an ihm vorbei und sagte zu mir: "Ätsch, ich darf weg, Du darfst nicht raus".

Das war zu viel. Ich stürmte in die Küche und sagte meiner Mutti, wie ungerecht sie sei usw. "Außerdem habe ich der Frau Pfarrer echt versprochen auf den Hans-Gerhard aufzupassen." Zuerst erklärte mir meine Mutti, daß Hans-Peter nur zum Bader's Heinz ginge, um sich das Gottbüchle auszuleihen, damit er für den Unterricht seinen Vers lernen kann. Na gut, das konnte ich verstehen. So fing ich an zu bitteln und zu betteln:
"Ach Mutti, warum kann ich denn nicht zur Frau Pfarrer, ich habe ihr versprochen, den Kleinen spazieren zu fahren, sie wartet bestimmt auf mich ..... ich bin bestimmt nicht mehr böse .... die Frau Pfarrer weiß auch gar nicht daß ich Hausarrest habe. Soll ich hingehen und es ihr sagen?"

Schließlich sagte meine Mutter, ziehe dein weißes Schürtzchen an und gehe und fahre Hans Gerhard spazieren, komme aber pünktlich zum Abendbrot heim." Mit voller Begeisterung band ich mir mein Schürzchen um, wohlbemerkt, das tat man, damit man das Kleid etwas schonen würde und zur gleichen Zeit, da es ein weises, besticktes Schürzchen war, sollte es eben noch niedlich aussehen. So lief ich denn eilig die Dorfstraße hinunter, erreichte das Rathaus, bog rechts ab, beim Neubauer vorbei beim Garten vom Derre Schorsch entlang, dann erreichte ich schon den Kirchberg. Wahrscheinlich mußte ich damals auch noch nicht schnaufen, oben a.d. Kirche angelangt, lag links vom Haupteingang der Kirche das Pfarrhaus. Ich klopfte, Frau Pfarrer begrüßte mich lächelnd und erklärte mir, daß Hans-Gerhard eben erst aufgewacht sei und ich solle mit nach oben kommen. Der Kleine, ca. eineinhalb Jahre alt, mit einem süßen Lockenkopf mußte jetzt erst noch auf den Topf gesetzt werden. Vielleicht war eine gute halbe Stunde vergangen, bis wir ihn endlich im Sportwagen hatten. Wir winkten und machten uns auf den Weg. Ich erinnere mich noch ganz genau, daß ich gerade den Kirchberg hinunter wollte, wo man ja mehr am Wagen anhalten muß als schieben, als einer der Spielkameraden von Peter außer Atem den Berg hoch kam und rief:
"Heh Linde, Du sollst sofort heim, Dein Peter ist von der Scheune g'fallen....ach Gott und der blut' so". Ich drehte den Kinderwagen spontan um, rannte soweit das möglich war wegen der Koppelsteine etc. am Pfarrhaus angekommen rief ich ganz laut nach Frau Pfarrer und erklärte ihr, ich müßte sofort heim, habe ihr zwar unter Atemnot und etwas zu schnell die Gründe erklärt, sie jedoch hat nicht alles verstanden, wunderte sich nur sehr, wie sie meiner Mutter später erzählte, warum ich so schnell mich vom Kinderwagen trennte und wie der Blitz verschwunden war. Ich rannte den ganzen Weg zurück, stürzte ins Haus und fand meine Mutter am Packen von Wasch- und

Schlafzeug für Hans-Peter.
"Was ist denn passiert Mutti" rief ich aus. "Siehst", sagte sie "ich hab's immer gewußt, eines Tages passiert Euch was, habe aber immer gedacht daß Du es bist, Du Wildfang, nun ist der Peter von der Düll's Scheune gefallen und der Doktor ist schon verständigt, er muß ganz sicher heute noch ins Krankenhaus". Jemand hatte auch Fritz Krämer, den einzigen Autobesitzer im ganzen Dorf verständigt. Hinterher haben wir erfahren, daß man in einigen Nachbardörfern anrufen mußte, ihn dann ausfindig machte und ihn sofort nach Wiesenbronn befohl. Ich ging dann auch zum Nachbarn quer über die Straße von uns war der Düll Bauernhof. Dort wurde gedroschen am Tage und als die Scheunentore noch weit offen standen, machten sich Peter und seine Freunde auf und gingen hinein, spielten Versteck. Dies erzählte mir einer der Jungens der sich auch dort befand. In der Küche auf der Bank gebettet lag mein Brüderchen, es waren mehr Leute anwesend, die Bauersfrau, die Tochter Annemarie, die im Alter von meiner Schwester Margot war, mein Großvater, dessen Hand ich hielt, mein Onkel Michel, er saß am Ende der Bank und hielt die Füße meines Bruders still, damit er sich nicht zu viel bewege, er müße ganz ruhig liegen, bis der Doktor käme. Ich sah nicht so viel Blut aber bemerkte wohl, daß aus den Ohren und der Nase etwas Blut kam, das immer gestillt wurde mit einem weißen Tuch. Auf einmal öffnete Hans-Peter groß seine Augen, so als ob er sagen wollte, wo bin ich denn, was ist denn los mit mir....Mein Opa sagte sofort: "Das kommt davon weil ihr Kinder eben nie hört was man Euch sagt". Keiner der Anwesenden, einschließlich meinerselbst wußte wohl wie schwer Peter verletzt war. Eines war ganz sicher, den Augenaufschlag den ich noch miterleben durfte und hoffte von ganzer Seele, daß er mich auch sah, war das letzte Mal, daß er seine Augen geöffnet hatte. So erzählte mir meine Mutter später. Der Doktor mußte auf dem Motorrad von dem Nachbarort Rüdenhausen kommen. Wir mußten alle die Küche verlassen während er Peter untersuchte und einen Kopfverband anlegte. Man bettete ihn dann im Wohnzimmer auf dem Sofa. In der Zwischenzeit traf auch per Fahrrad die Gemeindeschwester ein. Sie war eine Cousine meiner Mutter und ebenfalls in Rüdenhausen stationiert. Wir nannten sie alle Schwester Margarete. Sie sprach meiner Mutti gütig zu, wir alle weinten in Abständen, irgendwie ahnten wir wohl Komplikationen, man kann als Kind Gedanken der Erwachsenen, die nicht ausgesprochen sind, oft im Gesicht lesen. Das Auto erschien und der junge Schwiegersohn von Fritz Krämer, Hans Opfermann übernahm das Fahren, meine Mutter nahm vorne Platz, die gute Schwester Margarate hinten. Auf ihrem Schoß gebettet lag der Oberkörper meines Bruders, sie ordnete den

Fahrer an, ganz vorsichtig zu fahren, jeglich Erschütterung zu vermeiden. Meine Mutter erzählte dann später, daß sie desöfteren fragte, ob man nicht schneller fahren solle, um den verletzten Jungen eher ins Krankenhaus zu bringen, wurde ihr aber immer wieder von Schwester Margarete versichert, daß die Hauptsache sei, daß das Kind ruhig liege und nicht umhergeschaukelt würde. Die Landstaßen waren damals auch noch mit großen Löchern versehen, von Granaten, von schweren Panzerspuren usw. Der Fahrer mußte alle diese Lücken berücksichtigen und das tat er auch.

Von Wiesenbronn über Rödelsee, Hohheim, Fröhstockheim sind es ca. 15 km bis zum Kitzinger Krankenhaus. Dort angekommen untersuchte der Oberarzt ein Dr. Wunderlich meinen Bruder. Meine Mutter, H.Opfermann. und Schwester Margarete warteten. Dann trat der Doktor auf meine Mutter zu und sagte: "Sie sind die Mutter?" Als meine Mutter bejahte, fuhr er fort: "Ihr kleiner Junge hat schwere Kopfverletzungen erlitten, einen Doppelschädelbasisbruch und das Kleingehirn ist zerstört. Ich kann ihnen nicht helfen, das Kind ist in Gottes Händen". Bittend und flehend muß sich meine Mutter nun an den Doktor gewandt haben... "Er ist mein einziger Junge, ich habe noch keine Nachricht von meinem Mann, der ist im Osten vermißt... helfen sie mir doch". Dr. Wunderlich setzte sich neben meine Mutter, sprach tröstend auf sie ein und sagte u.a. "Liebe Frau Ullrich, ich habe in einer Bombennacht meine Frau und drei Kinder verloren, ich stehe alleine, habe keine Familie mehr. Sie haben noch zwei Mädchen zu Hause und ihr Mann kommt sicher wieder zurück, beten sie zu Gott, daß er ihren Peter erlöst, denn sollte er durch irgend ein Wunder am Leben bleiben, so ist das Kind geistig gestört und würde niemals ein normales Leben führen können". Das sind die Sätze die meine Mutter in Erzählungen zu Verwandten und Freunden so oft wiederholte, daß sie mir haften blieben. Andere Einzelheiten weiß ich nicht. Nur noch, daß man meine Mutter in ein kleines Zimmer verwieß, wo man meinen Bruder bettete und sie eine einsame stille Nachtwache hielt. Die eine oder andere Aufforderung von einer Nachtschwester "Wollen Sie sich nicht auch etwas hinlegen und schlafen?" wehrte sie immer ab. Sie sagte zu uns: "Im Falle er nochmal seine Augen aufmachte, das ich bei ihm sein kann, daß er weiß ich bin da". Sein Herz war jung und stark und es hat erst in den frühen Morgenstunden des 7. November aufgehört zu schlagen. Der Tod ist kurz vor sieben Uhr eingetreten.
Wie haben wir Mädchen mit Opa den Abend und die kommenden Stunden verbracht?. Ich entsinne mich nur, daß ich immer und immer wieder meine

gute Tante Anna fragte, die uns zu Bett brachte "glaubst Du auch daß er wieder besser wird und Mutti wird morgen anrufen und uns wissen lassen, nicht wahr, gell?" Sie beruhigte uns immer wieder und wußte nur gutes über die Doktoren im Krankenhaus zu sagen.

Der Morgen kam, Margot und ich gingen etwas bedrückt zur Schule. Ich hatte nur einen Gedanken im Kopf und das war "wie geht es Hans-Peter". Ich war damals in der 4. Klasse Volksschule unsere Lehrerin Fräulein Jungkunst (aus Schweinfurt) war vom gestrigen Ereignis schon verständigt worden. In einem Dorf in einer kleinen Gemeinschaft geht die Verständigung von Mund zu Mund und im Nu sind alle Nachrichten, gut oder schlecht verbreitet.

7. November 1946

Erna Ackermann, meine Freundin strahlte mich an jenem Morgen an und ich wunderte mich noch warum. Es war ihr Geburtstag, den ich an jenem Morgen total vergessen hatte, was sie mir aber verziehen hatte. Von diesem Tag und Stunde an habe ich aber niemehr Erna's Geburtstag vergessen, der Todestag meines Bruders. Eine Lehre wurde mir erteilt: Daß Geburtstag und Todestag auf einem Tag fallen können.

Es war ungefähr gegen 10 Uhr, als es an der Tür im Klassenzimmer klopfte, Fräulein Jungkunst antwortete und ging hinaus und sprach leise mit jemanden vor der Tür. Schließlich kam sie herein und sagte ganz bedrückt: "Sieglinde packe Deine Sachen und gehe mit Else Krämer" - sie erschien im Türrahmen - auch sie hatte ein todernstes Gesicht. Ich war so erregt, daß ich sofort hervor stoß: "Es ist mein Brüderchen, deshalb kommst Du". "Ja" sagte sie, "wir hatten einen Anruf von Deiner Mutti, sie wollte das ich Dich und Deine Schwester abhole und ihr zu uns kommt. Sie kommt mit dem Mittagsbus nach Hause. "Und was ist mit Peter, er ist tod, nichtwahr?" Ich wußte es aus den Gesichtern von den Menschen. Else konnte vor Tränen auch nicht antworten, sie nickte nur mit dem Kopf. Wir gingen von meinem Klassenzimmer die Treppe hinunter nach dem Vordergebäude. Meine Schwester war im 1. Stock in der 6. Klasse. Sie kam die Treppe schon weinend herunter. Unsere Gedanken waren die gleichen, wir riefen entsetzt aus, was geschieht mit unserer armen Mutti, sie sagte vorher immer: "Wenn etwas mit einem von Euch passiert, dann sterbe ich auch, daß kann ich nicht überleben". Nun wir wußten vom Tod unseres Bruders, nun bangten wir um unsere Mutti. Wir befragten Else nach dem Wohlbefinden unserer Mutti und ob es sicher ist, daß es ihr gut geht. Else versicherte uns, daß unsere Mutti heute Mittag heimkommt und Tante Maria

Mützel, die Freundin von Mutti und eine Arbeitskollegin von Else, sind bereits heute Morgen mit dem 7 Uhr Bus nach Kitzingen ins Krankenhaus um ihr beiseite zu stehen. Der Onkel Hans habe ihnen schon gestern Nacht, nach Rückkehr vom Krankenhaus von der hoffnungslosen Lage meines Brüderchens erzählt.

Die alte Oma Krämer machte uns ein Wurstbrot, ich entsinne mich noch ganz genau. Normalerweise in den Nachkriegsjahren hat man, wenn auch auf dem Lande wohnend, nie ein Wurstbrot abgelehnt, denn als Kind war man immer hungrig. Wohlgemerkt, Wurst und Brot waren auf Marken, meine Mutter mußte immer einteilen. Aber an jenem Morgen schmeckte mir nichtmal mein Wurstbrot. Vom Weinen zum Naseputzen, lief ich immer wieder zum Fenster, das direkt auf die Strasse schaute von wo der Bus kommen müßte. Endlich war er da. Wir eilten hinaus. Mutti stieg nur mühsam vom Bus, ihre Beine waren schwach, meinte sie, wir klammerten uns an sie, so als ob wir sagen wollten, gottlob wir haben dich noch.
Tante Anna und Erna, die kleine Tochter und Spielgefährtin von Hans-Peter und mir, damals selbst nur sieben Jahre, und Opa warteten zu Hause in der Küche auf uns, als wir die kleine gemütlich Küche betraten, brachen wir alle in ein elendes Heulen und Gejammer aus. Es waren noch keine anderen Verwandten da, nur wir, so wie wir seit sieben Jahren zusammenlebten, im kleinen Häusle von Tante Anna. Die endlosen Beileidsbesuche kamen dann am nächsten Tag, immer wieder das gleiche, keiner wollte glauben, daß es passiert ist. Dann wurde im Einzeln nochmal durchgekaut, wie sich alles an dem verhängnisvollen Nachmittag zugetragen hat:

Als mir mein Hausarrest aufgehoben wurde und ich mich auf den Weg zur Frau Pfarrer machte, trat auch Peter bittend an meine Mutter heran und sagte, ich muß mein Gottbüchle zum Bader's Heinz zurückbringen. (Wegen der Knappheit an Schulbüchern mußten wir alle unsere Lehrbücher teilen.) Meine Mutter sagte dann zu Peter: "Hast Du auch alles gelernt?" "Ja, ja" antwortete er, "es war nur ein Vers". "Sag ihn dann auf" befahl meine Mutter. Er soll dann an der Türe sein Mütze in der Hand haltend, selbige langweilig gedreht haben und in einem rasenden Tempo gesagt haben: "Ein reines Herz Herr schaff in mir, schleuß zu der Sünde Tor und Tür, vertreibe sie and lass nicht zu, daß sie in meinem Herzen ruh". Meine Mutti war überzeugt, daß der Text sitzt, nicht aber war sie begeistert von der Art und Weise wie er ihn herunter leierte.. "So", meinte sie, "jetzt stell Dich mal ruhig hin, und sage den Vers langsam und mit etwas Andacht, wie sich das gehört". Er tat das auch besonders schön das zweitemal. Als meine Mutter bemerkte wie schnell er sich aus dem Staub machen wollte sagte sie halb warnend "Peter" er antwortete, indem er seinen Kopf zwischen Tür und Angel steckte, "Mutti, ich komme gleich wieder"; aus diesen zuletzt gesprochenen Worten wurde Ewigkeit.

Er ging angeblich zum Bader's Heinz und brachte das Buch zurück, dann wurde er angesprochen, ob er nicht Versteckeles spielen wollte, und jemand hat überhört, daß er sagte, "Nein, ich kann nicht. Ich muß gleich heim, sonst schimpft meine Mutti". Man hat aber dann zu ihm gesagt: "Gezu, einmal merkt deine Mutter nicht". Auf gings in die Düll's-Scheune, es wurde ausgezählt, wie das so üblich ist beim Versteckspiel. Einer mußte sich umdrehen und das Gesicht im erhobenen Arm verbergend, gegen eine Wand lehnend ausrufen: "Eins zwei drei vier Eckstein, alles muß versteckt sein, wer hinter mir steht wer vor mir steht muss es dreimal hintereinander sein, eins zwei drei jetzt komme ich". Je nach dem wie weit die anderen weg sind, muß er das ganze nochmal wiederholen, man sagt ihm das aber im voraus, wenn man es zweimal will, so lang die Zeit in Anspruch nimmt. In diesem Fall, am 6. November, mußten sich die anderen vier Jungens verstecken; sie kletterten die steile Leiter hoch, die an der Wand angebracht in den Heuboden führt. Dort versteckten sie sich im Heu. Sie lachten aber und machten Geräusche, so daß der unten stehende Junge sofort wußte wo sie sind und einfach anfing ihre Namen anzuschlagen. So fing er wohl mit Heiner, Ernst, Heinz, Richard an und als letzten nannte er Peter. So verliesen die Buben oben ihr Versteck, wie der unten die Namen ausrief. Wenn man's ganz drastisch nehmen will, könnte man sagen, der Junge hat über Leben und Tod entschieden, der letzte war mein Bruder, alle anderen liefen im Gänsemarsch zur Leiter hin, als Peter jedoch über ein bestimmtes Holzbrett lief, krachte dieses, vielleicht war es morsch, im dunklen Heuboden kann man das nicht sehen, vor allem nicht in der Begeisterung eines Spiels. Das Brett krachte also, der Spalt war groß genug, mein Bruder fiel ca. 10 Meter mit einem Arm voll Stroh (ich denke hier an den Ausspruch, "sich an Stroh klammern...) während seines Falles rief er noch aus: "Ach Gott Lor"! Lorenz, mit seinem kurzen Namen Lor genannt, war wohl in der Scheune beim Arbeiten. Er ging ja oft zu ihm, schon der Pferde zu liebe, er träumte immer 'wenn er groß ist' von seinem eigenen Pferd.

Nach dem Unfall kam auch die Landpolizei zu unserer Muti und wollte wissen ob sie eine Strafanzeige stellen wolle. Sie war so traurig und meinte: "Nichts

bringt mir mein Kind zurück und ich will keinen Unfrieden im Dorf erwecken."
Ob ein Erwachsener in der Scheune war, der die Buben eventuell hätte wegschicken können, denn immerhin, es ist nicht direkt erlaubt einfach in eine Scheune zu gehen und Versteck zu spielen, meinte der Polizist. Wem konnte man in so einem Fall schon die Schuld geben.?. Eine andere Version war auch, daß Peter runter fiel, weil er angefeuert wurde über eine Öffnung zu springen und seine Füße rutschten aus, er sprang zu kurz und es ging hinab in die Tiefe. Wie auch immer, er fiel mit dem Hinterkopf auf den Deichselarm eines dastehenden Leiterwagens, er solle da aufgeprallt sein, wo die Stange mit einem großen, dicken Nagel zusammengehalten wird .
"Ich frage das Schicksal, warum, warum, Schicksal gibt keine Antwort. Schicksal bleibt stumm." das waren die Worte meiner Mutti. Ich habe gleich den lieben Gott gefragt: "Warum mein Brüderchen ? Der Schenke Richard ist einer von neun Kindern, warum hast Du den nicht genommen?" Aber auch der liebe Gott hat nicht mit sich reden lassen.

Beerdigung ? Beisetzung?

Am 9. November fand die Beisetzung statt. Das Wort Beerdigung klingt für mich zu hart, es schließt schon 'Erde' mit ein. Die Glocken läuteten wie das so die Sitte ist, wenn sich der Sarg (im Auto) der Dorfgrenze näherte. Aufgebahrt lag er in seinem weißen Kindersarg erst oben im Gang, gleich neben unserem Schlafzimmer. Tanten und Onkel und vorallem Cousine Ruth und ich nahmen Abschied, indem wir ihm die zum Gebet gefalteten Finger kurz streichelten. Irgend eine Stimme sagte schrill: "Passt auf, dass ihr keine Leichenvergiftung bekommt". Doch das überhörten wir. Ich bemerkte auch, dass er sein dunkelrotes Polohemd unter dem weißen Papierhemd trug. Irgendwie beruhigte es mich, ich dachte, somit sei er etwas wärmer. Der Gedanke, dass er noch heute Mittag unter die kalte Erde kommt, ließ mein Herz verkrampfen. Für mich war er einfach nicht tot, nur am Schlafen.
Später wurde der Sarg ins Höfle getragen und stand dort nochmal offen aufgebahrt, jeder der wollte, sollte ihn nochmal sehen. Er schlief ja nur. Einige Schulkinder, ich glaube es war sein Jahrgang kamen in Reih und Glied am Sarg vorbei. Plötzlich nahm jemand meine Mutti am Arm und führte sie hinein ins Haus, es war Zeit, den Sarg zuzumachen. Keiner bemerkte mich, ich blieb stehen und gebeugt, den letzten Anblick erhaschend, verfolgte ich wie die

jungen Burschen aus der Nachbarschaft den Deckel auflegten. Viele, viele Dorfbewohner standen draußen in der Dorfstraße mit ihren Blumenkränzen. Tante Anna meinte hinterher, so eine große Beerdigung hatte das Dorf schon lange nicht mehr gesehen. In einem langen Zug, die Schulkinder vorne weg bewegten sich alle zum Friedhof.
Es ist ein großer Schmerz Abschied von einem geliebten Menschen zu nehmen. Es war das erstemal in meinem jungen Leben das ich dies tun mußte. Mir wird erst jetzt bewußt wieviel Beschreibungen es für den Tod gibt:
Aus dem Leben gerissen, wie das bei Hans-Peter der Fall war. Dahingeschieden, wie bei Opa im Alter von 88 Jahren. Von Schmerzen und langem Leiden befreit, unsere liebe Mutti. Verstorben, gestorben, verschollen unser Vati.
Aus dem Leben gerissen, ein Junge von achtdreiviertel Jahren, das sind meistens Unglücksfälle. Niemand von uns im engsten Familienkreis konnte sich so schnell damit abfinden. Die endlosen Fragen nach dem "warum" oder "hätte" plagten uns alle. Unter den Papieren meiner Mutti fand ich 1972 die Grabrede von Lehrer Landsberg.

Wiesenbronn, 9. Nov. 46

Gedenkworte für Hans-Peter Ullrich
an seinem Grabe von seinem Lehrer gesprochen.

Mein lieber Hans-Peter!
Erschüttert und tief bewegt stehen wir alle, Deine Mitschüler und Schülerinnen und Dein Lehrer und mit uns die ganze Schule an Deinem offenen Grabe. Im strahlenden Lebensfrühling bist Du von uns gegangen. Du warst ein richtiger Junge mit Deinen hellen Locken und Deinem ewig lachenden Gesicht und Deiner Fröhlichkeit. Wir hatten Dich alle von ganzem Herzen lieb. Wohl warst Du ein Wildfang eben ein richtiger Junge, aber ich habe Dich trotzdem recht gern gehabt, weil Du nie beschönigt hast und immer zu Deiner Tat standest. Immer hilfsbereit und stets fröhlich gegen jedermann fehlst Du uns nun doppelt. Du warst unsere Sonne, ohne die ein Schulleben wie ein Gefängnis ist. Wie zum Zeichen hat heute die Sonne in tiefer Trauer ihr Antlitz hinter Nebel verborgen. Sie scheint mit uns um den tiefen Verlust zu trauern, der Dein so jäher Tod für uns bedeutet.
Mein lieber Hans-Peter, Dein Platz in der Schule wird frei bleiben, damit Du

im Geiste mit Deinem fröhlichen Lachen unter uns weilen kannst. In späteren Jahren werden Deine Klassenkameraden noch oft mit tiefem Schmerz an den heutigen Tag zurückdenken. Wir müssen nun von Dir Abschied nehmen; wir werden Dich alle nie vergessen. Ruhe sanft! R. Landsberg

Weihnachten 1946

Es war sehr, sehr traurig. Nach dem Abendgottesdienst am Heiligen Abend nahm Mutti Margot und mich zum Friedhof. Es kam eine große Furcht über mich - ich hielt die Hand meiner Mutti ganz fest und machte meine Augen zu. Die schwere eiserne Türe am Eingang quitschte als wir sie aufmachten. Doch meine Mutti war tapfer, sie wollte zum Grab ihres Kindes und als wir da standen, unser Gebet gesagt hatten, meine sie: "Kinder vor den Toten braucht ihr euch nicht zu fürchten, die sind im Reich Gottes, da ist auch Euer Brüderchen, aber die bösen Geister sind unter den Lebenden, vor denen muß man sich in Acht nehmen."
Auf der kleinen Tafel am Grabstein unterhalb des Namens ließ meine Mutti noch ein Bildchen aufsetzen, Alter ca. fünf Jahre. Davon gab es dann auch ein fast in Körpergröße eingerahmtes Bild, das viele Jahre in unserem Wohnraum hing.
Mutti war in schwarz gekleidet - es schien eine Ewigkeit. Sie lachte fast nie mehr. Da kam der Doktor eines Tages und beim Weggehen begleitete ich ihn zum Törle. Da strich er mir über meine Haare und meinte: "Na, Du bist doch ein kleiner Witzbold, kannst Dir nicht was einfallen lassen um Deine Mutti etwas aufzuheitern?"

So geschah es, dass ich eines Tages ein "Gedichtle" machte, es aufschrieb und meiner Mutti vorlas. Ich habe immer viel hingehört was die Erwachsenen sich so untereinander erzählten. Vom Schlafzimmerfenster aus habe ich meine Beobachtungen gemacht, so entstand mein

1.Gedicht in Wiesenbronner Mundart:

Die Nachbara.

I hob' a alta Nachbara, die wohnt in Wiesabronn,
des Luder is so geizi und a so stroh dumm,
am Sunntoch siecht mer sie springa mit der Bibel in der Hend,
am Warktoch draußen Acker, da schlächt sie ihr'n Alten krumm,

sall läicht sich nei die Furchen und schreit:
'wie war i enst so dumm'.
Ihr Techterla, die Marrie, hat nu ken Mo,
und wenn sie en Orsch hat voller Silber,
die Kläder voller Gold, bishar hat sie kener gewollt.
Is a mal die Pfärten offen und es kummt ener aus der Stoot
mit Wasch und Aussteuer für's Marila,
da it die Old' zu hom, da muß alles har,
denn's Marrila muß glanza, denn es braucht en Mo
sonst hat sie dreißich auf' en Buckel
und kener glötzt sie ow.
Is a mal die Pfärten offen und es kummt ener aus der Stoot
und battelt um e Stückla Brot
da secht die Old' zum Marila:
'Hej kenne mer'sch geroht?'

Als meine Mutti das hörte, lachte sie so herzlich und laut. Vor mir sehe ich noch das Bild, wie sie ihre Hand auf ihren Brustkorb legte und hell auf lachte. Tante Anna kam herbei und wollte gleich wissen, was die Ursache war. Sie hat mich immer in Schutz genommen, wenn ich eine Strafe verdient hätte. "Tante tu' ihr nix" sagte sie oft.

Mutti meinte: "Sieglinde lese doch noch mal vor". Das tat ich auch und nun lachten gleich zwei Frauen herzlich. Bald wußte das ganze Dorf davon. Abends, wenn ich die Milch für die Erbshäuser's Tante runter zur Zentrale trug, oder für Mutti was beim Krämer holte, da nahmen mich die Leute zur Seite und sagten: "Geh' zu, soch uns auch amol Dei Gedichtla, wir wölln a emal lach".

Wie Tante Anna mir mal geholfen hat:
6. Dezember - Nikolaus Tag! Keiner von uns wollte bei Anbruch der Dunkelheit noch auf der Dorfstraße sein. Da liefen die Nikoläuse herum. Manche waren bestellt, manche junge Burschen verkleideten sich aus lauter Spaß, klopften an die Türen und die meisten Mütter ließen sie rein. Da kam mal einer in einem Pelzmantel mit einer eisernen Kette um den Bauch, einen langen Bart und eine Pelzmütze. Wir drei Ullrich's und Klein-Erna wussten, dass wir nun ein Gedichtchen aufsagen mußten, oder ein Adventslied singen, und hoch und heilig versprechen mußten, brav zu sein, Hausaufgaben immer

pünktlich zu machen usw. Die Mütter wurden meistens nach den Unartigkeiten gefragt. Das wirkte. Hinterher, wenn der große Mann wieder weg war, diskutierten wir unter uns Kindern, welcher von den Burschen es wohl gewesen war.
An einem Nikolaustag aber war Vati da. Er hatte Ulli, meinen Cousin bestellt, so auch etliche andere Familien. Er kam, läutete mit einer Glocke ganz wild vor der Haustüre, hatte eine Pfeife im Mund, Roßhaarbart, dicken Fellmantel und Mütze, kaum zu erkennen. Er hatte Äpfel und Nüsse im Sack. Mutti sagte ihm, dass Hans-Peter und ich oft das Heimgehen vergessen und Margot auf Schulkameradinnen hören würde und nicht auf Mutti's guten Rat.
Das übliche, Gedichtaufsagen, das Versprechen sich zu bessern - und - auf die Frage: "Was soll Euch denn das Christkindle bringen?" gaben wir unsere Wünsche preis. Ich sah wie meine Schwester und mein Brüderchen total verängstigt waren, ich war mir sicher, es war Ulli unser Cousin, so handelte ich blitzschnell. Als er sich beugte, um aus dem Sack was zu holen, fasste ich seinen Bart an und wollte ihn runter ziehen, denn dann glaubte ich, müßten meine Geschwister ihn doch erkennen. Doch wehe, der Roßhaarbart war angeklebt und der Nikolaus war wütend, wahrscheinlich hat das Ziehen ihm auch wehgetan. So packte er mich und wollte mich unter seinem Arm klemmen, mit dem Ausruf, "Du böses Mädchen, Dich bring ich in den Wald". Da hielt ich mich schnell an Mutti's Rock fest, doch das half nicht viel, er war stark und zog mich weg. Er hielt mich fest unter seinem Arm geklemmt und verliess die Küche. Weder Vati noch Mutti halfen. Vati war verärgert, ich hätte angeblich den "Nikolausbesuch" ruiniert.
Er trug mich hinaus auf die dunkle Straße, Richtung Kinderschule, dort wo die Straße direkt zum Wald führt. Da bettelte ich: "Nikolaus ich hab' meinen Hausschuh verloren, da wird die Mutti aber sehr schimpfen, bitte laß mich ihn finden." Er stellte mich wutschnaubend runter und ich fuschelte im Dunkeln auf der Dorfstrasse herum. Aber ich hatte einen Plan, ich nahm genug Abstand von ihm und tat noch immer so als würde ich suchen. Da fing ich plötzlich an so schnell zu laufen wie mich meine Beine nur trugen in die entgegengesetzte Richtung. Mit seinen schweren Stiefeln und Rucksack konnte er mir nicht lange folgen, ich aber schlich heimlich in den Hof der Nachbarn und wollte in der warmen Stube Unterschlupf suchen. Doch zu meinem größten Schreck war auch dort ein Nikolaus. So versteckte ich mich in der Scheune und war ganz unglücklich über meinen mißlungenen Versuch, meine Geschwister zu beruhigen. Mein Herz klopfte mir bis zum Hals und ich wußte nicht recht was ich nun tun sollte. Da hörte ich die Stimme von Tante Anna, suchend meinen

Namen ausrufend. Sie führte mich an der Hand heim, ich beteuerte, dass ich nur helfen wollte, sie glaubte mir, doch mein Vati war sehr ungehalten, ich durfte ihm an diesem Abend keinen "Gute-Nacht-Kuss" geben.

Im Sommer 1947 nach dem Tode meines Hans-Peter's - wie habe ich meinen Schmerz verkraftet?

Ich zog nach der Schule seine Lederhose an, auch seine Hemdchen. In Gestalt war ich fast seine Größe und Umfang. Ich fand die Hose so praktisch, ich konnte also das Steinmäuerchen beim Supp's Laden runter rutschen. Beim Spielen mußte ich nicht mehr aufpassen, dass mein Kleid zerreißt.
Langsam aber sicher wurde ich mehr und mehr jungenhaft. Ich konnte boxen und Fußball spielen. Das hatte ich ja oft mit Hans-Peter geübt. Wenn wir das Heimgehen versäumten, stand Mutti unter der Türe und hat mit ihren Händen am Mund ganz laut unsere Namen gerufen: "Sieglinde, Hans-Peter". Unsere Schmitt's Nachbarin (Schnapps Schmitt) sagte, als Peter tot war, dass sie es direkt vermisse, dass Mutti unsere Namen nicht mehr rufen würde, es war immer zur Abendbrotzeit, also sechs Uhr und für sie eine Alarmuhr.
Unsere Mutti liebte Ordnung und das Einhalten von Mahlzeiten. Ohrfeigen haben wir oft eingerieben, wenn wir zu spät kamen. Margot mußte uns oft suchen und hat an uns herumgemeckert und mich gerne getadelt, so wie Mutti es tun würde.Von ihr kommend konnte ich es aber nicht gut akzeptieren und so entwickelte ich ein freches Mundwerk. Ihre Freundinnen spielten typische Mädchenspielc, "fandeln", ist alte Kleider von den Tanten anziehen, Schuhe aus Mutter's Kiste holen udgl. Einmal fragte ich meine Schwester, ob ich auch zum Spielen mitkommen könnte. Sie verneinte. Ihre Spielgefährtinnen sagten: "Wenn Du Deine Schwester mitbringst, brauchst gar nicht zu kommen". Ich kam mir recht verloren vor. Ich vermisste meinen Bruder ganz schrecklich, er war mein liebster Spielgefährte. Ich langweilte mich sehr, wahrscheinlich trauerte ich auch sehr um ihn. Damals aber gab es noch keine nette Fürsorgerin die zur Beratung/Betreuung (Therapie) kam, man mußte mit seinem Kummer alleine fertig werden.
Alleine wanderte ich durch eine Gasse und hörte die Stimme meiner Schwester mit ihren Freundinnen im Garten. Weil ich aber ungewollt war, dachte ich mir einen Rache-Akt aus. Ich setzte mich auf die Erde und machte aus dem Lehm (es muß vorher wohl geregnet haben) herrliche kleine, runde Lehmkugeln. Diese bombartierte ich über den Gartenzaum. Ergebnis, ich habe mich noch mehr unbeliebt gemacht.

Aber bald sollte es anders werden. Ich fand eine echt gute Spielgefährtin und Freundin in Waltraud. Wir hatten die gleichen guten Ideen, beide waren wir etwas burschikos. Wir entdeckten unsere Liebe zum Theater! Es entstand unsere erste Uraufführung . Wir machten aus Decken und Waschseilen eine Bühne. Im Gundels Garten versammelten sich einige Tanten und Waltraud's jüngere Schwestern Emmi und Frieda machten auch mit. Die Sonntage waren von nun an ausgefüllt. Am Morgen gings in die Kirch, das war selbstverständlich. Keiner getraute sich zu schwänzen. Der Pfarrer kannte seine Kinder, wir saßen alle vorne, links die Buben, rechts die Mädchen. Jahrgangsmäßig eingeteilt von der ersten bis zur siebten Klasse, je in einer Reihe. Schwänzen wurde mit "Nachsitzen" bestraft.

Jeden Samstag wurden die Straßen gekehrt. Man kehrte bis zur Mitte und jeweils so lange das Grundstück mit Haus und Hof reichte. Wenn es sehr trocken war im Sommer, mußte man erst immer etwas gießen, damit es nicht so staubig war. Sehr enttäuscht war ich, wenn ich eben mit meiner Straßenkehrerei fertig war, dann ein spät-heimkehrendes Fuhrwerk kam und die Kuh mitten in die sauber gekehrte Straße einen flachen, breiartigen Sch...haufen hinlegte.
Am Samstagmorgen trugen die Bauersfrauen ihre großen Kuchenbleche zum Bäcker. Entweder Hüßner's-Beck oder die Neubauers-Bäckerei. Der Apfel-, Käse- oder Zwetschgenkuchen wurde "Blotz" genannt. Wir trugen oft für Nachbarn und Verwandte diese großen Blecher zum Bäcker. Waren unsere Arme noch zu klein um diese in den Hüften zu tragen, setzen wir sie auf den Kopf. Wir waren ebenso für das Abholen verantwortlich. Als Belohnung bekamen wir ein großes Stück "Blootz". Wir brauchten beide Hände um es zu halten und zu essen.
Mit Waltraud habe ich in der Wirtschaft ausgeholfen, sogar ab und zu mal etwas bedient, wenn wochentags plötzlich ein ganzer Bus voll mit Ausflüglern kam. Auch beim Abwasch in der Küche mitgeholfen, oder meine ersten Bügelversuche unter Oma's Anleitung an Arbeitshemden ausprobiert. Gänse haben wir auch manchmal gehütet. Mit einer Rute in der Hand gings hoch zum Koboldsee. Dort am kleinen See waren immer Kinder. An den heißen Sommertagen gingen wir im See baden. Aber nur ganz vorne konnten wir rein, wo unten auf dem Grund noch etwas Holz lag, sonst war der See voll mit Moor/Schlamm. Wir begnügten uns, einfach mal naß gewesen zu sein. Badeanzüge gab es nicht, wir gingen in den Unterhöschen rein und trockneten uns in der Sonne.

Wir sammelten auch mal ganz eifrig Kamillen Kreuter. In Wiesentheid war eine Kräuter Fabrik, wir mußten sie getrocknet abliefern. Unser Verdienst war einmal DM 7.- per Kopf, das war unser Taschengeld für die Kirchweih.

Viele Hochzeiten fanden nach dem Krieg statt. Die jungen Männer die wieder von der Front zurückkamen holten sich ihre Bräute. Für uns Kinder war das ein ganz besonders schönes Erlebnis. Nach der Kirche läuft ja der ganze Hochzeitszug, gepaart wieder zurück zum Hause der Braut. Dort stehen rechts und links vom Eingangstor Birkenbäume geschmückt mit bunten Papierfähnchen. Also auf dem Wege dorthin greift der Bräutigam mehrmals in seine Jackentasche und holt eine handvoll Münzen heraus und wirft sie buchstäblich unter die Kinder. Wir fingen entweder einige Zehnerli oder Fünferli auf oder aber mußten sie auf der Straße auflesen. Das nannten wir 'krappeln'. Natürlich gab es ein Geschupse und Gestoße, aber die Freude war so groß. Wir beurteilten auch oft die Großzügigkeit des jeweiligen Brautpaars, indem wir genau aufpassten, ob auch eventuell einige fünfzig Pfennig Stücke darunter waren.
Dreimal war ich im Ganzen "auf der Hochzeit". Im Alter von ca. vier Jahren als Streumädle bei Tante Frieda Höfer und später als 12-Jährige hinter der Braut laufend, den Schleier tragend bei meiner Cousine Lisbeth Wehrwein. Neben mir lief der jüngste Bruder vom Bräutigam, Heiner Steinmann. Wir waren gerade im Konfirmandenunterricht und mußten von den Mitschülerinnen/ern viel Spott hinterher erleiden. Aber so etwas nimmt man in Kauf.
Eines Tages gab mir eine alte Dame aus Würzburg, die Mutter von Tante Maria, ein Gedicht, das man auf Hochzeiten vortragen kann. Das Brautpaar, besonders der Bräutigam soll jedoch nichts vorher wissen. So wurde ich zur Kolb's-Hochzeit hinten im Roth's-Gässle bestellt. Der Johann heiratet und seine Schwester Marga hat mich bestellt. Ich mußte mich als alte Frau verkleiden. Dazu holte ich mir von den Siebenbürgern eine Tracht, bestehend aus einer wunderschönen weißen Bluse mit großem Puffarm, herrliche gestickte Muster auf der Vorderseite und schönes Mieder mit Faltenrock und Schürze. Ich mußte ein Körbchen tragen, darin befand sich ein Bündel Briefe, ein alter, großer Tier-Zahn (besorgt beim Metzger) am Bändchen hängend und eine blonde Locke, das war ein Sägespähn vom Schreiner. Alles in Allem, ich war die "alte Lotte" und tauchte zwischen Kaffe und Kuchen auf und als Belohnung durfte ich beim Abendessen noch dabei sein.

Ich klopfte an die Türe und beim "Herein" trat ich ein und sagte:

"Guten Abend, ach um Verzeihung wenn ich störe,
find ich hier den Bräutigam nicht ?
Ah, ich seh' ihn ja schon sitzen,
er tut nur so als kennt er mich nicht.
Johann, kennst Du Deine Lotte,
Deine alte Flamme nicht ?
Glück will sie Dir heute bringen,
Glück geliebter, böser Wicht.

Als im Jahre 1800 bei dem schrecklich großen Brand
mir alles wurd' hinweggerissen,
da griff nach diesem nur meine Hand:
Seh't dies sind die Beweise,
dies die Briefe die er mir schrieb,
und in jedem steht fast zehnmal
'Lotte, Dir, Dir hab ich lieb'!

Schlecht hast Du Dein Wort gehalten Johann,
pfui schäme Dich -
dieser Zahn aus Deinem Munde,
ein Zähnchen weiß wie Elfenbein,
den verlor'st Du einst beim Kusse,
ohne Schmerz und ohne Pein.

Diese blonde Haareslocke,
Deines Hauptes schönste Zier,
die gabest Du mir zum Angedenken,
sie ruhe stets am Herzen mir.

Brauchst nicht weinen, lieber Johann,
kann Dich gar nicht weinen sehn,
für mich brauchst Dich nicht zu sorgen,
Männer sind genug noch da -
und wenn ich hier keinen mehr finde,
dann geh' ich nach Amerika...."

Ab und zu konnte ich sehen wie verblüfft der Bräutigam und Braut waren, bis sie langsam mich erkannten. Der Beifall der Gäste war groß und stolz habe ich mich mit an den Tisch gesetzt und habe mir es gut schmecken lassen. Ich war ein dürres, hungriges Geschöpf und Bratwürste und Kartoffelsalat oder Schnitzel schmeckten immer gut. Von nun an aber nannte mich Johann nur "Lotte" wenn ich ihm im Dorf begegnete...

Das Hochzeit-Spiel.
Waltraud, ihre jüngeren Schwestern Emmi und Frieda, die Grosche Betti und Mina, die Ackermanns Erna und Rosemarie, die Grenze Waltraud, die Marianne, Gisela, Emmi, Frieda und ich und noch einige vom Jahrgang waren von den vielen Hochzeiten im Dorf so angetan, dass wir "Hochzeit-Feiern" mit Brautpaar imitierten. Ein Mädchen mußte sich einen Anzug vom Bruder leihen und der Bräutigam sein, das andere wurde als Braut angezogen.
Einen weißen Vorhang als Schleier haben wir immer gefunden. Wir stellten einen Brautzug zusammen und wallten am Sonntagnachmittag durch's Dorf. Die Dorfbewohner einschließlich der Verwandtschaft amüsierten sich sehr. Die Neubauer's Oma hat uns auf dem Balkon über der Backstube einen Tisch gedeckt und einen leckeren Pudding serviert. Ein andermal wurden wir von Frau Grosch im Äußerdorf im Garten mit Kartoffelsalat und Würstchen bewirtet.
Die Konfirmation meiner Schwester Margot fand Ostern 1947 statt. Da es kurz nach Kriegsschluß war, war es eine Plage ein schwarzes Kleid für Margot zu finden. Der Schnaps-Schmidt, unser Nachbar hat meiner Mutti geholfen, mit etwas "Schachern" Kleid und Schuhe aufzutreiben. Ihr Prüfungskleid kaufte ihr Tante Käthe. Das durfte in den Farben blau, grün oder weinrot sein. Die Konfirmanden mußten ca. zwei Wochen vor der Konfirmation vor der ganzen Gemeinde in der Kirche, um den Altar sitzend eine sog. Prüfung absolvieren. Es wurde nach Bibeltexten, Liedern und Stellen aus dem Katechismus gefragt.
Dann kam der Tag der Konfirmation. Die Mädchen in ihren schwarzen Kleidern, mit Myrtenkränzchen im Haar und ein kleines Sträußchen am Kleid angesteckt, die Buben in dunklen Anzügen, ebenfalls mit Myrten am Rever. So zogen sie alle gepaart feierlich in die Kirche ein. Die Kinder sitzen auf den mitgebrachten Stühlen in einem Halbmond um den Altar herum. Zur Einsegnung kniet man am Altar. Die Konfirmanden nehmen zum erstenmal das Heilige Abendmahl. Somit wird man als junger Mensch in die christliche Gemeinde voll aufgenommen und ist von nun an für sich selbst verantwortlich, was die Ausführung des Glaubens inne hält. Dazu gehört auch, dass man jeden

Sonntag den Gottesdienst besucht. Die Kirche war festlich mit Girlanden geschmückt, so auch das Gelände außerhalb der Kirche. Die Konfirmanden machen das selbst. Bei jedem Konfirmanden wurde von den Preperanden, das ist der Jahrgang vor der Konfirmation, gestreut. Tannenzweiglein mit bunten Papierschnitzeln bildeten eine Art Teppich von der Haustüre zur Pforte und noch ein Stück in die Dorfstraß, so konnte jedermann erkennen wo eine Konfirmation stattfindet. Man geht in den Wald, holt die Tannenzweige und es wird einem gezeigt, wie man Girlanden bindet. Das hat mir später geholfen, meine eigenen Advents-Kränze zu binden. Diesmal aber war ich unter den Zuschauern und wußte mit großer Freude im Herzen, dass ich in zwei Jahren an der Reihe bin.
Wir feierten ganz im kleinen Kreis. Vati war noch vermißt, Hans-Peter weilte nicht mehr unter uns. Tante Anna und Onkel Michael halfen und unterstützten Mutti. Cousinen und Tanten haben Kuchen gebacken, steuerten auch mit Braten und Zutaten bei.

1948 Sommer erreichte uns eine schreckliche Nachricht.
Da sie per Post durch's Rote-Kreuz zugesandt wurde, wußte der Bürgermeister nicht Bescheid. Es war üblich, daß die Todesnachrichten der Söhne und Väter des Dorfes ans Rathaus (Verwaltung) weitergeleitet wurden, und dann der Bürgermeister mit noch einem Gemeinderat im schwarzen Frack und Zylinder zum Hause hingingen und die traurige Nachricht persönlich überbrachten. So konnten wir oft im Dorf sehen, wo es einen Toten vom Krieg zu beklagen gab. Man sah die zwei dunklen Gestalten sich auf den Dorfstraßen bewegen und bald sah man wo sie anklopfen würden. Doch in unserem Fall wußte keiner, was das braune Kuvert für Schreckensnachricht enthielt. Die Nachbarin erzählte später, dass sie meine Mutti hätte ganz laut schreien hören: "Ach Gott, nein, nein, nein".
Als wir von der Schule am Mittag nach Hause kamen, saß Tante Anna oben bei uns im Zimmer in schwarz gekleidet, meine Mutti und Opa ganz traurig aussehend. Da packte mich ein Unruhe - schwarze Kleidung, das Zeichen eines Todes in der Familie. Aber wer ? Ich fragte hastig: "Ist Onkel Hans gestorben?" (mein Lieblingscousin, der im Kitzinger Krankenhaus schon lange lag und eine Operation nach der anderen über sich ergehen lassen mußte, da er angeblich vom Krieg her einen Splitter im Körper hatte, der immer zu wandern anfing) "nein" sagte Tante Anna, "setz Dich erstmal hin und esse etwas", meinte Mutti beruhigend. Margot folgte schweigend. Doch ich wollte wissen,

wer? Instinktiv ging ich ans Fenster. Hinter dem Vorhang war ein Bild meines Vaters als Soldat. Ich schrie laut: "Nein, nein, nein, mein Vati ist nicht tot, das ist nicht wahr." Ich lief aus dem Zimmer und flüchtete in die Holzlege und weinte mich erst mal aus. Dann kam meine Schwester und packte mich sanft bei der Hand und führte mich wieder hinauf ins Zimmer. Jetzt weinten wir alle viel und Opa sagte immer wieder: "Der Hans hat das nicht verdient, er hat mich gebeten bei seinem letzten Besuch, wenn ihm was passieren solle, daß ich auf die Lisbeth und die Kinder aufpasse, so werd' ich halt bei Euch bleiben. Lisbeth Du kannst meine Rente haben, wir suchen uns wieder eine Wohnung in Würzburg" .

Ich konnte und wollte es nicht glauben. Drei Jahre haben wir gewartet, gehofft. Vermißt gibt immer noch Hoffnung. Mutti hat Zwieback gesammelt und in einer großen Büchse aufgehoben. Man rechnete mit Gefangenschaft und viele Heimkehrer hatten Erkrankungen im Magen und Darm. Nun, ich konnte die eidesstattliche Erklärung ja selbst lesen. Er ist am 7. oder 8. Juni 1946 im Lazarett Sambor 'an Wasser' gestorben.

Selbst der Trauergottesdienst der folgte überzeugte mich noch immer nicht. Aus Rußland kamen immer wieder Verschollene, vielleicht kommt mein Vater auch noch.

Aus Protest zog ich zu jenem Trauergottesdienst weiße Söckchen an, obwohl man mir dunkle Strümpfe mit dunkler Kleidung hinlegte. Es war einfach zu viel zu verkraften. Erst mein Hans-Peter und jetzt noch mein Vati weg, es kann doch keinen lieben Gott mehr geben ?

1134623

BAYERISCHES ROTES KREUZ
BAVARIAN RED CROSS / CROIX ROUGE BAVAROISE

Präsidium
Hauptreferat Fürsorge • München 22, Wagmüllerstraße 16

EIDESSTATTLICHE ERKLÄRUNG

ZEUGE Möhler Vorname Otto geb. am 14.7.1908
in Nürnberg Beruf Kaufmann
Anschrift: Ammerndorf Nr. 11
Ldkrs. Fürth/B.
durch Ausweis Nr. Deutsche KK.B 500627 Fürth/B. ausgewiesen, erklärt hiermit an Eidesstatt, daß der
Dienstgrad Name Ullrich Vorname Hans
geb. am in Beruf
Einheit oder Fp. Nr. Erkennungsmarke
am 7. od. 8. Juni 46 in Lazarett Sambor
gestorben ist
Todesursache Wasser
Bestattung am in Kgf.-Friedhof des Lazarettes Sambor
Anschrift der Angehörigen Ehefrau: Elisabeth Ullrich, Wiesenbronn bei Kitzingen
verständigt nein
Nachlaß vorhanden nein in
Aufgenommen in Nürnberg 19. August 1947
durch
Form 3c. Nachdruck verboten! Unterschrift Unterschrift b. w.

Als etwas Zeit verstrichen war, wurde mir aufeinmal klar, als ich das "Vaterunser" betete, daß ich ja noch einen Vater habe, an den ich mich wenden kann...... "Vater unser im Himmel..."
So habe ich mich dem christlichen Glauben sehr anvertraut und auch meinen himmlischen Vater oft um Rat und Hilfe angerufen.

Vielleicht könnte es für manchen von uns noch heute eine Hilfe sein?! Wenn die Not am Größten ist, ist Gottes Hilf' am Nächsten.Versucht es doch mal. Für mich wurde das "Vaterunser" zu meinem Stammgebet. Könnt Ihr es auch noch auswendig ?

Vaterunser im Himmel, geheiligt werde Dein Name,
Dein Reich komme, Dein Wille geschehe,
wie im Himmel also auch auf Erden.
Unser tägliches Brot gib' uns heute
und vergib uns unsere Schuld,
wie auch wir vergeben unseren Schuldigern
und führe uns nicht in Versuchung,
sondern erlöse uns von dem Bösen,
denn Dein ist das Reich und die Kraft
und die Herrlichkeit, in Ewigkeit. Amen.

Heute schreiben wir den 10. November 1996, 13.20 Uhr, ich sitze wieder am Computer und tippe gerade diese Seite. Wie Vergangenheit und Gegenwart doch gerade heute zusammenschmelzen. Es ist hier in England der sogenannte Remembrance Day, Gedenktag an die Toten des 1. und 2. Weltkrieges.. Mein Mann und ich wollten gerne zur Kirche. Nach London reinzufahren war uns heute zu viel. So gingen wir zur anglikanischen Kirche im Ort. Ein typischer November Tag, es nieselte fein, die Menschen standen außerhalb der Kirche in kleinen Gruppen am Gehsteig um das Kriegerdenkmal herum. Die Hauptstraße, war von der Polizei genau für 15 Minuten gesperrt, so daß der Pfarrer in Ruhe und mit Würde einige Worte sprechen konnte, einen Bibeltext vorlesen und wir alle gedachten in Stille unseren Lieben die wir in einem der Weltkriege verloren haben - dies für ganze zwei Minuten. Ich mußte mit den Tränen kämpfen. Oben auf der Seite habe ich noch von meinem Vater erzählt, getippt vor einer Woche, doch heute traf sich die Vergangenheit mit der Gegenwart.
Ich als Deutsche trauerte in der Gegenwart und der Zukunft. Der Pfarrer erwähnte die Stämme in Afrika die sich bekämpfen, er erinnerte uns an Afganistan und er erwähnte den gebrochenen Waffenstillstand der IRA, die

erneuten Unruhen in Irrland, Israel und Palestina. Er erweckte in unserem Gedächtnis die Opfer der Weltkriege und dass sie ihr Leben für uns gelassen haben, damit wir in Frieden und Freiheit leben können. Gibt es wirklich so etwas wie Frieden auf Erden ? Sind wir wirklich freie Bürger ? Hierzulande sind wir nicht mal Bürger, sondern Untertanen der Königin. Im Englischen heißt das, wir sind ihre Subjekte ! Ich wiederum nicht, denn ich habe noch meinen deutschen Pass.
Einige Seiten weiter vorne habe ich auch von Würzburg und dem Totalangriff geschrieben. Als ich am Denkmal stand, habe ich ebenso an die 5.000 Tote des Bombenangriff's auf Würzburg gedacht.

Wer geht heute noch zur Kirche ? Geht man nur wenn man Sorgen und Nöte hat? Tatsache ist, dass nach der Zerstörung, nach dem Krieg also, die Kirchen voll waren. Geht man auch zur Danksagung ? Heute ist es so, dass z.B. gemessen an unserer Deutschen Gemeinde (im Ausland) von 220 eingetragenen Mitgliedern ca. 40 im Durchschnitt sonntags zur Kirche kommen. Es sei denn mit Ausnahme von Ostern, Weihnachten, Geburten, Hochzeiten und Trauerfällen.

Warum gehe ich zur Kirche ? Ich brauche Gottes Wort, die Auslegung der Bibeltexte, das Abendmahl und die Gemeinschaft der Gläubigen. Das Gefühl der Zugehörigkeit zu einer deutschsprechenden Gemeinde gibt mir Kraft und Freude. Und, da ich ehrlich bin, auch manchmal Ärger. Das aber, weil wir Christen keine Heiligen sind, sondern alle nur streben, dass der gute Kern in uns wächst und gedeiht, aber manchmal daneben "streben".

Nach dem "Zwischengedanken" zurück nach Wiesenbronn und zu meiner Mutti.

Sie war im ernsten Sinn des Wortes eine Leidtragende. Sie kleidete sich nun schon zwei Jahre fast nur in Schwarz wegen Peter's Tod und nun kam noch Vati's Tod dazu und sie trug weiterhin schwarz. Als Zwölfjährige betrübte das mich sehr. Ich habe sie oft aufgemuntert und gebeten, sie solle doch wieder eines von ihren schönen bunten Sommerkleidern anziehen. Damals wurde ja zum Sommerkleid, wenn es etwas kühler war, die Kostümjacke getragen. Im Winter, bei Kälte bedeckten die Mütter ihr Haupt mit dem sogenannten Turban.

1949 - Ostern - Weißer-Sonntag wurde meine Konfirmation gefeiert.

Zuvor die langen Vorbereitungen, wie schön es doch war, denke ich zurück, wir, die Konfirmanden haben unsere Tannenzweige geholt, Girlanden gebungen, Kirche geschmückt, Stühle in die Kirche getragen. Zwei Sonntage vorher aber auch die Prüfung bestanden. Mein Prüfungs-Kleid war von Tante Käthe, Schwester meines Vaters, es war blau. Mein Konfirmations-Kleid, wie üblich wurde von Margot an mich weiter "vererbt". Es mußte enger gemacht werden und da das Kleid ja einen kurzen Arm hatte, trug ich auch wie Margot, ein kleines Bolero aus schwarzen Samt darüber. Die Feierlichkeiten in der Kirche waren vorüber. Mein Konfirmationsspruch lautet:
"Welche der Geist Gottes treibt, die sind Gottes Kinder", - Römer VIII. Vers 14. Weiter kann man lesen: 15. Denn ihr habt nicht einen knechtlichen Geist empfangen, daß ihr euch abermals fürchten müßtet, sondern ihr habt einen kindlichen Geist empfangen, durch welchen wir rufen: Aba, lieber Vater! 16. Der selbe Geist gibt Zeugnis unserem Geist, daß wir Gottes Kinder sind.......Diese drei Verse bewegen mich sehr. Ich habe sie eben nochmal nachgelesen. Ob unser Pfarrer Maser damals ahnte, was sich in meiner Natur verbarg ? Von meiner inneren Stimme wurde ich buchstäblich durchs Leben "getrieben". Nie habe ich größeren Drang verspürt als dann, wenn ich Entscheidungen treffen mußte, Wege einschlagen sollte.

Nach der Kirche wartete zu Hause ein gutes Essen:

Leberklößli-Suppe (Hochzeitssuppe von uns Kindern genannt)
Rindfleisch und Meerrettich,
Rinderzunge, Klöße und Salat.
Weincreme als Nachspeise.

Das schmeckte lecker. Mir läuft noch jetzt das Wasser im Mund zusammen. Man darf nicht vergessen, 1949 nur vier Jahre nach dem Krieg gingen wir alle noch durch die "Fresswelle", dann soll die Kleiderwelle gekommen sein, dann die Urlaubswelle - dann war ich schon nicht mehr dabei. Für eine Familienfeier reiste man viele Kilometer. Und zu guter Letzt saßen wir auf dem Dorf noch an der Quelle.

Wir wohnten zu diesem Zeitpunkt schon etwas getrennt von Tante Anna's Haushalt. Wir hatten unsere eigene Wohn-Zimmer-Küche und Schlafzimmer oben im 1. Stock. Letzteres wurde total ausgeräumt und ein langer Tisch von der Wirtschaft mit Stühlen wurde aufgestellt.
Ein oder zwei Wiesenbronner Tanten halfen in der Küche, die anderen und die Cousinen nebst der Würzburger Verwandtschaft war da, ob mein Onkel Andreas aus Örlenbach (bei Bad-Kissingen) dabei war, weiß ich nicht mehr sicher. Tante Anna, Onkel Michael und Erna gehörten ja fast zur erweiterten Familie. Neben mir saß meine Freundin Waltraud. So wie ich das noch in Erinnerung habe, waren wir eine fröhliche Gesellschaft. Ein Spaziergang am Nachmittag zum Friedhof war ganz selbstverständlich. Wir wollten Hans-Peter nicht vergessen haben. Auch ein kurzer Besuch vom Lehrer und dem Pfarrer gehört zur Sitte.
Auf meine Geschenke kann ich mich im Einzelnen gar nicht mehr entsinnen. Gefreut habe ich mich sicher über alles. Es war üblich, dass man schon mit Blick auf die 'Aussteuer' schenkte.

Telefonanruf aus Würzburg ! Gleich nach der Konfirmation erreichte meine Mutti ein ganz bedeutender Anruf. Vati's ehemalige Geschäftsverbindung bot Mutti eine Wohnung an. So reiste Mutti nach Würzburg, Ziel: die "Neue Welt" ein alter Gutshof, Leutfresserweg 32. Es wurde uns eine Art Notwohnung im Dachboden angeboten. Eine Wohn-Küche, groß genug um ein Bett zu stellen und ein Sofa, ein kleineres Schlafzimmer für Opa. Außer dem steingemauertem Zimmer am Ende, das unsere Wohnküche sein sollte, waren alle anderen vier Zimmer aus Sperrholzplatten zusammengebaut. Die Farben - IG sollte dies schnell nach dem Angriff gebaut haben. Es war schon aufregend, zurück in die Stadt wo ich geboren wurde, Mutti endlich vom Dorf weg und Opa dorthin wo er seinen Lebensabend verbringen wollte. Mutti berichtet: Auf dem Gang wohnt im ersten Zimmer ein Ehepaar aus Berlin mit Schwägerin, im zweiten eine Sekretärin der Farben IG, sehr nette Dame, im dritten, sie konnte es nicht fassen, schläft das Ehepaar das die Landarbeiten vollrichtete mit Tochter und Großmutter. Sie sind Flüchtlinge aus Schlesien und benutzen dieses Zimmer als ihr Schlafzimmer. Sie hatten dann noch unten neben dem Eingang im Parterre eine sehr große Wohnküche. Neben deren Schlafzimmer oben war dann Opa's kleines Schlafzimmer. Getrennt von allen anderen Zimmern im Gang war dann eine extra Eingangstüre zu unserem winzig kleinen Gang mit Abstellraum und Wohn-Küche-Zimmer. Ein Klo mit Wasserdruckspülung war schon vorgesehen, aber noch nicht installiert. So

mußten wir ins Freie in ein Holz-Klo! Es ging uns auf dem Lande besser, alles unter einem Dach. Aber was soll's denn. Drei Jahre nach Kriegs-Schluß in dem ausgebombten Würzburg eine Bleibe, wer sagt schon nein.
Die Wohnung sollte mietfrei sein. Mutti sollte als Gegenleistung die Miete von den anderen Gebäuden auf der Neuen Welt einkassieren, anfallende Unkosten begleichen, Gehalt des Arbeiters bezahlen udgl.

Mutti war von der Wohnung nicht begeistert. Man versprach ihr, daß demnächst die Scheune ausgebaut werden soll. Dort entstünden mindestens 2 - 3 Wohnungen und Mutti könne dann dort eine beziehen. Diese sei nur vorrübergehend. Mutti dachte an Opa und wie sehr er sich freuen würde, wieder in Würzburg zu sein. Wie gut es für mich und Margot sei, sich wieder in das Stadtleben einzufügen. Das Angebot der Schulen für uns Mädchen war zahlreich. Sie sagte zu. Der Umzug sollte bald stattfinden.
Ach du liebe Zeit, das waren aufregende Entwicklungen. Opa und Mutti beratschlagten die finanzielle Lage. "Lisbeth wir müssen halt fest sparen, und dann schaffen wir es zu einer Neubauwohnung. Die Mädli haben dann auch bald ihre Schule und Lehre hinter sich und dann kommt auch Geld rein. Meine Pension ist nicht schlecht".
Mutti's Witwen- Waisenrente war nicht groß.

Kaum war diese Nachricht verbreitet im Dorf da wurde ich, das Opfer eines langanhaltenden "Bauchweh's", mit Blinddarm ins Krankenhaus geschickt. Ein ganzes Jahr plagte ich mich mit bösen Schmerzen im Unterleib herum. Der Kinderarzt in Würzburg führte es auf Spulwürmer und meine sich nahende Periode zurück. Ich war nicht ganz 13 Jahre alt. Als meine Schmerzen aber krampfartig wurden, so daß man mich von der Schule heimschickte, ich oft flach auf dem Boden liegen mußte, am Rathausbänkle sitzend, wartete bis mich Mutti abholte, da ich aus Angst vorm Schmerz nicht mehr laufen wollte, ja dann wurde Mutti unruhig und nahm mich nach Kitzingen zum Doktor für innere Krankheiten.
Ich lag da und wurde untersucht. Da ich schon immer einfach feste darauflos plauderte, sagte ich zum Doktor: "Herr Doktor, könnte es eventuell mein Blinddarm sein ? Im Dorf hat ein Junge sogar einen bösartigen Blinddarm gehabt, der aufgebrochen ist und der Willi war ganz schwer krank." "So," meinte der Doktor, "Du denkst also Du könntest auch eine Blinddarmentzündung haben. Na, mal sehen." Er drückte mit beiden flachen Händen in meinen Unterleib und schob sie so quasi nach oben. "Autsch", ich

rief entsetzt aus, "das hat aber sehr wehgetan". Er rief einen Kollegen herbei, ich mußte nochmal die gleiche, schmerzhafte Handdrückerei in meinen Bauch über mich ergehen lassen. Ende vom Lied: "Frau Ullrich, ihre Sieglinde hat eine Blinddarmentzündung, der Blinddarm muß raus. Ich schreibe ihnen eine Überweisung fürs Kitzinger Krankenhaus".
Meine Mutti war wahrscheinlich mehr erschrocken als ich. Der Grund, das ist das Krankenhaus wo nur drei Jahre vorher mein Brüderchen verstorben ist. Ich dachte mir im Stillen: Ich hab's ja gewußt und ich mußte es dem Doktor sagen was ich habe. Keiner von denen hat es entdeckt.
Dr. Wunderlich, der Chefarzt im Krankenhaus erkannte meine Mutti wieder und war recht freundlich mit mir. Ebenfalls dort eine Untersuchung und zu meiner Mutti gewandt sagte er:
"Wir werden nicht gleich operieren. Aber bringen sie die Kleine sofort, wenn sich der Blinddarm wieder meldet. Also wenn sie wieder Schmerzen hat, Koffer packen und sofort kommen. Sie hat eine chronische Blinddarmentzündung. Aber bitte keine unnötigen Sorgen machen. Die Operation ist nicht lebensgefährlich".
So gingen wir wieder heim, erzählten allen Verwandten und Bekannten von meiner bevorstehenden Operation. An meine Cousine Helga in Würzburg schrieb ich:
"Ich muß bald ins Krankenhaus nach Kitzingen, komme mich bitte besuchen. Ich habe einen **verchromten Blinddarm".** Das Wort chronisch war ein Fremdwort für mich, noch nicht in meinen Wortschatz aufgenommen. Das Nächstliegende war eben 'chrom'. Lange mußte ich viel Spott wegen diesem mißbrauchten Wort über mich ergehen lassen. Aber in der Verwandtschaft ist das eben so üblich. Wie gesagt, ich hatte auch eine freche Klappe entwickelt und gab zurück was ich nicht einstecken wollte.
Der Tag kam, der Schmerz war wieder da. Mutti und ich reisten per Postauto von Wiesenbronn nach Kitzingen. Der nette Fahrer erlaubte mir, mich neben ihn auf seinem großen Ledersessel zu setzen, denn der Rest des Buses war aus Holzbänken und er wollte vermeiden, daß ich nicht durcheinander geschüttelt werde.
Ich wurde in ein Zimmer mit noch fünf weiteren Patienten eingewiesen. Darunter drei in meinem Alter, ein junges Fräulein, namens Frl. Trost, das weiß ich noch heute. Ich dichtete gleich einen Vers: "Fräulein Trost hat Liebeskummer, d'rum hat sie nachts so schlechten Schlummer". Sie meinte: "Warte nur bis morgen nach dem du aus dem OP kommst, dann wird dir das Singen vergehen". Neben mir war eine Betti, die auch gleich nach mir am

Blinddarm operiert wurde. Auf der anderen Seite visavis nahe am Fenster lag Erna aus Neuses am Berg, sie hatte eine Blinddarmoperation mit Komplikationen und war schon längere Zeit da.
Eine alte Frau lage mir gegenüber. Die Schwester sagte, sie sei sehr krank.
Am nächsten Morgen, ganz früh kam Margot, die dann schon die Handelsschule in Kitzingen besuchte mit Waltraud, die zur Oberschule ging mich nochmal kurz besuchen. Die Bushaltestelle war direkt am Krankenhaus.
Ich war echt nervös und wollte lieber dass sie gehen. Kurz danach wurde mir eine Spritze in den Oberschenkel gegeben. Die Nadel war stumpf so lernte ich hinterher, deshalb konnte ich noch Jahre lang die kleine Einspritzstelle sehen.
Ich entsinne mich noch einer großen Uhr, über der Tür zum Operationssaal. Auf einer Bahre liegend mußte ich warten. Das ewige Ticken der Uhr versetzte mich in Angst. Endlich war es soweit. Ich lag auf dem OP-Tisch. Eine Maske wurde über meine Nase gesetzt und wahrscheinlich Äther darauf getropft. Ich sollte zählen, das tat ich auch.
"Das ist viel zu schnell Sieglinde," hörte ich die Schwester sagen. "Jetzt zähl mal schön langsam und atme tief ein. Bitte rückwärts von 100 an". Kurz darauf war ich weg.
Wo war ich, wo bin ich, das sind die ersten Gedanken die man fast, wenn man aus der Narkose sich herausschleicht. Die Stimme meiner Mutti schien weit weg zu sein. Aber irgendwie fühlte ich mich gerettet. Mutti erschrak, da ich angeblich meine Augen sehr verdrehte. Die Schwester beruhigte sie und sagte dass dies so üblich sei. Das erste was mir so echt bewußt war, mir war todschlecht. Das nächste, mir wurde eine Schale unter das Kinn gehalten, "Hand auf die Wunde leicht drücken", rief noch die Schwester, aber es tat gemein weh. Erbrechen mit frischer Wunde, kein Spaß. Neben mir weinte Betti, meine Mutti ging auch zu ihr ans Bett und tröstete sie. Ihre Mutti konnte nur am Abend kommen.
Onkel Hans, mein Lieblings-Cousin der einen Stock höher lag, von dem ich schon vorher erzählte, kam mich besuchen und munterte mich auf. Damals durfte man noch nicht so bald nach der OP aufstehen, später berichteten mir Schulkameradinnen in Würzburg, dass sie gleich am selben Abend ihre ersten Gehversuche machen mußten. Wie dem auch sei, eines lernte ich, man kann sich nicht voll aufrichten, man läuft, bis die Fäden heraus sind in leicht gebeugter Haltung.
Jeder Besuch war freundlichst willkommen. Meine Cousine Liesl kam und brachte einen echten Gesundheitskuchen, i.e. Rührkuchen mit ix Eiern. Ich tauschte Stücke mit Erna in der Ecke gegen Fleischwurst aus. Erna's Eltern

hatten eine Metzgerei. Wir lachten oft, und die nächste Lektion die ich lernte, lachen tut ebenfalls der Wunde nicht gut.
Mutti schacherte ihre Lebensmittelmarken ein, sie kaufte mir frische Wurst, Brötchen und eine billige rote Limonade. Ich war immer hungrig. Die Krankenhauskost war fettarm. Die liebe Krankenschwester meinte: "Sie fragt gleich nach dem Frühstück was es zum Mittagessen gibt, und dann gleich was es zum Abendessen gibt."
Helga kam aus Würzburg mich besuchen. Wir lachten wegen des "verchromten" Blinddarms.
Nach zwei Wochen durfte ich wieder heim. Ausruhen, schlafen, nichts heben. Weil ich so ein Zappelphilipp war und nicht während des Tages ausruhen konnte, mixte mir Mutti ein herrliches Getränke, das ich als Erwachsene ab und zu mir selbst machte. Es stärkt, ist blutbildend und beruhigend. Eidotter geklöppelt, im Glas mit Zucker und Rotwein.

Nun ist noch was ganz Ulkiges passiert. Kaum war ich zu Hause, wurde Waltraud mit einer Blinddarmentzündung ins Krankenhaus geschickt. Sage und schreibe, sie kam ins gleiche Bett. Man könnte sagen, ich habe ihr das Bett "angewärmt". Bei ihr verlief auch alles gut. Nur sahen wir beide sehr blass aus und waren beide recht dünn. Der Neubauer's Vater meinte scherzend: "Na, wenn ihr a weng g'scheiter gewesen werd, dann hätt' ihr euch doch gleich alle zwei zusammen ins Krankenhaus gelegt".
Bei Neubauer's war es immer schön. Da war die warme Backstube im Winter und der Garten im Sommer. In der Backstube haben wir oft unsere Hausaufgaben gemacht. Manchmal durften wir zusehen, wie der Bäcker das frischgebackene Brot mit dem langen Schieber aus dem Ofen holte, es ging zick-zack, das Brot landete auf einem Brett, dann wurde es mit einer weichen, pinselartigen Bürste, die ins Wasser getaucht wurde bestrichen. So glänzte das Brot und es roch so gut. Hinter der Gaststube war der Familienaufenthaltsraum. Oft spielten wir dort, oder oben im langen Gang gab es eine Schaukel, oder ohne Brett zwei Ringe zum Turnen. Bei Neubauers gab es viele Geschwister und viele Spiele zum spielen. Margot war mit der ältesten Tochter Marianne befreundet. Sie fuhren auch jeden Tag per Fahrrad nach Kleinlangheim und dann per Zug nach Kitzingen. Die Schule fing so früh an, dass der Bus zu spät gekommen wäre. Die hübsche, kluge, liebenswerte Marianne wurde in den 50iger Jahren zur fränkischen Wein-Königin erkoren. Mit ihren Krübchen in den Wangen, einem charmanten Lächeln, so strahlte sie auf einer Postkarte. Ihre blonden Zöpfe waren zu einer Krone hochgesteckt.

Kein Wunder, einige Jahren später probierte ich die Frisur auch aus. Da fällt mir ein. Während der Hitlerzeit hieß es: "Pfui, pfui Bubi-Kopf, deutsches Mädchen hat nen Zopf".

16. Mai 1949 - Umzug nach Würzburg.

Genau 10 Jahre nach unserem Besuch, der verlängert wurde wegen Kriegsausbruch, ging's zurück nach Würzburg.

Mit wenig Habseligkeiten, einige Kisten, Mutti's Schließkorb mit Wäsche, einige Kartons mit Geschirr; Koffern mit Kleidung. Eine erstandene Liege, ein Holzlehnstuhl ein kleiner runder Tisch, das war's. Sogar der Rest der Kohle wurde ganz am Schluß noch aufgeladen. Von wegen Möbelwagen - der Lastwagen von Krämers war unser Transport. Opa und Mutti saßen beim Fahrer und wir zwei Mädchen machten es uns zwischen Koffern und Kartons bequem. Die Fahrt dauerte fast eine Stunde, jetzt kann man es in weniger als 30 Minuten schaffen. Gute Straßen und schnellere Fahrzeuge.

Es war schon aufregend, zurück in die Stadt wo ich geboren wurde, Mutti endlich vom Dorf weg, Opa wieder da, wo er seinen Lebensabend verbringen wollte.

Die Wohnung selbst war jedoch wirklich notdürftig. Selbst das Wasser mußte eimerweise unten vorm Haus von einem Haupthahnen geholt werden. Monate später wurde die Installation von Wasser und Klo vorgenommen.

2. Lebensabschnitt.

Ankunft ohne Zuzugsgenehmigung !

Man brauchte eine Genehmigung. Die Bestimmungen waren deshalb so streng, weil aus jeder Familie eine kräftige Person beim Schuttaufräumen helfen sollte. Bei uns fehlte die Person. Noch viele Würzburger wohnten in Kellerwohnungen. Am Tag als wir einzogen, praktisch unsere Sachen noch abluden, kam schon ein Beamter vom Wohnungsamt. Was für ein Glück! Er war ein Schulfreund vom Onkel Hans, dem Bruder meiner Mutter, der uns beim Umzug half. Er legte ein gutes Wort für uns ein: "Frau ist Witwe, Vater ist über 78 Jahre alt ..." Der Hausbesitzer wurde verklagt, da er aber selbst ein Opfer des Krieges war und an der Front schwer verletzt wurde, wurde nur eine Geldstrafe erhoben.
Während alle Erwachsenen am Einzugstag schwer beschäftigt waren, machte ich mich heimlich still uns leise auf den Weg, mir ein Eis zu kaufen. Als wir unten am Nikolausberg einbogen sah ich unweit vom Bäcker an der Ecke eine Eisdiele. Die Entfernung habe ich nicht gut eingeschätzt und lief den ganzen Leutfresserweg runter um mir für 10 Pfennig ein Eis zu kaufen. Mutti verzweifelte bald, da ich so lange verschwunden war. Irgendjemanden habe ich gesagt, ich gehe mir ein Eis kaufen, aber keiner wußte wo und wie weit. Ich wurde ausgeschimpft und versprach, es nicht mehr zu tun, ohne Mutti Bescheid zu sagen.

Der Gutshof oder Leutfresserweg 32, war voll mit Familien und Kindern. Die Farben IG von Berlin hatte in dem Bau wo wir wohnten (ehemaliger Schweinestall !) bei Kriegsende die Zimmer aus Sperrholzplatten gebaut. Dazu kam noch an jedem Ende des Gebäudes ein aus Steinen gemauertes Zimmer.
Unsere Wohnküche hatte an der schrägen Wand ein extra großes Einzelbett, das Mutti während des Tages mit Decken kunstvoll in eine Couch verwandelte. Das Federbett wurde gerollt nach hinten gelegt und die Kopfkissen dienten rechts und links als Armstütze. In der Mitte stand ein Tisch mit 4 Stühlen. Rechts an der Wand wo man zur Tür rein kam stand ein Küchenbufett. Links von der Tür war der Herd, daneben stand Opa's Holzstuhl, dann kam eine

kleine Liege, mit rundem Tischchen und noch ein Holzlehnstuhl. Vor der Liege war ein kleiner Teppich. Diese Ecke nannten wir unser Wohnzimmer. Das Radio ein Telefunke, unser Luxus, war unser Mittelpunkt am Abend. So manche Operette wurde auf dem Sofa sitzend zu unserem abendlichen Höhepunkt.

Unser Gebäude lag links, etwas erhöht von der Straße, rechts ist ein großes Tor mit Pforte, diese führt in den Gutshof mit noch drei weiteren Gebäuden: der Pferdestall, ebenso in eine Wohnung im Erdgeschoß ausgebaut. Das sogenannte Herrenhaus mit mehreren Wohnungen und Zimmern voll belegt. Vierköpfige Familien wohnen in einem Zimmer. Man trennt mit Decken und Sperrholz die Wohnecke von der Schlafecke.

Links war das Haus der ehemaligen Dienstboten. Jetzt wohnten in einer Wohnung Verwandte von der Besitzerin des Gutshofes. Die anderen Wohnungen waren an ausgebombte Familien vermietet.

Am 17. Mai, einen Tag nach dem Einzug - Emma's Geburtstag.

Emma's Familie war mit der Gutsbesitzerin verwandt, die Großmutter väterlicher Seite lebte auf der Neuen Welt. Ich erkundschaftete den Hof und wurde von Emma's Mutti entdeckt und gleich herbeigerufen. Ich stellte mich vor und sie wußte schon von uns Neuzugezogenen Bescheid. Sie lud mich ein, hereinzukommen. Sie war eine liebe, warmherzige, temperamentvolle Frau. In Ungarn geboren, mit neun Jahren mit ihrer Schwester nach Amerika ausgewandert, heiratete sie einen Schweizer-Deutschen und kam kurz vor Kriegsausbruch nach Würzburg mit Mann und Kindern auf die Neue Welt. Das "Dreimädelhaus" bestand aus Alice, Emma, und in meinem Alter war Pauline. Ein Brüderchen hatte man im Alter von 7 Jahren durch eine tückische Krankheit verloren.
Die Torten schmeckten so lecker, eine Buttercreme- und eine Schwarzwälderkirschtorte. Meine Augen wurden immer größer und zu guter Letzt waren meine Augen größer als mein Bauch. Man hatte viel Spaß mit mir und sagte, ich solle mich nur nicht genieren und essen so viel ich wolle. Ein andermal, zum Geburtstag von Pauline, die meine Busenfreundin wurde, entsinne ich mich eines kleinen Malheurs: An der Geburtstagstafel saßen ca. zehn Kinder, ich sagte ein Gedichtchen auf:

"Ein schönes Geburtstagsfest feiern wir heute,

ja Geburtstag feiern , das finde ich fein,
doch das allerschönste ist, ihr lieben Leute,
das ich auch dabei darf sein.
Ich möchte gerne noch mehrere Geburtstage besuchen,
drum bitte, ladet mich häufiger ein.
Wie fein gekleidet sind die Leute doch alle,
ich selber bin auch ein bisschen fein,
doch die allerschönste ist das Geburtstagskind,
ich möchte gerne auch ein's sein.
Doch muß ich noch warten ein Weilchen,
dann komm' ich auch an die Reih'."

Da hieß es wieder: "Ess doch noch ein Stückchen Torte, Du bist so dünn". Plötzlich kam ein Ruf: "Mehr Kaffee bitte" und hilfsbereit wie ich sein wollte, stand ich auf und wollte die Kaffekanne, die auf dem Ofen stand, holen. Als ich gerade die volle Kanne in meinen Händen hielt, rutschte mein Faltenrock runter und fiel zu Boden. Ich stand in meinen dicken, warmen Unterhosen da. Vorher hatte ich auf Anforderung hin meinen Verschluß etwas aufgemacht, damit ich noch mehr Kuchen verzehren konnte. Ich war so schockiert, daß ich gar nicht wußte was ich tun sollte. Großes Gelächter brach aus, unter den Gästen befanden sich auch einige Jungens. Gottlob war die Kanne fast leer und als ich dies preisgab, stand Alice schnell auf, nahm die Kanne und ging in die Küche um frischen Kaffe aufzubrühen. Ich zog, mit Gesicht zur Wand, meinen Rock hoch und zog den Bauch kräftig ein, damit ich den Reißverschluß hochziehen konnte. Leicht verlegen, setzte ich mich wieder an den Tisch und bald war alles vergessen. Ein andermal am 8. Juni lud ich zum Geburtstagskaffee ein.

Mutti backte einen Obstkuchen. Leider mußte sie mit meiner Schwester zum Bahnhof, da ihr Sommerurlaub zu Ende war und hat mich mit guten Anweisungen bei Opa zurückgelassen.

Erstens war es ein sehr heißer, schwüler Tag und das "Dreimädelhaus" und ihre Mutti boten mir an, doch mein Kaffee-Kränzchen auf der kleinen Terrasse unten im Hof unter einem schattigen Baum zu halten. Ich wollte Schlagsahne schlagen. Wohlgemerkt mit dem Handbesen, doch alles was ich in der Schüssel hatte, war Butter. Opa beruhigte mich, er half mir beim Kaffee. Er war stets ein sparsamer Mann, so gab er nur einen Eßlöffel Kaffee in eine Kanne. Ich trug alles runter zur Terrasse. Mein Kirschkuchen schmeckte allen, doch beim Kaffee meinte Mutti Tavan: "Sieglindelein, der Kaffee ist nicht

Kaffee, das ist Spülwasser". Ich war enttäuscht, doch Alice ging und brühte einen guten Kaffee auf. So lernte ich, dass man mehrere Löffel in eine ganze Kanne tut und dass man bei schwülem Wetter selten Glück mit dem Sahneschlagen hat.

Auf der sogenannten "Neuen Welt" lebten wir sieben Jahre. Im Nachhinein sagte ich oft, es waren unsere sieben schlechten Jahre. Teils wegen den beschränkten Wohnverhältnissen, teils auch weil viel gespart wurde, also gings immer knapp zu. Viele fleischlose Gerichte und zum Abendbrot Heringe aus der Dose, etwas Schlackwurst vom Kupsch und Sanella statt Butter, geräucherte Teewurst zum Aufstrich.
Meine Schwester wurde gleich im Sommer 1949 an die Mosel geholt um in der Firma wo mein Vati einst tätig war ihre kaufmännische Lehre zu absolvieren. Die Chefin dachte im Interesse meines Vaters zu handeln und wollte die älteste Tochter gleich ins Weinfach einführen. Sie durfte nur zweimal im Jahr nach Hause. Sommerurlaub und Weihnachten. Das war hart für sie, denn sie war ein fast schüchternes Geschöpf, aber trotz des Heimweh's wuchs sie in ihre Rolle hinein, die älteste Tochter, die Stütze der Mutter zu werden.

Teils war es vielleicht gut, dass wir uns getrennt entwickelten. Ich blieb aber in den Augen meiner Schwester immer die kleine Schwester, die man korrigieren und verbessern muß, auch tadeln. Für mich war das fast zuviel, ich streubte mich sehr dagegen. Den Vater als zweite Erzieher-Person hätte ich wohl besser akzeptiert.
Mutti sagte oft: "Ich wünschte Du wärst so wie die Große". Ja, leider, so war ich nun mal nicht. Sie war ein kleiner Introvert und ich ein großer Extrovert. Oftmals sagte Mutti:
"Die arme Große, sie hat es nicht leicht ohne Familie in der Fremde". Daraufhin sagte ich empört: "So ein Quatsch, die Mosel und Traben-Trarbach sind nicht in der Fremde. Das Ausland ist Fremde. "
Auf der Neuen Welt begann auch für mich ein neues Leben. Ich mußte mich den sog. "Stadtkindern" anpassen. Sie nannten mich am Anfang "Bäuerle", bis ich sie überzeugen konnte, dass ich als Stadtkind geboren wurde und nur während des Krieges auf dem Land wohnte. So fuhr ich in den ersten paar Monaten oft am Wochenende per Fahrrad ganz alleine zurück nach Wiesenbronn. Die Straße führte über Biebelried, Kitzingen, Hohheim, Fröhstockheim, Rödelsee - und dann zur rechten der Schwanberg, viele Weinberge und da die Straße ständig bergauf- und bergab ging, war ich recht

froh, wenn ich endlich Wiesenbronn vor mir liegen sah. Meine Verwandten freuten sich, die kleinen Buben Heiner und Dieter von Tante Anna wollten von mir gebaden werden. Einige Ernten habe ich noch mitgemacht, so z.B. Heu-, Getreide-, Kartoffel - und die schönste von allen - die Weinernte. Die "Träubel" schmecken so gut, frisch vom Rebstock. Die Brotzeit mit hausgemachten Käse, Büchsenwurst und Most war einmalig. Auch der Schlachttag ist ein Erlebnis für sich. Ich muß ca. 14 Jahre gewesen sein, als man mich "reinlegte". Wir alle sind fleißig dabei beim Schneiden vom gekochten Fleisch, der Metzger steht über seinem hölzernen Troff und mixt die Blutwurst.
Da heißt es plötzlich: "Linde kannst mal runter zum Schmied und die Bratwurstpress holen".
Man gab mir einen Schubkarren und so schob ich los. Unten neben dem Rathaus war die Schmiede. Ich sagte: "Der Gundels Ulli schickt mich, ich soll die Bratwurstpress abholen".
Ein Lächeln auf dem Gesichte des Schmiedemeisters und er sagte:"Warte mal ich hol sie".
Auf meinen Schubkarren wurde ein schwerer Sack geladen. Ich hatte ganz schön zu schieben und strengte mich recht an, die Balance zu halten. Oben beim Gundelshof angekommen, wartete man schon auf mich. Ulli schaute in den Sack und fing laut zu lachen an. Als ich rein schaute, stellte ich zu meinem Entsetzen fest, dass alte Eisenstücke den Sack füllten.
Liesel war dann so nett und sagte: "Linde es gibt keine Bratwurstpress, der Metzger macht die mit der Hand, der Teig wird in die Därmer rein geschoben. Du bist auch nicht die erste oder die letzte die reingelegt wird. Das gehört zum Spaß". Beim Abendessen später gab mir meine Tante ein extra dickes Leberwürstle mit viel Sauerkraut.
Wenn ich nicht bei meinen Verwandten weilte, so war ich bei Erna Ackermann oder Waltraud eingeladen. Auch meine Schwester war noch bei Neubauers, denn wir zogen ja im Mai um und sie mußte ihre Handelsschule noch bis Juli besuchen. So fuhr sie weiterhin mit Marianne nach Kitzingen.
Langsam aber sicher fiel mir die Trennung von meinem Wiesenbronn, meinen alten Freundinnen und Verwandten nicht mehr so schwer. Ich versuchte mich mit den ca. 14 Kindern auf der Neuen Welt anzufreunden. Es war nicht immer leicht, denn einige sahen mich als Eindringling. Manchmal wurde ich bei Spielen ausgeschlossen. Das tat weh, doch echte Freundschaft muß erworben werden. Ich war gut im Völkerball-Spiel und das half.
Die Größeren unter uns machten am Sonntag oft eine Fahrradtour:

Guttenberger Wald, Thüngersheim, Veitshöchheim, bis Miltenberg und Tauberbischofsheim. Die schöne fränkische Landschaft tat uns gut an Leib und Seele. Zur Beruhigung der Eltern, es gab noch nicht so viele Autos auf den Straßen.

Einen großen Schreck versetzte mir mein Schulbesuch in der Zellerau. Ich mußte von Mai bis Juli meine 7. Klasse Volksschule fertig machen. In der Burkharder Schule war kein Platz. So mußte ich ganz alleine rüber in die Zellerau. Wenn ich Mutti auf ihren zahlreichen Gängen zu den verschiedenen Renten-Stellen in der Wörther Straße begleitete, gingen wir immer erst den ganzen Leutfresserweg runter, unten links vor zum Burkharder Tor, durchs Meinviertel an der Deutschhaus-Kirche vorbei, wo wir auch oft Sonntags zum Gottesdienst hingingen, in die Zellerau. Straßenbahn rentierte sich von der Stadtmitte, aber nicht von unserer Ecke her kommend. Nun fand ich einen kürzeren Weg. Hinter dem Gutshof führte einc Hulle runter zum Winterleitenweg, den überquerte ich, ebenso die Leistenstraße, dann mußte ich wieder im Zick-Zack hoch durch die Weinberge, bis ich auf gleicher Höhe wie die Festung war. Dann gings wieder durch verschiedene Straßen zur Schule.
Vom Dorf kommend, wo man dem Herrn Lehrer und dem Pfarrer großen Respekt entgegenbringt, war es nicht einfach, mich an die Klasse zu gewöhnen. Wir waren zwar lauter Mädchen, aber zwei davon waren besonders schlimm. Sie folgten der Lehrerin, einer etwas älteren Kraft, überhaupt nicht. Eine hieß Dietlinde und wenn sie nicht mehr sitzen wollte, lief sie ganz einfach ans Fenster und sah hinaus. Die etwas ältere war so ne Art Ring-Leiterin und konnte auch ganz kräftig pfeifen. Wurde sie ermahnt, sie solle nicht das Fenster öffnen und nach den Jungens schreien oder pfeifen, antwortete sie ganz frech: "Du kannst mir mal den Buckel runter rutschen".
Dietlinde setzte sich eines Tages neben mich beim Aufsatzschreiben und flüsterte mir zu:
"Schreibst mir auch einen Aufsatz, das kannst Du doch so gut". Als ich abwehrte und meinte, ich müsse ja erst mal meinen schreiben, drohte sie, dass ich nach der Schule verprügelt werde, wenn ich nicht gleich zusage. Als ich dann mit meinem Aufsatz fertig war, habe ich blitzschnell dürftig einen hingeknallt, sie hat ihn abgeschrieben und abgeliefert. Das Resultat war, dass sie am nächsten Tag von der Lehrerin gelobt wurde und eine "2" bekam. Ich dagegen auch nur eine "gut". Ich hoffte sehr, dass die Lehrerin etwas merken würde. Im Gegenteil, sie war froh, dass die sonst so schwache Schülerin endlich mal einen Aufsatz ablieferte.

Bald entstand ein Lichtblick im Punkt 'Schule'. Emma und Pauline rieten mir, mich in der Mittelschule (Mozartschule) anzumelden. Sie ließen sich von der Oberschule ebenso in die Mittelschule versetzen, also würden wir alle drei dort im September 49 anfangen. Ich mußte eine Aufnahmeprüfung ablegen und hatte Glück, dass man mich aus der 7. Klasse Volksschule übernahm, im Durchschnitt war es die 8. Klasse. Was mich besonders freute, war die Tatsache, dass ich von den drei Schülerinen von der Klasse in der Zellerauer Schule die einzige war, die die Aufnahmeprüfung bestanden hatte. Die alte Lehrerin dort hatte gehofft, dass ihre zwei "Lieblinge" es schaffen würden. Mich hat sie während meines kurzen Aufenthaltes kaum richtig beachtet.

Nun fing ein neues Leben für mich an. Ich atmete auf, als ich das Schulgebäude der Mozartschule betrat. Wir hatten viele Fächer zu belegen, besonders schwer tat ich mir in Englisch als Fremdsprache. Unsere Klasse war gemischt, d.h. die Hälfte waren Mädchen von der Oberschule, die schon 1 - 2 Jahre englisch lernten - aber für uns anderen war es eine totale "Fremd"-Sprache. So viel Neues kam auf mich zu, aber Emma und Pauline waren mir stets zur Seite. Wir landeten alle in der gleichen Klasse: M1 d. Wir hatten konfessionell aufgeteilte Klassen. Eine rein katholisch, eine rein evangelisch, eine gemischt. Das war unsere Klasse. Jede Hälfte gab sich die größte Mühe die andere zu beeindrucken, so wurden wir zum Jahresende von unserem Klassenlehrer, den wir "Kartoffel" nannten, als die Klasse mit dem besten Benimm gewählt! Für die Adventszeit hatten wir eine ganz tolle Idee. Jede Schülerin brachte einen kleinen Tannenzweig mit einer Kerze mit. Kurz bevor der Lehrer das Klassenzimmer betrat um uns zu registrieren, zündeten wir unsere Kerzen an und sangen ein Adventslied. Das wurde uns hoch angerechnet.
Wir drei Grazien hatten einen verhältnismäßig langen Schulweg. Gemeinsam maschierten wir jeden Morgen los. Es ging den Leutfresserweg hinunter, oft im Schnell-Lauf, denn bergab geht es sowieso besser. Über die Löwenbrücke, die zwar 1949 noch nicht ganz repariert war und so mußten wir noch für einige Monate mit einer Fähre übersetzen. Dann gings entlang an den Anlagen bis zum Sanderring. Dort überquerten wir die Straße, weiter hoch an der Universität vorbei, links das Gericht. Quer durchs Klein-Nizza, weiter durch die Anlagen bis vor zum Sekt--Oppmann, dann lag unser Gebäude links. Die Mauer vom Stadt-Friedhof war vis-a-vis. Oft hörten wir das Friedhofsglöckle läuten. Ich meine die Glocke von der Kapelle. Das bedeutete eine Beerdigung ist im Gange. Nach einigen Wochen klang das Geläute nicht mehr so traurig in

unseren Ohren, es wurde zu einer täglichen Routine.
Endlich hatte ich ein altes Fahrrad. Viel zu groß für meine kleine Figur, aber Emma und Paula hatten ebenfalls Fahrräder und so radelten wir am Friedrich-Ebertring entlang zur Schule. Doch leider hatte ich bald einen Unfall. Beim Überholen bergab streifte mich ein Rad nur ganz kurz, aber ich verlor meine Balance und fiel zu Boden. Die Straße war gerade mit Schottersteinen ausgebessert worden. Mein Knie war schrecklich aufgeschlagen, ich mußte zur Ärztin und bekam eine Wundstarrspritze. Es folgten einigeTage Hausarrest

Danach wurde das Halbballon-Fahrrand meines Vaters für mich hergerichtet und auf diesem fühlte ich mich sehr wohl. Speziell in den Wintermonaten oder auch sonst ab und zu nahm uns Pauline's Vater mit dem Auto zur Schule. Er hatte sein Geschäft in der Textor Straße und machte uns zu liebe einen kleinen Umweg zur Mozartschule.

Die Neue-Welt bot viele Gelegenheiten zum draußen sitzen und spazierengehen. Da gab es einmal gleich von unserem "Schweinestall" anfangend, zwei kleine Grashügel zum besteigen.Rings umher standen viele Zwetschgenbäume, der Ertrag wurde dann im Herbst in der Brennerei im Keller des Hofes in Schnaps umgewandelt. Oben angelangt, konnte man rüber zur Festung und runter zur Stadt sehen, oder auch rüber ins Main-Tal Richtung Zell. Mein allererstes Feuerwerk zum Kilianifest habe ich von dort oben mit vielen Bewohnern von der Neuen Welt beobachtet. Welch ein Zauber, Krach und Lärm verbunden mit einer Farbenpracht am nächtlichen Himmel.
Gleich nach dem Gutshof, wo die Straße weiter hoch führte zur Frankenwarte, bog links scharf ein Fußweg ab, der durch den Wald einen verkürzten Weg zeigte, ebenfalls zur Frankenwarte.
Im Winter bei Schnee, konnten wir eine bestimmte Strecke als Rodelbahn voll ausnützen.
Auf die Neue Welt wanderten immer wieder neue Gesichter, Besucher zur Sternenastrologin, Frau Messingschlager, eine Lehrerin a.D. der Mensch wollte gerne wissen wie das Leben weitergeht. Ein Horoskop von Frau Messingschlager hat so manchen Gast entzückt oder bedrückt. Mit 16 Jahren habe ich von ihr mein 1. Horoskop angefertigt bekommen, wohlgemerkt in Begleitung meiner Mutti und Schwester. Dazu mal später etwas ausführlicher.
Die Malerin Rostosky hatte ihre Verehrer und Bewunderer, die sie besuchten. Es gab einen Max-Dauthendy-Kreis, der Maler Schlotterbeck u.a., trafen sich dort regelmäßig. Auch ein Schriftsteller war unter den Künstlern, die auf der

Neuen Welt wohnten. Architekten-Familie mit vier Kindern, junge Zahnärztin mit Mann, Tante und Kind. Familie Müller mit vier Kindern, Familie Schuller mit zwei. Wie gesagt, an Spielgefährten fehlte es nicht. Wir konnten sogar noch auf der Straße spielen. Nur ab und zu kam ein Ami-Jeep die Straße herunter, die GI's waren auf der Frankenwarte stationiert. Ganz besonders begeistert waren wir von einem Völkerball-Spiel. Wir wurden in zwei Mannschaften eingeteilt und ein riessen-großer Lederball wurde hin und her geworfen. Versteck, Räuber und Schander udgl. waren oft a.d. Reihe und wenn bei Adrian's Besuch aus München kam, gingen wir auf den Dachboden und da wurden Geistergeschichten vorgelesen oder erzählt. Die Namen der Helden aus Karl May wurden auf uns übertragen - ich weiß noch meinen Indianer Namen: "klare Quelle".
Der Landarbeiter Langer hielt eine Ziege hinten im alten Schweinestall. Das Tier roch schrecklich. Ab und zu ließ Herr Langer die Tür unten im Gang, wo die Wohnhälfte des Hauses anfing offen und da jammerten wir sehr. Direkt unter unserem Fenster von der Wohnküche war eine Ausgangstür und dort mistete er von Zeit zu Zeit aus. Da mußte aber schnell das Fenster zugemacht werden. Mutti und ich schimpften oft und beklagten uns über den Gestank. Wir sagten zu Langers, dass wir auf dem Lande nicht solch einen Gestank aushalten mußten. Aber was halfs, er war der Landarbeiter und er nützte die Gelegenheit aus sich eine Ziege zu halten. Eines Tages hatte er einen rießengroßen Heuhaufen direkt unter unserm Fenster aufgestockt, er reichte fast bis zur Fensterbank. Da hatte ich die fantastische Idee, ich rief die Kinder vom Hof zusammen, wir überredeten Mutti, daß sie uns in die Küche ließ und wir hüpften alle fröhlich in das Heu. Nicht nur einmal sondern ix-mal, bis Herr Langer davon hörte. Wehe, wehe. Er schrie so entsetzlich vor Wut, daß ihm, wie das noch öfters der Fall war, sein Gebiss aus dem Munde rutschte. Der Grund war, dass vom Hüpfen das Heu zusammengedrückt wird und das wäre nicht gut. Also unser Spaß mußte aufhören, aber toll war es schon, wir konnten uns halt mal richtig austoben, schreiend ins Stroh springen, das Schönste, Mutti half den Kleineren auf die Fensterbank zu klettern ! Hurrah !

Ferien an der Mosel ! Meine Schwester vermisste ich schon sehr und es half, daß wir uns regelmäßig Briefe schrieben, worinnen wir uns alles erzählten. Im Sommer 1950 durfte ich meine Sommer-Ferien bei ihr an der Mosel verbringen. Meine ersten Ferien von zu Hause weg. Ich wurde von Verwandten der Weinhandlung im VW von Würzburg aus mitgenommen. Welch ein Erlebniss, die Strecke bis Bingen war mir noch total unbekannt.

Dann gings hoch in die Eifel und dann kurz vor Traben-Trarbach wieder runter ins Moseltal Ich durfte bei meiner Schwester mit im Zimmer schlafen, doch gegessen wurde mit der Chefin und der Hausangestellten. Eines Tages kochte sie grüne Bohnen und Hammel. Der Geschmack war mir so unbekannt, dass ich immer langsamer aß und um so schlimmer schmeckte der Hammel. Meine Schwester saß wie eine Gouvernante neben mir und sagte in strengem Ton: "Was Du auf dem Teller hast muß aufgegessen werden". Ich drückte jeden Bissen qualvoll hinunter und hoffte sehr, dass ich es hinterher wieder hochbringen konnte, sobald ich das Klo erreichte. Pech gehabt, es gab noch einen Nachtisch. Das wiederum half gegen den Hammelgeschmack. Von da an schwor ich mir, nie wieder Hammel zu essen.
Was ich aber nicht wußte war, dass Mutti in ihrem Gericht "Pickelsteine" drei verschiedene Sorten Fleisch kochte, also Rind-, Schweine- und Hammelfleisch. Das schmeckte mir aber. Also hätte ich damals gewußt, dass ich in ein Land ziehe, wo man ausschließlich den Hammelbraten am Sonntag vorzieht, hätte ich wohl erstmal die Nase hochgezogen.
Dazugelernt habe ich aber, dass man in England das Fleisch Lamm nennt (junges Tier) und den alten Hammel, Mutten, und den ißt man nicht als Sonntagsbraten.

Zurück zur Mosel. Während meine Schwester fleißig im Büro arbeitete, durfte ich mit einem Ferienjungen aus Berlin spielen, der fast im gleichen Alter war und ein Hausgast bei der Schwägerin der Besitzerin war. Dazu gesellte sich noch ein Neffe, der unweit wohnte und ebenfalls fast gleichaltrig. Die beiden Jungens z.B. nahmen mir die Angst im Fluß zu schwimmen, indem sie mich ganz einfach fragten: "Kannst Du schwimmen?"
Ich: "Ja, aber ich getraue mich nie so recht im tiefen Wasser."
So warteten sie eine Gelegenheit ab. War wohl ne "abgekartete" Sache. Wir gingen knietief ins Schwimmbad, das mit Balken vom Fluß abgetrennt war schwimmen. Dann kletterten wir auf die große Holzplattform, auf leeren Benzinkanistern ruhend, um uns zu sonnen. Doch plötzlich packten mich beide Jungens an Arm und Bein und riefen: "Eins, zwei, drei" und warfen mich in den Fluß ausserhalb der abgegrenzten Balken. Als ich um Hilfe schrieh, meinten sie lachend. "Du kannst doch schwimmen, so schwimm doch." Natürlich konnte ich es aufeinmal recht gut, denn die Not und Angst, das Ufer zu erreichen, saß mir im Nacken.
Ich würde es nicht weiterempfehlen, m.a.W. direkt davor warnen, es je zu tun. Sehr waghalsig war ich dann noch an einem anderen Tag, als ich meiner

Schwester meine Schwimmkunst zeigen wollte, überquerte ich die Mosel. Als ich dann auch gleich wieder umdrehte, schaffte ich es fast nicht gegen die Strömung anzuschwimmen und ich landete einige hundert Meter weiter unten von meiner Schwester weg am Ufer. Am Abend erzählten wir es zwei älteren Damen, die ebenfalls in Untermiete wohnten und sie meinten todernst, es hätte böse ausgehen können, ich hätte ertrinken können. Daraufhin war ich sehr vorsichtig für eine ganze Weile.
Wir machten Fahrradtouren an der Mosel entlang bis Cochem und Bernkanstel. Und sonntags, gingen wir alle per Auto in den Hunsrück. Ins Kino nahm mich meine damals sechzehnjährige Schwester auch. Wir sahen uns einen Film mit Zarah Leander an und ein andermal einen mit Greta Garbo. Ich war mit meinen 14 Jahren noch so "grün ", dass ich oft nicht wusste, wann der Vorspann zu Ende war und der Hauptfilm anfing. So flüsterte mir meine Schwester jeweils ins Ohr, wenn der Hauptfilm begann.

Letztes Schuljahr in der Mittelschule. Die meisten Schülerinnen erreichten ihr 16. Lebensjahr, so sprachen die Lehrkräfte uns mit "Sie" an. Das gab das Gefühl des Erwachsenseins.
Zu dem Zeitpunkt bekam ich auch meine erste Dauerwelle - welch' eine Qual, das lange Sitzen von zwei bis zweieinhalb Stunden stört mich noch heute.
Viele von unserer Klasse meldeten sich zur Tanzstunde Hartung an. Mutti meinte:
"Sieglinde die Gebühr und das Abschlusskleid zum Ball sind einfach unerschwinglich. Sei vernünftig!" Da meckerte ich etwas von wegen "immer das Wort Vernunft, hat damit gar nichts zu tun". Ich merkte deutlich den Nachteil als Jugendliche ohne das Einkommen und die Unterstützung des Vaters aufzuwachsen.
Oft wurde viel in Klicken über die Tanzstunde im Klassenzimmer geredet, ich konnte nicht mitreden, ich fühlte mich ausgeklammert. Besonders weh tat es mir, als im Februar ein Faschingsfest von der Bank-Direktor's Tochter bei ihr zu Hause organisiert wurde. Ich war natürlich nicht eingeladen. Es hiess hinterher: "Ich dachte Du könntest Dir kein Faschingskostüm leisten". Zu Hause dann weinte ich bittere Tränen meiner Mutti vor. Daraufhin versprach sie mir, dass sie mir ein "Stöffle" kaufen wird und ich bei der nächsten Party mitmachen kann. Das Material ist ja speziell faschingsmässig farbenfroh und billig zu kaufen. So geschah es, das das Dreimädelhaus auf der Neuen-Welt einen Hausball organisierte. Die Oma war verreist und wir durften ihre Wohnung benützen. Das war ein herrliches Fest. Margot war auch dabei. Ich

war ganz in lilla, als Mauerblümchen verkleidet, sie als die Fischerin vom Bodensee.

Die Nachkriegsjahre !
Sie waren doch echt auflebend. Man feierte gern, mit Humor und viel Spass. Nichts war übertrieben und Sexorgien gab es damals noch nicht. Wir erfreuten uns am Tanzen, da war der Samba, der Rumba auch der Walzer. Zum Samba sangen wir: "Am Zuckerhut am Zuckerhut da geht's den Senjoritas gut...." Auch Tango und Foxtrott waren sehr beliebt und man konnte ja variieren wie man wollte. Die Wohnung der Oma hatte z.B. einen sehr langen Gang, und da sausten wir paarweise nur so entlang.
Ich habe das Tanzen heimlich still und leise gelernt mit Hilfe eines Jugendfreundes der sich meiner erbarmte und zwar auf einem Kirchweihfest in Wiesenbronn als ich 15 Jahre alt war. Damals war es eine Blaskapelle und der Tanzboden gestopft voll, so konnte man den Anfänger kaum entlarven.

Warum bedeuteten die kostümierten Feste so viel für uns in den 50iger Jahren? Wir jungen Leute hatten noch nicht so viel Geld um es in Garderobe zu stecken, man zog oft Kleidung an, dic von Schwester oder Cousinen abgelegt waren, aber noch gut und brauchbar. Wir waren meist alle sehr ordentlich gekleidet, aus alt wurde neu gemacht. Zwei alte Kleider meiner Mutti wurden in ein zweiteiliges, sog. Kassak-Kleid für mich abgeändert. Pullover und sogar ein Faltenrock wurden von der Tante Ida handgestrickt.

Also der Drang zum Verkleiden ist einmal eine überlieferte Tradition von der Fastnacht, Faschingsdienstag. Zum anderen muss einmal im Jahr die Strenge und das korrekte Kleid weichen und das "sich Verkleiden" in bunte ausgewählte Kostüme ist eben eine wahre Freude und vor allem darf die Phantasie mitwirken. Es gibt ja extra Faschingshefte mit vielen Angeboten von Verkleidungsmöglichkeiten, so z.B. eine Ungarin aus Operette bekannt, eine Fischerin vom Bodensee, eine Dame aus den 20iger Jahren mit Stirnband, Hängekleid und einer grossen, langen Perlenkette.

Bei der letzten Beschreibung eines Kostümes tragen mich meine Gedanken zurück auf die "Neue Welt" und meine ersten Eindrücke von der Kunstmalerin G. Rostosky. Ich begegnete ihr als sie bereits schon über 70 Jahre war, eine zarte Figur, gekleidet wie eine Dame der 20iger Jahre, bei ihr blieb die Mode stehen. Sie spazierte stets mit einem Stock und oft wurde ich zu ihr gerufen um

eine kleine Besorgung zu erledigen, oder eine Benachrichtigung an meine Mutti weiterzugeben. Den berühmten Salon habe ich auch gesehen, aber viel mehr im Gedächtnis habe ich die Kaffeekränzchenrunde auf der Terrasse. Oft stand ich aus Langweile auf meinem kleinen Ausschauposten. Die ersten 10 Treppen hoch zu unserem Gebäude, von dort konnte ich den Leutfresserweg fast bis zum Fotograf Süßenguth runtersehen. Die Besucher für den uns bekannten Max Dauthendy-Kreis waren von weitem zu erkennen. Der Maler Schlotterbeck, mit seinen großen Hüten die er trug, die Malerin R. Kuhn und andere, sie kannten ihren Weg und mußten nicht erst lange fragen. Kamen aber Besucher für die Sternenastrologin Frau Messingschlager, wo sich viele Menschen gerade nach dem Krieg "Hoffnung und Zuversicht von ihrem Sternenbild wünschten", dann wurde ich oft gefragt, wo denn Frau Messingschlager wohne. Natürlich wußte ich das, verließ meinen Ausschauposten und begleitete die Leute in den Gutshof, zum Hauptgebäude, wo Frau Messingschlager direkt über G. Rostostky wohnte, und zwar, wie das so üblich war um 1949 herum, nur in einem Zimmer.
Ich befreundete mich mit Bettie, der Hausangestellten von G. Rostosky. Ihr durfte ich ab und zu die Haare waschen und legen und bekam ein gutes Taschengeld dafür. Auch an Frau Müller durfte ich mein Friseurtalent ausprobieren. Ihre Tochter Marile, eine sehr tüchtige Gesellin im Schneiderhandwerk, bekam von meiner Mutti einige Aufträge, für uns zu schneidern. Mit Marile und dem Schorschle habe ich mich auch angefreundet und beide gehörten dann auch zu unserer Fahrrad-Tour-Klicke. Ganz glücklich war ich, als Mariele mir mein allerersten Faschingskostüm schneiderte, ein Veilchen (oder Mauerblümchen, wie ich es gerne nannte, da ein Schlager so ähnlich hieß). Wenn ich mich nicht täusche, hat Mariele mir und meiner Schwester auch unsere ersten Ballkleider genäht. Himmelblau für Margot und rosa für mich. Da denke ich automatisch an den Schlager: "Himmelblau und rosa möcht ich sehn, zärtlich und voll Poesie,....... man steckte Veilchen ans Kleid, die Röcke waren ganz weit, ach Gott war das eine Zeit, nichts auf der Welt war so schön, als sich zur Polka zu drehn."
Warum himmelblau und rosa ? Als wir unsere ersten, schönen Schildkröten-Puppen bekamen, trug die von Margot ein himmelblaues Kleid, die meinige ein rosa. Sollte zu den Augen passen, zu blauen Augen himmelblaues Kleid, zu denen meiner Puppe und meinen braunen Augen ein rosa Kleid.

1989 erschien ein Artikel in der "Main-Post". Rosele sandte ihn mir zu.

“Main-Post” Samstag, den 27. 5. 1989

“Wochenende” Traum der “Neuen Welt”

Am 30. Mai 1959 starb Gertraud Rostosky, 83jährig, oberhalb von Würzburg. Gertraud Rostosky, begabte und fleißige Malerin, Gertraud Rostosky, kapriziöser Fixstern eines der elegantesten und geistreichsten Salons dieser Stadt, Max Dauthendeys liebendes “Mohrle” aber auch die eifersüchtige Vestalin der ganzen Dichterperson.

Dreißig Jahre nach dem Tod Gertraud Rostoskys. Welcher Spaziergänger, der den steilen, buckligen Leutfresserweg schließlich erklommen hat, ahnt die frühere Bedeutung des weitläufigen Anwesens Nr. 32 mit seinen lustigen Fensterläden? Wer vermutet, daß hinter diesen Mauern, von denen der Putz bröckelt, einmal eine selbstbewußte Künstler- und Gelehrtenkolonie residierte und auf den beiden Terrassen schräg gegenüber zur Festung zu Anfang des Jahrhunderts ihre mondänen, um nicht zu sagen rauschenden Feste zelebrierte? Daß sich hier, weit über der Stadt, über Jahrzehnte hinweg immer wieder Zirkel zusammenfanden, um im wahrsten Sinne des Wortes abzuheben von der von ihnen ebenso gefürchteten wie verpönten Provinzialität und Pfahlbürger-Moral drunten im Kessel?

Wo aber liegen die Anfänge des “kleeumdufteten Würzburger Montparnasse ob der Stadt”, wie Heiner Reitberger (65) - Lesern unserer Zeitung als Kolonat bekannt und einst selbst zu den Gästen oben zählend - ein wenig süffisant die “Neue Welt” in seinen Abhandlungen “Mut zum Traum” nennt? Gertraud Rostosky selbst hat noch im hohen Alter ihrer letzten Schülerin, dem einstigen Bürofräulein und der heutigen Kunstmalerin Riga Huhn (62) die kleine Geschichte in die Maschine diktiert. Wie in so vielen Familienketten, die sich später ins Künstlerische, Schwärmerisch-Dekadente verebben, war es auch hier ein bodenständiger, tat- und finanzkräftiger (Bau-)Unternehmer, der den Grundstein legte: Großvater Johann Adam Wadenklee aus Kitzingen baute von 1864 bis 1866 das Gut. Ursprünglich hatten ihm auf dem Berg nur Steinbrüche und große Kalköfen gehört. Eigentlich sollte Wadenklees geliebtes “Neapel” ganz fromm und familiensinnig (nach der ältesten Tochter) “Marienhof” heißen - doch der Volksmund fand bald einen besseren: “Neue Welt”.

Ein wirtschaflicher Erfolg war das Gut freilich nie. Man versuchte sich in der Schweine- und auch Pilzzucht, fuhr Milch aus und experimentierte angeblich auch mit der Fabrikation von Schuhcreme. Aber alles immer noch recht solide, fränkisch. Bis zu jener Nacht als sich der wandernde Buchhändlergesell Heinrich Rostosky aus Riga verirrte und magisch vom Licht auf der "Neuen Welt" angezogen wurde - die Frauen rupften gerade Gänse - wie sich der Würzburger Maler Joachim Schlotterbeck (62), ebenfalls Schüler Rostoskys und bis zuletzt ihr wohl engster Vertrauter, lebhaft "erinnert". 1873 heiratet Marie Wadenklee dann jenen sonderbaren, schriftstellerisch dilettierenden Abkömmling der Fürsten von Kiew (erst 1848 soll der Titel abgelegt worden sein) - die Eltern rümpften freilich die Nase über den "dahergelaufenen Balten". In Riga wird zuerst Margarete und am 7. Januar 1876 Getraud geboren. Nach dem plötzlichen Tod Rostoskys kehrt Marie verarmt mit den beiden kleinen Töchtern auf die " Neue Welt" zurück. Auch jetzt hält sich alles noch in einem fast bürgerlichen Rahmen: man vermietet nämlich, möbliert und mit Kost, an Professoren der Würzburger Universität und begüterte Studenten. Doch schon bald unterhält Marie (Reitberger: "eine Frau mit Drang zum Höheren") ihren "Salon" mit Jour Fix am Samstag nachmittag und brodelndem Samowar, Dichterlesungen, Klavierspiel. Ein "handverlesenes Publikum", so Otto Schmitt-Rosenberger, ebenfalls ein Gast, freilich erst viel später. In dem geistreichen wie freigeistigen Ambiente entwickelt sich die junge Gertraud zur Künstlerin. 1890 kommt Max Dauthendey dazu. Der Dichter, der Schöne, der Bohemian im Rohseidenanzug wegen seiner homoerotischen Neigungen auf der Flucht vor dem Vater. Irrungen und Wirrungen, aber Gertraud wird ihn, der immer Geld von ihr brauchte und dann eine andere heiratete, immer lieben. Und er sie? In seinem "Bänkelsang vom Balzer auf der Balz" (1905) reimt er ihr zumindest hocherotische Verse, wirft für das "Mohrle mit den Kinderhüften, das ganz erwachsen lieben kann", sogar seinen Ehering ins Gebüsch neben der "Neuen Welt": Pikanterweise malt sie in dieser Zeit ein bezauberndes Bilderbuch für Kinder, das "Mohrlebuch"............

Schon 1920 müssen Gertraud und die Mutter verkaufen. Entzückt darüber, daß Franz Langguth aus Traben ihnen für das Gut ein paar Millionen Reichsmark zahlt - entsetzt, daß das Inflationsgeld am nächsten Tag für nicht viel mehr als einen Laib Brot reicht. Die harte Realität war nie etwas für die "Neue Welt" und ihre Geister. Den Nazis war eine Außenseiterin und impressionistische Malerin natürlich nicht besonders genehm, sie zieht sich also noch mehr auf ihre "Welt" zurück. Das Gut selbst wird im Krieg nicht zerstört.

Nach 1945 - die Mutter war 1938 gestorben - wird Gertraud Rostosky Mittelpunkt. Aus der innerlich wie äußerlich geborstenen Stadt kommen junge Leute hoch, um mit ihr im romantischen Gartensaal (Otto Schmitt-Rosenberger: "Ich durfte immer auf dem Otto Modersohn-Sofa sitzen") über Malerei und Literatur zu sprechen. Gertraud Rostosky lebt äußerst bescheiden: 200 Rente von der Stadt, dafür muß immer wieder ein Bild abgeführt werden., Wohnrecht bei den Langguths auf knappem Raum, ewig suchend nach den Reliquien ihrer aufregenden Jugendjahre in Moskau, Paris und München. "Für die Würzburger war sie aber immer nur die Verrückte vom Berg". So Mathilde Czeguhn (71), die schon seit 1914 ihr kleines Kaffeehaus an der Nikolaus-Mergentheimer Straße führt, wo die Malerin lange ihren Mittagstisch hatte und...anschrieb. Noch in den 50er Jahren war die "Neue Welt" eine Oase, ein Rückzug für künstlerisch Ambitionierte und Außenseiter. Für Adelbert Jakob etwa, den dichtenden Würzburger Schreiner, oder Bäumelburg, den ausgebombten (Nazi-) Schriftsteller.

Was aber ist geblieben von dem ideellen wie handfesten Erbe, den wertvollen ererbten Biedermeiermöbeln, den Bildern und den unschätzbaren Korrespondenzen, die Rostosky mit Künstlerfreunden geführt hatte? Was hat die Stadt Würzburg daraus gemacht, der die Malerin alles hinterließ verknüpft mit dem Wunsch, auf der Festung ein "Gertraud-Rostosky-Zimmer" einzurichten? Das meiste, so seufzen ihre alten Freunde, sei billigst verhökert, versteigert oder einfach verschlampt worden - "lauter schmutziges Zeug", hätte eine ehemalige Sekretärin der Städtischen Galerie geschimpft.

Und oben auf der "Neuen Welt"? Vieles ist zugepflastert, eingeebnet worden, Parkplätze sind jetzt da und weniger Bäume, aber noch immer geht der Blick frei und weit übers Land. Und wer weiß, vielleicht liegt in den süß duftenden Büschen auch noch der Ehering, den Max Dauthendey einst für eine Nacht mit Gertraud Rostosky so geschwind wegwarf.

Susanne Betz-Eck

Von meiner kleinen Abschweifung von einer Beschreibung der "Neuen Welt" zurück zur alten Welt, in der sich auch die Jugend noch befindet und wir haben das Jeans-Zeitalter.
Es ist eine Art "Uniform" , die sich über die ganze Welt verbreitet. Levy ein ausgewandeter Isrealite befindet sich in Amerika im Goldrausch, wo viele Männer und Frauen dem Drange folgten, Gold macht reich, wenn möglich über Nacht. Für die teils schweren körperlichen Arbeiten die mit der Gold-Bergarbeit oder auch offenes Graben verbunden waren, gab es keine Kleidung, die den Strapazen standhalten konnte. So wurde ein ganz starkes gewebtes Material extra von Levy's hergestellt und die ersten Blue-Jeans wurden angefertigt.
In Amerika wurden sie sehr beliebt und wegen ihrer Haltbarkeit schnell im Verkauf allgemein aufgenommen. Nach dem 2. Weltkrieg war es ein "Kult", erstmals unter der jüngeren Generation, dazu zählte ich auch und in 1957 kaufte ich mir meine ersten Jeans. Elvis Pressley's "love me tender, love me true" wurde mein Lieblingsschlager. Jemand sagte mir, ich müsse mich mit meinen Jeans in die Badewanne setzen, sie nass an meinem Körper trocknen lassen, dann hätte ich die ideale Körperform. Ich befolgte den guten Rat, zum Entsetzen meiner Mutti. Da ich wußte, dass sie aufschreien würde, wenn ich mit nassen Hosen vom Bad durch's Wohnsimmer zum Balkon laufen würde, habe ich vorsichtshalber Zeitungspapier auf Boden und Teppich gelegt. Auf dem Balkon angekommen legte ich mich im Sonnenschein wärmend auf unseren Korbliegestuhl.

Also damals waren es nun erstmal die Jeans. In den 80iger und 90iger Jahren kamen dann die übergroßen T-Shirts und Sweatshirts dazu. Der amerikanische Textilmarkt hält ganz Europa, eigentlich die ganze Welt im Bann. Jeans werden von der eleganten Frau/Mann getragen, mit teuren Blusen oder Wolltops, Jeans trägt man in St. Moritz mit dem Pelzmantel (selbst gesehen, Urlaub 1988). Von der Farbe her gesehen, sind Jeans praktisch, das zarte blau passt zu allem. Auch die dunkelgrauen oder schwarzen kommen an den Mann/Frau.
Ob alt oder jung, ob verschlampt oder ordentlich, es ist noch immer "in" Jeans zu tragen. Ich habe entdeckt, dass man nicht lange am Morgen bei der Wahl der Garderobe sich ausdenken muß: "Was heute als Rock/Hose anziehen"? Man zieht flache Schuhe, Sandalen, Stiefel oder hohen Absatz zu Jeans an.
Zwischenzeitlich gibt es natürlich auch Jeans-Jacken udgl. Als meine Tochter zum College ging und eines ihrer Fächer "Kunst" war, war es Mode, mit

zerissenen Jeans herumzulaufen. Oft fing es mit dem zerrissenen Knie an, dann kam auch der Popo dran. Was half's sich aufzuregen. Ich bestand nur ab und zu darauf, dass - wenn meine Tochter mit mir ausging, sie sich ein paar von den "unzerrissenen"Jeans anziehen würde.

Was ist eigentlich passiert seit Kriegsende? Bis zu den 50iger Jahren hin, war jeder, ob alt oder jung froh, einen ordentlichen Eindruck zu machen. Kleidung wurde ausgebessert, Kleider oder Hosen wurden vererbt, d.h. an jüngere Geschwister weitergegeben. Keiner aber auch keiner würde mit zerrissenen Sachen herumlaufen, das sei denn man ist total verarmt oder lebt auf der Straße. Mit Dr. Martin's großen Stiefeln hätte ich mich im Sommerkleid nie sehen lassen. Arbeiter- oder Männerstiefel, plump mit dicker Sohle. Man bricht sich einen ab, man will modern sein. Die Affen, die die Mode diktieren lachen sich wohl einen "Ast" auf dem sollten sie eigentlich auch sitzen bleiben. Ich bin, und war immer mode-freundlich, aber ich hasse es, diktiert zu werden, deshalb bleibe ich ein individueller Typ. Ich habe mir vor ein paar Jahren gesagt: Was haben wir angezogen bevor die Jeans "in" waren? Leinen-, Kord-,Tuchhosen. So kaufe ich ausschließlich solche. Wann wird es denn Mode sich "ohne Jeans" zu kleiden?

Hier ein Gedicht von E. Kästner, das mir 1957 in die Hände fiel:

Sogenannte Klassefrauen
(aus "Eine Auswhal" von Erich Kästner)

Sind sie nicht pfuiteuflisch anzuschauen,
plötzlich färben sich die Klassefrauen,
weil es Mode ist, die Nägel rot.
Wenn es Mode wird, sie abzukauen,
oder mit dem Hammer blau zu hauen,
tun sie's auch, und sie freuen sich halbtot.

Wenn es Mode wird, die Brust zu färben,
oder, falls man die nicht hat, den Bauch,
wenn es Mode wird, als Kind zu sterben
oder sich die Hände gelb zu gerben,
bis sie Handschuh ähneln, tun sie's auch.

Wenn es Mode wird, sich schwarz zu schmieren,
wenn verrückte Gänse in Paris
sich die Haut wie Chinakrepp plisieren...
wenn es Mode wird, auf allen vieren
durch die Stadt zu kriechen, machen sie's.

Wenn es gälte Volapück zu lernen
und die Nasenlöcher zuzunähen
und die Schädeldecke zu entfernen
und das Bein zu heben an Laternen,
morgen könnten wir's bei ihnen sehn.

Denn sie fliegen wie mit Engelsflügeln
immer auf den ersten besten Mist,
selbst das Schienbein würden sie sich bügeln,
und sie sind auf keine Art zu zügeln,
wenn sie hören, daß **was Mode** ist.

Wenn's doch Mode würde zu verblöden,
denn in dieser Hinsicht sind sie groß.
Wenn's doch Mode würde diesen Kröten
das Gehirn ganz einfach zuzulöten,
denn dann wären wir sie endlich los.....

Was mir bei meinen Besuchen in den letzten zehn Jahren aufgefallen ist, die Kaufhäuser bieten keine Dirndl für Klein oder Groß mehr an. Nur ihre schreienden Modefarben. Alles ist zu farbenfroh, bunt, schreiend, auch die Kinderwagen. In meiner Heimatstadt Würzburg gibt es ein gutes Kaufhaus, wo eine sog. Trachtenabteilung noch existiert. Die Preise sind aber gesalzen. Eine "gewöhnlich Sterbliche" wie ich, noch aus dem Ausland kommend, findet es unmöglich ein Dirndl, oder Rock und schicke Bluse mit Jacke zu kaufen. Das Dirndl war eine willkommene Tracht oder Freizeitkleidung, nicht für jedermann, aber immerhin selbst ein kleines drei-jähriges Mädchen sah lieb aus in einem Dirndl. Es gab ja verschiedene Versionen. Es konnte ein Sommerstoff sein, z.B. hatte meine Victoria noch in den 60iger Jahren ein rosa-rot-weiß-karriertes Dirndelchen mit entweder weißem oder rosa Schürzchen. Ich selbst hatte mir eines anfertigen lassen, das Muster hieß Insbruck, auch rosarot mit kl.

blauen Blümchen im Streifenmuster und einer dunkelblauen Schürze.Leider wurde es mir zu eng nach ein paar Jahren. Für meine kleine Tochter habe ich mir auch mal ein Stöffchen für ein Winterdirndl bei einem Heimatbesuch gekauft. Schön angeraut, also warm. An Hand eines Schnittes konnte ich es dann selbst nähen.
Im Herbst 1982 gingen wir zum erstenmal zum Oktoberfest der Deutschen Schule hier in London und auf der Einladung stand "Cocktail-Kleid oder Dirndl". Ich habe mir ein ganz einfaches Bauerndirndl von Verwandten in Franken besorgen lassen und trage es nun eifrig immer zum Oktoberfest-Tanz. Mein Mann meinte ganz offen, er würde sich gerne auch mal ein paar Lederhosen dazu kaufen.
Also, es verschwinden die alten Trachten, die guten Traditionen müssen Platz machen für "das was Mode ist".

Erzählungsmäßig muß ich nochmal zurück zum Leben auf der 'Neuen Welt'.
Ich bin noch in der Mittelschule, es kommt zu Prüfungen, der Abschluß nähert sich. Sommer 1952. Unser Klassenleiter war Lehrer Lampe, wir aber tauften ihn "Kartoffel". Diesen Spitznamen behielt er, wir, der erste Jahrgang der Städtischen Mittelschule (Mozart-Schule) von 1949-52 tauften ihn so. Hatten wir vergessen, hinter einer Rechenaufgabe die Bezeichnung wie Pfund, kg oder DM zu setzen, so sagte er: "Na was ist es? 500 Pfund Kartoffeln?" Er sagte mit Vorliebe "Kartoffeln" und so erhielt er den Namen.

Literatur und das Gedichtelernen war noch immer mein Lieblingsfach. Zur Freude meiner Lehrerin konnte ich "Schiller's Glocke" fast auswendig, so auch "die Bürgschaft" und den "Erl-König". Den "Erl-König" habe ich noch heute im Kopf, also:

Wer reitet so spät durch Nacht und Wind?
Es ist der Vater mit seinem Kind.
Er hält den Knaben wohl in dem Arm,
er fasst ihn sicher, er hält ihn warm.

Mein Sohn was birgst Du so bang Dein Gesicht?
Siehst Vater Du den Erlkönig nicht ?
Den Erlkönig mit Kron' und Schweif.
Mein Sohn, es ist nur ein Nebelstreif.
"Willst feiner Knabe Du mit mir gehn,

meine Töchter sollen Dich warten schön,
meine Töchter führen den nächtlichen Rain,
sie wiegen und tanzen und singen Dich ein."
Mein Vater, mein Vater und hörest Du nicht,
was Erlkönig mir leise verspricht?
Sei ruhig, bleibe ruhig mein Kind,
in dürren Blättern seuselt der Wind.
"Du liebes Kind, komm geh mit mir,
gar schöne Spiele spiel ich mit Dir,
manch bunte Blumen sind an dem Strand
meine Mutter hat manch gülden Gewand."
Mein Vater, mein Vater und siehst Du nicht dort
Erlkönig's Töchter am düsteren Ort?
Mein Sohn, ich seh es genau,
es scheinen die alten Weiden so grau.
"Ich liebe Dich, mich reizt Deine schöne Gestalt,
und bist Du nicht willig, so brauch ich Gewalt."
Mein Vater, mein Vater, jetzt fasst er mich an
Erlkönig hat mir ein Leid's getan.
Dem Vater grauset, er reitet geschwind,
er hält in den Armen das ächzende Kind.
Er erreicht den Hof mit Müh und Not -
in seinen Armen das Kind war tod.

Ich stand oft ungehemmt auf dem Podium neben der Lehrerin und meine Mitschülerinnen waren mein dankbares Publikum. Selbst in Englisch konnte ich mich im 2. Schuljahr gleich um zwei Noten verbessern. Von einer 5 auf ne 3. Wir hatten eine sehr temperamentvolle Englisch-Lehrerin. Zu allererst brachte sie uns das "th" bei. Wer die englische Sprache kennt, weiß, es ist sehr wichtig das "th" richtig auszusprechen. So ließ sie uns in der ersten. Unterrichtsstunde alle die Zunge herausstrecken, dann "langsam zurückziehen, mit den Zähnen halten", das war ihr Kommand. Es half. Eine Mitschülerin jedoch konnte z.B. das Wort "kitchen" (Küche) ausgesprochen "kitschen" nicht aussprechen, sie sagte "Kitchen", ganz auf deutsch.
Die Lehrerin meinte: "Wenn Du es nicht gleich richtig aussprichst, kommst Du ins "Kitchen", was ja ein Spottwort fürs Gefängnis ist.

Miss Ehler gestaltete den Unterricht so lebhaft, dass ich voll und ganz bei der Sache war.
Eines Tages lasen wir den Text einer Unterhaltung zwischen Schüler und Lehrer. Hausaufgabe war, den Text auswendig zu lernen und mit der Mitschülerin auf der gleichen Bank den Text als zwei Rollen zu lesen und zu lernen. Ich saß neben Carola und hatte die Möglichkeit auf dem Nachhauseweg, sie wohnte noch weiter oben von der Neuen Welt, nahe der Frankenwarte, mit ihr einen Plan zu schmieden. Wir werden beide unsere Rolle lesen und lernen. Ich sei die Schülerin und sie die Lehrerin. Gesagt getan. In der nächsten Unterrichtsstunde hörte uns Miss Ehler ab. Als wir an der Reihe waren, fragten wir, ob wir die zwei vorderen Bänke mal kurz beschlagnahmen könnten, wir hatten die gute Idee und wollten den Text in eine kleine Szene verwandeln. Sie willigte freudig ein. Carola setzte sich eine geborgte Brille auf die Nase, ein Buch in der Hand, stand sie vorne vor der Bank, ich dagegen saß in der Schulbank und ließ meine Beine absichtlich ganz lang nach vorne durchhängen und machte somit einen ganz lässigen Eindruck. Ich entsinne mich, dass der letzte Satz so ähnlich hieß: "What are you doing, take your gum (Kaugummi) out of your mouth and put your feet in" (was machst Du denn, nimm den Kaugummi aus den Mund und nimm Deine Füße rein).
Schülerin antwortete frech: "Put my feet into my mouth, look here, I am not an acrobat"
(meine Füße in meinen Mund nehmen? Schauen Sie her, ich bin kein Akrobat).
Während ich das sagte, zog ich auch meinen Fuß hoch und probierte, ob ich ihn in den Mund stecken konnte. Unsere Englisch-Lehrerin war von unserer lebhaften Szene so begeistert, dass sie uns beide sehr lobte und wir durften das kleine "Stück" auch der Paralellklasse vorführen. Von da an nahm sie mich besonders vor beim Abhören meiner Vokalbeln, Diktatschreiben udgl. und oft sagte sie: "Also Ullrich streng Dich an, Du bist doch nicht dumm".
Kurz vor Schulabschluß fragte unser Klassenlehrer uns alle der Reihe nach, was wir mal werden wollten. Einige von uns hatten ganz bestimmte Vorstellungen, andere wiederum nicht. Als ich an der Reihe war, sagte ich:
"Ich möchte gerne Kindergärtnerin/Pflegerin werden - oder zur Bühne gehen, Schauspielerin werden". Unsere Kartoffel, (Klassenlehrer) war etwas verblüfft über die Kombination der Berufswahl. In späteren Jahren erkannte ich jedoch, daß beide Berufe eigentlich im Bereich "Dienst am Menschen" liegen. Einmal die Pflege und Fürsorge der Kinder, zum Anderen zur Unterhaltung der

Menschen beitragen. Ich sehe gerne Menschen lachen, frohe Gesichter, also schon von Kind an, steckte die Liebe zur Bühne in mir. Wohlgemerkt, ich machte ja mein erstes Mundartgedicht im Alter von 12 Jahren.

Als meine Tochter Victoria konfirmiert wurde, hörte ich der Predigt ganz nachdenklich zu und erbat mir später einen Abzug der Predigt. Da war die Rede vom Talent. Das Talent, das uns in die Wiege gelegt wird. Da wurde mir so echt bewußt, dass ich, zufolge des Krieges und den Verlust meines Vaters, den Haupternährer, auf den Ausbau meines Talentes verzichten mußte.
Es hieß, die Mutter unterstützen, Geld verdienen gleich nach der Mittelschule, keine Weiterausbildung, schon gleich gar nicht Schauspielschule.

Predigt von Pastor Tacke zur Konfirmation
20. Juni 1982 - Mathäus Kap

"Wir wollen miteinander über das Gleichnis Jesu nachdenken, das Albrecht und Uta aus dem Math.-Evangelium vorgelesen haben. Da ist dieser vermögende Mann, der die Verwaltung seines Geldes seinen drei Knechten anvertraut. Zwei von diesen Knechten machen einen guten Gewinn, der dritte hat versagt. Er hat überhaupt nichts unternommen. Er gibt das Geld seinem Herrn zurück, so wie er es bekommen hat.
Ich möchte vorschlagen, daß wir uns bei diesem dritten Knecht nicht allzu lange aufhalten. Denn das Gleichnis Jesu will uns ja nicht diesen dritten Knecht, sondern die beiden ersten zum Vorbild machen. Sie haben etwas erreicht. Der eine hat viel Gewinn gemacht, der andere sogar noch mehr. Mit Recht werden sie von ihrem Herrn gelobt.
Übrigens muß ich noch etwas über diese Zentner sagen, wie Luther übersetzt. In anderen Bibeln ist von Pfunden die Rede. Urspünglich sind das Gewichtstücke gewesen. Sie standen auf einer Waage und es wurde Weizen oder Obst damit gewogen. Später, in den Mittelmeerländern, überall wo man griechisch sprach, sind aus diesen Gewichtstücken Geldstücke geworden, also Münzen, die einen hohen Wert hatten. Hier in England können wir diesen Zusammenhang von Gewicht und Geld ja gut verstehen. Wir sagen: das kostet ein Pfund. Im Augenblick kann man in London ein Pfund Kirschen für ein Pfund Sterling kaufen.
Als Jesus das Gleichnis erzählte, da handelte man nicht mit Pfunden, ***sondern mit Talenten. Ein Talent*** *- das war eine wertvolle Münze. Wer ein* ***Talent*** *hatte, der war reich. Die Forscher haben genau ausgerechnet, daß ein Talent*

den Wert von etwa 5.000 Goldmark hatte. Wenn der Herr dem einen von seinen Knechten 5 Talente anvertraute, dann war das eine ganz stattliche Summe. Der Herr hat erwartet, daß seine Knechte mit ihren Talenten arbeiten sollten. Das geht am besten in Zusammenarbeit mit einer Bank. Ich bin für dieses Gebiet nicht zuständig, aber wir haben genügend Bankleute unter uns, die wir fragen können, wie man denn sein Geld vermehren kann. Der eine Knecht ist überaus erfolgreich. Er sagt seinem Herrn: Siehe da du hast mir fünf Talente gegeben. Ich habe 5 weitere Talente damit gewonnen. Der zweite Knecht hat seine 2 Talente ebenfalls verdoppelt. Und der Herr hat sie sehr gelobt.

Ich möchte an dieser Stelle einmal darauf hinweisen, wie weltlich die Sprache der Bibel manchmal ist. Wo so unmittelbar wie hier vom Geld die Rede ist und vom Handel und vom Bankgeschäft, da geht es offenbar um die Welt, in der wir alle leben. Und es geht nicht um irgendeine religiöse Sonderwelt.
Der eine also hatte 5 Talente, der andere 2 und der dritte 1 Talent. Es ist von großer Bedeutung, daß für uns dieses griechische Wort auch noch einen ganz anderen Klang bekommen hat. Der hat Talent - so sagen wir. Und wir meinen: er ist begabt. Er kann wunderbar erzählen. Oder sie kann meisterhaft Klavier spielen. Für uns ist das Talent nicht mehr ein Wort für Geld, sondern ein Wort für das, was man sich auch mit noch so viel Geld nicht kaufen kann. Nämlich eine besondere Begabung. Die kann sich niemand kaufen. Die ***Kunst, mit Kindern umzugehen oder mit alten Menschen, kann man sich auch nicht kaufen.....***

An dieser Stelle möchte ich, die Erzählerin einwerfen und betonen, das gerade diese Kunst auch mir eigen ist, also meine Gabe von Gott unserem Schöpfer.

.... Es gibt junge Leute auch unter unseren Konfirmanden, die haben das Talent, gute Laune zu verbreiten und anderen zu helfen. Für uns sind also aus den 5000 Goldmark der griechischen Talente diese inneren Talente geworden, diese Gaben und Fähigkeiten. Es sind Gaben, so sagen wir mit Recht. Zu dem Theologieprofessor Thielicke kam ein Student und sie sprachen miteinander. Es war ein gutes Gespräch. Am Ende sagte der Professor zu dem Studenten: Schön, daß wir uns begegnet sind. Sie sind ein begabter Theologe. Der junge Mann wurde ganz rot, als er das hörte. Da sagte Prof. Thielicke: Ich habe gesagt: Sie sind begabt. Sie haben keinen Grund, darüber stolz zu sein, denn es ist nicht Ihr Verdienst, sondern es ist eine Gabe. Es ist Ihnen gegeben.

Liebe Konfirmanden, inzwischen kenne ich euch so weit, daß ich sagen kann: Ihr seid alle begabt. Jeder von euch hat eine besondere Gabe. Jeder von euch hat ein Talent. Und im Sinne unseres Gleichnisses sage ich nun: es sind anvertraute Talente. Sie sind das Eigentum dieses Herrn, von dem hier immer die Rede ist und von dem auch wir im Unterricht gesprochen haben. Eure Talente, eure Gaben kommen von Gott. Sie sind euch gegeben, damit ihr sie gebraucht. Vielleicht hat der eine 5 Talente und ein anderer nur zwei. Aber ihr seid dazu berufen, mit euren Talenten zu arbeiten. Gott wartet darauf, daß ihr die euch anvertrauten Gaben einsetzt in dem Leben, das vor euch liegt. Nicht irgendwo vergraben, wie dieser eine mürrische Knecht, sondern einsetzen. Es geht um die Zukunft dieser so armen und gefährdeten Welt. Es geht nicht um die Kirche, denn die Kirche steht im Dienst an der Welt. Wenn ihr heute in die Verantwortung der Kirche gerufen werdet, so geschieht auch das um der Menschen willen, die euch mitten im Leben begegnen und begegnen werden. Wir wünschen uns talentierte Christen als die Architekten, Ingenieure, als die Politiker und als die Sozialarbeiter in allen Erdteilen und unter allen Völkern. Wer ein Christ ist, der wird in diese Welt, so wie sie ist, mitten hineingestellt. Und ein Talent, eine Gabe hat jeder von uns. Nämlich die Liebe Gottes. Die Gabe seiner Liebe. Daß Gott Ja zu uns sagt. Daß er uns nicht wie ein Lehrer mit schlechten Zensuren versieht, sondern daß er uns annimmt und anerkennt und daß er uns für seine Sache gebrauchen kann, so wie wir sind. Die Gabe seiner Liebe macht unser Leben reich. Und wir können dann gar nicht anders, als daß wir anderen von dieser Liebe weiter geben. Unser Unterricht ist nun zuende. Aber Gottes Wort und Gottes Liebe ist nicht zuende. Es ist unsere Bitte in dieser Stunde, daß ihr eure vielen Talente zum Einsatz bringt, zur Freude und zur Hilfe vieler Menschen. Vor allem aber, daß ihr dieses eine und wichtigste Talent aufnehmt in eur Leben und einsetzt für andere, die Liebe Gottes, die euch in eurer Taufe zugesprochen wurde und die euch heute bestätigt wird.

Wir schreiben auf den Tag den 14. Februar 1997 und so wie damals in 1982 hat diese Predigt noch einen ganz besonderen Sinn und hat an Bedeutung weder für Alt oder Jung verloren. Ich bitte dies zu beherzigen.

Fortsetzung - Leben auf der Neuen Welt .

Die engen Wohnverhältnisse auf der Neuen Welt in denen wir wohnten, veranlassten mich oft auszurücken und bei Familie E. oder P. Tavan zu weilen. Beide hatten schöne Wohnungen. Bei der Fam. E.Tavan waren zwei reizende kleine Kinder. Micki und Maja durfte ich hie und da betreuen. Meine große Kinderliebe und das Verständnis "für den kleinen Mann" gab den Eltern den Mut, mir ihre Schützlinge anzuvertrauen. Oft waren es Spaziergänge durch den Wald hoch zur Frankenwarte, oder auch ein Sommerurlaub in Bad-Neustadt. Dort hatten die Eltern von Frau Tavan ein kleines Hotel. Urlaub kannte ich damals noch nicht. Nur mal meine Schwester a.d. Mosel besuchen 1950 und einmal mit Opa und Mutti in die Pfalz zu reisen um dort Verwandte von Opa zu besuchen, denn er war in der Nähe von Waldmohr im Jahre 1871 geboren. Nun diesmal war es anders. Das Wohnen im Hotel beeindruckte mich sehr. Ich hatte mit den zwei Kindern, Alter 3 und 5 Jahre, mein eigenes Zimmer. Ich war total für sie verantwortlich, durfte sogar mit ihnen auswählen, was angezogen wird am Morgen.
Wir hatten unseren eigenen Tisch, wo die Familie des Hauses nur saß. Am Abend brachte ich die Kinder zu Bett, badcte sie, erzählte ihnen Geschichten, wir sagten ein kleines Gebet. Der Junge schlief immer gleich ein, jedoch das Mädchen wachte oft auf und dann mußte sie ja nur den Knopf drücken , man sah es unten im Empfang und ich eilte hoch zu ihr.
Ganz erwachsen fühlte ich mich, wenn ich mit meinen 16 Jahren am Abend, wenn Hochbetrieb war, hinter der Theke helfen durfte. Viele Kurgäste kamen zum Essen und am Wochenende spielte eine Kapelle zum Tanz. Das war dann aufregend, denn ab und zu meldete sich ein junger Mann, der mich zum Tanzen aufforderte, mußte aber immer vorher bei der Hausherrin um Erlaubnis bitten, das hieß dann so ähnlich:
"Gestatten Sie, darf ich mit dem jungen Fräulein tanzen". Frau Tavan war einmalig mit ihren Anworten, sie fand immer die richtigen Worte.
"Sie dürfen schon, aber ob die Sieglinde auch möchte ist die Frage". Sie blinselte mich an und ich strahlte natürlich übers ganze Gesicht. Sie war eine intelligente, gebildete Frau mit Herz. Literatur und Musik waren ihre große Liebe. Oft sang sie Operettenmelodien oder in ihrer dunklen Stimme Schlagerlieder der damals berühmten Zarah Leander. Sie entdeckte bald meine Schwäche für's Kino. Im Hof des Hotels war ein Anbau und dort befand sich das Kino des Ortes. Oftmals durfte ich hoch in den Raum wo der Filmvorführer arbeitete und mir von dieser Sicht einen Film ansehen, also ohne Bezahlung.

Kam jedoch ein schöner Film der auch für Kinder bestimmt war, so durfte ich für mich und die Kindern Eintrittskarten kaufen.
Eines Abends, es ging auf Pfingsten zu, es war der 7. Juni 1952 tanzte ein netter, gutaussehender, schwarzgelockter Jüngling mit mir.

An dieser Stelle muß ich ganz einfach aufschreiben was mir eben durch den Kopf ging:. ......*"drinnen saßen stehend Leute, schweigend im Gespräch vertieft, als ein todgeschossner Hase auf der Sandbank Schlittschuh lief. Auf einer grünen Bank, die rot angestrichen war, saß ein blondgelockter Jüngling, mit kohlrabenschwarzem Haar. Neben ihm ne alte Schrulle, die kaum 16 Jahre war, in der Hand ne Butterstulle, die mit Käse bestrichen war....".*

Mein erstes Rendezvous. Er bat mich, ob wir uns am nächsten Tag zu einem Spaziergang treffen könnten. Ich nahm natürlich herzklopfend an. Ich sagte ihm aber, dass ich meine Schützlinge mitbringen werde. Wir trafen uns an einem der Stadt-Tore und wir spazierten ringsherum um den Ort an der Stadtmauer entlang Ein herrlicher Spaziergang, den ich schon oftmals mit Micki und Maja machte. Nun am 8.6. war mein 16. Geburtstag und die Kinder wußten, dass es am Nachmittag auch Kaffee und Kuchen gab. Ich bat sie aber am Morgen, nichts dem jungen Mann zu verraten. Während wir so dahingingen sagte Maja plözlich: "Ich weiß etwas von der Sieglinde, ich darf es aber nicht sagen".
"So, so" meinte der junge Mann scherzend, "wenn ich Dich aber recht lieb bitte, mir es zu verraten, sagst es mir dann?"
Maja schaute mich fragend an und sie sagte: "Kann ich es ihm sagen, dass Du heute Geburtstag hast?" Peter und ich mußten herzhaft lachen und er gab mir die Hand und beglückwünschte mich herzlich.
Nach unserem herrlichen Spaziergang sagte der junge Mann, dass er leider abreisen müsse, er sei Student und müsse zurück zur Uni. Wir wollten schreiben. So kam es auch zu einem einzigen Briefwechsel. Aber - was ganz besonders in meiner Erinnerung heften blieb ist die Tatsache, daß ich von ihm meinen allerersten Blumenstrauß erhielt. Welch ein Kavalier.........
Es waren rote Pfingstrosen, sie wurden im Empfang für mich abgegeben und die ganze Familie und Angestellten freuten sich mit mir. Ich glaube ich bin direkt einen Zentimeter gewachsen.

Die andere Familie Tavan, wo ich mich auch öfters "hinflüchtete" zog 1951 in einen Neubau ein und zwar wurde die Scheune in eine grosse Etagen-Wohnung im ersten Stock und Mansardenzimmer, die man an Studenten vermietete, im

zweiten Stock umgebaut. Da gab es Kinderzimmer und viel Platz. Auch eine Terrasse mit Blick auf die grünen Grashügel und die vielen Obstbäume. Das war das Gebäude, das man links stehen sah, bevor man den Eingang in den Hof rechts erreichte. In diesem Gebäude sollten wir ursprünglich eine Wohnung beziehen, so versprach die Besitzerin meiner Mutti. Denn wir sind aus guten Wohnverhältnissen vom Dorf in eine sog. Notwohnung in der Stadt eingezogen. Aber, so beteuerte meine Mutti oft, nur auf das Versprechen hin, dass es nur vorrübergehend sein werde und wir dann eine Neubauwohnung bekämen. Das hat leider nie stattgefunden und die Enttäuschung war groß bei Mutti und mir. Da die Wohnverhältnisse aber in der ganzen Stadt eingeengt waren, hat man sich damit abgefunden. Nur, Mutti's Rheuma litt sehr in der kalten Wohnung, bes. das Schlafzimmer, dass uns später zugeteilt wurde hatte keinen Ofen. Viel später erst, als ich schon Geld verdiente erlaubten wir uns einen elektrischen Ofen. Mutti hat gespart, gespart und wieder gespart, man brauchte einen Baukostenzuschuß, das war ein gerechtes Ziel.
Leider mußte ich bei einem Besuch Mitte der achtziger Jahre feststellen, dass das ganze Gebäude abgerissen wurde und jetzt nur noch als Parklücke dient. Der Grund? Die Hälfte des Gebäudes (Straße) habe seit eh und je der Stadt Würzburg gehört, also die Straße konnte erweitert werden und so habe es die Stadt zurückgefordert.

Im Drei-Mädle-Haus fühlte ich mich wohl. Als ich Alice zum erstenmal sah, war sie 17 Jahre alt und in voller Blüte, da beteuerte ich, dass sie so schön wie eine Filmschauspielerin sei. Sie hatte ein gutes Herz und hat mir oft meine ältere Schwester ersetzt, die ich ja nur zweimal im Jahr sah. Ihr konnte ich oft meine kleinen und großen Sorgen anvertrauen. Vorallem als ich meinen 1. Kuß mit 15 Jahren von einem jungen Mann von der Neuen Welt bekam und eigentlich nicht recht wußte warum und weshalb. Er hat sich ihn sozusagen gestohlen!
Mit Emma und Pauline dagegen, fast gleichaltrig, ging ich ja zur Schule und wir teilten den täglichen Schulstress, nur damals kannte und benützte man das Wort "Stress" überhaupt noch nicht. Es ist ein englisches Wort und bedeuted Druck, Belastung. Mit Pauline war ich enger befreundet, Emma ein Jahr älter als wir beide hatte ihre eigene Freundin. Damals sprach man nicht vom Stress usw. es wurde alles geduldig erlitten, verkraftet, durchstanden. Wir kamen alle aus einer Total-Belastung, Krieg, Zerstörung und deren Folgen. Alles was dann in den Nachkriegsjahren auf uns zukam war "Kinderspiel" denke ich.....
Da ich keinen Vater mehr hatte und auch von den Gewohnheiten und

Eigenarten der Väter wenig wußte, hatte ich oft etwas Angst vor Papa Tavan, der es aber auch gut verstand mich etwas aufzuziehen, wobei ich nie recht wußte, ob es Ernst oder Spaß war. Zu einem besonderen Anlaß machte ich dann auch ein kleines Gedicht, leider weiss ich nur noch den letzten Satz: "Das einemal bin ich es Stinkerle, das anderemal der Quak, und hat er mal ne schlechte Laune weg, dann sagt er nur "Guten Tag".....

Ich machte viel Einkäufe mit Mutti. Schwere Taschen mußten von Kupsch und Metzger den langen Leutfresserweg hochgetragen werden. Mutti hatte auch viel Laufereien mit den Sozialbehörden in der Wörthstraße wegen ihrer Rente usw. Ich bangte sehr um ihre Gesundheit. Sie litt sehr unter Gelenk-Rheumatismus und hatte oft viel Schmerzen. Dann wurde am Abend heftig eingerieben. Die Notwohnung auf der Neuen Welt war im Sommer zu heiß und im Winter zu kalt. Ein Fensterladen schützte uns vor dem eiskalten Wind, den man auf der Höhe besonders zu spüren bekam. In der Wohnküche wurde Sommer wie Winter der Herd mit Holz und Kohle geheizt. Mutti und ich schliefen in einem großen Einzelbett, das unter der schiefen Wand stand. Sie sagte oft, ich sei ihr Heizöfele.
Da ich meinen Vater sehr vermisste und den Verlust meines Brüderchens nur schwer verkraften konnten, schmiegte ich mich sehr an meine Mutti an, ich brauchte ihre Nähe sehr, auch die Bestätigung, dass ich sie nicht verlieren würde.

Wie traurig Mutti manchmal war. Der Mann in Kriegsgefangenschaft gestorben, ihr kleiner Junge tödlich verunglückt. Ihre Möbel die untergestellt waren, alle verbrannt. Anstatt in einer schönen Wohnung zu wohnen, mußte sie mit der notdürftigen zufrieden sein. Sie hatte stets einen ausgeprägten Sinn für das Schöne im Leben, guten Geschmack in Allem. Sie wurde in ihren jungen Jahren von ihren Geschwistern "Frau Gräfin" genannt, weil ihr dies oder jenes nicht schön genug war. Sie hatte ihre Lehre 1917 bei Rom & Wagner absolviert. Dieses Kaufhaus war eines der feinsten am Ort. Es war der "Kaiserliche, Königliche Hoflieferant." Mutti erzählte oft, wie sie als Lehrling zuallererst lernen mußte mit den adligen Damen umzugehen, wie man die Damen anzureden hatte, daß man ihnen gleich einen Stuhl bringen würde, so daß sie in Ruhe auswählen konnten. Ihr Zeugnis muss man gelesen haben.

Jeder Krieg zerstört Familien, so auch unsere. Als ich 1952 meine Schule mit der mittleren Reife beendete, wußte ich, dass ich vernünftig sein muß und

gleich Geld verdienen sollte. Kindergärtnerin oder Krankenschwester hätte nochmal zwei Jahre Ausbildung gekostet und das ging nicht. So hörte ich auf den guten Ratschlag eines netten Herren von der Industrie- & Handelskammer, der oft seinen Heimweg mit mir teilte, indem wir den langen Leutfresserweg hoch liefen.
“Sei vernünftig, geh’ in’s Büro!” meine Antwort: “Ach Du meine Güte, das finde ich so langweilig !” Er: “Als Mädchen heiratest Du doch bald und dann hängst Du Deinen Beruf sowieso an den Nagel.” Dies war die Einstellung der Männer der Frau gegenüber in 1952. Es war erwartet, dass eine Frau nach der Eheschließung sich nur dem Mann widmet, den Haushalt führt und sich ausschließlich mit den eintreffenden Kindern beschäftigt. Somit schien die Frau ausgelastet zu sein und der Mann war im Durchschnitt der Alleinverdiener.
Ausnahmen gab es wohl, das bestätigt die Regel.

Die letzten Sommerferien - meine 1. Stelle.
Mutti erlaubte mir, sie gleich nach Schulschluß noch mal richtig zu genießen. Dann gingen wir gemeinsam aufs Arbeitsamt um eine Stelle zu suchen. Man bot mir eine Stelle als “Anfangskontoristin” in einem Tünchner- und Malergeschäft an, nahe der Rottendorfer Straße. Ich radelte dorthin und nahm mein Pausebrot mit und verbrachte meine Mittagszeit dort, denn der Heimweg war zu lang, die Pause zu kurz. Ich wurde vom Chef selbst eingeführt. Um 8 Uhr früh mußte ich zuallererst den Arbeitern ihre Materialien aushändigen, wie Farbe, Pinsel udgl. Aufträge und Kostenvoranschläge tippen und Ende des Monats die Gehälter und Löhne buchen und auszahlen. Ich weilte einige Wochen dort und mein Unbehagen wuchs von Tag zu Tag. Der Chef, ca. 30 Jahre älter als ich, benahm sich nicht korrekt. Das Büro und der Betrieb war im Familienhaus. Er verbrachte seine Mittagszeit mit seiner Frau. Ich aber zog vor, alleine im Büro zu bleiben, oder bei gutem Wetter, einen kleinen Spaziergang zu machen. Er erzählte mit Vorliebe schmutzige Witze und eines Tages ging er zu weit, er fasste meinen Busen an und meinte, dass ich gut proportioniert sei.
Ich wollte ihm am Liebsten auf die Hände klopfen, aber irgendwie war ich noch sehr schüchtern und sein Benimm war mir peinlich.
Am Abend erzählte ich den Vorfall meiner Mutti und betonte ganz entschlossen, dass mich dorthin keine zehn Pferde mehr bringen werden.
Sie rief dann an und sagte die Stelle sei für mich nicht geeignet, ich wolle nicht mit dem Chef alleine im Büro sein. Er schien etwas verwundert, aber

argumentierte nicht weiter, so sagte Mutti. Dann gingen wir zur Sachbearbeiterin im Arbeitsamt zurück und erzählten ihr den Vorfall.
Sie war recht froh, dass Mutter und Tochter den Mut hatten und bei ihr vorsprachen. Sie beglückwünschte meine Mutti, daß zwischen ihr und mir ein gutes Vertrauensverhältnis bestand. Sie meinte: "Wir haben uns schon oft gewundert, warum so viele junge Kräfte dort weg gingen, jetzt wissen wir den Grund und nun können wir was unternehmen."
Erleichtert ging ich mit Mutti nach Hause. Nun flatterten verschieden Karten mit Firmennamen vom Arbeitsamt ins Haus. Bürokraft im Kohlenhandel. Das wollte ich auf keinen Fall, zudem es noch der Lieferant unserer Kohle war.
Dann entsannen wir uns des netten Herrn von der Industrie & Handelskammer, der auch am Leutfresserweg wohnte. Wir nahmen Kontakt mit ihm auf und siehe da, er hatte eine Adresse eines Einzel- und Großhandels für Modeartikel und Schneiderbedarf. Dort suchte man einen Büroanlernling. Die Bezahlung war weniger, denn ich wurde ja noch angelernt und sollte zwei Jahre bleiben. Als ich mich vorstellte und sah, daß der Betrieb voll mit jungen Mädchen und Fräuleins war, fühlte ich mich gleich wohl. Unten war der Laden und Verkauf. Im ersten Stock der Großhandel-Verkauf und im zweiten Stock das Büro. Dort saß ein stattlicher Buchhalter und ihm gegenüber die ausgelernte Kraft, die Kontoristin. An einem kleinen Nebentisch sollte mein Platz sein. Der Chef war Mitte dreißig und arbeitet überall mit.
Mein Gehalt sollte DM 35.- monatlich im ersten Jahr sein und DM 70.- im zweiten. Als Kontoristin hätte ich DM 145.- verdienen können. Mutti meinte: "Große Sprünge können wir nicht machen. Aber, nachdem Du so Pech gehabt hattest mit dem Chef in der ersten Stelle"..... So war meine Mutti miteinverstanden, lieber etwas weniger Verdienst, aber eine ordentliche Stelle. Im Jahre 1952 fanden viele Schulentlassene nicht gleich eine Stelle und so waren wir froh, dass ich dennoch eine Anlernstelle gefunden hatte.

Büro-Linde und Laden-Linde.

Unten im Laden war ein Lehrling und sie hieß ebenfalls Linde, und da ich immer noch Linde genannt wurde, taufte man die eine "Laden-Linde" und ich war die "Büro-Linde".
Bald entdeckte die Senjor Verkäuferin, daß ich auch ein Talent zum Verkaufen hatte und so wurde ich oft nach unten gerufen und im Verkauf eingesetzt. Anfangs der 50iger Jahre, wurde noch viel Garderobe bei der Schneiderin angefertigt, Konfektion war noch nicht in vollem Schwung. So war oft Hochbetrieb im Geschäft, der Laden war voll mit Kundschaft, Schneiderinnen

und auch Schneider, und dann läutete die Senjorverkäuferin mit Vorliebe oben bei uns im Büro an und wehe, wenn wir, das war entweder die Kontoristin Elisabeth oder ich, nicht gleich mit Block und Bleistift angelaufen kamen. “Die Kundschaft ist König, die läßt man nicht warten”, so hieß es. Spitze Bemerkungen, wie:
“Ja ihr Büro-Fräuleins habt ein ruhiges Leben, schadet euch gar nichts, daß ihr mal seht wie viel wir hier unten arbeiten müssen”. Der Chef bediente unten und oben im Futterstoff-Lager, dort konnte ich noch nicht aushelfen, denn dazu brauchte man Fachkenntnisse. Wieviel Meter werden benötigt und was für Qualität ist zu empfehlen. Im Laden war eine fantastische, gut sortierte Knopfauswahl. Jedc Farbe, jede Größe, jede Form. Es machte mir Spaß die Kundschaft zu beraten oder zu überzeugen, welcher Knopf zum Stoff passte. Nähseide, Bordüren, Modeschmuck, Spitzen und vieles mehr war angeboten. Die Frau des Chef's kam auch an verschiedenen Tagen am Nachmittag im Laden aushelfen und machte am Abend die Kasse.
Sie hatte zwei Kinder zu Hause, ein 13 jähriges Mädchen und ein kleines noch im Kindergarten. Ab und zu brachte sie die Kleine mit und wenn ich nicht zu viel zu tun hatte, durfte ich mit ihr spazieren gehen. Die kleine Abwechslung tat mir gut und meine Kinderliebe war recht angebracht.
Die Arbeitsstunden waren von 8.00 Uhr bis 18.00 Uhr mit 1 1/2 Stunden Mittagspause. Das Radfahren hatte ich aufgegeben, denn nun ging ich auf 17 Jahren zu und man wollte sich etwas schick anziehen und so gings eben tapfer zu Fuß. Die Mittagspause war lange genug, so daß ich meistens nach Hause ging. Mein Weg führte mich über die alte Main-Brücke links den Main entlang, durchs Burkardter Tor vor zur Nikolausstraße und dann den Leutfresserweg hoch. Eine halbe Stunde Weg, dann Mittagessen mit Opa und Mutti, dann war es schon bald wieder Zeit den Weg zurück ins Büro anzutreten.

Schon mit Rücksicht auf Opa war es praktischer die Hauptmahlzeit mittags einzunehmen und nach Büroschluß gab es dann Abendbrot.
Was stand so 1952 auf dem Küchenzettel ? Viele fleischlose Gerichte, also könnte man sagen, wir waren schon damals leicht auf vegetarischer Kost eingestellt. Manchmal habe ich aber doch gemeckert: “Ach, nicht schon wieder Kartoffelgemüse”.
Mutti kochte ‘weißes Kartoffelgemüse’ mit viel frischgehackter Petersilie, dann gab's das ‘braune Kartoffelgemüse’. Da wurde die Mehlschwitze einfach scharf angebräunt, hinterher mit etwas Essig abgeschmeckt und wenn Mutti

ganz gut bei Kasse war, gab es frische Fleischwurst dazu, die im Gemüse heiß gemacht wurde. 'Breite Nudeln und Tomatensoße'. Auf die abgekochten Nudeln streute Mutti oft goldbraun geröstete Semmelbrösel. Aber die Tomatensoße fand ich so langweilig. Ganz anders ist heutzutage Spaghetti Bolognaise. Zur Soße verwende ich Hackfleisch, Tomaten (meistens aus der Büchse) plus Tomaten-Püree.
'Rohe Kartoffelpfannkuchen mit Apfelkompott', finde ich noch heute sehr lecker, so auch 'Spiegeleier mit Spinat und Salzkartoffeln.' Am Sonntag gab es jedoch öfters einen Braten mit guter Soße und Klöße. Entweder von gekochten Kartoffeln, oder halb und halb, d.h. gekochte Kartoffel und rohe Kartoffel, oder nur von rohen, geriebenen Kartoffeln. Welch eine Arbeit, alles mußte mit der Hand gerieben werden. Opa half und auch ich.

Heutzutage wird es leicht gemacht, man kauft getrocknetes Pulver, mischt es mit Wasser und der Teig ist fertig und - sie schmecken auch nicht schlecht. Mein Lieblingsgericht war: 'Kartoffelsalat mit Schweinekotelett' paniert und evtl. noch grünen Salat dazu. Sehr gerne aß ich auch 'Fleischküchli (Frikadellen) mit Rotkohl und Kartoffelpüree'. 'Wirsing, Suppenfleisch und Salzkartoffeln'. Vorher die leckere 'Boullion', als Einlage machte Mutti herrliche 'Pfangerli' so ähnlich wie kleine Eierpfannkuchen, aber mit einem Teelöffel in die Bratpfanne eingelegt und ausgebacken. Diese gehen dann in der heißen Suppe auf und wie ein Schwämmchen fühlt man sie auf der Zunge, ganz weich und lecker.
Natürlich gehörte auch auf den Speisezettel: Sauerkraut, Kartoffelpüree, grüne Bauchspitze (Schwein) und geräuchertes Fleisch im Sauerkraut gar gekocht. Nachtisch gab es eigentlich nur an Festtagen, Geburtstagen udgl. Oft waren es eingemachte Kirschen, oder ein Schokoladen- oder Vanillpudding. Ich glaube das alles nennt man gutbürgerliches Kochen. Ich habe später in meiner Familie hier in England fast alle meine Gerichte von Mutter überliefert weiterhin gekocht und zu meiner Feude haben Mann und Kinder sie alle freudig aufgenommen. Natürlich habe ich englische, italienische und mitteleuropäische Rezepte im Laufe meiner Küchenrolle übernommen, sonst wäre es schon langweilig.

Büro-Anlernling.
Ein Lehrling oder Anlernling war ein "Stift" und der mußte alle ihm übertragenen Aufgaben erledigen, auch Besorgungen machen für die erwachsenen Angestellten. So z.B. wurde ich oftmals zum Metzger in der Schustergasse geschickt und sollte belegte Brötchen holen. Der eine wollte Leberkäse, der/die andere Salami, Fleisch- oder Mettwurst. So mußte ich mir oft alles aufschreiben, damit ich der großen Auswahl im Metzgerladen nicht unterlag.

Faschingsdienstag !
Er wurde ganz groß gefeiert und da wir direkt am Grafeneckart waren, hat unsere ganze Belegschaft alles aus bester Sicht miterlebt. Die Eibelstädter kamen mit ihren Booten am Main entlang und in mittelalterlicher Kleidung mit Wagen und Stroh belagerten sie den Platz um den Vierröhrenbrunnen, also gegenüber dem Rathaus. Wir konnten vom Büro im 3. Stock alles gut beobachten. Faschingsdienstag wurde wenig gearbeitet und der Chef erlaubte das auch. Wir Mädchen schminkten uns und hatten Schleifen im Haar. Wir warfen Luftschlangen zum Fenster hinaus. Der Stift wurde losgesandt und durfte was zu Trinken besorgen, was natürlich Alkohol war. Überall auf der Domstraße und den Straßen der Innenstadt wurden Lautsprecher angebracht und Faschingsmelodien brachten die Menschen, die in Reih und Glied unten auf dem Bürgersteig warteten zum Schunkeln. "Einmal am Rhein und dann zu zweit alleine sein...." "Du kannst nicht treu sein, nein, nein das kannst Du nicht" ... "Heute blau und morgen blau und übermorgen wieder... und wenn wir dann mal nüchtern sind, besaufen wir uns wieder..." "Kornblumenblau sind die Augen der Frauen beim weinen", zwischendurch riefen wir uns alle ein kräftiges "Hellau, Hellau" zu. Überall sah man fröhliche Gesichter. Am Faschingsdienstag weicht der deutsche Drill.... Auf Kostüm-Tanzveranstaltungen darf man zu allen Damen und Herren "Du" sagen. Im Büro wurde auch unser Buchhalter witzig im Erzählen und als ich mal schnell runter in den Laden wollte und mich eilig auf die Treppe stürzte, stieß ich mit dem Chef zusammen. Er war auch in einer übermütigen Stimmung und nahm mich kurzerhand in die Arme und gab mir einen Kuß. Ich befreite mich schnell und rannte die Treppe hinunter und blieb eine Weile unten im Laden. Doch von diesem Moment an fühlte ich mich befangen, wenn ich dem Chef begegnete. Man sagt zwar im Fasching darf man nie etwas ernst nehmen. So versuchte ich jene Begegnung als nicht so tragisch zu registrieren.

Im Bootshaus des WRV war ein Lumpenball für die Jugend ......
Ganz großartig. Wir hatten eine eigene Kapelle, von unseren Ruderjungens aufgestellt, es wurde getanzt und geflirtet. Ich entdeckte einen Jungen im gleichen Alter mit schwarzgelocktem Haar, ganz mein Schwarm. Er war ganz Kavalier und brachte mich so um Mitternacht nach Hause. Das war ein endlos langer Weg. Erstmals mußte er den ganzen Leutfresserweg hoch mit mir, dann wieder runter, über den Main, hoch ins Frauenland zurück. Aber, auf einem langen Heimweg wird eben öfters mal eine kleine "Kuß-Pause" eingelegt. Wir jungen Leute haben uns so ans Laufen gewöhnt. Ein Theaterbesuch bedeutete ebenfalls Berg runter, dann hoch ins Frauenland, wo sich in den Nachkriegsjahren das Theater im Lehrerseminar befand. Oft haben wir die langen Wege in Schuhen mit hohen Absätzen zurückgelegt. Meistens waren wir vier oder fünf Fräuleins von der Neuen Welt.
Ein besonderer Theaterbesuch: Der Vater vom 3-Mädelhaus war sehr petantisch, wenn es darum ging, mit wem seine älteste Tochter Alice ausging oder flirtete. Nun hatte Alice einen jungen Mann im Finanzbuchhalter-Kurs kennengelernt und sie wollten sich gerne mal zu einem Gläschen Wein treffen. So wurde dieses Rendezvous mit in einen Theaterbesuch eingeplant. Emma, Pauline und ich gingen ins Theater und Alice und Freund trafen uns hinterher in der Nähe des Theaters wieder. Auf dem langen Heimweg hatte ich genug Zeit, ihr das ganze Theaterstück mit Einzelheiten zu erzählen, so daß sie mit dem Inhalt vertraut war, sollte in einer Unterhaltung mit dem Vater davon die Rede sein.

Das sogenannte 'Laufmädchen' der Firma hatte Urlaub.
Ich mußte ihren job für ca. 2 Wochen mitübernehmen, da ich ja selbst noch ein Stift war. Das passte mir gar nicht. Ich wurde beauftragt, mit dem Leiterwagen jeden Morgen zum Hauptpostamt zu gehen und dort Päckchen und Pakete von Lieferanten abzuholen. Die restlichen Angestellten meinten einstimmig: "Der Chef ist zu geizig um die Zustellungsgebühr zu bezahlen".
Von meiner Schul-Abschlußfeier im kleinen Kreis her lernte ich einen sehr gutaussehenden jungen Mann kennen, von da an war er mein Schwarm, unerreichbar, weil er schon mit einer anderen Schulfreundin ausging. Aber trotzdem mein Herz klopfte jedesmal, wenn ich ihn erblickte. Er arbeitete in der Fa. Breiting & Zwanziger, Julius-Prommenade. Also wollte ich auf keinen Fall mit meinem Leiterwagen dort gesehen werden. So schlug ich den längeren

Weg ein, am Main entlang bis zur Friedensbrücke und dann die Bismarkstraße hoch zum Bahnhof, wo das Postamt war. Bald bemerkte unser Buchhalter, dass ich viel zu lange unterwegs war und er schimpfte mich:
"Wo läufst Du denn nur rum? Du hättest schon lange zurück sein können. Hast wohl einen Umweg gemacht.?" Der Chef überhörte die Zurechtweisung und nahm mich zur Seite und ich beichtete ihm, weshalb ich aussenherum zur Post gehe: "Ich schäme mich mit dem Handwagen in der Stadtmitte gesehen zu werden. Ich arbeite doch im Büro", ich blickte zu Boden als ich dies sagte. Er aber nahm seine Hand unter mein Kinn hob meinen Kopf hoch und sagte sehr freundlich: "Also von Morgen an fahre ich mit Dir zur Post und Du kannst dann beim Ein- und Ausladen helfen". Ein Stein fiel mir vom Herzen. Aber als ich am nächsten Morgen mit dem Chef im Auto saß, bekam ich das beklemmende Gefühl wieder und heimlich beobachtete ich ihn und stellte fest, dass er eigentlich recht nett und humorvoll sein kann.

Wie es so üblich war, stellte sich meine Mutti auch eines Tages in der Firma vor, sie kaufte eine Kleinigkeit im Laden. Es war gegen Spätnachmittag und da war auch die Frau des Chef's im Laden. Sie bediente und konnte auch Schecks unterzeichnen. Wie schon oftmals, sandte mich der Buchhalter runter in den Laden mit der Unterschriftsmappe zum Unterzeichnen der Schecks. So begegnete ich auch gleich meiner Mutti. Ich war recht überrascht und wurde direkt schüchtern und wartete brav im Hintergrund, bis mich die Chefin rief und meinte: "Linde nur keine Hemmungen haben, sonst kommst Du nicht durch im Leben".
Hinterher erzählte mir Mutti, daß man zufrieden mit mir in meiner Lehrstelle sei. Das tat uns beiden gut.
Der Sommer kam und Mutti kaufte mit mir, trotz meines niedrigen Gehalts, ein gebrauchtes Damenfahrrad. Ich war sehr stolz auf mein selbstverdientes Fahrrad mit Gangschaltung. Natürlich mußte ich die Gänge gleich mal ausprobieren. So radelte ich im Zick-Zack den Berg hoch. Total außer Atem erreichte ich die Neue Welt. "Bist Du nicht zu zügeln, total verrückt. Das gibt einen Herzschaden", so wetterte Mutti. Ich mußte versprechen, die Prozedur nicht mehr zu wiederholen.

Eine meiner Aufgaben als Stift war, eine Kundenkartei zu führen, das bedeutete, daß ich jeden Morgen erstmal alle Kassenzettel sortieren und eintragen mußte. So wußte ich auch gleich, wer viel ausgibt und ein guter Kunde/Kundin ist. Dann mußte ich die Mode-Hefte an die Schneiderinnen ausfahren. So lohnte es sich ein Fahrrad zu besitzen.

Der besagte Morgen wo mir eine schwarze Katze unbemerkt über den Weg gelaufen ist.

Alles ging schief. "Linde", hieß es, "wenn Du die Hefte abgeliefert hast, dann gehst in die Filiale in der Kaiserstraße und holst das Geld ab. Wenn Du zurück kommst wird der Buchhalter dann alles fertig machen, dann kannst noch vor Deiner Mittagspause zur Sparkasse gehen und das Geld einzahlen".

Ich radelte los. Ich hatte eine Mappe mit Reisverschluß auf dem Gepäckständer. In der Filiale die am weitesten weg lag, holte ich zuerst das Geld ab. Der Verkaufsleiter gab mir ein Papiertütchen mit den Einnahmen vom Tag vorher, ca. DM 340.-, diese Summe nannte er mir auch, als er mir die Tüte überreichte. Dann erhielt ich noch eine Tüte mit Knöpfen und etwas Stoff, die überzogen werden sollten. Beide Tüten steckte ich in meine Tasche und weiter gings mit dem Fahrrad zur Kundschaft um meine Mode Journale abzuliefern.

Zurück in der Domstraße im Laden öffnete ich meine Tasche und gab der einen Verkäuferin die Tüte mit den Knöpfen und richtete aus, was mit zu machen sei. Dann gab mir eine andere Verkäuferin drei Schachteln mit Knöpfen, die ich mit zum Lager im 3 Stock nehmen sollte.

Meine Arme waren voll mit Aktentasche und Schachteln. Ich hatte kaum vier Treppen gezählt, da an der Stelle, wo die Treppe eine starke Biegung nach links macht und rechts das halbe Treppenhausfenster sichtbar ist und die andere Hälfte runter in den Heizungsraum führt, ja da, ausgerechnet da, rutschte mir alles aufgeladene vom Arm. Meine Tasche, wo der Reißverschluß noch offen war, die Schachteln mit den Knöpfen. Zur Hilfe kam gleich der Ladenstift "Linde" und wir hoben schnell alles auf. Oben im Büro fragte der Buchhalter mich gleich nach dem Geld von der Filiale. Zu meinem allergrößten Schrecken fand ich es nicht in meiner Tasche. Ich ging sofort die Treppe wieder hinunter bis zum Aufgang, suchte, suchte, nichts, nirgends das Tütchen mit den DM 340.- In meiner Angst, weil ich das Verschwinden nicht sofort aufklären konnte, gebrauchte ich eine Notlüge und sagte ärgerlich: "Menschmeyer, das Geld habe ich bei der Kundschaft liegen gelassen, dort wo ich die Modehefte abgab."

"Also, dann geh' mal gleich hin, noch bevor Du zum Essen heim gehst" ermahnte mich der Buchhalter. Ich ging zu allen Stellen wo ich per Fahrrad geliefert hatte, auch die Filiale besuchte ich nochmal. Nichts, vergebens, das Geld war nirgends. Schweren Herzens ging ich nach Hause. Auf dem ganzen Heimweg, den Leutfresserweg hoch, grübelte ich nach, wo? wie? verloren,

gestohlen? aber wie?
Mutti war auch ganz aufgeregt, und sagte: "Sieglinde, solange Du die Wahrheit sagst, kann Dir nichts passieren. Erzähle es so wie es war".
Zurück im Büro um 2 Uhr erwartete mich der Chef. Er hatte sich angeblich mit seiner Frau beraten und sie meinte: "Na, man kann nie wissen, die Linde hat keinen Vater, wenig Geld verdient sie als Lehrling, vielleicht hat sie es an einen Freund weitergegeben!"

Erster Besuch auf der Polizei.
Der Chef ging davon aus, dass ich wahrscheinlich meine Tasche auf meinem Fahrrad liegen ließ, schnell zur Kundschaft rein ging und in der kurzen Zeit jemand mir das Geld aus der Tasche gestohlen hatte. Eine Anzeige mußte erstattet werden.
Der Filialleiter mußte auch mitgehen und wir haben alles, so wie es sich zugetragen hat zu Protokoll gegeben. Danach war es Feierabend und ich ging nach Hause. Ich weinte und suchte Trost bei meiner Mutti. Sie sagte, sie glaube mir, ich solle dem Chef sagen, dass sie für die Summe aufkommen werde, sollte das Geld nicht gefunden werden. Das dankbare Gefühl eines Kindes zur Mutter die glaubte, dass ich die Wahrheit sagte, war tröstend.
Doch zwei Stunden später klopfte es an unsere Türe und ein Kriminalbeamter holte mich ab und sagte beruhigend zu meiner Mutti: "Machen sie sich mal keine Sorgen, wir müssen nur einiges klären, ich habe eben die Aussagen ihrer Tochter gelesen und da sind noch Fragen offen." Für mich war das sehr einschüchternd, dass andere Bewohner der Neuen Welt sahen, dass ich mit einer "grünen Minna" (Polizei-Auto) abgeholt wurde. In meinem Herzen war das wie eine Verhaftung, ich kam mir so verlassen vor.
Da ich bei der Wiedergabe auf der Polizei am Morgen so verwirrt erzählte wie sich alles zugetragen habe, und ich glaubte, dass jemand das Geld gestohlen habe, während mein Fahrrad vor der Türe bei der Kundschaft stand usw. wurde der Polizeibeamte ganz zynisch:
Er las mir das Protokoll nochmal vor und schnautzte mich an und sagte: " Du kannst mir doch keinen Käse erzählen und mir vormachen, daß ich das glauben soll. Du lügst ganz deutlich, Deine Geschichte stimmt hinten und vorne nicht. Vielleicht hast Du einen Freund mit einem Motorrad und der Sprit ist teuer, vielleicht wollt ihr zwei zusammen wohin, was ?" Ich war so verblüfft über diese Vermutungen, daß ich mit den Tränen kämpfen mußte und sagte:
"Ich habe keinen Freund und ich lüge auch nicht. Ich bin erzogen worden, immer die Wahrheit zu sagen, ich habe das Geld nicht".

“Ja, wo ist es denn dann? Du willst mir doch nicht weismachen das es gestohlen worden ist ? Wir haben alles nachgeprüft”.
“Ich habe es nicht, ich lüge nicht”, beteuerte ich wieder. Es wurden noch einige verletzende Sätze auf mich losgefeuert und ich wurde mehr und mehr tod traurig. Warum glaubt mir der Chef nicht? Meine Mutti glaubt mir, sie weiß, daß ich die Wahrheit sage.
Ich wurde per “grüner Mina” wieder nach Hause gebracht. Diese Nacht konnte ich fast nicht schlafen. Das Allerschlimmste, ich mußte am nächsten Tag wieder ins Büro, allen Menschen dort ins Gesicht sehen. Meine Mutti versprach mir, selbst beim Chef vorzusprechen, wenn nötig.
Doch was am nächsten Tag auf mich zukam war unerwartet, der Höhepunkt der Schau. Mein Chef sagte:
“Unter den Bedingungen muß ich wohl oder übel den Lehrvertrag auflösen, schon im Hinblick auf die anderen Lehrlinge!”
Als ich geknickt an diesem Abend meinen Nachhauseweg antrat, glaubte ich die Welt, ja die Bedeutung des Wortes “Gerechtigkeit” würde zusammenstürzen. Es war ein Wochenende und Mutti hatte nun langsam die Wut gepackt und sie meinte:
“Erst sehen wir mal was der Herr von der Industrie & Handelskammer dazu zu sagen hat, er hat Dir ja die Stelle damals empfohlen”.
Sie nahm mich buchstäblich bei der Hand, wir hakten ein und spazierten zur Wohnung des besagten Herren. Ich war so beklemmt, ich blieb auf der Treppe unten an der Steige sitzen und Mutti ging ohne mich hinein. Als sie endlich, unendlich lang erschien die Zeit, auftauchte lächelte sie und meinte:
“Na Strupp (Strupp war mein Kosename nur bei ganz besonderen Anlässen gebraucht), ich habe es gleich geahnt, so ganz korrekt ist die ganze Sache nicht. Zuerst hätte Dir als Anlernling das Geld von der Filiale nicht in einem Papiertütchen überreicht werden sollen; da hätte ein richtiger großer Geldbeutel hergehört und zweitens kann wegen so eines Vorfalles das Lehrverhältnis nicht gekündigt werden. Morgen wird Dein Chef einen Anruf erhalten von unserem netten Herrn und er wird ihn ins Bild setzen”.
“Ach Mutti”, rief ich beglückt, erleichtert und dankbar aus, warf mich an ihre Brust, küßte sie und wir gingen beide mit Zuversicht nach Hause. Auch Opa war davon überzeugt, dass mir nicht viel Unrecht geschehen könne. Mein lieber Opa stand während meiner ganzen Schul- und Lehrzeit immer früh als erster auf. Er war ein Meister im Herdanschüren. Er machte mir warmes Wasser zum Waschen und kochte einen “Muckefuck-Kaffee” (Malzkaffee).
Am Montagmorgen war er besonders lieb zu mir und sagte: “Verlass’ Dich auf

unsern Herr Gott, der wird's schon richtig machen".
Der Herrgott hat es wirklich gut mit mir gemeint. Der Chef war noch nicht da, als ich das Büro betrat und so erzählte ich dem Buchhalter und Elisabeth der Bürokraft vom Verhör bei der Polizei und dem Besuch beim dem Herrn der mir die Stelle besorgt hatte. Da läutete die Glocke vom Laden. Erst dachte ich, ich muß beim Bedienen aushelfen. Als ich jedoch den Laden betrat sagte die Verkaufsleiterin Frau Jäger, eine lebenslange berufstätige Frau mit Fach- und Lebenskenntnis aller Art, fast mit andachtsvoller Stimme:
"Also Linde Du kannst morgen in die Kirche geh'n und ein paar Kerzen stiften. So ein Glück, so ein Glück! Sie rief dann: "Getrud hol' doch mal das Tütle". Aus dem Raum unter der Treppe erschien der Ladenstift und hielt das Tütchen mit den Geldscheinen von der Filiale in der Hand.
"Ach Gott", rief ich aus, wo war's denn?" Sie erklärte: "Die Laden-Linde hat heute früh drinnen unter der Treppe aufgeräumt, hat ein paar Kartons verschoben die am Fester waren und da fiel ihr doch das Tütle in die Hand". Am liebsten hätte ich jeden umarmt. Ich stürmte hoch ins Büro und alle waren sie froh, dass das Geld gefunden wurde.
So war die Geldsache geklärt. Der Chef rief die Polizei an und dann überhörte ich das Gespräch mit dem Herrn von der Industrie & Handelskammer: "Selbstverständlich dem Lehrling wird nicht gekündigt, ja ich sehe es ja ein, der Filialleiter hat nicht richtig gehandelt..."

Es dauerte jedoch eine Weile bis ich meinem Chef wieder vertrauen konnte. Er gab sich große Mühe, schließlich war er der Mann mit Erfahrung und wußte auch wie. Eines Tages hatte er einen ganz besonderen Auftrag für mich. Er kaufte ein Grundstück und ich sollte, d.h. durfte mitkommen um verschiedene Briefe die er diktieren wollte, gleich in Steno aufnehmen. So begaben wir uns auf eine "Fahrt ins Blaue". Wie sich herausstellte, war Bamberg das Ziel. Sehr schöne Stadt, so sah ich auch den "Bamberger Reiter" zum erstenmal. Auf der Heimfahrt kehrten wir ein und er spendierte ein Essen und ich wagte mir sogar 1/8 Wein. Er fragte mich etwas über Familie und Freizeit aus. Ich erzählte ihm vom Ruderverein und den Freunden.
Am nächsten Tag hatte ich viel im Büro zu tippen und ich war ganz stolz, endlich mal meine Stenographie auf die Probe stellen zu können. Ansonsten bestand meine Arbeit als Anlernling aus sehr langweiligen Beschäftigungen, u.a. auch für den Buchhalter die Kontoseiten vom Journal aufzuaddieren. Bestellungen tippen, die auf eine Postkarte passten, und die der Chef oft von der Treppe aus schreiend weitergab: "Linde, schreib' auf......."

Sommer 1954 - ich war jetzt 18 Jahre alt. Diesmal bekam ich sogar ein Geschenk vom Chef - sollte es aber niemanden zeigen. Ein Bild von Albrecht Dürer, 'die betenden Hände' und ein paar Nylons. Meiner Mutti konnte ich es anvertrauen und sie meinte trocken: "Aha, er hat wohl doch ein schlechtes Gewissen gehabt, wegen der Geldsache nun wollte er es gutmachen".
Bald merkten die anderen Angestellten, dass ich "einen Stein im Brett" beim Chef habe, so sagten sie zu mir: "Frag doch mal was aus unserem Betriebsausflug wird, er hat uns schon so lange einen versprochen!"
Ich hatte einen günstigen Moment abgewartet. Die Unterhaltung im Büro steuerte eines Tages auf das Thema zu und so fragte ich: "Macht unsere Firma auch mal einen Betriebsausflug?"
Er lachte und sagte zu mir: "Wenn Du alles organisieren kannst, ich lass mich mal überraschen."
So ging ich von Mann zu Mann mit einer Liste und fragte: Wohin? Wir einigten uns alle auf Heidelberg! Ich besorgte dann einen kleinen Volkswagen Bus. Der Chef und Frau fuhren in ihrem Käfer mit. Bis zu dem Zeitpunkt hatte ich noch wenig Ausflüge gemacht. Außer Fahrradtouren am Main entlang und in den Gutenberger Wald. Heidelberg war schon eine schöne, romantische Stadt. Das Schloß saß mitten im Grünen am Berg, fast im Ansehen etwas wie unser Würzburg dachten einige von uns. Alle 13-Mann hoch nahmen ein gutes Essen in einem Hotel ein. Auf der Heimfahrt wurde auf einer Wiese am Neckar ausgeruht und Spiele gemacht, wir waren eine fröhliche "Gesellschaft". Ich besonders war übersprudelnd glücklich, schließlich hatte ich alles in die Wege geleitet. Ich bemerkte auch, dass wenn auch immer ich den Blicken des Chef's begegnete, ich oft das beklemmende Gefühl hatte, und an den Faschingskuß dachte.
Am Abend ging die Belegschaft noch zum Tanzkaffee nach Biebelried, wo jeder mit jedem tanzte, auch der Fahrer des Buses war mit am Feiern. Natürlich kam auch der Moment, wo der Chef mit mir tanzte und wer kennt das Gefühl, wenn man nicht mehr ganz klar im Kopf ist, nachdem man einen Schoppen Wein trank ? Die Kapellte spielte das Lied: "Du hast so wunderschöne blaue Augen, wenn Du mich damit ansiehst bin ich hin, in Deinen wunderschönen blauen Augen, da liegt der ganze Sinn des Lebens drinn..." Kokett und aufgekratzt wie ich nun war, sang ich 'braune Augen', denn er hatte braune Augen.
Er war ca. 1.82 m groß, hatte herrliche Zähne, aber hatte schon eine kleine Glatze, doch noch etwas schwarzes Haar blieb am Rande zurück. Alter, ca. 39 Jahre. So flirteten wir. Er drückte meine Hand beim Tanzen, vielleicht dachte

auch er an den Kuß damals im Fasching.

Das Laufmädchen war wieder im Urlaub und Pakete mußten abgeholt werden. Diesmal kam es nach dem Postamt zu einer kleinen Spritztur hoch zur Kirschenallee. Dort hielt er das Auto an und mein Herz klopfte mir bis zum Hals. Um meine Unsicherheit nicht zu zeigen, fragte ich: "Darf ich hier oben mal das Autofahren probieren? Ich möchte so gerne das Autofahren lernen. Mit 15 Jahren hat mich ein Cousin in der Pfalz schon mal seinen VW Bus den Berg runter steuern lassen." Er willigte ein und so saß ich im Fahrersitz und folgte den Anweisungen: Kupplung, 1. Gang, langsam Fuß von der Kupplung und langsam Gas geben.
Natürlich beim ersten Versuch schnallzte der Wagen forwärts, da ich wie viele Anfänger, den Fuß von der Kupplung viel zu schnell nahm. Wir lachten beide. Er streichelte zärtlich meinen Arm der ihm nahe war und sagte: "Du wirkst wie ein Sonnenschein in meinem Leben, wenn ich neben Dir bin, springen Funken von Dir, Deiner Jugend, über auf mich. Ich vergesse wie alt ich bin. Hast Du mich auch etwas lieb?" Das war zuviel aufeinmal, erst Autofahren und nun diese zarte Werbung. Ich weinte. Auf seine Frage, warum ich weine, konnte ich nur flüstern: "Ich glaub' ich bin auch glücklich". Da nahm er mich in seine Arme und diesmal blieb es nicht bei einem einzigen Kuß, es folgten mehrere. Die Uhr ermahnte, wir müssen zurück ins Geschäft. Die Fenster wurden herunter gedreht, so daß meine erhitzten Wangen wieder erblassen würden. So entwickelte ich mein Schauspieltalent auf der Lebensbühne - ich spielte meine Rolle gut. Im Büro war ich der Anlernling und wenn wir uns heimlich trafen, war ich sein Schmußkätzchen. Viele kleine und große Fährtchen folgten.
Wenn zwei Menschen einen anziehenden Pol haben, findet man immer Mittel und Wege zusammen zu kommen. Ich führte ein Doppelleben. Das eine, die junge Achtzehnjährige, die tanzen ging, im Ruderverein, zur Drehdolle, zur Kirchweih und das Wochenende mit Mutti und Schwester verbrachte und zum anderen ab und zu mal heimlich weggestohlene Stunden als erwachsen, reife junge Frau mit dem zweimal so alten Mann.

Herbst 1954. Meine Schwester kam zwischendurch von Traben-Trarbach zurück. Sie hatte ihre Lehre dort beendet und noch ein Jahr als Buchhalterin gearbeitet. Nun brauchte Mutti sie dringend zu Hause. Wir waren ganz eifrig am Sparen 'Baukostenzuschuß' das war das Stichwort. Ohne eine gesparte Summe konnte man wirklich keine Wohnung mieten. Wir waren nicht beim

Sozialamt eingetragen, Mutti hatte ja ihren Vater und uns, so vertraute sie auch auf unsere Unterstützung. Meine Schwester brachte nun ein volles Gehalt. Sie fand eine Stelle in der Buchhaltung in einer Kleider-Fabrik. Er, der Besitzer kam aus Dresden und wir hatten viel Spaß mit seinen orginellen Bemerkungen. So meinte er eines Tages:
"Weste, Deine Schwester ist so en schönes Stückchen durchwachsen". Wir lachten und meinten, als wir es unserer Mutti erzählten, daß er Menschen wie ein Stück Fleisch sehe. Ein andermal rief er hinunter in den Hof: "Sie hör'n sie mal, nehmen sie ihre Hämorrhoidenschaukel (Auto) mal weg, dort ist meine Parklücke".

Mein Schwesternherz und ich hatten eine "sich aneinander gewöhnen Zeit" zu durchstehen. Viele Argumente, Wutausbrüche. Ich konnte es fast nicht ertragen von meiner Mutti gerügt zu werden und dass dann noch meine Schwester ständig an mir herumnörgelte. Ich mußte ihr irgendwie beibringen, daß in den vier Jahren, wo sie von zu Hause weg lebte, ich irgendwie mich auch entwickelt habe und nun nicht immer von ihr zurechtgewiesen werden möchte. Sie übernahm die Rolle einer Gouvernante mit vollem Ernst.
Wenn wir ausgingen, mit Freunden uns trafen, sie mußte immer ihre warnende Stimme walten lassen: "Siggilein das ist zu groß, Siggilein, das ist zu klein, das kannst Du nicht sagen, das kannst Du nicht tragen. Die Ohrringe sind zu auffallend, da siehst Du wie eine Zigeunerin aus ..." usw. oft habe ich ihr aber ganz schön zurückgegeben. Ganz natürlich, die Tatsache war, daß wir beide nur zwei Jahre auseinander waren, beide gute Figuren hatten, beide eine Berufsausbildung hinter uns, fast auch noch ein Bett teilten. Das deutsche Doppelbett war groß genug und so war ich oft auf der Besucherritze oder schlüpfte bei Mutti oder Margot rein. Wir waren ja so froh, dass wir endlich im Winter 1953/54 ein extra Zimmer dazu bekamen, so hatten wir ein extra Schlafzimmer. Die Wohnküche war nun echt nur zum Wohnen.

Meine Lehrzeit war im November 54 zu Ende.
Mutti erwartete nun mein Gehalt, das war der Auftakt zur Wohnungssuche. Viele Neubau-Wohnungen gab es noch nicht, aber Mutti wußte genau in welches Viertel von Würzburg sie hinziehen wollte. Es sollte vorerst mal eine drei-Zimmer-Wohnung sein. Die Miete sollte auch nicht zu hoch sein, denn so ermahnte sie: "Wir müssen damit rechnen, daß unser lieber Opa mal stirbt und dann müssen wir ohne seine Pension zurechtkommen. "

Auch meiner Schwester gegenüber bewahrte ich mein kleines Geheimnis. Das Lied: "Jede Frau hat ein süßes Geheimnis..." fiel mir besonders gut. Ein Tagesauflug mit "IHM" brachte mich nach Frankfurt in den Zoo, wo ich auch noch nie war. Jede Fahrt war für mich wie ein kleines Abenteuer. Ich mußte immer Ausreden und erfundene Geschichten auf Reserve haben, wo ich war und mit wem. Das fiel mir nicht schwer, ich konnte schon immer blitzschnell schalten und meine Phantasie verließ mich nie. Ich hatte keinen Vater mehr, also Ausflüge und Essen gehen konnte ich mir von meinem Lehrlingsgehalt nicht leisten, geschweige meine Mutti von ihrer Rente abzweigen. So genoß ich so echt, dass es einen lieben Menschen gab, der mich etwas verwöhnte. Zu gerne hätte ich meine Freude mit Mutti geteilt, - aber - in den fünfziger Jahren lastete das Gewicht der Moral immer noch stark auf den Schultern der Frau.
Der Mann konnte nie etwas dazu, es war immer die Schuld des Weibes, vorallem dann, wenn es sich um eine so ungewohnte "Liebesgeschichte" handelte, wo der Mann gleich 20 Jahre älter war. Ich hörte es ganz klar in meinen Ohren, wie die Tanten und Verwandten urteilten. Oft habe ich ja gelauscht, wenn sich die sog. Erwachsenen über den neusten Klatsch unterhalten haben. "Wie kann sich ein junges Mädchen (wohlgemerkt, 18 Jahre war damals noch sehr jung) in einen verheirateten Mann verlieben? Unglaublich, sie muß es faustdick hinter den Ohren haben"..... sie, sie, sie. Und ER ? Ein Mann kann sich jederzeit in ein junges Geschöpf verlieben, unter seinen männlichen Gesellen wird ihm das noch hoch angeschrieben. Zur Scheidung darf es natürlich nicht kommen...
Das "Sich-Verlieben" kann nicht logisch erklärt werden, auch keine Medizin kann man dagegen einnehmen, es geschieht einfach.
In meinem Fall habe ich auch viele Fragen an den sog. seriösen Ehemann gestellt. Ich wollte viel von seiner Vergangenheit wissen. Warum liebt er seine Frau nicht mehr? Er erzählte und ich lauschte. Da war die Geschichte mit dem Amerikaner, von dem seine Frau eine Medallie um den Hals trug, zur Erinnerung sagte sie. ER erzählte von seinem Soldatenleben. Hauptmann, russische Gefangenschaft, Flucht, versteckt, die schöne Polin, mit dem herrlichen Busen, die ihn versteckte. Er meinte oft, ich würde ihn an die Polin erinnern. Ich schaute oftmals in den Spiegel: Mein Gesicht ist leicht osteuropäisch - hohe Backenknochen, braunes Haar, braune Augen, meine Maße waren ca. 86, 68, 86 cm. Ein gutes Figürchen hieß es.
Mit jungen Burschen meiner Altersklasse habe ich mich oft nicht verstanden gefühlt. Ich hasste es, wenn sie nur darauf aus waren, was zu erobern sei. Oft kämpfte ich mich aus einer Situation buchstäblich frei, m.a.W. 'ich mußte

mich meiner Haut wehren'.
Doch er wußte mich zu verehren, wie es eben ein reifer Mann nur tut. Immerhin meine sog. "Unschuld" war noch in Takt. Darauf legte ich großen Wert, denn irgendwie wußten wir jungen Mädchen alle, wenn Du Deine Unschuld verloren hast, und der junge Mann Dich nicht heiratet, bist Du als sogenanntes "Mädchen aus zweiter Hand" im Wert absolut gesunken.
Wir waren auch in großer Angst und Bange, daß ein Verhältnis zu einer Schwangerschaft führen kann. Die "Pille" war damals noch nicht auf dem Markt. Heute macht man einen Witz daraus: "Früher hieß es eine Frau mit Brille ist mein letzter Wille. Heute heißt es: Eine Frau ohne Pille ist mein letzter Wille." Wie sich die Zeiten doch ändern.

Ich war so dankbar, daß sich mein Verehrer so echt ritterlich und vernünftig verhielt. Er hat nie gefordert. Es blieb bei einem Austausch von Zärtlichkeiten und ab und zu schon mal einige leidenschaftliche Küsse und dennoch fühlte ich mich geborgen bei ihm. Ich genoß die umsorgende Zuneigung, ein kleines Geschenk hie und da, ein freundliches Wort, die Anteilnahme am Gesundheitszustand meiner Mutti, der sich Jahr für Jahr verschlechterte. Ihre Schmerzen vom Gelenkrheuma wurden mit Tabletten gezügelt, aber die kalten Winter in der notdürftigen Wohung waren nicht gut. So besorgte er eines Tages einen elektrischen Heißluftofen für unser kaltes Schlafzimmer. Da die Wände aus Sperrholz waren, getraute sich Mutti gar keinen Holz/Kohleofen aufzustellen, so froren wir. Während eines besonders kalten Winters, entdeckten wir, dass unten am Holz vom Bettgestell, wo etwas Wärme von den Füßen entwich, sich eine dünne Eisschicht bildete. Er setzte sich ein im Zusammenhang mit einer noch nicht laufenden Angestelltenrente. Eine helfende Hand im Drei-Frauenhaushalt mit altem Opa wurde von uns allen begrüßt. Keiner in meiner Familie vermutete hinter seiner freundlichen Geste, daß er heimlich die junge Tochter verehrte.

Eines Tages kam es zu einem intimen Gespräch mit einer Freundin vom Ruderverein. Auch sie hatte sich in den Chef verliebt und fühlte sich total in ihrer Situation eingeklemmt. Sie erkannte wie ich, dass es unausgefüllte Stunden am Wochenende gab, wo man gerne den lieben Menschen, dem man nahe sein wollte, entweder sprechen oder sehen wollte - aber - da war er der Familienvater. Nichteinmal anrufen konnte man. Es half alles nicht, die Vernunft mußte siegen. Das Familienleben sollte nicht gestört werden. Mein Chef hatte auch seine zwei Mädchen. Die Ältere, so meinte er, würde der

Mutter sehr ähneln, etwas lieblos, nicht gerade gefühlsbetont. Die Kleine dagegen liebte er sehr. Sie kam desöfteren mit der Mutter ins Büro und ich durfte sie dann betreuen, was ich unheimlich gerne tat. Die Rolle des Büro-Mädchen tauschte ich gerne mit der des Kindermädchens.

Da meine Anlernzeit nun zu Ende war, sprachen wir oft darüber, erst zu Hause mit Mutti: "Was willst Du machen, wenn Du ausgelernt hast? Kannst Du Deine Stelle weiterbehalten?" "Ich weiß nicht Mutti" antwortete ich zögernd. "Mir gefällt es eigentlich nicht im Büro, die Arbeit ist so langweilig und meine Stelle wird sicher wieder mit einem Anlernling besetzt. Elisabeth ist ja die Kontoristin und zwei vollbezahlte Kräfte braucht der Chef nicht." Mutti dachte an die Finanzen und ich konnte ihre Sorge verstehen.
Sollten wir eine Neubauwohnung finden, müssen auch Möbel angeschafft werden. Oft fand ich ein Inserat in der "Main-Post" - 3 Zi.Wohnung, Kü.Bad ab sofort mit LAG - . Das war Lastenausgleich. Der wurde von der Stadt an diejenigen bezahlt, die entweder ausgebomt waren, oder wie meine Mutti alle ihre untergestellten Möbel verloren hatten. Da unser Opa total ausgebombt war und über 80 Jahre, hatte man ihm seine Summe schon ausbezahlt.
Mutti wollte gerne in die Sanderau ziehen, wo sie schon mal früher wohnte. Es sollte auch eine gute Verbindung mit der Straßenbahn vorhanden sein.
Es kam zu einer Unterhaltung zwischen Mutti und meinem Chef:
"Frau Ullrich, ich kenne ihre Tochter gut, sie ist zu lebendig, die Büroarbeit alleine genügt ihr nicht. Ich werde sie deshalb mehr auf Kundendienst umschulen. Sie kann evtl. auch den Führerschein machen und im Laden mithelfen".
Das freute Mutti, so berichtete sie: "Also Sieglinde Deine Stelle ist gesichert, ich habe mit Deinem Chef gesprochen. Er versteht Dich gut, er weiß dass Du ein Quecksilber bist".
Ich fing an, über vieles ernsthaft nachzudenken. Abzuwägen ob ich wirklich eine Büro-Laden-Stelle wollte ?

Die ernste Frage - ein Heiratsantrag ?

Bei unserem nächsten Rendezvous fragte er mich ganz plötzlich:
"Sag', würdest Du mich heiraten, wenn ich mich scheiden lasse? Ich würde gerne die Kleine mitnehmen. Du bist sehr kinderlieb und magst sie auch, gell? Ich muß nur von Dir wissen, ob Du mich auch wirklich liebst, dann kann ich alle Entscheidungen in die Wege leiten".

Meine Güte, aufeinmal wurde alles todernst, ich soll eine Entscheidung treffen. Ich soll meine Gefühle auf das genaueste analysieren. Was empfinde ich für ihn. Ist es wirklich die Liebe von der man sagt: "Diesmal muß es Liebe sein und keine Liebelei, diesmal muß es Liebe sein, sonst wär' es längst vorbei...? Ich war beängstigt, ich stürzte mich aufeinmal in eine wilde Vergnügungslust. Ich ging oft tanzen mit Freunden vom Ruderclub, einschließlich meiner Schwester. Er wußte soviel über mein Privatleben und wie ich meine Samstage und Sonntage verbrachte, so suchte er mich. Er tauchte plötzlich in den Huttensälen auf, weil da gerade eine Tanzveranstaltung vom Ruderverein war. Er wollte, so glaube ich, nur von mir gesehen werden. So schnell wie er auftauchte, so schnell war er auch wieder verschwunden. Er liebte mich wohl langsam so sehr, dass er mich nicht teilen wollte, mit der Welt in der ich mich noch befand.
Für ihn war es wohl auch schwer, sich zu einer Entscheidung durchgerungen zu haben. Wir sollten die Stadt verlassen, schlug er vor, in eine andere ziehen und er wollte als Geschäftsmann nochmal neu anfangen. Seine Frau und die große Tochter sollten versorgt sein, darum wollte er sich kümmern.

Ich grübelte über vieles nach. Nehme ich einer Frau den Mann weg ? Den Kindern den Vater? "Nein", sagte er entschieden. "Sie liebt mich schon lange nicht mehr und auch ich lebe nur mit ihr wegen den Kindern. Ich wollte mich ja schon vor Jahren scheiden lassen, damals 1946 als ich aus dem Krieg zurückkam und sie mir sagte, dass sie einen Amerikaner liebe - doch zur Scheidung kam es nicht, mein Schwager hat es mir damals ausgeredet und dann kam unser zweites Kind".
So mußte ich auch darüber nachdenken. Will ich jetzt mit meinen achtzehn Jahren ganz fest gebunden sein ? 'Du hast doch noch nichts erlebt', sagte eine laut werdende Stimme in mir. 'Nein tue es nicht'. Wie soll ich mich aber aus der Situation retten ? Die Stelle verlassen, wo doch meine Mutti so froh wäre, wenn ich bald ein gutes Gehalt nach Hause brächte. Stellen waren gesucht.

Meine große Schwester, die ich gerne wie Opa es auch machte, mit "Große" anredete und ich hatten uns langsam aber sicher "zusammengerauft" und mit dem Drei-Mädelhaus auf der Neuen Welt verband uns bald eine herzliche Freundschaft - auf Lebensdauer !

Weihnachten 1954 wurde so richtig schön gefeiert.
Der Tisch war zum Abendbrot weiß gedeckt. In der Sitzecke auf dem kleinen runden Tischchen stand unser kleiner Tannenbaum. Kerzen wurden angezündet, im Radio erklang das Läuten der Glocken von verschiedenen Kathetralen Deutschlands - es war eine feierliche Stimmung. Wir sangen noch unsere beliebten Weihnachstlieder - "Stille Nacht, heilige Nacht", "Ihr Kinderlein kommet" und "Es ist ein Ross entsprungen". Keiner von uns war besonders mit einer guten Stimme gesegnet, aber es störte niemand, wir waren unter uns, unsere kleine Familie, Opa das Oberhaupt. Wir beschenkten uns, oft selbst gemachte Geschenke. Ich entwickelte die Kunst, Fingerhandschuhe zu stricken und versorgte jeden damit, oder verkaufte sie für ein Taschengeld . Meine "Große" konnte wunderschön häkeln, so hatten wir schöne Taschentücher mit Spitze. Opa freute sich immer über ein paar gute Zigarren und einen Boxbeutel. Mutti verwöhnte uns, indem sie uns sehr feine Unterwäsche kaufte. Einen schönen Unterrock oder ein Nachthemd. Sie wußte auch immer, wo sie solche Artikel bekommen konnte, denn in vielen Kaufhäusern waren noch ehemalige Kolleginnen von ihr beschäftigt.
Mit Vorliebe gingen wir mit ihr zum Kaufhaus Völk, dort war eine ihrer Freundinnen, die wir schon von Kind her kannten und sie deshalb auch "Tante Hanni" nennen durften.
Von beiden Familien Tavan wurde ich ebenso beschenkt. Von Frau L. Tavan erhielt ich oft ein Johanna Spirie Buch - für meine Kinderbetreuung übers Jahr hin.
Von Fam. P.Tavan, die ein Tuchgeschäft hatten, ein Stöffchen. Mariele, die Schneidergesellin auf der Neuen Welt, hat dann ein Röckle daraus geschneidert. Konfektion habe ich während meiner Lehrzeit mir fast nicht leisten können. Oft mußte ich natürlich die abgelegten Sachen von meiner Schwester auftragen. Das war so üblich, die "Kleine "mußte immer die Sachen von der "Großen" bei Saisonwechsel anziehen.

Meine Schwester hatte nun für Silvester 54/55 eine Einladung nach Eckernförde. Ein ehemaliger Freund von der Mosel lud sie zu einem Ball ein. Von Würzburg aus war das eine ganz schöne lange Zugfahrt und ich war ganz schwer am Meckern: "Ja, ja, die Große darf so weit wegfahren, mir hättest Du das nie erlaubt. Wir wissen noch nicht mal ob es ein echter Freund ist und ob er sie heiratet." Ich war einfach enttäuscht, erstens dass sie ging und ich alleine war und zweitens, hatte ich keine Einladung.

"Du sagst immer wir müssen sparen, und jetzt darf "Deine Große" so viel Geld für die Fahrt ausgeben und so weit weg Silvester feiern. Sie ist auch noch nicht mal 21 Jahre. Aber sie darf ja alles machen und ich nicht."

Mutti's Antwort war: "Was meckerst Du denn herum, Deine Schwester hat harte Jahre hinter sich" ..... "Ja, ja", unterbrach ich "hier kommt wieder die alte Leier mit dem Kind in der Fremde, Traben-Trarbach ist nicht in der Fremde, das ist noch in Deutschland und nicht im Ausland..... ich werde auch eines Tages mal weggehen, dann kannst Du sehen dass ich es auch überlebe und nicht nur 'Deine Große', das brave Kind".
"Jetzt bist Du wieder eifersüchtig" sagte Mutti.
"Kein Wunder", sagte ich erregt, "Ihr macht ja sowieso immer alles hinter meinem Rücken aus, so wie damals, mit den Handschuhen, die Margot angeblich von Frl. Minchen in Traben bekommen haben soll - aber - ich habe gleich richtig getippt - Du hast sie ihr gekauft und ohne es mich wissen zu lassen an sie geschickt, so daß ich es nicht wissen sollte. Da wird man erst eifersüchtig, weil ich die Heimlichtuerei nicht riechen kann". Um alles zu bekräftigen, knallte ich noch die Türe hinter mir zu und zog mich in Opa's Schlaf-Zimmer zurück. Dort wurde aber erst gegen Abend eingeheizt, also hielt ich es nicht lange aus. Von Natur aus brauste ich schnell auf, war aber nicht nachtragend, noch habe ich langes, tagelanges Schweigen zur Schau getragen, wie so manche Freundin mir erzählte, sie es tun würden in ihrer Familie.

Margot reiste noch in der Weihnachtswoche nach dem "hohen" Norden und ich mußte noch am 29. und 30. Dezember in die Firma und beim Inventar mithelfen. Eine etwas langweilige Arbeit, die aber ab und zu mit viel Humor uns Angestellten die Stunden schneller vergingen ließ. Jeder Artikel muß gezählt werden, ob im Lager oder Verkauf. Da fiel mir auch mal bei der ersten Inventaraufnahme ein Karton in die Hände, dessen Inhalt ich überhaupt nicht kannte. Es waren nicht wie ich vermutete, Schulterpolster aus Schaumgummi, sondern falsche Buseneinsätze in verschiedenen Größen. Meine Unwissenheit und die Frage: "Was sind das denn für Schulterpolster?" löste großes Gelächter unter dem Ladenpersonal aus.
Eine gute Brotzeit, wie z.B. Brötchen mit warmen Leberkäse, Wurst oder Käse, wurde vom Chef jeweils an den Inventartagen spendiert. Von uns hungrigem Jungvolk war das herzlich willkommen.
Jetzt blieben mir bis zum Jahresende noch viele unausgefüllte Stunden. Ohne

Schwester wollte ich auch nicht alleine in den Ruderclub gehen. Ich grübelte wieder über alles nach. Mein Leben, meinen Beruf, den ich langweilig fand. Einen sogenannten jungen Freund hatte ich auch nicht, zwar viele Bekanntschaften, vorallem im Ruderverein. Ich schlenderte alleine in die Stadt zur Milchbar beim Nußbaumer. Dort traf man immer jemanden den man kannte. Auf dem Weg dorthin hatte ich plötzlich einen Entschluß gefasst. Ich hatte im November ausgelernt. Mein erstes Monatsgehalt im Dezember bekommen, so könnte ich im neuen Jahr also das 1955 ganz neu anfangen. Einfach weg von Würzburg, aber welche Stadt ? Düsseldorf oder München, diese beiden Städte waren in engerer Wahl. Warum soll ich Probleme wälzen? Was soll ich mit der Zuneigung und Liebe eines Mannes, der fast 20 Jahre älter ist nur anfangen? Er wollte meine Zusage zur Ehe, so dass er sich scheiden lassen kann. Ich verstand ja all' seine Gründe, unglückliche Ehe, Frau untreu gewesen, doch zwei Kinder. Die Kleinste sollte in unsere Lebensgemeinschaft mitaufgenommen werden. Dem stimmte ich gerne zu, ich empfand eine gewisse Zuneigung zum Kind sowieso. Aber - meine eigenen Gefühle konnte ich nicht richtig auf den gleichen Nenner bringen. Vor einer Eheschließung mit 18 Jahren war mir Bange.
Die volkstümliche, spießbürgerliche Einstellung kannte ich: "Das junge Weib hat die Ehe zerstört, sie hat die Schuld....." Vom Mann keine Rede. Ich war mir klar, die Ungerechtigkeit, die Vorurteile konnte ich nicht verkraften. Schließlich so sagte ich mir, war er derjenige der den ersten Schritt getan hatte und ich fand die ganze Situation einfach zu überwältigend.
Es ist schön verwöhnt zu werden. Auch emotionell konnte ich mich anpassen, es war eine gewisse Distanz vorhanden. Wir konnten uns ja selten nur ganz alleine treffen. Man fühlt sich dem Menschen so nahe, und doch wieder ausgeschlossen. Verrückte Situation. Man möchte anrufen, man kann es nicht riskieren, die Frau könnte am Apparat sein.
Je mehr ich über alles nachdachte, umso stärker wurde mein Entschluß - weg von hier, einfach weg, neu anfangen! Alleine neu anfangen, zeigen, dass ich erwachsen bin.
Mutti meinte ja oft abweichend, wenn ich das Thema vom Wegziehen und woanders Arbeit suchen aufbrachte: "Du kleine Schlampiene, Dich kann ich nirgends alleine hinlassen, Du bist so unordentlich. Du kannst doch auch nicht mit Deinem Geld wirtschaften. Nein, nein, Du bleibst mal besser zu Hause!"

Nun wurde mein "Ich" mein Selbstbewußtsein in mir wach, der Drang zur Selbständigkeit. Es wird Zeit, dass ich beweise, dass ich auch auf eigenen

Füßen stehen kann. Meine Schritte wurden kräftiger, ein Blick hie und da in ein Schaufenster um mein Spiegelbild zu sehen und ich gefiel mir.

Das waren alles Gedanken, die mein Gehirn zu Überstunden anregte und meinen Weg zur Milchbar beflügelten. Dort angekommen setzte ich mich zu einem jungen Mann vom Ruderverein, ich vertraute ihm meinen Plan an, indem ich nur sagte, ich wolle mir eine Stelle entweder in München oder Düsseldorf suchen und denke, es wäre besser, wenn ich gleich mal selbst dorthin fahren würde. Er fand die Idee großartig und meinte:
"Hast Du wirklich den Mut ganz ohne jegliche Vermittlung oder Quartier dorthin zu fahren?"
Ich fühlte mich plötzlich so erwachsen und sagte:
"Natürlich, ich bin schließlich achtzehneinhalb Jahre alt und habe einen Beruf erlernt !"
Wir plauderten noch viel über unseren Milchshake. Er mußte mir am Schluß ganz fest versprechen, zu niemanden nur ein Wörtlein zu flüstern. Ich würde ihm, wenn ich gut angekommen bin, eine Ansichtskarte senden.
Wir verabschiedeten uns, ich maschierte noch zum Bahnhof und erkundigte mich nach den Zugverbindungen nach München und Düsseldorf. Am 2. 1. 1955 war eine gute Verbindung nach München. Ich wollte so von zu Hause weggehen, als würde ich ins Büro gehen. Also so um 8.00 Uhr herum konnte ich einen D-Zug nach München nehmen. Da Düsseldorf etwas später war, entschloß ich mich für München als Reiseziel.

Voller Ideen und guten Mutes kehrte ich an jenem Abend nach Hause zurück. Silvester kam und wurde nicht gefeiert. Oft ist es eben so, dass gerade dann auch die beste Freundin was anderes vor hat. So wurde das neue Jahr schlafend begrüßt.

Den 1.1. 1955 einen Feiertag, verbrachte ich, indem ich heimlich Koffer packte. Einen eigenen hatte ich noch nicht, so mußte ich einen von Margot borgen. Sorgfältig dachte ich an alles. Unterwäsche, Kleidung, Schuhe, auch den versprochenen Ring von Mutti der mir noch viel zu groß war, und meine Bibel !
Der gepackte Koffer verschwand vorläufig mal unterm Bett und als es dunkel war, brachte ich ihn in den langen schlecht beleuchteten Gang. Da das Schlafzimmer ziemlich entfernt von unserer Eingangstür mit kleinem Korridor getrennt lag, konnte ich ohne Mutti's Aufmerksamkeit zu erregen, das

Kofferpacken erledigen. Als sie mich fragte, wo ich so lange war, sagte ich: “Unten bei Langers, gutes Neues Jahr gewünscht”. Im Nachhinein erklärte Mutti Monate später, dass sie absolut sprachlos war, als sie merkte an was ich alles dachte, sogar an meine Bibel !!

3. Lebensabschnitt

Die Flucht vom Nest - 2. Januar 1955

Früh morgens stand ich wie üblich auf. Mein guter, lieber Opa klopfte immer an die Schlafzimmertüre, er war unser Wecker.
"Abends der erste im Bett, frühmorgens der Erste auf" so sagte er stolz über sich selbst. Muckefuck und Marmeladebrot zum Frühstück, vom Opa umsorgt war es bald Zeit zum Aufbruch. Einen dicken Brief an Mutti stellte ich auf's Küchenbüfett. Er enthielt einige Aufklärungen so z.B. über den Zwang den ich fühlte, die Stelle zu behalten. Dass der Chef sich in mich verliebt habe, das würde mir nicht viel helfen, sondern nur ein Hindernis sein. Es sei mir klar geworden, dass aus dieser Situation nichts Gutes reifen könne. Deshalb möchte ich gehen und auch beweisen, dass ich selbständig sein kann, so wie meine große Schwester, die mir immer als Muster hingestellt wird.
Zum Opa sagte ich "Aufwiedersehn" und gab ihm einen extra dicken Kuß auf die Wange. Dann ging ich vor ins Schlafzimmer und sagte zur Mutti:
"Ich werde heute nicht zum Mittagessen kommen, ich muß die Schneiderin aufsuchen, habe eine Anprobe". Ich beugte mich zu ihr hinunter, gab ihr einige herzliche Küsschen und sagte: "Also Tschüß Muttilein, mach' Dir keine Gedanken, wenn ich etwas später heim komme." Wenn alles nach Plan ginge, dann müßte meine Schwester gegen Abend von ihrer Reise zurückkommen.

Nun kam die Probe aufs "gute Glück" - ich mußte mich heimlich, still und leise den Gang entlang schleichen, die hölzerne Treppe hinunter, aus der Haustür sein, ohne von einem anderen Hausbewohner gesehen zu werden. Ich schaffte es. Dann noch am Hause Tavan vorbei. Die Dunkelheit so um 7 Uhr morgens im Winter kam mir zur Hilfe. Der lange Berg, der Leutfresserweg, war bergab mit dem Koffer leichter zu bewältigen.
Den Druck in den Knien verspürte ich nicht so sehr, schon allein weil ich so aufgeregt war. Ich entfloh dem Nest in Abwesenheit des "Feldwebels", so nannten mein Brüderchen und ich oft meine Schwester, ging die Flucht wohl reibungsloser.
Von der Löwenbrücke aus nahm ich die Straßenbahn, Linie 3 bis zum Bahnhof. Dort löste ich mir eine Rückfahrkarte nach München. Sollte etwas

schief gehen, war keine Stelle, keine Unterkunft zu finden, so hatte ich die Gewissheit, dass meine Rückfahrt garantiert war.
Ja, wo hatte ich das Geld eigentlich her ? Da bekomme ich noch heute ein schlechtes Gewissen, ich habe buchstäblich DM 140.- die ich meiner Mutti am Zahltag stolz in die Hände gedrückt habe, wieder aus ihrem Fach im Küchenschrank genommen.
Innerlich aufgeregt, nach außen hin ganz gefasst, bestieg ich den D-Zug Richtung München.
Es war eine Flucht ins Ungewisse, ich wollte "ich selbst" sein. Waghalsig war ich immer, aber noch nie hatte ich eine so große Entscheidung getroffen. Mutti, Schwester, Opa verlassen, besser: zurückgelassen. Die engen Wohnverhältnisse, alles Negative half mir beim Schritt in die Fremde, wie Mutti es nennen würde.
Ich lächelte bei dem Gedanken. Der Zug rollte in eine neue Zukunft. Nach Nürnberg kam ein netter, älterer Herr ins Abteil und bald sprachen wir miteinander. Er schien sich gut in München auszukennen, so hatte ich den Mut ihn zu fragen:
"Sagcn Sie, wüssten Sie, wo ich billig ein- oder zweimal übernachten könnte?"
"Ja schon, aber ich dachte sie besuchen sicher jemand in München !"
"Doch, doch", fügte ich schnell hinzu, "ich wurde von einer Freundin eingeladen, doch schrieb sie mir eine Karte, die mich leider erst heute Morgen erreichte. Sie bittet mich, meine Reise um zwei Tage zu verschieben, weil sie selbst über Silvester vereist war. Nun hatte ich aber schon meine Fahrkarte und mein Urlaub fing ab heute an und so wollte ich einfach mal losfahren".
Wohlgemerkt, diese Geschichte habe ich schnellsten erfunden !!
"Ach soo", meinte der Herr, "sie sind also ein etwas abenteuerlich gestimmtes Fräulein, also bitte aufpassen, München ist eine Großstadt. Aber ich weiß ein Heim, das wird von Schwestern geleitet, gleich in der Nähe des Bahnhofes, die Straße geht von der Bayerstraße weg, das finden sie schon. Dort können sie bis zu drei Nächten ganz billig übernachten und sie müssen halt sagen, dass sie auf Stellensuche sind !"
"Vielen herzlichen Dank" sagte ich überglücklich, denn das war schon eine erste große Hürde bewältigt. Wir plauderten noch lebhaft weiter und bald lief der Zug in München ein. Mein erster großer Sackbahnhof, den ich je gesehen habe. Würzburg ist ein "Eisenbahnknotenpunkt", herrliches Wort, haben wir in der Schule gelernt, also dort fahren die Züge einfach durch.
Ich fand das Heim und gleich an der Türe wurde ich nach Namen und Personalausweis gefragt. Ich bestätigte, dass ich auf Stellensuche sei und

zahlte gleich für eine Nacht im voraus. Dann wurde ich von einer Schwester noch ausgiebig befragt: warum und weshalb ich mein Zuhause verlassen habe. So sagte ich: "Ich habe ausgelernt im Büro und suche mir eine Stelle hier, da es nicht viele Stellen in Würzburg gibt!"

"Na gut", meinte die freundliche Schwester, "ich zeig ihnen gleich mal das Zimmer, es ist ein Gemeinschaftssaal mit acht Betten". Dann führte sie mich zum Aufenthaltsraum, wo einige Tischchen und Stühle standen. Auf den Tischen lagen viele Zeitungen und einige Fräuleins waren schon fleissig beim Lesen unter "Stellenangebote".

Ich erkundigte mich schnell, wo ich denn was zu Mittag essen könnte und nicht so teuer.

"Gleich ein paar Schritte links da ist eine Imbißstube" sagte mir eine von den Schwestern.

Den Hunger gestillt, kehrte ich ins Aufenthaltszimmer zurück. Dort sass nun eine sehr respektvolle, ältere Dame. Salopp gekleidet, nicht steif. "Na, mein kleines Fräulein was suchen sie denn?" fragte sie mich gleich. "Eine Stelle im Büro, ich hatte im Dezember ausgelernt und konnte nicht gleich eine Stelle finden. Auch wohnen wir recht eng und meine Mutti traut mir überhaupt nichts zu!" Ich hatte irgenwie Vertrauen zu dieser Dame und sie belohnte dies, indem sie mir mit sehr guten Ratschlägen meinen Start in München leichter machte. Sie meinte:

"Also zuallererst würde ich raten, daß Sie nicht direkt auf eine Stelle im Büro zielen, Sie wissen ja noch gar nicht wo sie wohnen. Sie kennen München gar nicht, sie wollen schließlich und endlich auch in einem guten Viertel wohnen und arbeiten. Gute Verbindungen mit der Straßenbahn usw. Suchen sie mal ne Stelle im Haushalt, so ne Art Stütze im Haushalt".

Ich blätterte durch die Stellenangebote und ich hatte gleich zwei zur Wahl. Die eine hörte sich folgendermaßen an: "Zur Stütze meiner Mutter Hilfe im Haushalt am Morgen gesucht.. Bürokenntnisse erwünscht - habe Antiquitätengeschäft und Bürokraft nachmittags benötigt - Tel.Nr..."

Laut habe ich diese Annonce nun vorgelesen und schon kam der nächste gute Tip.

"Jetzt spazieren sie vor zum Stachus, dort ist ein Telefonhäuschen. Nebenan auch eine große Stadtkarte. Sie rufen gleich dort mal an, lassen sich Straße und Haus-Nr. geben und welches Stadt-Viertel und besser noch, gleich sagen lassen mit welcher Straßenbahnlinie und alles schön aufschreiben. Haben Sie einen Bleistift und Papier in der Tasche?" Ich nickte nur den Kopf.

"Also gut dann mal los - viel Glück". Sie winkte mir mit ihrer

zusammengefalteten Zeitung zu und ich war voller Begeisterung wie ein Blitz aus der Türe.
Am Stachus angekommen, staunte ich erstmal über die Größe dieses Verkehrspunktes. Kreuz und quer Straßen, Straßenbahnen, nicht mit einem Punkt in Würzburg zu vergleichen.
Ich rief die Nr. an, es meldete sich eine ältere Dame und fragte mich gleich wie alt ich sei und woher ich käme und bestellte mich am nächsten Morgen zum Vorstellen. Ihr Wohnhaus sei in der Martius-Str. kurz vor Schwabing. Kost und Logie sei dabei, zwar nicht im gleichen Hause, doch um die Ecke in einem Wohnhaus, dass ihnen auch gehöre. Am Nachmittag wolle ihr Sohn mich mit Büroarbeiten beschäftigen. Mit so viel Information kehrte ich ins Heim zurück. Die nette Dame freute sich mit mir über mein erstes Interview am folgenden Morgen. Sie erzählte mir dann etwas von sich selbst:
"Weißt Du mein Kind, ich bin schon viel in der Welt herumgereist. Als Erzieherin und Gesellschafterin. Meine letzte Stelle war in Afrika. Nun bin ich froh, wieder in Europa zu sein. Hier möchte ich nun bleiben, gehe auch schon auf die Fünfzig zu und da will man gerne im eigenen Lande bleiben!" Gespannt lauschte ich ihren Erzählungen zu, von ihrem Leben in Paris und New York.
Die erste Nacht von zu Hause weg. Als Abendbrot boten die Schwestern Pfefferminztee und Margarinebrot an. Man war dankbar. Ich stieg in mein Etagenbett, plauderte noch kurz mit dem Mädchen unter mir, dann betete ich mein "Müde bin ich geh' zur Ruh", dachte an meine Mutti, Opa und Schwesternherz und wollte ihnen am liebsten gleich alles erzählen, was sich so zugetragen hatte. Ein Tag voll mit Erlebnissen.
Der Morgen des 3. Januar's war kalt, doch freundlich. Vernünftige warme Kleidung trug ich ja. Einen von der Schwester abgelegten Wintermantel, dunkelblau mit einem rießengroßen Schulterkragen, den man hoch zu einer Kaputze stülpen konnte. Warme Wollhandschuhe, warme Strumpfhose, gefütterte Stiefelchen.
Mit der Straßenbahn kam ich gut zurecht. Mir kam der Text eines Liedchens in bayrischer Mundart in den Sinn: "Liebe, kleine Schaffnerin, bim, bim, bim, sag' wo geht Dein Wagerl hin, bim, bim, bim"... Nun war ich tatsächlich in München! Nach ca. 30 Minuten war ich am Ziel angekommen. Es stellte sich heraus, dass die Dame wirklich schon über 80 Jahre war und drei erwachsene Söhne hatte. Einer war verheiratet und wohnte in Starnberg und die zwei anderen lebten noch zu Hause. Der jüngere stellte zur Bedingung, dass sein Zimmer nicht betreten werden sollte und hielt es auch abgeschlossen.

Auf meine Frage hin, was er denn von Beruf sei, erhielt ich nur eine ausweichende Antwort.
Die Wohnung selbst war ziemlich groß. Ein geräumiges Zimmer war eben von einem Untermieter freigegeben worden, mir wurde erklärt, dass man schon eine Annonce für einen neuen Mieter aufgegeben hätte.
Die Küche war groß und geräumig und der Tisch stand in der Mitte. "Hier werden auch die Mahlzeiten eingenommen" erklärte die Dame. Es folgten noch zwei weitere Schlafzimmer und ein geräumiges Wohnzimmer mit einer Büro-Ecke, dort stand die Schreibmaschine.
Kurz nach meiner Ankunft trat auch der Chef selbst ein, also der Antiquitätenhändler. Er beendete das Interview mit einem Gehaltsangebot.
"Wie Ihnen meine Mutter schon sagte, Kost und Logie im Hause, so bekommen sie DM 80.- monatlich ausbezahlt". Mein erstes Gehalt - so schoß mir durch den Kopf war DM 145.—, nun was hilft's für den Anfang muß es reichen. Ich nahm die Stelle an.
Der Herr und die Dame des Hauses schienen mit mir zufrieden zu sein und baten mich, auch gleich meinen Koffer vom Heim zu holen und noch am gleichen Tag einzuziehen. Das tat ich auch und war recht froh und stolz, gleich am 2. Tage eine Unterkunft und eine Stelle gefunden zu haben - dank der guten Ratschläge. Ich glaubte ganz fest, dass dies etwas mit meinem sog. Schutzengel zu tun habe!!
Frau W. zeigte mir mein Quartier im Gebäude um die Ecke. Im ersten Stock ebenfalls eine große, schöne Wohnung mit großen Doppeltüren für jedes Zimmer, eine Herrschaftswohnung, dachte ich mir. Einige Räume waren wieder an Studenten vermietet und eine Familie mit einem Kind hatte auch zwei Räume. Meine Behausung war kein Zimmer, nein, es war die alte Küche. Gut geheizt, Zentralheizung, angenehm, aber an Wohnlichkeit mangelte es. Doch nicht mal dies schien mich zu stören. Ein Tisch, ein Stuhl, ein Bett, eine Glasvitrine, nicht mal ein Kleiderschrank. "Ihre Sachen können sie außen an die Vitrine hinhängen. Und den Guß können Sie auch zum Waschen nehmen, dann müssen sie nicht mit den anderen Untermietern das Bad teilen, eigentlich praktisch" meinte die alte Dame. Da war mir aufeinmal klar, dass man mich mehr als Dienstpersonal sah, als je eine Angestellte.
So dachte ich an "aller Anfang ist schwer" und wollte einfach mal weitersehn.
Meine Beschäftigung war: Morgens die Studentenzimmer aufräumen und Betten machen. Dann rüber gehen, dort das Frühstück zubereiten. Ab- und Aufräumen. Einkäufe: Metzger, Bäcker, Gemüseladen. Dann noch die Betten machen i.d. Wohnung von Frau W. und das eine Studentenzimmer. Schon war

es soweit das Mittagessen vorzubereiten. Zu Hause durfte ich nicht oft kochen, schon aus dem Grunde, dass Mutti die sparsame Hausfrau nicht wollte, dass ich etwas falsch mache und dann das Essen verpfuscht ist. Frau W. dagegen ließ mich gerne kochen und freute sich, wie gut mein Blumenkohlgemüse mit weißer Soße schmeckte. Am Abend habe ich mir oft mein belegtes Brot mit rüber in mein Zimmer genommen und fand bald etwas Anschluß bei dem Ehepaar mit Kind. Doch Frau W. war nicht erfreut, sie ermahnte mich, keinen Kontakt mit den Untermietern zu pflegen. Bald bemerkte ich, dass die Herrschaften sehr wohlhabend sein müssen und doch sehr sparsam wirtschafteten.
Am Wochenende fuhren sie oft zum Stanberger See und gaben mir Kostgeld, damit ich mir ein Essen im Gasthaus kaufen könne.
Zwischendurch habe ich natürlich auch kurz nach Hause geschrieben. Dass ich meine Mutti in große Aufregung versetzt hatte, war mir nicht so bewußt, denn ich hatte ja den Kopf voll mit Kofferpacken und Abfahrt. Als Kind konnte ich mir nicht vorstellen, wie hart diese plötzliche Trennung für meine Mutter war. Ich schrieb also nur kurz, dass ich gut angekommen bin und eine Stelle und Unterkunft gefunden habe. Nannte den Namen des Geschäftes, aber schlug "postlagernd" als Antwort an mich vor.

Die Schwester spielt Vater und droht.
Welch einen Schrecken bekam ich, als ich mir ein paar Tage später einen Brief am Postamt abholte. Die Handschrift meiner Schwester auf dem Kuvert ließ mich nichts Gutes ahnen. Der Inhalt war voll mit Drohungen und Vorwürfen: "Was Du uns angetan hast, kannst Du nie wieder gut machen - jetzt, wo Du Geld verdienen würdest haust Du einfach ab. Wenn Du nicht sofort zurückkommst, holen wir Dich mit der Polizei .... schließlich und endlich bist Du noch minderjährig..." und so weiter.
Ich schrieb sofort zurück. Ich mußte rebellieren, ich hatte einen neuen Anfang gemacht, ich war stolz auf mich - wenn sonst auch niemand - so schrieb ich: "Wenn Ihr mich mit der Polizei holen wollt, dann könnt Ihr meinen "toten Körper" abholen - ich lasse mich nicht zwingen - ich will nicht heim, ich will wenigstens ein Jahr in München leben und arbeiten. Ich will Euch beweisen, dass ich mich selbst ernähren kann. Ich habe eine Stelle und bin nicht 'untergegangen' wie Ihr immer prophezeit habt..."
Frau W. erzählte ich nun von meinem Drohbrief, meiner Antwort und ich wolle gerne ihre Unterstützung und hier in München bleiben. Sie war ganz auf meiner Seite und zeigte außergewöhnliches Verständnis. Was ich ihr nicht

gebeichtet habe, war die Tatsache, dass ich von zu Hause ausgerissen bin. Auch dem jungen Ehepaar, das auf meinem Gang wohnte, erzählte ich von meinem Vorhaben in München zu bleiben. Sie meinten, ich sei ein vernünftiges, gescheites Mädchen und werde es schon schaffen. Es täte mir gut, mal von Mutter und Schwester weg zu sein. Sie versicherten mir auch, dass ich großes Glück habe, dass Frau W. so nett zu mir sei, denn sie mag nicht alle jungen Mädchen und sie könne recht garstig sein. Von Frau W. erfuhr ich dann mal bei einer gemütlichen Unterhaltung, dass sie eine Tochter hatte, die jung verstarb und sie das Kind sehr vermisse und ich würde sie fast an sie erinnern, schon deshalb, weil ich immer so lustig bin.

Zweite Woche in München.

An meinem freien Wochenende befand ich mich in meinem "Küchen-Gemach" und richtete mir meine Kleidung etwas zurecht. Es klingelte an der Türe. Ich wartete, bis einer der Untermieter öffnete. Kurz darauf klopfte er an meine Türe und sagte: "Fräulein Ullrich, Besuch für Sie !" "Für mich?" rief ich ganz erstaunt aus und als ich in die geräumige Halle trat - wer stand da - meine Mutti, etwas abseits von ihr der Mann, der mich angeblich liebte - weswegen ich "auf und davon" gegangen bin.
Ich war total schockiert, sprachlos, aber als meine Mutti ihre Arme ausbreitete und meinen Namen rief: "Sieglinde, da bis Du ja, gottlob", war ich fast zu Tränen gerührt. Aber dann wurde ich fast ungehalten, mürrisch und freute mich überhaupt nicht, den Mann zu sehen, für den ich noch bislange eine Zuneigung empfand. So fragte ich schroff: "Was tut er denn hier? Ich möchte mit Dir alleine sprechen, bitte Mutti." Daraufhin entfernte er sich mit gekränktem Gesicht und sagte zu meiner Mutti gewandt: "Ich warte unten im Auto."

Ich setzte mich mit Mutti in mein Zimmer und es gab viel zu erzählen. Mutti versicherte mir auch, dass keine Polizei im Spiele sei und dass Margot zu streng geschrieben habe. Der Chef selbst habe sich freundlicherweise zur Verfügung gestellt und sie mit dem Auto nach München gebracht. Er selbst habe ihr alles erzählt und ihr hoch und heilig versichert, dass es zu keiner Liierung gekommen sei und sie sei beruhigt und vertraue mir - ich solle nun meine Sachen packen und wieder mit nach Hause kommen. Ich könnte mir dort eine neue Stelle suchen denn unter den gegebenen Umständen konnte ich auf keinen Fall in der Firma weiter arbeiten, dass verstehe sie voll und ganz. Am besten Schwamm drüber!

“Nein, nein”, sagte ich erregt, “ich will nicht heim, ich bin ja doch nur die dumme Kleine und hier bin ich eine Stütze und Bürokraft. Die alte Frau W. ist über 80 Jahre alt und sie braucht mich und übrigens hole ich sie gleich mal damit Du sie kennenlernst - warte hier Mutti ...”
Ruckartig habe ich mich erhoben, eilte aus dem Zimmer, die Treppe hinunter rüber zum anderen Haus. Frau W. war voll und ganz bei der Sache und kam auch gleich mit mir und so stellte ich ihr Mutti vor. Frau W. bat nun meine Mutti recht eindringlich, mich doch wenigstens ein Jahr bei ihr zu lassen, sie meine Mutti habe ja noch eine Tochter zu Hause. Zu guter Letzt kamen wir zu einem Kompromiss. Ich willigte ein, nochmal mit Mutti zurück nach Würzburg zu fahren und mich offiziell von der Firma zu verabschieden, mit dem Grund natürlich, dass ich in München eine Stelle gefunden habe. Ferner werde ich mich beim Einwohneramt abmelden und käme gleich am übernächsten Tag wieder zurück.
Mutti’s Parole war immer: “Ordnung muß sein” und “was sagen nur die Leute dazu”. Mit “Leuten” waren alle Verwandten, Nachbarn und Freunde gemeint. Auf der ganzen Heimfahrt sprach ich nur wenig. Ich schottete mich innerlich ab und wußte dabei ganz klar, dass ich das Richtige tat, mich von meinem ehemaligen Chef zurückzuziehen. Auch seine Beteuerungen, wie ehrlich und aufrecht seine Sorge um mich ist und war, liessen mich nicht von meinem Ziel ab: München, dorthin zurück.

Opa war recht froh mich zu sehen. Meine Schwester hielt mit ihren Vorwürfen zurück, sicher hatte Mutti Anweisungen gegeben. Die Sache war ernst. Ich die Kleine verließ das Nest. Nun ganz offiziell und eine große Verabschiederei fing an. Meinen Freundinnen sagte ich die Wahrheit, jedoch in der Firma verabschiedete ich mich im Büro vom Buchhalter und Elisabeth mit der Bemerkung: “Was hatte ich doch ein Glück während meines Besuches in München eine Stelle gefunden zu haben”. Man schien zu verstehen, dass ich das Weite suchte und eine Großstadt auf mich wartete. Man wünschte mir viel Glück.
Beim Durchschreiten des Ladens, der voller Kundschaft war, winkte ich nochmal den Verkäuferinnen zu, sie alle wußten Bescheid, der Chef stand ebenfalls hinter der Theke. Ich sagte laut: “Also dann Aufwiedersehn, lasst’s Euch gut gehen und ich schreibe mal.”
Plötzlich hörte ich die Chefin sagen: “Linde warte mal” ... sie kam vom Ladentisch vor und ging mit mir durch die Türe hinaus. Wir standen direkt vor

dem Schaufenster, das Gesicht meines Chefs war voller Unruhe und er wirkte verlegen.
Sie nahm meine Hand und sagte: "Linde ich dank' Dir schön das Du gehst, ich hab's schon lange gewußt, dass mein Mann Dich mag, aber ich hab' halt gehofft es geht vorbei."
Ich war so betroffen, dass ich entsetzt sagte: "Ihr Mann liebt Sie doch gar nicht mehr und Sie ihn auch nicht mehr, wie kann man nur so leben?"
"Weißt Du" meinte sie lächelnd: "Ich hab' alles was ich brauche, ich kann mir alles kaufen was ich will, wenn Du mal älter bist verstehst das auch!".
Ich blickte hoch, direkt durchs Fenster in den Laden und erblickte sein Profil und dachte plötzlich: 'Was für ein Feigling er doch ist, er hätte mir ja zur Hilfe kommen können, vermeiden sollen, dass seine Frau mit mir spricht. Weiß er, dass seine Frau alles weiß? Vielleicht hat er mir nie die volle Wahrheit gesagt?' Diese Gedanken jagten durch meinen Kopf, und dennoch nahm ich ihre ausgestreckte Hand an und sagte ganz leise: "Aufwiedersehn" und verschwand so schnell ich konnte.
Am nächsten Morgen ging ich alleine zum Bahnhof, nur mit meiner Handtasche und einigen kleinen Leckerbissen für die Fahrt, die Mutti mir eingepackt hatte. Diesmal war es ein echtes Abschiednehmen von zu Hause, keine Aufregung, kein Entkommen, mir wurde plötzlich der Ernst der Sache klar. Ich, Sieglinde habe eine Entscheidung getoffen und nun werde ich alleine, ohne Familie meinen Alltag aufnehmen. Ich war fast traurig als ich den Bahnsteig erreichte, bald fuhr auch der Eilzug ein. Doch siehe da, wer tauchte in letzter Minute auf, ich war schon im Abteil, doch ging ich ans Fenster, denn er suchte mit seinen Augen nach mir. Traurig war sein Blick, jener Mann, den ich doch vergessen wollte, wegwischen aus meinem Leben. Er bat mich, nicht böse auf ihn zu sein und er wünschte mir alles Gute. Er habe sich gut mit meiner Mutter ausgesprochen und sie zeigte großes Verständnis.
Ich reichte ihm kurz die Hand durchs Fenster, der Zug rollte an, welch' ein Drama dachte ich, er mußte meine Hand los lassen, der Zug bewegte sich schneller. Ich setzte mich hin und eine große Trübsal überkam mich, ich fühlte mich verlassen, alleine. Die Dörfer und Städte flogen an mir vorüber, das Neue, das Unsichere, das was auf mich zukommt bedrückte mich aufeinmal. Es war keine Flucht mehr, es war eine Tatsache. Ich habe meine eigene Entscheidung getroffen, nun war ich wohl erwachsener als je zuvor.
Je näher wir auf München zukamen, umso deutlicher meldete sich mein Optimismus wieder: "Wer A sagt, muß auch B sagen."

In München verrichtete ich die mir aufgetragenen Arbeiten mit Geduld und Pflichtbewußtsein. Wenn das Putzen und Bohnern zu viel wurde, dachte ich an den Spruch:
“Und ich trag’ mein armes Schicksal mit Geduld, denn an der ganzen Scheisse bin ich selber schuld”.
Eine nette Überraschung: Eines Tages klingelte es und ein junger Mann, gutaussehend, wollte sich das zu vermietende Zimmer in Frau W.’s Wohnung ansehen. Ich führte ihn ins Zimmer und wir kamen ins Gespräch. Er erkannte sofort meinen fränkischen Akzent, er selbst kam auch aus Würzburg. Das Zimmer nahm er nicht, es war zu teuer, zu klein. Ein besseres wartete woanders auf ihn. Aber - wir verabredeten uns. Er kannte sich schon viel besser in Schwabing aus. Wußte wo man billig eine Linsensuppe mit Würstchen am Abend essen und noch einer Jazzband zuhören konnte. Zu uns gesellte sich noch ein dritter Würzburger, er wohnte im Studentenheim am Biederstein, ebenfalls Schwabing.
Bald kochte ich dort für uns heimatliche Gerichte. Ich freute mich schon immer auf mein freies Wochenende. Wir hatten viel Spaß zusammen. Ich fühlte mich gut aufgehoben zwischen zwei Würzburgern. Der blonde, große, schlanke hieß Gerhard, wir nannten ihn aber auf französisch Gerard, der dunkeläugige, schwarzgelockte Jüngling, hieß Reimund, und wurde auf Raymond umgetauft und ich auf Celine.
Ich war so froh von zu Hause weg zu sein, was hatte ich doch Glück! Mein Schutzengel behütete mich. Die Regel lautete also: Triffst Du eine gute, gerechte Entscheidung, dann wirst Du auch belohnt.

Stellenwechsel ?
Nach einigen Wochen Küchendienst, Einkaufen, Kochen Putzen, Bettenmachen und in der Küche schlafen, wurde ich etwas gelangweilt. Ich besprach mich mit dem Untermieter, einem jungen Jura-Studenten. Er meinte, ich solle wieder in die Zeitung schauen, vielleicht fände ich eine bessere Stelle. Wie wärs wieder mit Büro? “Nein danke”, war meine Antwort.
Ein paar Tage später las ich unter “Stellenangebote”: “Anfangstelefonistin Hotel Esplanade gesucht”. Ich bewarb mich sofort schriftlich mit Foto. Es kam zu einem Vorstellungsgespräch. Der Herr Direktor interviewte mich persönlich. Mir wurde die Stelle als Anfangstelefonistin zugesagt. Natürlich müsse man mich erst anlernen. Die ersten Monate käme dann nur Nachtdienst in Frage. Mein Anfangsgehalt sei DM 150.— Kost im Hause.
So, jetzt hatte ich eine Woche Zeit um ein Zimmer zu finden. Meine zwei

Würzburger Freunde halfen mir, schon mal auszuklammern was zu weit weg war und was kein schönes Viertel war. Ein ganz kleines "Kabäusle" wurde mir i.d. Nähe des Isar-Tores angeboten, doch wollte man DM 50.- dafür. Das lehnte ich ab. Dann kamen noch einige unmöglichen Zimmer, dann hatte ich Glück, ich ging zu einer Vermittlung, die sandten mich in die Osterwaldstraße. Eine sehr nette Dame, die ich auf Anhieb lieb hatte, zeigte mir ihr ehemaliges Wohnzimmer mit Bett, das sie mir für DM 50.- anbot. Ich sagte sofort zu.

Nun mußte ich meine andere Stelle aufgeben und die alte Dame war recht enttäuscht. Als ich ihr aber mitteilte, daß mich meine Mutti wieder heimholen würde, wenn ich nicht einen ordentlichen Job im Büro udgl. ausführe, willigte sie zu. Sie wußte ja auch, dass die Büroarbeiten ihres Sohnes herzlich wenig waren und ich mehr Dienstmädchen war als alles andere. So ließ sie mich gehen. Die Würzburger Jungen's halfen mir beim Umzug. Sie verfrachteten meinen großen Koffer aufs Fahrrad . Um in die Osterwaldstraße zu kommen konnte man ein Stück durch den Englishen Garten laufen. Dann beim Studentenwohnheim am Biederstein, an der Ecke der Lodenfrey Fabrik, fing die Osterwaldstraße an, eine sehr lange Straße. Ich zog in ein dreistöckiges Mietshaus Nr .145 ein. Es lag, von einigen kleinen Gärten getrennt direkt am Englischen Garten. Mein Zimmer hatte ein kleines Erkerfenster mit Sicht ins Grüne. Ich war glücklich.

Am Abend saß ich bei Frau Mohr in der Küche. Sie stellte mir ihre Tochter Dagmar vor. Wir kamen in ein langes Gespräch über Geburtsstadt, Herkunft, Krieg usw. Es stellte sich heraus, daß Frau Mohr gezwungen war zu vermieten, da ihr Mann sich gleich nach dem Krieg habe scheiden lassen — da waren noch die alten Gesetze im Gange. Sie durfte zwar die Wohnung behalten, aber bekam keinerlei finanzielle Unterstützung. Dagmar schlief im kleinsten Zimmer. Frau Mohr in der Küche, das ehemalige Schlafzimmer war wiederum an ein Ehepaar mit Kind vermietet. Solche engen Wohnverhältnisse waren 10 Jahre nach Kriegsschluß ganz geläufig.
Damit aber niemand im Hause wußte, das ich eine zusätzliche Untermieterin bin, schmiedeten wir einen Plan und erzählten überall, daß ich eine Verwandte vom Verlobten von Dagmar sei, der auch Franke war, Bamberger Gegend. Um unseren Plan voll zu bestätigen, bot Frau Mohr mir an, sie auch Tante Liesel zu nennen. Das tat ich herzlich gern, denn sie war mir sowieso sympatisch!

Anfangs-Telefonistin - Start: Februar 1955

Erster Monat, nur Nachtdienst. Es waren nicht so viele Anrufe, die meisten intern. Die erste Woche saß ich tagsüber neben der Telefonistin und schaute und hörte nur zu. Unsere sogenannte Zentrale lag versteckt im 1. Stock, eine abgegrenzte Ecke vom Büro. Draußen am Schreibtisch direkt am Fenster saß der Buchhalter und die Bürokraft, dann noch zwei jüngere Mädchen an den Schreibmaschinen. In einem sogenannten "Glaskäfig" mit Tür und einem Fenster zum Aufklappen saß meine zukünftige Kollegin Ingeborg. Sie war groß, blond und eine aparte Frau, halbe Wienerin. Sie mußte mich nun anlernen. Als ich die vielen Stöpsel sah und wie sie kreuz und quer am Schaltschrank eingesteckt werden, da bekam ich das beklemmende Gefühl und sagte laut: "Das lerne ich nie!" Ingeborg lachte auf und meinte, ich sei doch ein intelligentes Kind. So fing sie an die einzelnen Handlungen laut zu sagen, so z.B.: "Direktor leuchtet auf, reinstecken: Bitteschön Herr Direktor? Den Empfang, ja ich verbinde - anderer Stöpsel rein bei Empfang. Nun sprechen beide, wenn sie fertig sind geht das Licht aus, dann rausziehen. Aber bitte merke Dir mein Püppchen nie aber nie den Herrn Direktor warten lassen, oder seine Unterhaltung unterbrechen, das heißt aus Versehen den Stöpsel ausziehen!"
Die zweitwichtigste Person schien der Portier zu sein. Sein Name wie auch der vom Herrn Direktor waren lesbar, wenn das Lämpchen aufleuchtete. Die dritte Person von Wichtigkeit war der Buchhalter. Sollte jedoch der Besitzer vom Hotel, Dr. Hofmann kommen, dann ist er "König". Sein Büro konnte er vom großen Büro erreichen, so sahen wir ihn alle, wenn er ankam. Was der Direktor besonders verlangte war schnelle Verbindungen. Er rief jeden Morgen früh die Lieferanten an und die Namen mußte man a) sofort verstehen, b) am besten die Tel. Nr. im Kopf haben und sofort wählen. Funkte der Portier dazwischen, meistens am Morgen, da die Gäste abreisten und er um die Rechnung fertig zu machen die Telefongespräche der einzelnen Gäste benötigte, wurde man unter Druck gesetzt. Er knallte einem die Zimmernummer am Kopf und wir mußten gleich wissen um wen es sich handelte. Jeden Abend wurde die Gästeliste neu überholt. Abgefahrene Gäste wurden ausradiert, neue Ankünfte eingeschrieben. Dauergäste gabs nur selten. Ein oder zwei Wochen war das längste. Hinter jedem Namen wurden die Telefongespräche die wir vermittelten aufgeschrieben.

Zum Frühdienst mußte die Telefonistin um 7:00 Uhr am Apparat sitzen. Man meldete sich in der Küche. Der kleine Page brachte das Frühstück: Ein kleines Kännchen Kaffee, wenn die nette Hausdame Dienst hatte, Bohnenkaffee, ansonsten Malzkaffee, zwei Brötchen, Butter, Marmelade. Um 12:00 Uhr ging die erste Schicht des Personals zum Essen, die zweite Schicht kam um 13:00 Uhr, und um 14:00 Uhr gab es nochmal Essen für die Nachtdienstler. Das waren die Pagen, die Hausdamen, die jungen Portiers und die Telefonistinnen. Während des Nachtdienstes mußte die Telefonistin auch die Bar-Restaurant-Bon-Kontrolle vornehmen. Das hieß, den Verkauf des Herrn Ober und der Bedienungen vom Restaurant zu überprüfen. Das kalte Abendbrot wurde uns auch in die Zentrale gebracht.

Ich arbeitete mich gut ein, man mußte wirklich auf Draht "mit dem Draht" sein! War viel zu tun und die Ablösung kam frühzeitig so hieß es: "Ich schwimme" sie konnte sich jederzeit mit einem Zweittelefon einschalten, dann zogen wir beide im Tempo die Stöpsel rein und raus.

Es herrschte nicht immer Harmonie zwischen dem Büro und unserer Zentrale, aber es ging ganz gut, "fünf Frauenzimmer und ein Mann" sagte oft der Buchhalter seufzend. Es gab ein Frl. Hanusch, ungarischer Abstammung mit der Auffassung, dass sie die "Schönste im ganzen Land" sei. Im krassen Gegensatz dazu gab es einen Bürolehrling namens Anneliese, so schlicht, einfach und ergreifend gerecht und liebenswert, dass man nie einen Grund hatte auf sie böse zu sein. Oftmals sangen wir heimlich, still und leise den Schlager: "Anneliese, ach Anneliese Du weißt ja ich liebe nur Dich.." Die Büro-Älteste dagegen hatte "einen Stein im Brett" beim Herrn Direktor und wußte genau wie sie ihre Position mit Würde tragen konnte. Sie hatte auch die Handkasse in Verwaltung und jeder von uns brauchte ab und zu mal dringend einen Vorschuß, so wußten wir genau wie der Hase zu laufen hatte. Die Bürodamen fühlten sich auch in einer mehr gehobenen Stelle als wir in der Zentrale, das nahmen Ingeborg und ich gelassen hin, denn wir beide sahen unseren Posten nur als eine vorübergehende Abwechslung. Der Buchhalter wurde gelegentlich zudringlich und mußte ab und zu in Schach gehalten werden. Im Großen und Ganzen jedoch war er genießbar und war auf unserer Seite, wenn wir von anderen Abteilungen im Hotel "angegriffen" wurden.

Meine Familie war, wenn auch überrascht, doch froh, daß ich mich vom "Dienstmädchen" zur "Telephonistin" verbessert hatte. Dem stimmte ich auch zu. Ganz besonders freute ich mich, wenn mich meine Schwester ab und zu mal abends anrufen konnte, sie tat dies vom Hause unserer Freundinnen auf der Neuen Welt .
Eines Abends kam dann ein ganz unerwarteter Anruf. Ein Jugendfreund, der allererste Junge den ich meinen "Schwarm" nannte und der mir mit 15 Jahren auf der Kirchweihe etwas das Tanzen beibrachte, meldete sich.
"Na was tust Du denn in München" sagte er fast vorwurfsvoll.
"Arbeiten und was dazu lernen - ist schon aufregender hier in einer Telefonzentrale als im Büro - mir gefällt es. München ist eine tolle Stadt".
"Also so etwas, ich kann's fast nicht glauben, so weit weg - das gefällt mir gar nicht" meinte die Stimme aus Franken.
"Du hast doch genug Mädchen um dich herum, Du bist doch Hahn im Korb" stichelte ich einwenig. "Wer denn? Wen meinst Du?" fragte er. So zählte ich einige von unserem Schuljahr auf.
"Nein, die ich wirklich mag hast Du nicht aufgezählt" meinte die trockene Stimme. "Ja wer denn, kannst es mir verraten?" fragte ich scheinheilig.
"Du weißt schon - mit der ich eben sprech" verriet er. "Ich" rief ich überrascht.
"Ja, das hättest mir vor zwei Jahren mal sagen sollen, damals hab' ich immer Herzklopfen bekommen, wenn ich Dich g'sehn hab - aber jetzt bin ich eben weggefahren, vielleicht kommst mal nach München?" sagte ich einladend.
"Schau das Du bald wieder heim kommst, ich ruf wiedermal an -Pfürtigott".
Ende...
Das war's und dabei blieb es auch. Ab und zu kamen noch freundschaftliche, ermahnende Anrufe, ich soll mich gut benehmen und wieder heim kommen.
Der verheiratete Verehrer rief auch ab und zu an, doch wollte ich weniger darauf eingehen.
Ich wollte meinen Abstand eisern bewahren. Eines Tages flatterten lange Liebesbriefe mit schönen, sinnvollen Worten ins Haus. Einerseits war ich begeistert, fast beglückt über die sogenannten "Nachwehen" unserer Romanze. Aber irgendwie wußte ich, es sollte nicht sein, und es hat auch keinen Sinn. Glücklich oder unglücklich verheiratet, wie dem auch sei. Ich habe meinen Vater im Krieg verloren, er soll bei seinen Kindern bleiben, ich wollte nicht daran Schuld sein, dass die Kinder ihren Vater verlieren.
Zum gleichen Zeitpunkt hatte mir Tante Liesl ausführlich erzählt, wie es zu ihrer Scheidung kam. 1955 waren Scheidungen noch selten. Ein

Frauenzimmer, eine alte Jungfer im Büro ihres Mannes, keine Schönheit, dicke Brillengläser und einer Bohnenstange gleich, entfachte in ihrem Man ein fast eingeschlafenes Feuerchen. Er zeigte manchmal leichte Impotenz und das mit 50 Jahren ist nicht so selten. Es störte Tante Liesl gar nicht. Aber er wollte nochmal ein junger Liebhaber sein, denn mit dem Frauenzimmer schien es zu klappen, so verließ er Frau und Tochter. Dagmar, hasste diese olle Person. Ich konnte es ihr nachfühlen, denn schließlich hatte auch sie unter der Trennung zu leiden. Die Liebe und Treue zu ihrer Mutter machte es ihr unmöglich sich mit ihm ab und zu zu treffen. Er hatte es oft vorgeschlagen.
Sie war recht froh, einen lieben Mann kennengelernt zu haben, "der die Treue in Person" war, wie sie so schön zu sagen pflegte. Ihm zu Liebe wechselte sie auch vom Protestantismus zum Katholozismus über. Otto kam und siegte, meinte sie oft lachend. Aber auch er mußte viel Verständnis für die "verletzte" Dagmar aufbringen. Da wurde mir so echt bewußt, was eine Scheidung für Folgen mit sich bringt, Kinder und Mütter leiden, besonders im Falle von Tante Liesl, sie hatte ein Hüftgelenkleiden und konnte gar nicht gut mehr laufen. Sie bekam keinerlei Unterstützung vom Ehemann, damals haben noch die Gesetze vom 3. Reich gegolten, so mußte sie fast die ganze Wohnung vermieten. Sie selbst schlief in der Küche auf einem Sofabed. Als ich ihr dann meine Geschichte von dem verheirateten Mann erzählte sagte sie lobend zu mir: "Du bist ein Prachtkerl, Du hast eben Herz und Verstand und das einzig Richtige getan. Tapfer warst Du auch so weit weg von zu Hause zu gehen, doch der liebe Gott wird Dich belohnen". Ich nickte mit dem Kopf, denn auch ich war jetzt noch mehr überzeugt, dass es gut war, sowie alles bisher gelaufen ist.
Oft saß ich in der Straßenbahn auf dem Nachhauseweg nach dem Nachtdienst zwischen 24 Uhr und 1 Uhr morgens und sagte zu mir: "Geld habe ich nicht viel übrig bis zum Zahltag, aber ich bin frei und glücklich - was will ich mehr!"
Nach der Ungerer Straße mußte ich aussteigen. Mein Weg führte mich quer durch Schrebergärtchen auf die Osterwald Straße zu.
Da lag eines Nachts ein alter Mann auf dem Wege. Ich konnte eine "Fahne" riechen. Ich beugte mich dennoch über ihn und fragte: "Sind sie hingefallen, fehlt Ihnen etwas?"
"Ach Du liebe Zeit, Sie sind wohl mein Engel der mir g'schickt worden ist und wollen mir helfen?" lallte der gute Alte.
"Nein" sagte ich schnell, "ich bin kein Engel aber ich helfe ihnen gerne auf die Beine" und schon fasste ich kräftig zu, mit viel Müh' und Ach zog ich ihn

hoch, hakte bei ihm ein und fragte, wo er denn noch hin müsse. Er zeigte mit der Hand geradeaus. Als wir auf die Osterwald Straße stießen sagte er: "Führ'n sie mich noch a bisserl in den Englischen Garten rein, dann weiß ich wo ich bin und kenn' meinen Heimweg".

Als ich diese Geschichte am nächsten Morgen im Dienst erzählte, wurden mir gleich die "Leviten" gelesen: "Na, wie kann man denn nur so naiv sein, dieser alte Mann hätte eine Falle sein können. Wer geht schon um Mitternacht in den Englischen Garten ! Versprechen Sie uns, es nie mehr wieder zu tun" das waren die mahnenden Worte des Buchhalters.
Begrüßt habe ich sehr, dass ich freie Kost im Hotel hatte. Ich befand mich in der Altersphase, wo man immer hungrig war. Keine Mahlzeit habe ich verpasst. Sogar am freien Sonntag fuhr ich mit meiner Wochenkarte rein ins Hotel um mein Mittagessen einzunehmen. Die Kost war gut bürgerlich und schmeckte mir so gut, daß ich ab und zu noch eine extra Portion verdrücken konnte. Der etwas ältere "Herr Ober" holte sich sein Essen von der Küche und gab es mir mit den Worten:
"Hast Hunger, dann guten Apetitt, ich hab' heute zu Hause bei meiner Frau schon was Gutes gegessen". Abendbrot an freien Tagen habe ich oft selbst finanziert, Tante Liesl hat mich auch das ein- oder anderemal zu einer leckeren Zwiebelsuppe eingeladen und ich habe andere Lebensmittel eingekauft. Mein Gehalt bekam ich monatlich. Das Geldeinteilen mußte noch gelernt werden. So lebte ich oft von einem kleinen Überschuß in der letzten Woche bis zum Zahltag.

Sommer 1955 - große Freude und Aufregung. Meine Mutti hat sich als Besuch angesagt. Eine Woche wollte sie kommen. Da die Tochter Dagmar im Frühjar geheiratet hatte, war ihr Zimmer frei geworden. So zog ich ins kleinste Zimmer und zahlte somit nur die Hälfte Miete. Das Wohnzimmer war frei, dort konnte Mutti schlafen. Mutti erklärte:
"Opa ist in der Augenklinik, wird am 'grünen Star' operiert, so kann ich gut für kurze Zeit weg. Die Große wird ihn jeden Tag besuchen." Ich wußte, dass es meiner Mutti gut tun würde mal für kurze Zeit auszuspannen. Sie nahm die Versorgung von Opa sehr ernst.
In den 40iger Jahren besuchte Mutti mit Vati mal München. Wir Kinder bekamen eine Karte aus München und vom Starnberger See. Im Jahre 1955 war der Schah von Persien mit Soraja da, großer Staatsbesuch. Von unseren Büro-Räumen in der Bayerstrasse, nahe des Bahnhofes sahen wir das Paar in

ihrem großen Mercedes vorbeifahren. Meine ersten VIP's, die ich sah..

Nun, auch ich habe meine Mutti am Bahnhof abgeholt, aber leider mußten wir mit der Straßenbahn fahren. Tante Liesl und Mutti verstanden sich gut und haben sich viel erzählt.
Ich führte Mutti aus, natürlich mußte ich wiedermal Vorschuß erbitten, ich besorgte uns Theaterkarten für die Volksbühne mit Liesl Karstatt und Karl Valentin. Ich genoß es sehr, meine Mutti, die ich oft hab' weinen sehen, nun mal herzlich lachen zu hören. Wir gingen zum Haus der Deutschen Kunst, dann nach Nymphenburg raus. Bummelten durch den Englischen Garten. Ein andermal spazierten wir vom Stachus zum Isar-Tor. Doch immer wieder bemerkte ich, wie sehr doch der Gelenkrheumatismus ihr zusetzte. Ihr Knie und die Fußenkel waren recht geschwollen und sie sagte:
"Kind Du gehst viel zu schnell, laß uns doch mal wieder etwas hinsetzen". Ich lud sie zum Essen ein. Weiß noch genau was wir hatten: Ungarisches Gulasch mit Champignons und Reis, dazu einen grünen Salat. Champignons waren damals auf der Menü Karte etwas besonderes, heutzutage sind sie etwas alltägliches. Mit Tante Liesel gingen wir Kaffee-Trinken, ganz i.d. Nähe, da sie auch nicht gut laufen konnte. Sie kochte an einem Tag was ganz Leckeres für uns: Pfifferlinge und Semmelknödel, eine echt bayerische Spezialität!

Als Mutti wieder abgereist war, meinte Tante Liesl: "Du hattest Recht, Deine Mutti legt großen Wert auf Ordnung, sie hat wirklich Deinen Kleiderschrank 'gemustert', als Du zur Arbeit gingst". Ich lachte, sagte halb singend: "Lerne Ordnung liebe sie, sie erspart Dir Zeit und Müh' - das hat Mutti uns eingeimpft. Ich wußte genau, dass sie sich meinen Schrank ansieht und kontrolliert, ob meine Handtücher ordentlich übereinander geschichtet liegen, die Unterwäsche, Pullover usw. , deshalb hab' ich vorher aufgeräumt!"

Das nächste Ereignis nach Mutti's Abreise war das Begegnen und Kennenlernen einiger junger Männer, die fast gegenüber von mir wohnten. Nicht in einem Mietshaus, sondern in einem schönen Einfamilienhaus, etwas zurückgesetzt von der Straße mit vielen Sträuchern und Bäumen. Richard, Reinhard und noch zwei andere Studenten teilten sich das Haus mit dem Besitzer, der Sohn eines wohlhabenden Mannes, der dieses Haus extra für seine studierenden Kinder erbauen ließ. So wurden weitere Studenten in Untermiete aufgenommen. Schon in den 50iger Jahren war die Metropole des Südens, München, ein teueres Pflaster für Unterkunft und Verpflegung.

Nach meinem Frühdienst war ich oft schon gegen 16 Uhr zu Hause. Sah ich jemanden im Garten, plauderten wir am Gartentürchen. Mein kameradschaftlich freundlicher Ton wurde voll und ganz erwidert. Hin und wieder kochte ich für die ganze "Bande" und lernte auch die Freundinnen der anderen Jungens kennen.
Die Freundschaft mit Raymond und Gerard verlief im Sand, oder man könnte sagen: "Aus den Augen aus dem Sinn".. Raymond meinte zwar mich gewonnen zu haben, da ich mit ihm eines Abends auf einen tollen Ball ging. Er arbeitete als Kameramann im Fernseh-Studio Freimann und hatte Karten für den Rundfunk- und Fernsehball. Es war für mich mein gesellschaftlicher Höhepunkt. Ich ließ mir noch schnell mein Abendkleid aus Würzburg nachschicken. Wir saßen am Tisch mit seinen Kollegen und Freunden und hatten eine feuchtfrohe Stimmung. Aber ich lernte erst dann Raymond so richtig kennen. Er wußte und dachte von sich selbst, dass er gut aussehend ist und dementsprechend war er leicht arrogant, sehr ichbezogen und wollte ständig bewundert werden. Ich wollte das aber auch - also außer Freundschaft bot sich nichts an. Ein Kuß auf dem Nachhauseweg bestätigte es auch, keinerlei "chemische Reaktion". Ein zweiter und letzter Versuch: Er lud mich zu einer Faschingsfeier der Angestellten im Studio Freimann ein. Was er mir nicht im vorweg sagte war, dass er sozusagen an jenem Abend "Dienst" hatte. Das bedeutete, dass er mich im Raum wo man tanzte einfach absetzte, mir eine Cola bestellte und mit dem Vermerk "amüsiere Dich" verschwand.
Ich war als Hawai-Mädchen verkleidet und nicht als "Mauerblümchen" und so fasste ich mich schnell und sagte zu mir: "Wenn er sich einbildet, dass ich den ganzen Abend hier mit meiner Coca-Cola sitze und Trübsal blase, hat er sich getäuscht". Siehe da, einige Kollegen kamen und gesellten sich zu mir. Wir unterhielten uns und auf meine Frage, ob man denn auch mal hinter die Kulissen sehen könnte, bot sich ein netter Mann an, mir das Studio zu zeigen. Ich fand alles wahnsinnig aufregend, denn 1955 gab es ja noch kein volles Programm. Die Belichtung, die Kamera's, meine "Schauspielambitionen" regten sich wieder - aber was half's ich konnte ja nicht zur Schauspielschule, die nackte Wahrheit war, ich mußte Geld verdienen. Es gab keinen Vater, der die Tochter unterstützt, auf Begabung allein war kein Verlass.
Wir gingen zurück und tanzten. Ab und zu schaute Raymond mal rein, setzte sich ein paar Minuten zu uns und war recht froh, dass ich mich mit seinem Kollegen gut verstand und dessen Ehrlichkeit ich schätzte.
Er erzählte mir, dass er verheiratet sei und zwei Kinder habe, die Familie aber in Nürnberg wohne und er nur ab und zu am Wochenende heimfährt.

Auf dem Nachhauseweg ging er nach dem Motto: "Ein Küsschen in Ehren kann niemand verwehren." Raymond war auch im Auto dabei und als ich mich von ihm verabschiedete sagte ich kurz und bestimmend: "Man läd keine Freundin ein, um nur zu zeigen, dass man eine hat und überläßt sie dann anderen. Tschüß". Das war's - Ende - vorbei. Es folgte kein Rendezvous mehr. Aber - "gebranntes Kind scheut's Feuer", also mit dem sehr netten, aber verheirateten Mann wollte ich mich eigentlich nicht mehr treffen. Trotzdem sahen wir uns nochmal ein ganzes Jahr später, als ich besuchsweise in München weilte. Er war immer noch im Studio Freimann und wir machten einen Tagesausflug an den Starnberger See. Er erzählte mir viel von seinem Leben, der Flucht nach dem Kriege, von seiner Frau und den Kindern.
Ich war so froh und dankbar über seine offene Haltung und dass er nicht jammerte über die Ehefrau die ihn nicht verstehen würde. Nein, wir wußten, das wir das gewisse "Etwas" für einander empfanden, aber ein Tabu blieb bestehn. Ich habe ihn nie nach seinem Alter gefragt, aber ich nahm an, dass er ca. 10 Jahre älter war als ich. Damals konnte man eben noch flirten und es blieb oft bei einem Kuß, das waren noch die "goldenen" 50iger Jahre.
Wir, die Weibchen, hatten die Verantwortung zu 80% alleine in der Hand, wenn was schief ging und evtl. aus einer kleinen Liebelei eine Schwangerschaft entstand, dann trugen wir die Schuld. Man war ein "leichtsinniges Geschöpf", vom Bedrängen und der Unbeherrschtheit der Männer keine Rede.
Ganz besonders empört reagierte ich deshalb, als ich nachdem ich einige Monate in München lebte von meiner Schwester hörte, dass eine Tante folgende Bemerkung losließ:
"Das Luder hat bestimmt was mit dem Chef gehabt und da ist sie nach München abgedampft um wohl dort alles aus dem Wege zu räumen!"
"So ne Gemeinheit" waren meine ersten Worte, "das hätte die Tante nicht sagen sollen, ich dachte immer sie mag mich gut leiden. Ich würde nie ein Kind abtreiben und zweitens würde ich mich nicht mit einem verheirateten, 20 Jahre älteren Mann einlassen!"
Meine Schwester beruhigte mich und wiess darauf hin, dass wir sowieso keinen guten Kontakt mehr mit diesen Verwandten hätten.

Eines schönen Sommerabends wurde ich von Richard, vom Studentenquartier mir gegenüber, zum Eisessen nach Schwabing eingeladen. Schwabing, das Künstlerviertel, mit seinen vielen italienischen Eisdielen, Jazz-Kneipen und Restaurants. Wir waren recht fröhllich und schlenderten auf einer Kurzstrecke durch den Englischen Garten heim. Es ist eine herrliche Parkanlage, die sich

fast von der Stadtmitte bis nach Freimann hinzieht. Englischer Garten deshalb, weil man sich nicht an den leicht gekünstelten französischen Parkstil hielt, sondern den englischen, der mehr einem Wald gleicht, mit schönen, vielen verzweigten, breiten Fußgängerwegen.
Nach dem Motto: "Ein Küsschen in Ehren kann niemand verwehren", blieben wir auch öfters stehen. Doch plötzlich wurde mein Begleiter etwas zu stürmisch und direkt aufdringlich, er wollte mehr als einen Kuß! Ich wehrte mich und meinte:
"Kannst Du Dich denn nicht beherrschen, seid ihr Männer denn alle gleich", worauf er wütend antwortete:
"Was ich an Frauen wie Dir hasse ist, dass Ihr mehr versprecht als ihr haltet !"
Ich wehrte mich seiner kräftigen Umarmung zu entkommen und sagte ungehalten:
"Was habe ich Dir denn versprochen ?"
"Wenn man Dich küßt hat man auf jeden Fall das Gefühl dass Du auch mehr willst - und überhaupt, was soll's Du brauchst Dich mir gegenüber gar nicht so anzustellen als wärst Du noch unschuldig."
"Was" schrie ich jetzt zornig, "muß ich Dir es schriftlich geben, ich bin noch nicht mit einem Mann ins Bett gegangen. Warum müßt ihr Männer immer auf's Ganze gehen. Ich will auf keinen Fall im Park überrumpelt werden, so wie Du Dir es vorgestellt hast. Nein Danke".
Ich streifte meinen weiten Rock vom Sommerkleid etwas glatt, und machte eine Geste die nicht unverstanden blieb, nämlich: Bewahre Deinen Abstand.
Es gab ein Hin- und Hergerede noch auf dem restlichen Heimweg. Wir spazierten nicht mehr Arm in Arm wie wir das zu Beginn des Rendezvous taten, sondern es entstand eine Lücke zwischen uns beiden. Vor dem Hause entschuldigte er sich so in etwa, verabschiedete sich höflichst und auf seine Frage: "Sehe ich Dich unter der Woche oder kommst Du mal rüber zu uns?" sagte ich nur kurz, schon abgewandt, mit dem Schlüssel im Schloß hantierend: "Nein, vorläufig nicht, mal sehen."
Die schwere Haustüre sprang auf, ich war froh dahinter zu verschwinden. Ich eilte die Treppe hoch. In meinem kleinen Zimmer angekommen fühlte ich mich recht enttäuscht, verloren, mißverstanden. Am nächsten Tag erzählte ich es Tante Liesl. Auch sie war überrascht:
"Das hätte ich nicht von Richard erwartet, ich dachte er sei ein netter, junger Verehrer. Er kennt Dich doch schon seit einigen Monaten".
Das Ende der Begegnung war, dass Richard an einem Abend, als ich Nachtdienst hatte, Tante Liesl aufsuchte und ihr sagte, dass er wohl selbst

daran Schuld sei, dass ich unsre Freundschaft abgebrochen habe. Sein Zimmer-Kollege schlug die Hände überm Kopf und sagte zu ihm, als er ihn den Abend im Park schilderte: "Wie kannst Du nur das Mädchen so verkannt haben - ich hätte Dir gleich sagen können, dass sie zwar eine große Klappe hat, aber wenn es an die Moral geht, ist sie eisern!"

Bald hatte ich mich von meinem Schreck erholt, denn ein Vertreter von Sarotti, Schokoladenfabrik, der eine Ausstellung in unserem Hotel hielt, bombardierte mich mit Tafeln von Schokolade. Fast täglich brachte der Page mir/uns auf dem Silbertablett Süßigkeiten in die Zentrale. Ich mußte mehrere Telefongespräche für ihn vermitteln, am Telefon ist das Flirten recht harmlos. Nun wagte ich mir auch mal nach Dienstschluß den Ausstellungsraum selbst aufzusuchen. Dies war gegen die strenge, vom Direktor erlassene Hausvorschrift: "Kein Kontakt mit den Gästen".
Ich war etwas neugierig, wollte mich eigentlich für die Schokolade bedanken, natürlich auch im Namen meiner Kollegin. Was ich nicht wußte, war, dass er bereits am Tage vorher schon oben im Büro war und sich die ganze Belegschaft angesehen hatte. Als er in die Telefonzentrale blickte, fragte er ob Ingeborg das Fräulein aus Würzburg sei. Sie lachte ihr typisches, kicherndes Gelächter und meinte grinzend: "Nein, Ulrike hat diese Woche Nachtdienst". Also wußte er sofort wer ich war. Mein erster Eindruck: Schön ist er nicht, groß und schlank ist er nicht, aber - eine sehr lebhafte Person war er, leicht blondes Haar, das schon fast den Anfang zu einer Glatze zeigte. Funkelnd blaue, freche Augen blickten mich an.
Sein Freund und noch ein junges Fräulein waren anwesend. Wir beschlossen, nachdem wir uns alle miteinander bekannt machten, etwas plauderten, noch alle vier Mann hoch einen Kaffee im "P 1" (Prinzregentenstraße 1) dem Cafe wo man sich traf, zu trinken.
Wir verstanden uns alle blendend. Für mein nächstes freies Wochenende wurde ein Ausflug nach Reith im Winkel und Berchtesgaden geplant. Ich konnte es gar nicht abwarten.
Ich war 5 Monate in München und habe die Berge noch nicht besucht. Meine Johanna Spirie Bücher u.a. "Heidi" das Buch, das ich als Vierzehnjährige las, erweckte eine Sehnsucht nach den Bergen in mir.
Endlich - ein netter junger Mann, sein Freund und dessen Bekannte, wir machten uns in einem Opel auf die Fahrt. Da dachte ich an Mutti's einst scherzende Worte: 'Jede Schoppel fährt en Opel' ! Unser Vertreter Freund hatte alles gebucht. Hotel und zweimal übernachten in Berchtesgaden. Zwei

Zimmer nebeneinander mit Durchgangstür !! Wau !! Elli und ich flüsterten uns leise zu: "Auf unserer Seite steckt ein Schlüssel und da wird abgeschlossen, o.k?" "Prima, alles klar", war meine Antwort.
In den fünfziger Jahren schuf die neue Nachkriegswelle das Motto: "Fifty-fifty". Jeder zahlt die Hälfte, Kosten werden unter jungen Leuten geteillt. Wir Mädchen boten sofort an, dass wir uns an den Kosten beteiligen. Das verpflichtet nicht, man fühlt sich als Frau irgendwie freier. So wurde auch an jenem Wochenende gehandelt. Wenn die Herren darauf bestanden, da ihr Einkommen höher als das unserige war, uns mal zum Essen einzuladen, so haben wir dies auch akzeptiert.

Wir besuchten alle das Salzbergwerk in Berchtesgaden. Wir mußten eine Schutzkleidung tragen, eine uniformartige Ausrüstung mit Kappe. Die Fahrt auf der kleinen Eisenbahn, hinunter in das Bergwerk, die Seen, die herrlich erleuchteten Farben, - alles ein Erlebnis.
Die schneebedeckten Kuppeln der Alpen, von dem Anblick konnte ich gar nicht genug aufsaugen. Auf der Autobahn im Auto sitzend konnte ich kaum die Tränen der Freude verkneifen. Man hat mich fast etwas 'auf den Arm genommen'. Doch dann wurde ihnen klar, dass ich ja ca. 350 km von München nördlich zu Hause bin, noch nie Urlaub machte und somit eine Reise in die Alpen noch nie auf dem Programm gestanden war.

Begeistert kam ich am Montag zum Dienst, alle im Büro, vorallem der Buchhalter fragten gleich: "Na, wie war's denn?" eine ganz freche Stimme meinte auch: "Hast Du Deine Unschuld noch?" Irritiert und fast errötend antwortete ich: "Der Schokolade-Mann ist einfach 'süß', ein Kavalier von oben bis unten und außerdem waren wir zu viert."
"Ach was", lachte der Buchhalter, "so was gibt's doch nicht, der Vertreter, alle Vertreter, haben es faustdick hinter den Ohren, und Sie wollen uns sagen, dass Euer Wochenende total harmlos war?"
"Ob Sie es glauben oder nicht", sagte ich etwas spitz, "sie müssen es schlucken - es gab keine Bettszene, o.k.?" Erhobenen Hauptes und mit hellem Lachen von allen anderen Büroangestellten begleitet, maschierte ich in meine Zentrale zur Kollegin Ingeborg, die tapfer am Vermitteln war. Sowie sie eine freie Minute hatte, und mir alles von der Morgenschicht übergeben hatte, erzählte ich ihr in Einzelheiten von meinem wunderschönen Wochenende. Sie war stets kameradschaftlich, mit gutem Rat und Tat stand sie mir zur Seite. Sie war ca. 10 Jahre älter und das brachte Vertrauen und eine gewisse Zuneigung.

Wir gaben uns auch ulkige Namen, so z.B. nannte ich sie "Strohpüppchen", ihr blondgefärbtes gerade angeschnittenes Haar gab mir den Anstoß zu diesem Wort. Dazu kamen noch ihre überaus langen, lackierten Fingernägel. Sie konnte buchstäblich mit den Nägeln allein in der Drehscheibe wählen, aber meistens taten wir es mit einem Bleistift.
Auch ihre Augenwimpern waren kräftig mit Tusche hochgebogen. In Figur war sie groß und schlank. Sie trug extra betont schicke Mode-Kleidung.
Nun, sie nannte mich "Bambusäffchen". Ich war wohl dunkelhaarig, rundes Gesicht und recht verspielt.

Einige Jahre später, als wir noch miteinander korrespondierten, hörte ich von ihrem tragischen Schicksal. Auf ihrer Hochzeitsreise mit einem jungen, wohlhabenden ägyptischen Kaufmann, hatten sie auf der Autobahn Salzburg-München einen Autounfall. Ihr Mann war sofort tot und sie lag wochenlang in einem Münchner Krankenhaus. Dort besuchte ich sie von Würzburg aus, indem ich von einer Mitfahrgelegenheit Gebrauch machte. Trotz der traurigen Umstände war unsere Wiedersehensfreude einmalig. Die letzte Nachricht, die ich von ihr hatte war, daß sie nach Alexandria übersiedelte und mit dem Bruder ihres ehemaligen Mannes verheiratet ist .

Meine Stelle als Anfangstelefonistion machte mir mehr Spaß als nur Büroarbeit. Die Anforderungen waren auf schnelle Reaktion abgestimmt, das hatte ich. Mein Volksschullehrer sagte schon: "Sie hat einen guten, schnellen Auffassungsgeist!".
Heutzutage, also in den 90iger Jahren sind alle Telefonzentralen super modern, nur mit Knöpfen und Tasten ausgestattet; unser altes Stöpselsystem hatte aber auch seinen Reitz.
Ingeborg und ich beschwerten uns über unser niedriges Gehalt. Meine 145.-DM reichten mir bald hinten und vorne nicht mehr. Ich äugelte mit einer Handtasche, cognacfarben und den dazu passenden Schuhen. Der Buchhalter meinte, ich habe ja meine sog. Anlernzeit hinter mir und ich solle den Herrn Direktor persönlich fragen. Das tat ich denn auch. Zählte ihm alle meine Unkosten auf und als er hörte wie wenig mir übrig blieb, meinte er scherzend, das sei ja fast ein "Hungerlohn". "Aber bitte", so fuhr er fort, "Gehaltserhöhung bespricht man nicht mit den Kolleginnen. Ich sage dem Buchhalter Bescheid, sie bekommen jetzt DM 170.-" Ich sagte erfreut: "Vielen Dank".

Da unser Frühdienst um 7.00 Uhr anfing, wurden auch die Gäste die auf der Liste zum Wecken eingetragen waren, Punkt sieben geweckt. So geschah es eines Tages, dass ich mit Fieber und einer Halsentzündung im Bett lag. Glaubte jedoch, Hustenbonbons und Tabletten würden durch die Nacht hindurch helfen. Aber, oh Schreck, am nächsten Morgen vor 6.00 Uhr merkte ich, dass ich eine ganz heisere Stimme hatte. Ich wartete, bis ich Tante Liesl im Gang hörte, wollte sie rufen, doch brachte nur einige gehauchte Silben heraus. So stieg ich schnell aus dem Bett und ging in die Küche zu ihr. Sie erkannte sofort was los war. Im Flüsterton bat ich sie, bitte doch gleich von Frau Reiselhuber aus im Hotel anzurufen, damit der Portier Bescheid wußte. Er konnte dann einen Hausmann einsetzen, bis die Bürodamen so gegen 8.00 Uhr eintrafen.
Beruhigt und mit einer heißen Tasse Pfefferminztee ging ich zurück ins Bett. Doch man höre und staune. Ein Gast wollte genau um 7.00 Uhr geweckt werden, da ich nicht am Telefon saß und bis der Portier es wohl merkte, dass mein Platz unbesetzt war, hatte der Gast verschlafen. Kam demzufolge zu einem Geschäftstermin zu spät. War wütend und wollte das Hotel-Management verklagen. Er machte angeblich eine Szene beim Direktor im Büro, die Portiers im Empfang konnten alles mithören.
Nun, was machte der Herr Direktor ? Er mußte sich zuerst mal sicher sein, wer die Schuld zu tragen hatte. War es in meinem Fall ein Krankheitsfall und deshalb Arbeitsausfall, dann schaltete sich seine Versicherung ein.
So mußte sich die Hausdame, also die sog. Chefin aller Zimmermädchen, auf den Weg in die Osterwaldstraße machen und den Beweiß liefern, dass ich wirklich krank war und nicht "blau" machte. Ich war beim ganzen Personal im Hotel bekannt und beliebt, letzteres wurde mir bestätigt. Als Frau Vetter am Nachmittag in der Wohnung von Tante Liesl auftauchte und nach mir fragte, sagte sie, es tue ihr aufrichtig leid, aber es seien Anweisungen, die sie befolgen müsste.
Ich war so enttäuscht im ersten Moment sah ich es als eine Mißtrauenssache. Man traut mir nicht! Tränen strömten mir nur so übers Gesicht. Aber, die liebenswerte Frau Vetter setzte sich zu mir auf's Bett und erklärte mir den ganzen Sachverhalt mit dem Gast, der einen wichtigen Geschäftstermin verpasst habe, dem Verklagen, der Versicherung usw. Natürlich verstand ich das und ihre tröstenden Worte beim Verabschieden waren:
"Nun werden sie bald gesund und alle senden gute Besserung. Wir wußten das Ulrike ein ehrliches Mädchen ist." Daraufhin ließ ich mich beruhigt und erleichtert in meine Kissen fallen und wünschte sehr, dass ich alles Mutti

erzählen könnte. Die Medizin, die mir Tante Liesl beim Apotheker besorgte half und in kurzer Zeit war ich wieder zurück am Arbeitsplatz.

Jetzt will ich noch schnell erklären, warum man mich Ulrike nannte. Eigentlich sagte man damals im Büro und in Firmen nie den Vornamen, nie wurde das "Du" als Anrede gebraucht. Es herrschte eine gewisse Höflichkeit mit Distanz. Wir kannten es nicht anders und haben es voll und ganz akzeptiert. Als man meine Personalien im Büro aufnahm und feststellte, dass ich eine Sieglinde Ullrich bin, fragte man mich nach einigen Wochen, ob man mich nicht anstatt Frl. Ullrich - "Ulrike" nennen könnte, das klinge so nett, so wurde ich Ulrike und "Sie". Das "Du" unter Angestellten gab es eben zu der Zeit nicht.

Unten im Empfang waren es nur Männer, der Chef Portier ca. 45 Jahre, seine rechte Hand ein Portier, von dem man sagte er sei ein "Schwuler". Zu meiner Überraschung kam ich gut mit ihm aus. Es ist eine Tatsache, dass die leicht betonte weibliche Seite in diesen Männern uns Frauen/Fräuleins etwas mehr Verständnis entgegen bringt, gerade dann, wenn es sich um typische Frauenprobleme handelt. Vor den 101%igen Männern sollte man sich hüten. Sie sind so von ihrer Männlichkeit überzeugt, dass sie oft ihre Rolle überbetont spielen. Mit der 'Faust auf den Tisch Methode', mit dem Egoismus den Charakter verwechseln, gerne dominierend sind. Sie haben Angst, dass Zärtlichkeit, Verständnis und Nachgiebigkeit ihren Ruf als Mann schaden könnten. Leider hat unsere Gesellschaft und die heutige Media solche Matscho-Typen geprägt.
Der Chefportier, so erzählte man sich unter dem Personal, hat zu Hause nichts zu sagen, seine Frau habe die Hosen an, deshalb spiele er gerne den dominierenden Mann im Empfang Es macht ihm Spaß, mit den Telefonistinnen und den jr. Portiers herumzuschreien.

Ich unterhielt mich oft während des Nachtdienstes mit Harry, dem 175iger (noch ein Name den ich dazulernte). Wir sprachen über gute Einkaufsmöglichkeiten, Parfüm udgl. Unser Buchhalter bemerkte eines Tages: "Meine Güte, Ihr beide versteht Euch ja so gut, dass mir bange ist Ulrike, ob was bei Ihnen nicht stimmt". Meine scherzende Antwort war:
"Alles in bester Ordnung nur noch nicht den richtigen Mann getroffen!"
Zwischenzeitlich hat sich die Urlaubssaison bemerkt gemacht. Uns wurde ein junger Portier vom Park-Hotel, ein Schwesternhotel zum Esplanade, zugewiesen. Er war groß, schlank, gutaussehend, elegant gekleidet, Jahrgang

1936, hieß Wilfried und kam als Düsseldorf. Zur gleichen Zeit kam eine junge Volontärin ins Büro.
Sie war auch Wochenendaushilfe in der Zentrale. Einmal im Monat wurde abgewechselt, so daß die Telefonistinnen auch ein freies Wochenende hatten. Unsere Dienstzeit war: 7.00 Uhr morgens bis 15.00 Uhr nachmittags. Ablösung und Übergabe von 14.30 Uhr an. Nachtdienst 14.30 Uhr bis 24.00 Uhr. Für mich war dann gerade noch genug Zeit um am Stachus die letzte Straßenbahn nach Schwabing zu nehmen.
Die Volontärin hatte wohlhabende Eltern, hatte es fast nicht nötig zu arbeiten, aber durch Empfehlung ans Hotel wollte sie ausprobieren, ob sie eventuell Interesse habe im Hotelfach zu arbeiten.
Wir stellten bald heraus, dass sie sehr unzuverlässig arbeitete. Im Nachtdienst rauchte sie, was wegen der kleinen Zentrale verboten war. Unser Büroklammer-Döschen benutzte sie als Aschenbecher. Wir Telefonistinnen waren am Meckern! Der Buchhalter meinte, sie müsse sich wohl erst mal einarbeiten und vieles lernen.
Sie und der junge Portier aus Düsseldorf gingen bald miteinander aus. Sie lud ihn oft zu sich am Abend ein, wenn ihre Eltern ausgingen.
Als ihre vier Wochen Probezeit als Volontärin zu Ende waren, machte der Buchhalter kurz Bilanz. Er hörte von uns in der Zentrale, dass sie unzuverlässig sei, Nachtdienstlisten der Gäste nicht ausfüllte.
Auch im Büro zeigte sie kein besonderes Interesse, ihr Tippen war nicht akkurat. Der Direktor jedoch wehrte ab und wollte sie noch weiter beibehalten. Wir protestierten! Doch schien es, und wir bekamen es vom Hausdiener des Nachtdienstes bestätigt, daß die Kleine vorgesorgt hatte und ein extra Liebkind beim Direktor war, indem sie ihn öfters abends in seinem Büro besuchte. Über solche Besuche wußte ein Fräulein im Büro besonders gut Bescheid. Sie erzählte uns, dass der Herr Direktor, als sie vor einer Weile im Nachtdienst aushalf, mit ihr etwas "Tuchfühlung" anfangen wollte, sie aber sofort abgewiesen habe. Sie mußte ihm versprechen, von dem "kleinen Vorfall" niemanden etwas zu sagen. Nun war es aber spruchreif, wir restlichen Fräuleins im Büro und Zentrale wußten nun, daß die schlaue Volontärin sich hinter den Herrn Direktor klemmen will, um ihre Fehler und ihr Nichtkönnen im Büro und Zentrale zu vertuscheln.
Noch in der gleichen Woche, als ich nach meinem Frühdienst das Hotel verließ, hörte ich plötzlich hinter mir eine Stimme meinen Namen rufen:
"Frl. Ullrich, mal nicht so schnell, ich wollte sie begleiten". Ich drehte mich um: "Ach sie sind's" meinte ich. Es war Wilfried Schatten, der junge Portier.

Er bat mich, doch mit ihm am Schillerplatz einen Kaffee zu trinken. Ich sagte sofort kritisierend: "Sollten Sie das tun ? Sie sind doch eng mit Frl. Wehr befreundet, was wird sie nur denken? "
"Das ist mir egal und gerade wegen ihr wollte ich mit Ihnen sprechen".
Nanu, das war eine Überraschung. Ich blickte ihn von der Seite an und dachte: "Nunja, anhören kann ich mir's ja mal". Irgendwie hatte ich das Gefühl, der Mann hat ein Problem.
Wir saßen lange plaudernd im Café. Er brachte mich noch zur Straßenbahn. Ich fand ihn sympathisch. Ich entdeckte wieder meine Schwäche für gutaussehende, gut gekleidete junge Männer. Der Anzug, die Kravatte, alles geschmackvoll gewählt. Beim Verabschieden konnte ich ihm nicht viel versprechen, aber - auf dem Heimweg, ca. 14 Tram Stationen ließ ich mir alles durch den Kopf gehen was er mir anvertraut hatte.
Also, dieses Frl. Wehr ist ein Biest. Sie hat den Wilfried so eingewickelt, dass er fast nicht Luft holen kann. Sie hat ihn den Eltern vorgestellt, sie spricht von Verlobung usw. und er ist gar nicht in sie verliebt, so beteuerte er, er habe es nicht so ernst gemeint. Eigentlich hatte mich diese Situation mehr amüsiert als alles andere. Aber - der springende Punkt war, dass Frl. Wehr sich mit dem Herrn Direktor zwischenzeitlich so gut angefreundet hatte, dass sie Wilfried drohte, wenn er mit ihr Schluß mache, sie es fertig bringen werde, daß ihm gekündigt wird. Sie wüßte schon wie sie die Sympathie und Zuneigung des "alten Kropfes" wie sie ihn beschrieb, ausnützen könne.
Mein Plan war, mich am nächsten Tag mit Ingeborg meiner Collegin zu beraten. So geschah es, daß wir beide uns einig waren und schlicht und einfach zum Buchhalter sagten:
"Herr Brüggemann, wenn Frl. Wehr nicht bis Ende der Woche geht, kündigen wir beide, wir lassen uns nicht von so einem verwöhntem Töchterchen unsere Arbeitsatmosphäre verderben". Der Buchhalter blickte wie üblich wieder über seinen Brillenrand und meinte:
"Gut, was bin ich froh, dass ihr beide Euch so einig seid, wir hier im Büro unterstützen Euch, sie muß gehen!".
Er hatte daraufhin eine Unterredung mit dem Direktor. Als sie zum Dienst kam sandte Herr Brüggemann sie gleich zum Direktor. Als sie aus dem Büro war meinte er, sich an uns richtend: "Der Dirketor war zwar erst etwas unwillig, er wollte nicht voreilig handeln, man sollte ihr noch eine weitere Chance geben. Aber als er hörte, daß die beiden Telefonistinnen gehen wollen aus Protest, blickte er erschrocken auf und sagte: "Na, dann muß sie ne Niete sein, wenn sie gleich beide Fräuleins in der Zentrale gegen sich hat."

Kaum war er fertig mit seiner Wiedergabe der Unterhaltung, ging schon die Tür auf und Frl. Wehr erschien und meinte etwas versteckt lächelnd:
"Der Herr Direktor hat mir eben gesagt, dass ich wohl nicht geeignet bin für das Hotelfach und ich solle mir was besseres finden!"
Da platzte dem Buchhalter der Kragen und er sagte ärgerlich:
"Sie Christkind, **Sie** sind nicht gut genug hier zu arbeiten, Sie können den restlichen Angestellten nicht mal das Wasser reichen - jetzt hörn sie bloß auf die Dinge herumzudrehen!"
Er öffnete seine Schublade, holte ihre Versicherungskarte und sonstige Papiere heraus, überreichte sie ihr mit den Worten: "Packen Sie Ihre Sachen und gehen Sie bitte gleich, je eher je lieber."
Immer noch lächelnd entfernte sie sich und wir atmeten alle auf.
Die größte Überraschung kam, als Wilfried am Abend während seines Dienstes mit mir per Telefon sprach und ich von ihm hörte, dass sie sich von ihm nicht mal verabschiedete und als er sie anrief, da er ja nicht wußte was sich im Büro abgespielt hatte, sie ihm sagte, dass sie mit niemanden vom Hotel mehr was zu tun haben möchte und legte sofort den Hörer auf.
Er war recht froh und sagte zu mir: "Ich bin heilfroh, dass ich diese Episode hinter mir habe und im gleichen Atemzug sagte er: "Wir sollten mit einem Gläschen Wein dazu anstoßen, denn Sie haben mir geholfen!"
"Nein mein Lieber, nicht so schnell bitte. Ich möchte erst mal mehr von Ihnen wissen" antwortete ich.

Einige Tage später stand er, als ich das Hotel nach meinem Nachtdienst verließ, gleich neben dem Eingang in einer Niesche. Mit einem breiten Lächeln begrüßte er mich und bot sich an, mit mir zur Straßenbahn zu laufen. Ein kurzer Weg dachte ich, warum dieser kleine Kavalier-Dienst? Als wir so dahin schlenderten an hellerleuchteten Schaufenstern der Bayerstraße entlang, blickte ich ihn schnell von der Seite an und stellte wiederum fest, daß er ein gutaussehender Jüngling ist. An der Haltestelle angekommen hatten wir noch einige Minuten bevor die Tram kam, da erklärte er plötzlich: "Hör mal Du gefällst mir, Du bist so offen und hast einen tollen Humor, lass uns doch ein Bierchen trinken gehn. Am Wochenende hast Du doch frei, kann ich Dich nicht treffen? Ich will aber nicht das jemand vom Hotel davon erfährt!".
Ich antwortete frech: "Letzte Einladung war zu einem Gläschen Wein, schon billiger - ein Gläschen Bier - ich mag kein Bier, tut mir leid und warum die Heimlichtuerei? Ich habe nichts zu verbergen."
"Ja," meinte er und sah über mich hinweg, "das kann ich Dir nicht alles auf

einmal erklären. Aber warum kannst Du nicht mal mit mir ausgehen? Da kam die Tram, bevor ich aber einstieg sagte ich schnell:
“Also gut, am Samstag gehe ich erst zurück ins Hotel gegen 13.00 Uhr, für mein Mittagessen, ich kann mir keines leisten, meine Tram-Monatskarte bringt mich ohne Kosten hierher - also am Samstag gegen....” die Tür klappte zu, so machte ich mit meinen Fingern eine zwei.
Die Straßenbahn rollte an und er machte das o.k. Zeichen mit dem Daumen zurück.
Während meiner langen Heimfahrt überdachte ich unsere Unterhaltung und fragte mich immer wieder dasselbe ‘warum die Heimlichtuerei’?
Samstag kam und wer war auch zum Essen da? Wilfried! Er sagte scherzend:
“Du bist so sparsam und praktisch denkend Du hast mich auf ne gute Idee gebracht. Du hast Recht, wir zahlen für Verpflegung aus unserem Gehalt, warum nicht auch das Essen verzehren.” Ich grinste ihn an und sagte: “Manchmal ist ein Franke sogar schlauer wie ein Rheinländer”.
Wir hatten vor einiger Zeit mal ne Unterhaltung über Bayern, Franken und Rheinländer. Er behauptete, dass alle Bayern langsam und schwerfällig seien und ohne die Preußen in führenden Positionen würde München gar nicht als Hauptstadt funktionieren. Franken zählte er natürlich zu Bayern, da gab es keinen Unterschied für ihn.
“Ihr Rheinländer seid ein feuchtfröhliches, leichtsinniges Volk, man kann Euch nicht ernstnehmen”, war eine meiner Bemerkungen. Ein junges Zimmermädchen hörte unsere Unterhaltung und rief freudig aus:
“Ulrike geben’s ihm nur eins auf’m Deckel, die Preußen sind alle gleich, große Klappe!” Da lachte ich hell auf und rief zurück:
“Mein Opa, gebürtiger Pfälzer hat auch immer alles nördlich von Frankfurt ‘Preußen’ genannt, das stimmt aber nicht immer.”
Bald war unser Mittagsschmauß vorbei, Wilfried und ich verließen recht aufgeheitert das Hotel. Und wen trafen wir kurz am Ausgang? Den herumtänzelnden Harry, der Nachtdienst hatte und auch noch schnell Mittagessen wollte. Ich trug einen Duffelcoat mit Kaputze und Wilfried hatte seine Hand unter meiner Kaputze, so halb auf meinen Schultern, so liefen wir ihm in die Hände. Er sagte sofort: “Na, na, was sehe ich denn da? Das Personal soll nach Anweisungen vom Herrn Direktor nicht miteinander ausgehen, na Ihr Beiden!”
Er hob seinen Zeigefingen zur Mahnung.
Doch was dann folgte, darauf war ich nicht vorbereitet. Die darauffolgenden Wochen war er recht spitz zu mir, jeglicher freundschaftlicher,

kameradschaftlicher Ton wich aus seiner Stimme. Bis der Groschen gefallen ist. Er war eifersüchtig auf mich, denn ihm gefiel Wilfried auch recht gut, also war ich ne Art Rivalin für ihn.
Offensichtlich hatte Wilfried ihm, da ja beide zusammen arbeiteten, anvertraut, dass wir uns gut leiden mögen und dass wir am Samstag einen ganz tollen Tag zusammen verbrachten. Wir gingen nach dem Essen nach Schwabing. Dort war eine Anzahl von echt "existenzialistisch betonten Lokalen, wie z.B. "Die Badewanne" , hier konnte man bei Kerzenlicht einer Jazzband zuhören, auch tanzen. Ich trank ein Coca-Cola, wenn man hungrig war, später am Abend, bestellte man sich eine Linsensuppe mit Würstchen.
Wir saßen dort lange und erzählten uns erstmal von unserem Zuhause. Von Wilfried erfuhr ich, daß er noch eine Schwester und einen kleinen 9-jährigen Bruder hat und sein Vater bei der Bundesbahn arbeitet und seine Mutter sehr lustig und humorvoll sei, so wie ich.
Ich glaube an jenem Abend bekam ich auch den ersten Kuß von ihm. Er wollte mich unbedingt bewegen, ihn mit auf mein Zimmer zu nehmen. Ich lehnte es heftig ab, da ich ja Tante Liesl erstmal fragen müßte und er könne ein anders Mal am Nachmittag kommen.
Er war frech und sagte: "Kindchen Du zahlst doch Miete, da darfst Du auch Freunde mitbringen. Ich wohne in der entgegengesetzten Richtung von Schwabing bis ich heim komme ist es Mitternacht vorbei - na sei doch nicht so hart, ich hab' Dich wahnsinnig lieb! Oder hast Du vielleicht doch einen anderen Freund?" Ich mußte lachen und beteuerte:
"Erstens hast Du Glück gehabt, dass Du nicht gesagt hast Du liebst mich, zweitens bin ich frei und ungebunden und ich will es auch so lassen - und übrigens, damit Du mich nicht in die Enge treibst wie jener Student, mein Nachbar, ich habe tatsächlich noch nicht mit jemanden geschlafen - aber - langsam habe ich die Nase voll, als Jungfrau herumzulaufen, ich sehe es ja auch in Deinem Gesicht, Du glaubst es ja auch nicht!"
Er war recht verlegen und meinte: "Würdest Du das schwören?"
"Meine Güte, Du bist aber mißtrauisch, schlechte Erfahrung mit Weibern, was? Glaubst wohl auch nicht das ein Mädchen wie ich, 19 Jahre, gute Figur, freche Klappe und intelligent noch unschuldig sein kann - was ? Ihr Jungs seid alle gleich, manchmal möchte ich wirklich als Junge auf die Welt gekommen sein!"
Ich holte mal tief Luft, stand auf und griff nach meinem Mantel. Er war schnell zur Seite und half mir beim Anziehen.
Die Stimmung war etwas betrübt, er brachte mich zur Tram und wir fuhren in entgegengesetzter Richtung, jeder zu seinem Quartier.

Als Harry die darauffolgende Woche dann so zynisch war und ich mich mit Wilfried nicht treffen konnte, da unsere Dienstzeiten nicht zusammenfielen, schrieb ich ihm eine kleine Notiz und klärte ihn über Harrys Benimm auf. Er solle sich entscheiden, entweder mir "schöne Augen machen" oder Harry. Prompt erhielt ich einen Telefonanruf während meines Spätdienstes und er meinte verwundernd: "Wer hat Dich denn so schnell aufgeklärt - also Du weißt Harry ist ein Schwuler, ich hab' ihm gesagt, er soll sich woanders amüsieren aber nicht auf meine Kosten. Ich glaube er ist o.k. Er sagte mir auch, dass er Dich von allen Weibern im Büro am besten leiden mag."
"Donnerwetter, welch eine Ehre, sonst noch was?" Nun war ich zynisch und schleuderte noch etliche Beleidigungen an seinen Kopf.
Zuguterletzt machten wir ein Rendezvous aus und zwar nächsten Freitagabend nach dem Nachtdienst. 23.30 Uhr wollte er mich abholen. Ich mußte erst wieder Montag Nachmittag meinen Dienst antreten, das war mein langes, freies Wochenende, demzufolge konnte es Freitag spät werden. Doch zu meiner Überraschung stand Wilfried und Harry im Mantel unten beim Ausgang und beide lachten mich an. Nanu dachte ich, da stimmt doch was nicht. Aber während wir vom Hotel wegspazierten, erklärte mir Harry, daß er nun wüßte, dass ich ihn nicht verachte, wie so manche Frauen und er lud uns in sein Stammlokal ein. So liefen wir um einige Straßenblöcke und siehe da, ich betrat zum erstenmal in meinem jungen Leben ein Lokal für nur Homosexuelle. Wir legten ab und ich weiß noch ganz genau was ich trug - eine weiße Bluse mit Kragen hochstehend, einen hellgrauen, engen Rock mit breitem Ledergürtel und Schuhe in der gleichen Farbe, sowie passende Handtasche. Zu meinem größten Erstaunen waren einige Männer genau so gekleidet, nur anstatt Rock eine Hose, aber die Hemdenkragen hochgestellt, das war "in", Gürtel um die Tallie, leicht geschminkt, Schmuck, Armreifen usw. Nun wußte ich zum erstenmal wie man sich fühlt, wenn man in der Minderheit ist.
Meine Augen und Ohren nahmen alles auf und ich amüsierte mich im Kreise der "Frauen". Komischerweise übersah ich ganz und gar Wilfried's Reaktion, ich war so mit mir selbst beschäftigt. Es war ziemlich spät als wir feuchtfröhlich das Lokal verließen, meine letzte Straßenbahn war weg, so zahlten mir Wilfried und Harry ein Taxi - das fand ich großzügig, sehr Kavalier betont.
Tante Liesl habe ich von jenem Abend erzählt. Sie mußte ab und zu hell auflachen, denn ich habe schon etwas in meiner Beschreibung der "fraulichen" Männer übertrieben und auch zahlreiche Gesten mit eingebaut.
Langsam aber sicher wurde meine Verbindung zu Wilfried enger und enger.

Das unvermeidliche geschah, ich besuchte ihn eines Tages in seinem Quartier. Ich wunderte mich, wie er so eine tolle, nette Wohnung alleine bezahlen konnte, sein Gehalt war nicht über DM 200.- im Monat, doch die Portiers bekamen Trinkgeld. So wollte ich gerne wissen wie, weshalb und warum?
Doch da wurde er ganz schlau, setzte sich zu mir auf die Couch, gab mir ein Likörchen in die Hand und sagte:
"Prost mein Schatzimann, nun höre auf mit Deinem Kreuzverhör, laß uns doch die Stunden genießen die wir beisammen sind". Vom Radio her klang der Schlager: "Das machen nur die Beine von Dolores, dass die Senjores nicht schlafen gehn..." Wilfried sagte mir wieder wie gut ihm meine "Beinchen" gefallen, gerade richtig, nicht zu dick, "ich liebe schlanke Gelenke..." schmunzelnd nahm er mich in seine Arme und man könnte sagen "halb zog sie ihn, halb sank er hin, da war's um sie geschehen".

Ja, wie fühlt man sich hinterher ? Hand aufs Herz, wer wagt die Wahrheit zu sagen, in den 50iger Jahren gab es ja fast keine Diskussion über Sex, alles war nur Romanze und Liebe. Aber ich hatte immer das dumpfe Gefühl, dass irgendwo was nicht stimmen konnte. Der Mann total erfüllt, die Frau, ich z.B. sagte mir: 'Soll das alles sein, worüber so viel getuschelt, geschrieben und aufgebaut wird? Gottseidank dachte ich mir im Stillen, nun habe ich es endlich hinter mir - ich bin keine Jungfrau mehr'. Viel später erst erfuhr ich vom Vorspiel und von dem Männertyp der ein Liebhaber ist und von dem der nur an sich und seine eigene Befriedigung denkt. Frigide Frauen! Diese Worte wurden auch vom egoistischen Männertyp gerne in den Mund genommen. Es gibt keine frigide Frauen, aber viele ungeschickte Männer, wie gesagt nicht jeder Mann hat Liebhaber Qualitäten.
Überraschenderweise tastet man sich ja durch das neue erotische Gefühlsleben, wie durch ein Zimmer ohne Licht. Bis man den Schalter findet - oder besser eine Kerze oder kleine Lampe!
Auch lernte ich, dass, egal ob höchst erotisch oder nicht, durch den Verkehr formt sich eine Bindung zu dem männlichen Geschlecht, gerade dann, wenn es der erste Mann ist, der in das Jungferntum eingebrochen hat.
Unser sogenanntes 'Verhältnis' wurde im Hotel vom Personal schmunzelnd hingenommen, ohne viel Kommentare. Ein Nachtportier sagte angeblich zu Wilfried: "Die Ulrike war wie ein reifer Apfel, sie mußte nur gepflückt werden - mei' hast Du ein Glück das ich nicht mehr jung und unverheiratet bin, sonst hät' ich Dir dazwischen gefunkt."

Ich schrieb an Wilfried's Mutter einen Brief, ich stellte mich vor, nachdem sie mir Grüße durch ihn bestellen ließ. Darauf folgte ein reger Briefwechsel. Wir waren fast glücklich. Zwei junge Menschen, gleichaltrig, wenig Geld, in einer Großstadt. Wir machten gemeinsame Sonntagsausflüge - Schloß Nymphenburg, gingen ins Theater, meistens jedoch Kino, war billiger. Öfters auch zum Tanzen. Ich glaube schon dass ich verliebt war.
Eines Tages jedoch kam der Schock, auf den ich eigentlich im Unterbewußtsein vorbereitet war. Irgendwie hatte ich immer das Gefühl das Wilfried irgendetwas belastet. Es war mein Nachtdienst und Wilfried sagte er könne mich nicht zur Haltestellte bringen, er müsse früher weg, er fühle sich nicht wohl.
Es war ein ruhiger Abend, die Zentrale lag vom Fenster des Büro's weg, so kam ich oft heraus und setzte mich etwas ans Fenster, um die Menschen und das Getöse unten in der Bayerstraße, die ja direkt am Bahnhof lag, zu beobachten. Plötzlich sah ich zwei Männergestalten vom Hotel sich weg bewegend in Richtung Stachus. Ein etwas älterer Herr, ca. 40 Jahre alt und neben ihm - Wilfried. Irgendwie sagte mir mein 7. Sinn sofort, dieser Mensch hat was mit der Wohnung zu tun und Gründe des Zweifels jagten durch meinen Kopf.
Gottlob, die Zentrale rief mich zurück, ein Gast Zi.Nr. 215 leuchtete auf: "Eine Flasche Mineralwasser bitte, das Restaurant ist ständig belegt".
"Ja, kommt sofort, ich sende den Pagen". So, das war's 23.30 Uhr, Dienstschluß. Grübelnd trat ich meine nächtliche Straßenbahnfahrt an.

Am nächsten Tag unterhielt ich mich mit Wilfried, wie üblich per Telefon, da wir beide Nachtdienst hatten. Er konnte es nicht fassen, dass ich gestern Nacht, gerade zu der Minute, als er abgeholt wurde, zum Fenster hinausschaute. "Schicksal" sagte ich, "es sollte so sein, Menschen die immer was zu vertuschen haben, werden doch irgendwann entdeckt".
An den folgenden Tagen wollte ich Wilfried nicht privat sehen. Er verstand, dass ich verletzt war. Er beteuerte, sobald wie möglich alles zu erzählen.
So hörte ich die Geschichte eines Großstadtjungen, der in Düsseldorf in die Hotelbranche eintrat und bald von einem Homosexuellen Portier verführt wurde. Ihm wurde erzählt, dass einer der größten Schauspieler Deutschlands ein 175iger sei. (Paragraph 175 BGB, für diejenigen die es nicht wissen). Schon die alten Griechen wußten ihr Leben interessant zu gestalten. Die Insel Homos und viele andere aufbauende Ideologien die auf einen jungen Mann beeindruckend wirken wurden ihm nahegelegt.

Dieser Portier nun nahm Wilfried unter seine Fittiche. Die Eltern waren nicht mit der Freundschaft einverstanden, es gab viel Streit und Unfrieden. So mußte er sich entscheiden. Der Freund versprach ihm viel, ein freies, gutes Leben, Umzug in eine andere Stadt, so zog er mit ihm nach München. Bald jedoch fand Wilfried sich eingeklemmt in einer Situation die er gerne ändern wollte, aber wie? So geschah es, dass er zuerst mit Frl. Weher flirtete und als einer der Nachtprotiere mit ihm mal über mich sprach und ihm sagte: "Die Ulrike ist ein Pfundsmädle", da hatte er das Verlangen sich mit mir anzufreunden.
Ich verstand alles, ich wußte von den Schwächen der Menschen - aber - was ich nicht verstehen konnte, warum muß ich ausgerechnet diesem Menschen mein Herz schenken ?
Oder wollte ich einfach nur meinen ersten boyfriend haben? Nein, ich habe ne Art Zuneigung zu ihm entwickelt und da auch mein Körper sexuell mit eingeschaltet war, muß es wohl Liebe sein? Was weiß man schon mit 19 Jahren von Liebe ? Was ich empfand war für mich echt. Ich wollte beweisen, dass ich das Wort Liebe verstehe, für den anderen da sein, ihm helfen.
Ich meinte ganz ernst: "Du mußt aus der Wohnung ausziehen, wie kannst Du nur bei ihm wohnen und mir glaubwürdig machen, dass Du mich liebst und mit ihm in einer Gemeinschaft lebst ?" Er schaute sehr nachdenklich und ernst drein und sagte: "Ich verspreche Dir hiermit hoch und heilig, dass ich mir ein Zimmer suche und dort ausziehe".
Ob ich ihm glauben kann? Er lächelte und nannte mich sein 'Schatzimann.' Dieser Kosename war mir neu, aber ich lernte bald, dass man im Rheinland sehr charmant mit solchen Namen umgeht. Warum habe ich mich nur in diese elegante 1,85 m schlanke Erscheinung verliebt ?

Dienstschluß - Mittagessen eingenommen, wir trafen uns vorm Hotel und ich machte den Vorschlag ein paar Stückchen beim Konditor zu holen und bei ihm Kaffee zu trinken, denn ich wollte das neue Zimmer, das er sich gemietet hatte gerne sehen.
Er wehrte ganz bestürzt ab, alles Betteln half nichts und als wir die Straße so entlang liefen zum Stachus hin, fielen mir plötzlich die Schuppen von den Augen. Ich stoppte, packte ihn heftig am Arm, sah ihm gerade ins Gesicht und sagte: "Du wohnst noch bei ihm, Du hast mich belogen, betrogen vielmehr. Vielleicht schläfst Du auch noch mit ihm ?"
Ich war ärgerlich, entsetzt, verletzt und sagte: "Jetzt ist Schluß mit meiner Geduld und meinem Verständnis. Du bist ein Schwächling, Du bist auch ein Feigling, Du kannst mit meiner Liebe einfach gar nichts anfangen. Ich habe

wohl geglaubt dass meine Unschuld Dich aufkaufen könnte, Dich retten könnte, unsere Liebe Dir einen neuen Anfang gibt !"
Mir liefen die Tränen übers Gesicht, ich löste mich hastig von seinem Griff am Arm und rannte zu meiner Straßenbahn-Linie, die eben ankam.
Auf der Heimfahrt war mir klar was ich zu tun hatte. Ich schrieb einige Zeilen an seine Eltern und erklärte, wie hoffnungslos die Situation ist und das ich glaube der Freund habe einfach die Oberhand über alles was Wilfried tun wollte. Zu meiner größten Überraschung erhielt ich einige Tage später einen Anruf von Wilfried's Vater. Er sagte, dass seine Frau und er mich gut leiden mögen. Ich sei ein liebes Mädchen und ich solle seinen Sohn einfach vergessen, er sei meiner nicht wert. Ich gab ihm nach wiederholter Aufforderung und etwas zögernd Wilfried's Adresse aber zuvor versprach ich ihm, ihn bei seiner Ankunft in München am Bahnhof zu treffen. Er wußte schon die genaue Ankunftszeit.
Alle meine Gemütsprobleme, kleine und große Sorgen besprach ich mit Tante Liesel, in ihr sah ich einen Muttersatz, meine Kollegin Ingeborg, übernahm ne Art Schwesternrolle. Sie beide bestätigten mir, dass es wohl das beste sei, mich von Wilfried zu trennen.
Mein erster boyfriend und gleich so ein Drama, ich war schon recht enttäuscht.

Ich traf den Vater, wie verabredet am Bahnsteig. Ein gut bürgerlicher, netter Vatertyp war mein erster Eindruck. Ich bot ihm an, mit der Straßenbahn mit ihm zu Wilfried's Quartier zu fahren. Wir hatten beide Nachtdienst, also war der Vormittag frei und er müßte zuhause sein.
Ich begleitete den Vater bis zur Wohnungstür, dann verließ mich der Mut, ich wartete lieber im Treppenhaus. Als Wilfried auf das Klingeln hin die Tür öffnete war er total sprachlos, den Vater vor sich zu haben. Ohne langes Zögern trat der Vater ein, die Gangtüre verschloss sich. Ich hörte laute Stimmen, die wütende Stimme des Vaters am meisten. Verstehen konnte ich nicht recht, doch zu meiner größten Überraschung kamen nach geraumer Zeit beide Gestalten aus der Wohnung. Wilfried schaute recht verlegen drein, aber schien mich direkt etwas anzulächeln, das konnte ich nicht verstehen, denn ich hatte einen wütenden jungen Mann erwartet.
Die Straßenbahn war voll, ich hatte mit dem Vater einen Sitzplatz. Wilfried stand draußen auf der Plattform und erst jetzt wurde mir bewußt, dass er eine große Reisetasche bei sich hatte. So fragte ich den Vater was geschehen ist.
"Ich gab ihm eine letzte Chance, ich sagte ihm klipp und klar, entweder Du packst Deine Sachen und kommst mit mir sofort nach Hause, oder es war das

letztemal dass ich mich Deiner annehme. Dass ich überhaupt hier bin hast Du dem Mädchen zu verdanken. Die verdienst Du sowieso nicht, die ist zu gut für Dich, das weißt Du ja selbst. - Das war's, er hat dann stillschweigend seine Sachen gepackt. Alles was der Andere ihm gekauft hatte, an Kleidung udgl. mußte er zurücklassen, das habe ich bestimmt."
Nun war ich sprachlos. Ich beteuerte dem Vater, dass ich gar nicht so ein arg braves Mädchen sei, aber ich wollte nur sein bestes, wenn er wieder zu Hause wohnt ist er in guten Händen.
Wir waren am Bahnhof angekommen, ich verabschiedete mich vom Vater. Als ich mich Wilfried zuwandte, sah er ganz gerührt aus, er beugte sich schnell und gab mir ein kleines Küsschen auf die Wange und flüsterte:
"Das hast Du gut gemacht, ich bin Dir nicht mal böse". Vater und Sohn verschwanden in der großen Bahnhofshalle am Münchner Hpt.Bahnhof. Ich fühlte mich irgendwie benommen, einfach zu viel für mich - dachte ich - jetzt ist er weg und jetzt tut er mir noch leid. Ob ich ihn wohl vermisse?

Es entstand ein eifriger Briefwechsel zwischen Düsseldorf und München.
Meiner Mutter und Schwester hatte ich nur wenig von Wilfried erzählt, als ich Weihnachten kurz zu Hause war. Ich hatte das bewußte Gefühl, das sie beide mir evtl. diese Freundschaft ausreden wollten. In der Beamten-Stadt Würzburg hatte man für Großstadtjungens nicht viel übrig., das wußte ich. Meine Verbindung zu Mutti, Opa und meiner Schwester war noch so eng, dass ich unbedingt Weichnachten heim wollte, auch als sich herausstellte, dass ich keine Woche Urlaub nehmen kann. So fuhr ich Heilig-Abend früh los und mußte am 2. Weihnachtsfeiertag wieder zurück sein. Weihnachten steht, so glaube ich sagen zu dürfen, doch an erster Stelle in Deutschland für **das** Familienfest. Da gerade unsere Familie schon zwei Mitglieder verloren hat, war es ein besonderes Bedürfnis das Beisammensein zu genießen.

Mein Jahr in München näherte sich seinem Ende.
Mutter und Schwester, "der hohe Rat", genehmigten mir ja nur 1 Jahr in München. Genau so lange bis meine Anfangstelefonistinnen-Stelle es verlangte. Man hätte mich als Voll-Telefonistin im February 1956 übernommen. Ich hätte mehr Geld verdient, wäre gerne in München geblieben. Wollte meine soeben gewonnene Selbständigkeit und Unabhängigkeit, das Gefühl erwachsen zu sein gerne beibehalten. Da aber tönte die mahnende Stimme meiner Schwester übers Telefon:
"Siggi sei vernünftig und komme wieder nach Hause. Wir haben geduldig

gewartet bis das Jahr vorbei war. Wir brauchen Deine finanzielle Mithilfe. Du weißt doch wie ungesund die Wohnung für Mutti ist!"
Natürlich wußte ich das alles, wenn sie sagte wir, dann war das Mutti und sie. Wie gesagt, sie fühlte sich als Ältere von uns beiden verpflichtet mir "Vernunft beizubringen", wie sie es oft nannte.
Der liebe Opa hat selten was gegen mich gesagt aber angeblich, laut meiner Schwester hat er auch gemeint: "Die Klee (= Kleine) soll wieder heim kommen, was will sie denn alleine so lange in München. Bei uns ist sie viel besser aufgehoben."
So kündigte ich meine Stelle zum Ende Februar. Geplant wurde zwischen Wilfried in Düsseldorf und mir, dass ich bevor ich nach Würzburg zurück gehe, ein paar Tage Urlaub in Düsseldorf verbringe. Geld hatte ich etwas gespart. So packte ich meinen großen Koffer und sandte ihn per Bahnpost nach Würzburg. Mit etwas leichtem Handgepäck plante ich "per Anhalter" von München nach Düsseldorf zu kommen.
Wilfried erzählte mir, dass er es schon zweimal machte und hatte immer Glück mit Autos.

Der Abschied von Tante Liesl in der Osterwaldstrasse meinem Zuhause für ein Jahr war nicht leicht. Ich hatte Tante Liesl recht lieb gewonnen und wußte, dass sie mich auch vermissen wird.
Oft, wenn der Magen knurrte und keine von uns Geld hatte um extra was einzukaufen, immer so zwei Tage vor dem Zahltag, da fand Tante Liesl immer was warmes, gutes zu kochen, meistens eine leckere Zwiebelsuppe. Tante Liesl war m.E. ein Opfer der Nachkriegsjahre. Von Magdeburg kam sie mit ihrem Mann nach München. Dann kam die Scheidung.
Immerhin, der Krieg hat mich um meinen Vater beraubt, so wußte ich nur zu genau wie man ohne Vater lebt.

Ende Februar 1956 - mein letzter Arbeitstag in München.

Ich verließ das Hotel und lief unserem Herrn Direktor direkt in die Hände.
"Ach Frl. Ullrich, ich hörte sie gehen, also dann mal alles Gute auf ihren weiteren Lebensweg - aber..." er sah mich prüfend an, musterte mich von oben bis unten, "so wie sie heute angezogen sind können sie in ihrem spießbürgerlichen Würzburg nicht herum laufen, ich kenne die Mentalität einer Beamten Stadt nur zu gut". Er hob seinen Hut, verbeugte sich leicht und

verschwand in der Hoteleingangstür.
Jetzt holte ich tief Atem. Wie bin ich also gekleidet. Enge, schwarze Tuchhose (auf fränkisch würde man “Röhrleshosen” sagen), schwarze, flache Schuhe, fast Herrnschuhen ähnlich, schwarze Socken, einen schwarzen Rollkragenpullover, meinen geliebten Tuffelcoat, kamelhaarfarbig mit weißem Teddy-Futter, Bambus-Knöpfen und Kaputze.Mantel war offen, mein schöner, silberne Anhänger, (eine Geldmedaille) hob sich sehr auf dem Pulli hervor. In der Hand hielt ich meinen, vor kurzem erst erworbenen Stock-Schirm. Meine Handtasche war klein mit einem Bügel als Griff.
Nun, das war ne Art Warnung, was Herr Direktor sagte. Sollte ich mich einschüchtern lassen?
Hatte doch eben erst mal in dem einen Jahr meinen eigenen Geschmack entwickelt. Die sehr konservative, immer nur gut und kostspielige Kleidung konnte ich mir bei meinem Einkommen nicht leisten. So fiel meine Wahl auf modisch, fesch.

So, der Koffer mit all’ meinen Sachen war aufgegeben, allen im Hotel “Aufwiedersehn” gesagt. Sie dachten alle ich gehe nach Hause. Nur meine Kollegin in der Zentrale wußte Bescheid, dass ich eben einen Abstecher nach Düsseldorf mache. Sie warnte mich aber vor der Autobahn und per Anhalter gehen.

Ein Abenteuer - gefährlich per Anhalter.

Die Straßenbahn brachte mich ganz an den Stadtrand von München. Dort stand ich dann an der gleichen Stelle, wo ich mal Wilfried hin begleitete. Mein Herz klopfte schon etwas, meine Güte, das ist wirklich ein Abenteuer, ohne Geld per Anhalter nach Düsseldorf.
Es war frühmorgems. ca. 10.00 Uhr, zu meiner großen Freude stoppte ein VW und ich sagte mir gleich ‘aha, das ist sicher ein Vertreter, viel unterwegs und freut sich vielleicht auf eine Passagierin zum Unterhalten.’ Ich stieg ein, er machte keinen angsterregenden Eindruck, wir kamen gleich ins Gespräch. Als er hörte, dass ich bis Düsseldorf wollte lachte er hell auf und meinte:
“Aha, der Karneval im Rheinland, na da ist was los, das kann ich Ihnen sagen, was wollen sie denn alleine dort?”
“Oh nein”, beteuerte ich, “nicht alleine, mein Freund lebt dort, er erwartet mich!”
“So, so” meinte er scherzend. Dann fragte er mich aus über meine Stelle in

München, wo meine Eltern wohnen udgl. Er sagte auch, er könne mich nur bis Stuttgart mitnehmen. Da gäbe es ein gutes Autobahn-Café, dort stoppen die Lastwagen, wenn ich Glück habe, finde ich noch heute einen Transporter nach Düsseldorf.
Soweit verlief die Reise ganz gut, ich plauderete ununterbrochen, er meinte auch, dass ich eine gute Mitfahrerin sei, da mein Mund nicht stillsteht.
"Aber mein Kind" sagte er grinzend, "ich muß mal bei der nächsten Abfahrt runter - muß dringend auf's Klo. Versteht sich", bekräftigte er, "hatte zwei Bierchen zu viel in München".
Er fuhr auch prompt bei der nächsten Abfahrt runter. Ich bekam plötzlich ein richtiges beklemmendes Gefühl. Irgendwie mischte sich Mißtrauen mit Angst. Er stoppte auf einer Landstraße. Weit und breit kein Haus nur Fluren, ein kleines Wäldchen lag rechts vom Straßenrand. Er verschwand und sagte lachend:
"Wenn Du ne schwache Blase hast mein Kind, dann geh' ruhig auch mal ins Gebüsch".
Ich blieb wie angewurzelt in meinem Sitz. Von schwacher Blase keine Rede, mein Gehirn nahm Kontrolle über meine körperlichen Bedürfnisse.
Er kam zurück und knallte sich mit viel Schwung in seinen Fahrersitz. Dann öffnete er den Handschuhkasten und holte zu meiner Überraschung einen Bündel Karten heraus und fing an sie mir zu zeigen. Als ich die erste sah erschrak ich, wußte aber blitzschnell: 'jetzt nur nicht die Nerven verlieren'. Die Bilder zeigten Liebespaare, die Verkehr miteinander hatten.
Nach der zweiten und dritten schaute ich schon gar nicht mehr hin. Er lachte hell auf und sah mich von der Seite an, als wolle er abschätzen und sagte:
"Na, wie alt ist denn Dein Freund? Wenn er nichts von der Sache versteht mußt Du mal mit mir ins Bett. Na, wie alt denkst Du denn dass ich bin?"
"Ich schätze sie sind 35 bis 40 Jahre, verheiratet, haben drei Kinder und eine nette Frau. Mein Freund ist 1,80 m groß und sieht gut aus und ich bin mit ihm zufrieden. Ich glaube sie wollen mich nur in Verlegenheit bringen. Ich dachte sie seien ein feiner Kerl, als ich ins Auto stieg. Sie sind mein erster Stop gewesen, also wollen sie mich enttäuschen? Sind eventuell die Warnungen, die alte Frauen preisgeben wahr? Nie per Anhalter fahren, da kann was passieren?"
Ich sprach sehr schnell, fast hastig. Ich war bereit auszusteigen und zu laufen sollte er eklig werden.
Doch - mein Schutzengel half mir. Der Fahrer sah mich mit einem nachdenklichen Blick an, startete den Motor. Wie erleichtert war ich, das Motorengeräusch des alten 'Käfers' zu hören. Er drehte den Wagen um und wir

fuhren wieder in Richtung Autobahn.
Ich war froh, ich dachte sofort an Mutti und meine Schwester. Wenn sie wüßten wo ich bin. Sie würden die Hände überm Kopf zusammen schlagen. Bei meiner Schwester kam immer der Zeigefinger hoch: "Ich sag' Dir mal was".... so fingen alle ihre gutgemeinten Ratschläge an.
"Aber Siggilein, wie kannst Du nur per Anhalter fahren" hörte ich sie sagen.
Ich bewahrte meinen Humor, ich war mehr höflich als alles andere. Ich las die Straßenschilder mit immer wachsendem Interesse und hoffte sehr, dass bald die Autobahnraststätte "Stuttgart" auftauchen würde.
Endlich, im Parkplatz standen große LKW's. Als wir das Café betraten, schauten einige Gesichter überrascht hoch. Im Ausdruck konnte man lesen: 'Nanu, ein junges Mädchen hier mit einem Onkel ?'
Ich bestellte mir einen Kaffee und bezahlte auch selbst. Mein Fahrer wandte sich an einen Tisch und sagte ganz laut: "Mitfahrergelegenheit nach Düsseldorf gesucht".
"Die Kleine, oder ihr beide" war die Antwort eines Mannes, ca. endzwanzig. "Nur ich", rief ich hinüber zum Tisch. "Gut, o.k. mit mir, ich fahre in 10 Minuten los."
Ich trank meinen Kaffee zu Ende, bedankte mich bei dem VW-Fahrer für das Mitnehmen und ging langsamen Schrittes auf den anderen Tisch zu. Stellte mich vor, meinte fast etwas verlegen lächelnd, dass ich zum erstenmal per Anhalter fahre. Ich möchte gerne meinen Freund in Düsseldorf besuchen. Ich wollte sofort klarstellen, dass ich bereits einen Freund habe und nicht auf Männerjagd bin. Wieviel das helfen sollte, konnte ich zu diesem Zeitpunkt nicht abmessen.
Während ich auf seine Geste hin mich neben ihn auf die Bank setzte, zeigte er auf einen anderen jungen Mann neben ihm und meinte scherzend: "Das ist mein Kollege, der wird aber erstmal ne Weile schlafen und dann können sie mich unterhalten". Er zeigte etwas mehr Respekt als der VW-Fahrer und sprach mich per "Sie" an. Ich fühlte mich etwas wohler.
Draußen am LKW angekommen kletterte ich auf den hohen Sitz neben dem Fahrer, ich glaube er hieß Gert, der andere Fahrer verschwand in der Schlafkabine. Ich war wieder reisefreudig gestimmt. Man sagte mir, dass wir ungefähr 5 Stunden Fahrt vor uns haben. Wir plauderten, ich erzählte von München. Das Radio war an, viele Faschingsschlager ertönten, ich sang mit. Öfters bin ich auch mal eingenickt. Plötzlich wurde die Stimme des Fahrers ganz aufgeregt und laut: "Scheiße, das fehlt uns noch, die grüne Mina ist hinter mir". Er schaute mehrmals in den Rückspiegel, so auch ich.

“Ich muß rüber und anhalten, das ist ne Routinesache” erklärte er schnell. Wandte sich zu mir und seine Anweisungen waren wie folgt:
“Also Du sprichts nur wenn Du gefragt wirst, Du bist die Tochter eines Freundes von München und Du willst Deine Tante in Düsseldorf besuchen. Hast Du die Adresse vom Freund seiner Mutter im Kopf ?” ich nickte nur mit dem Kopf, “na dann gut” erwiederte er.
Zwischenzeitlich kam der große Laster zum Halten, die Türe an der Fahrerseite wurde aufgemacht, ein Streifenwagen-Polizist wollte die Scheibe vom Tachometer sehen und forderte weitere Papiere und einige Fragen über das Frachtgut etc. Dann schaute der Polizist herüber zu mir und wandte sich fragend an den Fahrer:
“Was haben sie da für eine junge Passagierin, doch hoffentlich nicht auf der Autobahn aufgelesen?”
“Nein, absolut nicht, das Mädchen kenne ich gut, sie ist die Tochter meines Freundes, ich nehme sie mit nach Düsseldorf, sie will den Karneval mal sehen, sie hat ne Tante dort”.
Der Polizist sprach mich nun direkt an:
“Wie alt sind Sie denn?”
“Ich bin neunzehneinhalb Jahre” sagte ich schnell, “leider verdiene ich als Telefonistin nicht genug Geld um den Zug zu nehmen”.
“Aha”, meinte er, gab dem Fahrer alle seine Papiere zurück, schlug die Türe zu und schrie laut:
“Dann mal los, gute Fahrt, Aufwiedersehn”. “Wiedersehn” schrien wir beide erleichtert.
Der Fahrer klärte mich dann über die Regelungen im Fernfahrerverkehr und Polizeikontrollen auf. Er meinte scherzend, daß ich Glück hatte, weil ich so ein gutaussehendes, liebes Mädchen bin, das hat der Polizist gleich gesehen, sonst hätte er mich aus dem Sitz geholt und mich ins Kreuzverhör genommen.
“Wieso denn das, ich habe doch nichts verbrochen?”
“Nein”, lachte er, “Du nicht, aber ich könnte ja, immerhin Du bist nicht volljährig”. Da verstummte ich und ließ mir die Erfahrung mit dem VW-Fahrer nochmals durch den Kopf gehen und irgendwie fühlte ich, wie froh ich sein konnte, nicht mit diesem Typ versunken zu sein. Dieser Fahrer war nett, er teilte auch Proviant mit mir. Nach einer langen Strecke kam dann der erste Hinweis auf Düsseldorf.
Zuerst fuhren wir nach Köln, dort wurde der Kollege abgesetzt. Zwischendurch war es spät am Abend, ich wurde langsam richtig müde.
Er fragte mich, wo ich denn abgesetzt werden wollte. Ich sagte: “Am Bahnhof

bitte". Von München her wußte ich, dass man von dort alles ausfindig machen kann. Auch mußte ich erstmal Wilfired wissen lassen, dass ich überhaupt angekommen bin. Private Telefonanschlüsse gab es mitte der Fünfzigerjahre noch nicht so viele, so wollte ich anstatt eines Anrufes, ein Telegramm senden. Auf der Strecke zwischen Köln und Düsseldorf hielt der Laster dann doch noch mal an. Ich war verwundert und hatte keine Ahnung warum es nötig war. Da drehte sich der Fahrer zu mir und sagte:
"Na und jetzt hole ich mir meine Belohnung für das ich Dich heil nach hier gebracht habe, ein Küsschen in Ehren kann niemand verwehren".
Ich wollte fast vor Wut schreien: "Pech gehabt, ich will keinen Kuß von Ihnen", da besann ich mich eines Besseren und sagte nett und bestimmt:
"Na, in Ehren kann man ja nur ein Küsschen holen, wenn es auch die andere Seite will - ich könnte meinen Schatz Wilfried gar nicht später in die Augen sehen, wenn ich ihn begrüße - kann man denn so was nicht verstehen?"
"Mädchen", sagte er grinsend, "Du hast vielleicht Vorstellungen, ich muß gar nicht lang eine Ehrensache draus machen", ehe ich mich versah packte er mich und hielt mich fest in seinen Armen. Ich ringelte mich und spreizte mich mit beiden Händen gegen seinen Brustkorb - aber - vergeblich, er war der Stärkere. Da wurde mir heiß und kalt. Um Gotteswillen dachte ich, dass sind also die bitteren Pillen am Ende der "per Anhalter Fahrerei" ?
Es war ein Vorteil, dass ich a) lange, enge Hosen trug, und b) mein Mund nicht still stand. Es hagelte nur so mit Vorwürfen auf ihn ein.
"Ich dachte, dass ein Mann im LKW hinterm Steuer auch ein Kavalier sein könnte, ich zahle lieber für meine Fahrt, ich will es ja gar nicht umsonst, mein Freund wird sie wahrscheinlich erschießen - ich weiß den Namen des Transportunternehmens, also man kann den Fahrer ausfindig machen. Was wird Ihre Frau sagen? Sie können mich doch nicht einfach auf dem Fahrersitz vergewaltigen!!"
Da hielt er plötzlich inne mit seinem Angriff auf meinen Körper. "Ja", sagte er und richtete sich gerade auf "das ist so ne Sache, meine Frau erwartet unser erstes Kind und wenn sie das erfahren würde, das wäre nicht fair, na gut, bin ich mal vernünftig. Frag mich nur nicht warum ich meine Haltung verlor."
Ich atmete auf, setzte mich ebenfalls aufrecht fest in den Sitz, glättete meinen Pullover, strich durch mein Haar und sagte etwas mit einer reuvollen Stimme:
"Das war meine einzige und letzte Fahrt per Anhalter".
Er lachte, zündete sich eine Zigarette an, ließ den Motor anspringen und fuhr mich geradewegs zum Bahnhof in Düsseldorf. Als ich vom Laster heruntersteig war ich so erleichtert und froh, ich schwang meine Tasche über

die Schulter sagte laut und freundlich:
"Also vielen Dank und schönen Gruß an die Frau". Er lachte hell auf - ich knallte die Türe zu, er fuhr ab, ich überquerte die Straße, ging auf ein Hotel zu, dass genau am Bahnhof stand. Gottseidank, ich seufzte und ging schnurstracks durch die Eingangstüre. Es war ein mittelmäßiges Touristen Hotel, nicht zu teuer dachte ich mir. Nachdem ich selbst ein Jahr in einem Hotel gearbeitet hatte, fühlte ich mich fast etwas heimisch, als ich in der kleinen Empfangshalle stand.
Zwischendurch war es 21.00 Uhr, ich buchte ein Einzelzimmer mit Frühstück. Ich sandte Wilfried ein Telegramm. Nur gut, dass ich ein Bad nehmen konnte, mich ins weiße Bett legen durfte und fest schlafen konnte. Das gab mir am nächsten Morgen das Bewußtsein, dass ich den gestrigen Tag abgelegt, abgewaschen und abgeschlafen habe.
Am nächsten Mittag wartete Wilfried geduldig auf mich im Empfang, man mußte mich wecken, ich hatte total verschlafen.
Die Wiedersehensfreude war groß. Er nahm mich in seine Arme und wollte gleich wissen, wie alles verlief. Er nahm mich per Straßenbahn in die Euler Straße, wo seine Familie wohnte.

Seine Schwester war schlank, blond, hübsch und einige Jahre älter. Ein kleiner Bruder ca. 9 Jahre alt war so echt zum Liebhaben und er saß öfters auf meinem Schoß und freute sich über ein Küsschen hie und da. Das sah Wilfried gar nicht gerne und der kleine Bengel war sich dessen bewusst er sagte:
"Wilfried ist eifersüchtig, Sieschlinde (rheinische Aussprache für Sieglinde) ist mein Schatz, ätsch, ätsch ausgelacht!".
Die Mutter amüsierte sich sehr über ihre beiden Jungens. Sie war echt lieb zu mir, so auch der Vater.
Sie sah noch recht jung aus und erzählte mir auch, dass sie viel zu jung war als sie heiratete und ich solle nur nicht den gleichen Fehler machen.
Sie kochte gute, teils mir unbekannte rheinländische Gerichte - aber wie immer, ich hatte stets Hunger und genoß die Hausmannskost.
Ich schlief im Wohnzimmer auf der Couch und man lud mich ein, eine Woche zu bleiben.
Wir gingen fast jeden Abend aus, ich lernte seine Freunde kennen. Auch fühlte ich ab und zu einen leicht tötenden Blick einer ehemaligen Freundin, so klärte mich die Schwester hinterher immer auf, so z.B. um wen es sich gehandelt hatte.
Meine Geldreserve wurde immer weniger. Wilfried nahm Urlaub und wie

schon mal erwähnt, wir machten 50:50, halbe-halbe war einfach an der Tagesordnung.
Eines Tages gingen wir an einem Laden vorbei, Wilfried erklärte mir, dass dieses Geschäft voll mit Haushaltsgütern, Schmuck udgl. ist, denn die lebenslustigen Rheinländer geniessen den Karneval bis auf den letzten Pfennig. Hat man kein Bargeld mehr, nimmt man sein Federbett, Fernseher, Schmuck etc. und gibt's ins Pfandhaus.
"Was ? Das darf doch nicht wahr sein, das kenne ich aber nicht von zu Hause. Soll ich es mal ausprobieren?"
"Wieso, Du brauchts doch kein Geld?" "Nein, es ist nicht wegen des Geldes alleine, ich will mal in so einen Laden rein, das muß ich mit meinen Augen selbst gesehen haben".
So zog ich ihn halb zur Eingangstür. "Also gut mein Kind" sagte er zustimmend, "gehn wir halt mal rein, aber was willst Du denn verpfänden?"
"Meine Uhr" sagte ich schnell.
Ich nahm sie vom Arm, richtete mich an den Verkäufer hinter der Theke und siehe da, er sagte:
"Nicht viel wert, leider nur DM 20.00", mir war das bekannt, ich nahm meinen Pfandschein entgegen, den ich beim Abholen vorzeigen sollte "gut aufbewahren bitte", meinte der Herr.
Ich bedankte mich und sah mich mit großen, neugierigen Augen im Laden um. Tatsächlich es war so wie Wilfried das sagte, überall getürmt auf Regalen standen Einrichtungsgegenstände, Fernsehapparate, Federbetten, auch Fahrräder in einer Ecke. Die Woche verging.

Nun war es langsam Zeit an die Heimreise zu denken. Ich erkundigte mich am Bahnhof nach meiner Fahrzeit. Sieben Stunden per D-Zug, aber die Fahrkarte selbst kostete mehr als ich dachte. Viel mehr sogar. Was nun ? Ich konnte meine Gastgeber nicht anpumpen. Wilfried erklärte, dass er bis zum nächsten Zahltag auch nur noch wenige Deutschmark habe.
So tat ich das - was ich oft bereute, was mir von meiner Mutter und Schwester immer und immer wieder vorgehalten wurde: Ich schrieb nach Hause und bat um einen Vorschuß.
"Bitte könnt ihr mir meine Fahrtkosten senden, sonst kann ich nicht heim", schrieb ich auf einer Karte, die Würzburg erreichte. Von meinem Absender wußten sie zum erstenmal, dass ich in Düsseldorf weilte und nicht eine Woche Urlaub im Gebirge machte, wie ich ihnen ursprünglich mitteilte.
Es wird Zeit, dass das "Miststück" wieder heim kommt, dann können wir auf

sie aufpassen. So ähnlich konnte ich mir vorstellen lautete das Urteil. Ich mußte ja sozusagen von München weg, um meine Pflicht zu erfüllen. Nach Hause zu kommen, eine gute Stelle zu finden, gutes Geld verdienen, die Mutter unterstützen, sparen, eine Wohnung finden. Das verstand ich ja alles. Nur zu gerne wollte ich, dass meine liebe Mutti und Opa von der kalten Notwohnung auf der Neuen Welt raus kamen und in eine schöne Neubauwohnung in der Stadt einziehen können. Ach, wie schwer ist es doch "vernünftig" zu sein ! Ich dachte immer, dass meiner Schwester die Vernunft schon in die Wiege gelegt worden ist.
Der Brief von Mutter erreichte mich in der Eulerstraße. Als Einlage eine Postzahlkarte von DM 50.00 für die Fahrkarte. Einige kurze, ermahnenden Worte, wie z.B.:
"Wie kannst Du nur Dein Geld ausgeben im Karneval in Düsseldorf ? Für Deine Gesundheit hättest Du viel mehr tun können, wenn Du eine Woche im Gebirge verbracht hättest, wo Du doch die Berge so liebst! Wohl der junge Mann daran schuld. Koffer mit Kleidern und Deinen diversen Sachen zwischenzeitlich angekommen und ein Bild von ihm, sogar im Rahmen haben wir auch gesehen. Mehr mal mündlich. Gruß Mutti".

Das war ein absoluter Dämpfer auf mein kleines Glück. Verliebtsein ist einmalig um Dummheiten zu begehen - das machen selbst die gescheitesten Leute - das wußte ich von Beobachtungen.
Wilfried brachte mich zum Bahnhof. Der Abschied von ihm und seiner Familie war herzlich.
Wir planten einen baldigen Besuch nach Würzburg. Eine Umarmung, ein Küsschen, das Fenster wurde heruntergeschoben, man hielt sich nochmal kurz die Hand. Langsam fuhr der Zug an, ich winkte noch kräftig, wir verloren uns aus dem Blickfeld.
Würzburg Hauptbahnhof! Linie 3 brachte mich zur Löwenbrücke. Es folgte Nikolausstraße, dann der wohlbekannte Aufstieg am Leutfresserweg. Dunkelheit umhüllte mich, der alte, lange vertraute Weg - ich war recht froh, dass ich von niemanden gesehen werden konnte, wie Nachbarn, Freunde und Bekannte.
Meine etwas pessimistischen Vorahnungen wurden nur allzuschnell krasse Wirklichkeit. Bald war die Begrüßung vorbei, natürlich freuten wir uns schon alle, jeder auf seine Art. Opa war froh und sagte, dass ich wieder da bin, wo ich hingehöre, in die Familie. Meine Mutti dachte sich wohl, dass sie ihr Nesthäkchen wieder unter ihre Fittichen hat, da es ja noch viel zu jung sei, in

der großen, weiten Welt herumzureisen und es noch viel lernen müßte. Meine Schwester wiederum wägte das eine gegen das andere ab. Sie war froh wieder eine Schwester, die jüngere, neben und um sich zu wissen. Auf der anderen Seite aber wußte sie, dass sie wohl nicht ganz ohne Argumente und Streit mit mir auskommen kann.
Sie hatte sich auf ihre Art mit einigen gemeinsamen Freundinnen, z.B. das Dreimädelhaus auf der Neuen Welt enger angefreundet, auch im Ruderverein, erzählte sie mir, habe sie in der Damenabteilung beim Training gut Fuß gefasst, aber - ich fehlte ihr sehr, weil ich oft der Antrieb sei, wenn es darum ging, ob wir oder ob wir nicht ausgehen sollten.
Kurz vor dem "gute Nacht" sagen, hörte ich dann plötzlich:
"Von wegen ausschlafen, Du mußt morgen auf die Polizei und Dich melden".
Die Autobahn und die Streifenpolizei schwebte mir vor den Augen.
"Du mußt Dich bei einem Inspektor für vermisste junge Menschen zurückmelden. Wir haben Dich für vermißt erklärt. Schau nicht so entsetzt, was glaubst Du was wir für Ängste hatten, als Dein Koffer eintraf und kein Lebenszeichen von Dir. Wir riefen im Hotel an, die Damen im Büro wußten nicht mal dass Du Urlaub in den Bergen machen wolltest. Sie glaubten Du seist direkt nach hier gefahren. Frl. Rösch, Deine Kollegin von der Zentrale war an jenem Tag krank, hinterher erfuhren wir dann von ihr und sie war die einzige, der Du Dich anvertraut hattest, dass Du per Anhalter nach Düsseldorf wolltest. Sie hatte plötzlich auch Bedenken. Deine Karte kam erst als Du bereits eine Woche in Düsseldorf warst, so - wir gingen zur Polizei und meldeten Dich mal vorsichtshalber als 'vermisst' an".
"Ach du schöne Schande, so ein Wahnsinn, nun soll ich morgen da hin" - Schnaufpause -
"Kind, wir haben's nur gut mit Dir gemeint" sagte Mutti besänftigend.
Diese Nacht schlief ich nicht besonders gut. Der Grund war wohl hauptsächlich, dass ich wieder in der Mitte - auf der Besucherritze - vom Doppelbett schlafen mußte.
Am nächsten Morgen war ich schon recht froh, wieder im Busen unserer Familie zu sein. Opa war für mich der Papa, Mutter und Schwester die weiteren Mitglieder.
Meine Schwester mußte zuerst aus dem Haus. Büroanfang 7.15 Uhr, langer Weg, Berg runter, durchs Burkhardter Tor, über die alte Mainbrücke bis in eine kleine Gasse hinterm Julius Spital.
Beim Frühstück konnte ich dann vorerst mal Mutti von Wilfried, seiner Familie und Düsseldorf berichten. Auch meine 'per Anhalter' Reise beschrieb

ich in etwa, ließ aber die Gefahren denen ich mich aussetzte weg.

Noch am gleichen Vormittag ging ich zur Polizei in der Sanderau. Dort meldete ich mich bei einem gewissen Herrn Inspektor, so wie es mir meine Schwester auferlegt hatte.
Ich saß im Gang, plötzlich war ich an der Reihe, ich betrat ein Beamtenzimmer. Der Inspektor in grüner Uniform saß hinter seinem Schreibtisch und forderte mich mit ernster Stimme auf:
"So, Sie sind die Sieglinde Ullrich, setzen Sie sich mal hin, ich hole mal ihre Akte".
Er drehte sich um und griff nach einem Hefter, schlug auf und las vor:
"Sieglinde Ullrich, geboren am 8.6.36 zu Würzburg. Letzter Wohnort München, Osterwaldstraße 145. Arbeitsplatz freiwillig gekündigt am 28.2. ohne weitere Adressenangabe. Spurlos verschwunden. Koffer mit Kleidung erreichte Würzburg Hpt.Bahnhof am 8.3. Keine Benachrichtigung an die Familie. Durch Telefonanruf ans Hotel, von ehemaliger Kollegin erfahren, dass obige Person per Anhalter nach Düsseldorf reiste.
Eventuelle Entführung könnte vorliegen..... Also, das hört sich überhaupt nicht gut an.
Ist Ihnen bewußt was für einen Schreck und Sorgen Sie Ihrer Mutter und Schwester bereitet haben? Ein anständiges, junges Mädchen fährt nicht per Anhalter, sind Sie total verrückt oder abenteuerlustig, hirnvernagelt oder sonstwas? Wenn Sie meine Tochter wären, würde ich sie übers Knie legen und Ihnen ordentlich den Hintern verhauen. Glück haben Sie, dass Ihre Mutter die Suchanzeige schnell genug zurückgezogen hat als Ihre Karte endlich aus Düsseldorf eintraf. Sonst hätten wir hier auf unserer Polizeistelle schon einige Hebel in Bewegung gesetzt. Sie sind noch nicht volljährig und eine Halbwaise, Sie haben Glück, daß ich Ihren Fall nicht ans Jugendamt weiterleite.!"

Während diese laute, strenge Männerstimme so heftig auf mich einredete, mußte ich mit den Tränen kämpfen. Mir wurde erst so recht bewußt, was für eine Dummheit mir eben noch mal vor Augen gehalten wurde.
Was nicht oft vorkommt geschah, ich wußte absolut nicht was ich antworten sollte. Mein Instinkt sagte mir: 'Sei ganz ruhig, sag kein Wort!'
Der Inspektor beantwortete das Telefon, das gab mir eine kurze Pause, ich nützte sie aus, um meine Fassung wieder zu gewinnen. Er legte den Hörer auf und sagte:

"Ihr Fall ist erledigt, Sie können heim gehen. Aber - versprechen Sie mir in Zukunft etwas vernünftiger zu sein. Jetzt denken Sie mal an Ihre Mutter, die Ihre Unterstützung braucht."
Ich nickte mit dem Kopf, reichte ihm die Hand und verabschiedete mich höflich. Mir blieben fast die Worte im Hals stecken.
War ich heilfroh das Polizeigebäude und Gelände verlassen zu können.
Beim Bäcker, unten an der Ecke vom Nicholausberg holte ich wie üblich unser Brot. Die nette Frau hinter der Theke erkannte mich und sagte gleich:
"Na, schön, Sie sind wieder zurück. Da wird sich die Mutter aber freuen!"
"Ich werde uns jetzt eine Neubauwohnung suchen", warf ich ein, "jeden früh muß ich gleich in die Main-Post schauen, da wird schon mal was klappen."
Da ich den Leutfresserweg nun über ein Jahr nicht täglich hochgelaufen bin, kam er mir viel länger und steiler vor. Oben angekommen, meldete ich mich bei Familie Tavan. Meine Freundinnen waren alle arbeiten, so erzählte ich der Mutti-Tavan von meinem Abenteuer und sie lachte oftmals und sagte: "Sieglindelein, Du bist leichtsinnig, Du mußt Deiner Mutti jetzt helfen. Erst eine schöne Arbeit suchen und bald eine gute Wohnung drunten in der Stadt".
"Ja, ja, das will ich auch. Ich werde jeden Tag die Annoncen lesen und darf ich dann kommen und Ihr Telefon benützen, denn oft ist eine Telefon Nummer im Inserat angegeben."
Es wurde mir bewilligt. Frau Tavan hatte ich sehr lieb, sie war oft wie eine zweite Mutti zu mir. Sie selbst war viel herumgekommen in ihrem Leben und hatte für vieles Verständnis. Sie war in Ungarn geboren, mit neun Jahren ging sie mit ihrer älteren Schwester nach USA. Dort lernte sie einen jungen Schweizer-Deutschen kennen. Sie heirateten anfangs der Dreißiger Jahre, hatten drei Mädchen und kamen kurz vor Kriegsausbruch zurück auf die Neue Welt, wo die Schwiegereltern und Bruder wohnten.
So war englisch und etwas ungarisch ihre Hauptsprache. Jetzt mußte sie noch deutsch dazulernen. Hie und da hörte man noch immer einige Fehler. So wie ich jetzt als Ausländerin in England lebe und man auch noch immer an meinem Akzent hören kann, dass ich keine Einheimische bin. Damals hätte ich nie geträumt, dass ich eines Tages das gleiche Schicksal mit ihr teilen werde.
Nach meinem kleinen Abstecher bei Mutti-Tavan ging ich hoch zu unserer Wohnung und erzählte Mutti und Opa von meinem unglücklichen Interview auf der Polizei.
"Kind, wir machten uns wirklich Sorgen, kein Lebenszeichen, die Margot hat sich in ihrem Büro beraten, sie haben alle gesagt, sie soll zur Polizei und eine Such-Anzeige aufgeben".

“Mutti, ich verstehe das ja auch alles, aber so schlimm wie der Inspektor mich hinstellte, bin ich nicht”.

Meine Hauptaufgabe war nun, mich auch beim Arbeitsamt zu melden. Arbeitslosenunterstützung wurde für sieben Wochen gesperrt, da ich meine Stelle kündigte und nicht mein Arbeitgeber. Auch mein Argument:
“Ich mußte nach Hause, da meine Mutti meine Unterstützung braucht, sie ist Kriegerwitwe..” half nicht.
Man schickte mir per Postkarte in den darauffolgenden Wochen mehrere Stellenangebote.
Ich mußte mich bei den jeweiligen Betrieben vorstellen. Ich wurde als Anfangskontoristin/Telefonisten ausgeschrieben. Die meisten Arbeitsplätze waren mickrige, kleine Büros, u.a.mußte ich mich auch in einer Kohlenhandlung vorstellen.
Einigen Firmen war ich zu jung und unerfahren, hatte keine Erfahrung in Lohnbuchhaltung, was erwünscht war.
Da las ich das Angebot: “Vorführdame gewünscht. Gute Erscheinung, Lust zum Verkaufen und Reisen ausschlaggebend.”
Ich bewarb mich schriftlich, sandte gleich ein großes Foto von mir. Ich bekam die Stelle ab sofort und wurde am nächsten Tag im VW abgeholt. Ein verheirateter Mann verkaufte Hochöfen oder auch Sparofen genannt, geeignet zum Heizen, Backen, Kochen. Er war zweimal so hoch wie ein normaler Küchenherd aber nicht ganz so breit. Die Frau des Vertreters stellte mich ein, begutachtete mich, schaute mich von Kopf bis Fuß musternd an. In Bad-Kissingen sollte die nächste Vorführung stattfinden. Das Fräulein, das sie bisher hatten, sei plötzlich erkrankt und ihr Mann brauche Hilfe.
Mutti und Margot hatten ausgerechnet zu diesem Zeitpunkt die Grippe - ich kochte schnell Spinat und Spiegeleier, ließ aber dann in der Eile, alle Teller und Töpfe ungespült stehen, da ich ja abgeholt wurde. Ich bat zwar Großvater auf die beiden aufzupassen.
Dieser kleine Zwischenfall wurde mir oft auf’s “Butterbrot geschmiert”, von wegen beide im Stich lassen, wo sie noch obendrein krank waren!
Ich sah es anders, ich wollte meinen Eifer zeigen, Geld verdienen. Die Stelle war ab sofort zu besetzen. Leider, leider, da denke ich an die gute Frau Messingschlager, die Sternenastrologin, die mich warnte und sagte: “Sieglinde nicht alle Entscheidungen impulsiv treffen, aufpassen, sie sind nicht immer vorteilhaft”. Meine schnell erworbene Stelle entlarvte sich zu einem ‘Handlanger-Posten’. Er backte Kuchen und demonstrierte die Öfen. Ich durfte

nicht einmal meinen Mund aufmachen, sondern mußte wegräumen, abspülen, und wenn der Kuchen gebacken war, ihn in kleine Stückchen schneiden und an die Hausfrauen verteilen. Wenn ich mich recht entsinne, fand die Vorführung in einem Gemeindesaal statt. 20 - 25 Hausfrauen kamen und saßen auf Bänken und Stühlen. Bei 22.30 Uhr waren die letzten Anwesenden weg und als ich fragte, in welchem Gasthof wir denn schlafen werden, schaute er mich fragend an und meinte:

“Mit meiner letzten Hilfe habe ich öfters mal im Schlafsack einfach hier im Saal geschlafen”.

Ich wußte nicht ob ich weinen oder lachen sollte, mit großer Bestimmheit erwiderte ich:

“Aber nicht mit mir, hier schlafe ich nicht, ich verlange nicht viel, ein Gasthof genügt, was glauben Sie wenn ich das meiner Mutter erzähle und meiner Schwester, meine Güte, Sie sind Vertreter und ich soll ihre Mitarbeiterin sein, also Spesen gehören dazu. Mein Vater war auch ein Reisender, ich weiß Bescheid.”

Daraufhin schaute er mich etwas bestürzt an und meinte klein beigebend:

“Dann gehn’ wir mal gleich zum Gasthof “Sonne” an der Ecke, dort kehre ich öfters mal ein”.

Er bestellte zwei Einzelzimmer. Ich fiel erschöpft und erleichtert in mein Bett, Gottseidank kein Schlafsack am Boden dachte ich. Ich betete mein:

“Müde bin ich geh’ zur Ruh” und bat den lieben Gott, mir zu helfen und mich aus dieser Situation zu retten. Da mein irdischer Vater nicht mehr lebte, wandte ich mich oft an meinen himmlischen Vater. Besonders wenn ich ratlos war und keinen Entschluß fassen konnte.

Am nächsten Morgen hatte ich einen klaren Kopf und wußte, welche Schritte ich tun werde.

Im Vorführraum wartete ich bis zur Mittagspause, meine kleine Reisetasche war in Reichweite. Er entfernte sich mit dem Grund, uns ein paar Brötchen zu besorgen. Ich drehte mich ganz schnell auf meinen Absatz und verließ das Gebäude in Richtung Bahnhof.

Ich wußte, dass zwei Stationen von Bad-Kissingen entfernt in Erlenbach, ein Onkel und Familie von mir wohnten und dorthin flüchtete ich mich.

Sie waren recht überrascht als ich vor der Tür stand.

Ich wurde herzlich aufgenommen. Endlich sah ich wiedermal meine Cousine Renate, Dieter, Lothar und meinen kleinen Lieblingscousin Simon, der nicht ganz zehn Jahre alt war. Mein Onkel Andreas war zu diesem Zeitpunkt erkrankt und ohne Dauerstelle, sie wohnten in einem netten Siedlungshäuschen mit

Garten. Dort verbrachte ich einen schönen Urlaub mit Opa nach dem Tode von meinem Brüderchen. Man konnte sich noch entsinnen, dass ich in Hose und Hemd von meinem Hans-Peter mit Spazierstock anmaschiert kam. Das war wohl meine Art zu sagen, "ich kann nicht loslassen", ich vermisse meinen Bruder schrecklich, ich "hänge" mich buchstäblich in seine Kleidung hinein. Wie schon mal erwähnt, heutzutage werden Kinder von Fachleuten beraten, 1946 war noch jeder auf sich selbst angewiesen, das Land hatte erstmal den Krieg, die Zerstörung und was darauf folgt zu verkraften. Irgendwie habe ich es auch auf meine Art und Weise gemeistert.

Mein Onkel und seine Kinder mußten ebenfalls einen tragischen Todesfall in der Familie verkraften. Seine Frau, unsere Tante Betti starb als sie ihr viertes Kind erwartete. Tragische Umstände, die meistens aus einer Verwirrung heraus entstanden, waren mit im Spiel. Es war ca. 1948. Onkel stellte dann Haushilfen ein, eine schlimmer wie die andere sagte er oft. Drei Kinder, 10, 8 und 2 Jahre. Eine Schwester, unsere Tante Dora weilte ab und zu bei ihm und half aus. Er mußte sich entscheiden und nochmal heiraten. Auf eine Annonce hin begegnete er einer Frau mit Sohn aus Dresden kommend, die von ihrem Mann geschieden war. Angeblich soll er ein Adliger gewesen sein, sie brachte einen ganz anderen Wind mit in die Familie, sie liebte Musik und das Theater und wiederum fügte sie sich in die Rolle einer Mutter von 4 Kindern. Sie half so gut sie konnte. Im Stillen dachte ich immer, sie ist eine "Stiefmutter".
Ich stellte nun bei meinem Besuch fest, wie peinlich es für meinen Onkel war, sich durch so manche Krise durchschlagen zu müssen, vorallem aber seine Arbeitslosigkeit, das nicht seine Schuld war.
Obwohl ich die Tante Dora (die wir zu Hause die "von Bremen" nannten, da die Schwester meiner Mutter ja auch eine Dora war) gut leiden mochte, wunderte ich mich doch über ihre Einteilung. So zum Beispiel bekamen die Kinder zum Frühstück Apfelmus aufs Brot, während sie für uns einen guten Bohnenkaffee kochte, ein Büchschen Heringe öffnete und wir gemütlich frühstückten . Vielleicht war es auch weil ich zu Besuch war, sagte ich in ihrer Verteidigung. Doch dann dachte ich, meine Mutti hätte das nie übers Herz gebracht hinter unserem Rücken was besseres zu essen.
Von meiner Cousine Renate erfuhr ich, dass sie keine Berufswahl hatte, sie mußte als Verkäuferin zu Kupsch, einem guten Lebensmittelgeschäft, denn so konnte die Tante die nötigen Lebensmittel für eine sechs-köpfige Familie mit Rabatt einkaufen.
Renate war ein kluges Mädchen, hat sich im richtigen Moment von zu Hause

abgesetzt und ist später in der Schweiz gelandet.
Von Simon hörte ich mal, dass ihn bei seiner Berufsauswahl die warnenden, aufklärenden Worte seines Vaters sehr beeinflußten. So meinte mein Onkel: "Hätte ich auf meinen Vater gehört, dann wäre ich, wie er, auch zur Bundesbahn gegangen, dann hätte ich heute eine gute Stelle und keine Arbeitslosigkeit. Er wohnt bei der Lisbeth und hat eine gute Pension. Wenn Du auf mich hörst, dann gehst Du auch zur Bundesbahn."
So geschah es denn auch. Die Familie siedelte nach Schweinfurt über, Simon begann seine Lehre bei der Bundesbahn. Heute sitzt er in einer guten Stelle in der Direktion in Nürnberg.

Zurück zu meinem Besuch im Jahre 1956. Nach zweimal Übernachten machte ich mich auf den Heimweg. Vorher holte ich noch schnell Onkel's Medizin in der Apotheke ab. Da ich wußte, dass meine Tante knapp bei Kasse war, zahlte ich für das Rezept. Somit hatte ich selbst kein Geld mehr zur Heimfahrt per Zug. Tante Dora schaute mich fragend an, als ich erklärte ich wolle "per Anhalter" die kleine Strecke von Bad-Kissingen bis Würzburg fahren.
"Zutrauen tue ich Dir das - aber eines weiß ich, Du hast bestimmt Glück. Auf der Hauptstraße fahren viele Amerikaner von den Kasernen hier nach Würzburg. Ich gehe mal selbst mit Dir zur Sraße, will sehen wer anhält." Gesagt, getan. Wir standen am Straßenrand der B 8 und warteten.
Ich dachte überhaupt nicht mehr an mein Drama von München bis Düsseldorf und winkte begeistert mit meinem Arm. Eine amerikanische Limousine stoppte. Ich kannte einige Amerikaner höheren Rangs, die uns Kinder von der Neuen Welt oft unten am Leutfresserweg mitnahmen. So hatte ich Vertrauen. Schließlich habe ich ja englisch in der Schule gelernt.
Meine Tante beugte sich zum Fenster hin und fragte auf deutsch, ob er mich bis Würzburg mitnehmen könnte. Dann flüsterte sie mir ins Ohr: "Das ist ein netter Kerl, da muß ich mir keine Gedanken machen". Wir verabschiedeten uns schnell. "Schreib mir sofort eine Karte, wenn Du angekommen bist" rief sie mir noch zu.
Der Herr in Uniform war ein Offizier, wie er mir später erzählte. Ein Kavalier durch und durch. Er verstand etwas deutsch, freute sich sichtlich als ich mich meines Schulenglisch bediente. Meine Freude war riesengroß als sich während unserer Unterhaltung herausstellte, dass er sogar auf der Frankenwarte stationiert war. So konnte er mich buchstäblich vor der Türe absetzen.
Mutti, Opa und Margot schüttelten nur den Kopf, als ich ihnen die Geschichte vom "Ofenverkäufer" erzählte und dass ich mich nicht ausnützen lassen wollte.

Margot sagte:
“Du bist viel zu hastig auf die Stelle los. Du hättest erstmal genau herausfinden sollen, um was es sich handelt. Na gut, jetzt weißt Du was man unter ‘Vorführdame’ verstehen kann. Hast doch wiedermal Glück gehabt, dass alles so gut abgelaufen ist.”
“Das war eine gute Idee, dass Du zu Onkel Andreas gingst,” meinte Mutti einwendend. “Jetzt erzähl mal wie es ihnen geht”. Da packte ich aus und meinte: “Sie brauchen dringend etwas Geld. Opa soll doch mal in seinen Geldbeutel langen und ihnen die DM 20.- schicken, die er doch nie ausgibt, aber treu und brav im Geldbeutel hat”. Opa schaltete sich sofort ein:
“Ich habe keinen Pfennig Geld, ich gebe doch Deiner Mutter alles. Sie spart, damit wir einen Baukostenzuschuß zusammenkriegen, wir wollen doch aus der Wohnung raus. Wer hat uns schon mal was gegeben? Wie ich damals in die Pfalz in Urlaub bin, hat mir keiner von meinen Buben einen Pfennig gegeben, nur meine Liesbeth. Nun wollen sie, dass ich ihnen Geld gebe?”
Traurig, dachte ich, der alte Opa hat also doch schwache Seiten, so gern ich ihn mochte, aber jetzt glaubte ich er sei geizig und total unverständlich der Situation gegenüber in der sich die Familie befand.
Mit meiner Mutter und Schwester beratschlagte ich mich und als sie noch von der Sache mit dem Rezept hörten beschlossen wir, am nächsten Tag eine Postanweisung von DM 50.— zu senden. Schließlich hatten Mutti, Opa und Margot ein geregeltes Einkommen.

Eine Begebenheit mit Onkel Andreas. Sie spielte sich ca. 33 Jahre später, kurz bevor mein Onkel starb ab. Er bat mich, ihn beim nächsten Heimaturlaub zu besuchen.
Er war schon drei Jahre Witwer, lebte allein in einer netten Wohnung mit Balkon, in Schwaig, wo auch mein Cousin Simon und Familie lebte. 1988 rief er mich hier in England an, was schon eine totale Überraschung war und sagte:
“Hör’ mal zu, wenn Du wiedermal heim kommst, dann komme doch mal bei mir vorbei, ich hab’ was für Dich - weißt, ich hab’ so viel Zeit zum Nachdenken und ich will was gut machen!”
März 1989 Urlaub in der Heimat. Von Würzburg aus fuhr ich nach Schwaig per Zug und besuchte Onkel Andreas. Simon war mit Klein-Katherina im Ski-Urlaub, aber ich konnte bei Isolde übernachten und maschierte jeden Morgen ca. 1 Kilometer zu Onkel’s Wohnung, wo wir gemeinsam unser Frühstück einnahmen. Zu meiner Freude durfte ich erleben, wie mein Opa

wieder lebendig wurde in Gestalt meines Onkels. Er war zwischenzeitlich über 82 Jahre, noch eine große Gestalt, etwas abgerundet in den Schultern und leicht nach vorne gebeugt. Er kochte für uns.
"Ach", meinte er, "es Herrle (so wurde Opa oft von seinen Söhnen genannt) hat ja auch lange als Witwer alleine gelebt und für sich gekocht. Heute gibt's Geschnitzeltes das kocht mir meine Renate vor, dann wird's eingefroren. Dazu gibt's en Spinat, auch gefroren, aber alles schön fix und fertig im Paket und die Spätzli auch aus dem Beutel, die kommen in die Pfanne mit etwas Fett."
Ich war verpflüfft, aber ich durfte nur zuschauen und den Tisch decken. Wir saßen uns gegenüber. Es war so aufwärmend für mich, meinem Onkel gegenüber zu sitzen. Er fragte:
"Na, schmeckt's?" Ich konnte nur sagen: "Prima, ich mag Spinat recht gern und auch die Spätzli, die bekomme ich in England nicht. Das Geschnitzelte hat ein gutes Sößle".
Er lächelte und meinte: "Ich bin froh, dass Du da bist, ist viel schöner als alleine zu essen, da hab' ich oft keinen Appetit".
Ich mußte ihm von England erzählen. Er erzählte vom Krieg und dass er auf der Insel Gurnsey war. Er noch immer vor sich ein Schaufenster sieht, wo man den Tee auf einem großen Silbertablett aufgehäuft presentierte.
"Gell, die Engländer trinken viel Tee?"
"Ja, das stimmt, aber da gehört mehr dazu als einfach Tee trinken Onkel", warf ich ein.
"Weißt ich hab' über die Jahre hin dazugelernt, dass eine Einladung zur Tasse Tee eigentlich meint: 'Komm herein, setz dich hin, ich habe Zeit für dich, deshalb mache ich dir eine Tasse Tee'...."
Ihm gefiel diese Beobachtung und wir tauschten Erinnerungen aus. Am Abend sahen wir gemeinsam fern, tranken ein Gläschen Wein oder Bier bis es Zeit war zum "Gute Nacht" sagen. Mein Nachhauseweg führte erst an Häusern vorbei, dann verschwanden die Gebäude und große Nadelbäume reichten bis zum Gehsteig. Teils lagen die großen Häuser etwas versteckt hinter einer Auffahrt. Er war so lieb und fürsorglich, dass er mich bat, ihn doch gleich anzurufen, sobald ich in der Händel Straße angekommen bin, was ich auch tat. Beim Verabschieden, nachdem meine drei Tage vorbei waren, drückte er mir einen DM-Schein in die Hand und sagte:
"Du warst gut zu mir, als es mir schlecht ging, damals in den 50iger Jahren. Ich wollte es schon lange gut machen. Jetzt geht es mir bestens. Ich habe schon meinen Kinder gute Summen gegeben und - Du hast ja auch die Grabpflege meiner Eltern schon seit ein paar Jahren bezahlt." Onkel bemerkte, dass ich

was sagen wollte, so warf er schnell ein:
“Ich weiß dass Deine Mutter, also meine Schwester Lisbeth auch im gleichen Grab liegt”.
Ich war so gerührt, konnte fast nichts sagen. Ich drückte ihm schnell einen Kuß auf die Wange. Ich wußte, er hält nicht viel von überschwenglichen, emotionellen Gefühlsausbrüchen, aber er konnte sehen, wie sehr ich mich gefreut habe. Als ich den Geldschein in Händen hielt und nach meiner Handtasche griff, wurde mir bewußt, dass es sich um DM 1.000.- handelt.
Das hatte ich absolut nicht erwartet, obendrein hatte ich noch nie einen Tausender gesehen.
Beim Abschied mußte ich ihm versprechen, dass ich ihn wieder besuche und vielleicht auch meinen Mann mitbringe, wenn ich wiedermal Heimaturlaub mache.

Zurück zur Mutter, Opa und Margot, März 1956, Neue Welt - Leutfresserweg 32.

Nach dieser Job-Episode - ‘Vorführdame’ - war ich recht geknickt, vorallem weil ich nun wieder aufs Arbeitsamt mußte. Auf etwas aber konzentrierte ich mich ganz besonders: “Wohnungssuche”. Ich sagte zur Mutti:
“Dies war der letzte Winter hier, ich schaue jetzt jeden Morgen in die Main-Post, sowie sie ankommt, da muß ich was finden”.
Die Inserate las ich meiner Mutti laut vor, sie war unser Finanzminister, sie konnte ja oder nein zum Mietpreis sagen. Sie achtete auf die Höhe des Baukostenzuschusses. Sie hatte den Lastenausgleich, den die Stadt Würzburg an Opa und sie zahlte sofort “auf Seite gelegt”, gespart. Die Summen die ausbezahlt wurden waren für den Verlust einer ganzen Wohnung mit Einrichtung in Opa’s Fall und für Mutti ihre Möbel die untergestellt waren und beim Bombenangriff vernichtet wurden. Ich mußte nach einer 3-Zimmer Wohnung suchen, Küche und Bad. Die Lage war auch sehr wichtig. Ich amüsierte mich schon wie Mutti genau über die verschiedenen Stadtteile Bescheid wußte. Sie erzählte Geschichten von ihrer Jugendzeit und den Grund, warum sie weder im Mainviertel noch Grombühl oder Zellerau wohnen wollte. Sanderau und Frauenland standen an der Spitze. Es durfte aber nicht zu weit weg liegen, d.h. in Straßenbahn- und Bushaltestellen Nähe. Sie und Opa wollten ja zusammen alt werden und für’s Alter vorsorgen.
Eines morgens las ich wiedermal laut vor: “3-Zimmer Wohnung, Küche, Bad, Balkon - 1.Stock. Ende April, anfangs Mai beziehbar. Baukostenzuschuß DM

2.500.- erforderlich. Tel....."
"Das hört sich gut an", rief Mutti freudig aus.
"Gib mir mal gleich 20 Pfennig und ich rufe sofort an" war meine Antwort. Gesagt, getan. Im Schnellschritt gings zu Tavan's rüber. Am Telefon meldete sich Frau Appel und nach einer kurzen Unterhaltung vereinbarten wir, dass ich mit meiner Mutter und Schwester gleich morgen, an einem Samstag vorbei kommen werde. Wir drei Frauen waren aufgeregt, auch Opa freute sich, doch wegen seines hohen Alters, und langer Lebenserfahrung wollte er erst alles glauben, wenn sein Bett in der neuen Wohnung stünde.

Wir trafen die Hausbesitzerin, wir besahen uns den Rohbau. Im Treppenhaus fehlte noch das Gelände. Im 1. Stock sollte unsere Wohnung sein. Der Balkon war auch schon fast fertig. Die Räume selbst mußten alle noch verputzt werden. Die zwei Schlafzimmer gingen zur Straße hin, das Bad/Klo war ohne Licht, aber sollte eine gute Ablüftung haben. Aber schon der Gedanke allein, dass wir bald ein Bad besitzen, ließ unser Herz vor Freude klopfen.
Ein kleiner Korridor, das Wohnzimmer und Balkon gingen nach hinten raus, Küche ging vom Zimmer weg durch eine Schiebetüre, die mußten wir uns aber erstmal vorstellen, war ja noch nichts fertig. Vom Küchenfenster blickte man ebenfalls runter in einen Hof. Mutti meinte:
"Schade, dass die Schlafzimmer zur Straße hin liegen". Die Hausbesitzerin erklärte sofort, dass wir Doppelfenster haben werden und der Lärm sei dadurch gedämpft.
Margot und ich sahen vom Schlafzimmer-Fenster aus die Adalbero-Kirche. Hinten vom Balkon her sah man einen schönen, großen Birkenbaum mit Blick auf das Studentenhaus am Sanderasen. Wir waren in der Weingartenstrasse. Links vom Haus ca. fünf Häuser weiter entlang waren die Anlagen. Jeder entdeckte etwas anderes Hervorragendes von der Wohnlage. Wie kommt Margot zur Stadtmitte. Natürlich vom Sanderrasen mit der Straßenbahn, oder von der Sanderpost. Wir lagen genau in der Mitte, also konnte man sich beider Haltestellen bedienen.
Nun schaltete sich der Hausherr ein, wir hörten an seiner Aussprache, dass er vom hohen Norden kam, in der Unterhaltung später erzählte er uns, er sei ein Seemann gewesen und im 1. Weltkrieg auf einem U-Boot diente. Wir mußten nun versichern, d.h. Mutti, dass wir auch den Baukostenzuschuß haben und am Montagmorgen die Summe überweisen werden.
Soweit ging alles reibungslos. Wir konnten es kaum glauben. Er notierte unseren Namen und Adresse, wollte in etwa wissen, wie hoch unser

monatliches Einkommen ist, und ob wir die Miete uns auch leisten können. Ich fand die Fragen höchst unfreundlich und alamierend, aber Mutti konnte alles viel besser verstehen. Sie flüsterte mir zu: "Der Hausherr will Sicherheit und Opa mit seiner Pension und meine Rente, das hilft". Dann sagte sie laut zu ihm:
"Mein Vater wird bei uns wohnen, er hat eine gute Pension und ich habe meine Rente. Meine ältere Tochter hat ebenso eine gute Stelle als Kontoristin im Büro und meine jüngere" sie legte ihre Hand auf meine Schulter, "kam erst aus München zurück und wird auch eine gute Stelle im Büro finden. Wir schaffen es schon." Der Hausherr schien zufrieden zu sein.
Auf dem langen Nachhauseweg schmiedeten wir Pläne.
"Wir brauchen Möbel und Vorhänge, Gott sei Dank, dass ich mein Geschirr und Wäsche alles gerettet habe. Gut, dass auch mein Teppich schön gerollt gelagert ist, der passt gut ins Wohn-Zimmer" meinte Mutti. "Ins kleine Schlafzimmer geht Opa. Im großen Schlafzimmer geht bestimmt das Ehebett rein und vielleicht noch ein kleines Einzelbett?" Mutti schaute nachdenklich drein. "Nein, nein", sagte Margot schnell, "viel zu eng, denke doch an den großen Kleiderschrank und die Frisierkomode und die Nachttischchen, das Zimmer wird voll". "Prima" warf ich ein. "Ich schlafe dann auf einer Couch im Wohnzimmer, neben mir das Radio, Musik zum Einschlafen, davon habe ich immer geträumt".
"Unser altes Sofa muß vorläufig herhalten, der kleine runde Tisch und der Holz-Lehnstuhl für Opa, das wird alles sein was im Wohnzimmer stehen wird" sagte Mutti so vor sich hin.
Als wir endlich zu Bett gingen hatten wir alle einen Brummkopf vom vielen Erzählen und Pläneschmieden. In den darauffolgenden Tagen haben wir Opa erstmal alles bis aufs Kleinste beschrieben, der Rohbau, die Lage usw. Der Mietvertrag mußte in Einzelheiten besprochen werden. Wir hatten nur DM 2.000.- auf der Sparkasse. Meine Schwester, die als Buchhalterin in einer Firma arbeitete und das Vertrauen ihres Chefs voll und ganz genoß wandte sich an ihn. Er borgte uns die noch fehlenden DM 500.-. Sie wurden monatlich vom Gehalt meiner Schwester abgezogen. Mutti hatte eine gewisse Summe für den Umzug auf die Seite gelegt. Alles war bestens organisiert.

Nun erkrankte unsere liebe Mutti plötzlich und mußte mit einer Stirnhöhlenvereiterung in die Klinik gehen. Wir fluchten über die kalte Wohnung. Auch Mutti's Rheumaschmerzen ließen nicht nach. Es war höchste Zeit, dass wir umzogen. Mutti war in den 7 Jahren auf der Neuen Welt nun

schon zum 3. mal im Krankenhaus. Erst eine Unterleibsoperation, dann wurden die Mandeln herausoperiert und jetzt die Stirnhöhlensache. Wir Mädchen wären ohne Hilfe zurechtgekommen, aber für Opa's Wohl brauchten wir einen Ersatz für Mutti. So kannten wir Frau Amon, auch Rentnerin, die auf der Neuen Welt wohnte und die gerne nochmal etwas tätig sein wollte. Sie kam jeden Tag zu uns und kochte und blieb bei Opa tagsüber, so dass er nicht alleine war. Wir nahmen noch immer unsere Hauptmahlzeit am Mittag ein und unsere eineinhalb bis zwei Stunden Pause reichten gut aus. Den Berg hinauf wurde geschnauft und hinunter gings schnell, oft sogar im leichten Dauerlauf.
Zwischenzeitlich nahm ich eine Büro-Stelle in einer Versicherung in der Kaiserstraße an. Das Arbeitsamt hatte mir diese vermittelt. Ausgesprochen langweilige Arbeit. Mußte eine Kartei führen, Vertreterbesuche bei verschiedenen Kunden registrieren plus des Umsatzes, damit die Provision kalkuliert werden konnte. Gute Atmosphäre im Büro. Wir bekamen Essensmarken. Das habe ich gerne angenommen, denn die Mittagspause war etwas kurz für den langen Weg. So aß ich mit anderen Kolleginen in einer Gaststätte in der Nähe. Bald fand sogar ein Betriebsausflug statt. Ich war kaum 2 Wochen in der Firma.
Frau Amon versorgte Opa, so mußten wir uns keine Sorgen machen. Mutti besuchten wir täglich. Es ging ihr langsam besser.
An einem Tag, als meine Schwester und ich nicht zu Hause waren, klopfte es an der Türe, so erzählte uns Frau Amon. Es war die Hausherrin von der Weingartenstraße. Sie wollte mit Frau Ullrich sprechen und sich vergewissern, wo wir wohnten und dass wir auch wirklich eine Notwohnung hatten, denn für die Wohnung in der Weingartenstraße gab es viele Bewerber.
Frau Amon bat sie, hereinzukommen und stellte ihr Opa vor. Sie wiederum war freundlich und betonte, dass es ihr leid täte, zu hören, dass Frau Ullrich in der Klinik sei und wie entsetzlich lange ja der Weg von der Stadt nach hier oben sei, sie könne sehen, dass die Sperrholz-Zimmer nicht warm genug für die kalten Wintermonate sind.
"Die gute Frau" meinte sie, "hat wirklich eine Wohnung in der Stadt verdient."
Sie fuhr weiter:
"Frau Ullrich machte einen sehr guten Eindruck auf mich, auch die ältere Tochter, die blonde.." "Ach sie meinen Frl. Margot" warf Frau Amon ein.
"Ja, ja, - aber die jüngere, die ist sehr lebhaft und sie hat Hosen getragen und da hab' ich mir Gedanken gemacht".
Man bedenke, 1956 trugen nur wenige Fräuleins und Frauen Hosen, es war zwar modisch, praktisch und modern. Aber - für eine sehr biedere

Mitsechzigerin - ließ das Bedenken erwecken. Frau Amon erkannte sofort wo sie hinaus wollte und sagte lachend:
"Ach, die Siggi die dürfen sie nicht für ernst nehm'. Die ist eben erst aus München zurück' komme und die spinnt aweng auf Mode, sie ist aber wirklich ein nettes Mädle".
Das schien die gute Frau zu beruhigen. Sie verabschiedete sich bald und die Wohnung wurde uns in der Tat zugewiesen.
Mutti kam bald geheilt aus der Klinik zurück. Vorbereitungen für den Umzug mußten getroffen werden. Im Ruderverein wurde uns eine Firma für den Möbeltransport empfohlen. Was unsere Mutti besonders begrüßte, war die Tatsache, dass man uns mit den Kosten insofern entgegen kam, indem wir die Rechnung in zwei Zahlungen teilen konnten.
Anfang Mai riefen die Hausbesitzer an, wir sollten zum Fensterputzen kommen. Die Tüchner waren fertig. Der Fußboden mußte nur noch gelegt werden.
Ende Mai kam dann der große Umzugstag. Sieben Jahre auf der Neuen Welt, in einer sogenannten Notwohnung und jetzt eine Neubauwohnung. Wir waren alle überglücklich. Wir meinten, nun seien die sieben schlechten Jahre vorbei und die guten Jahre beginnen ! Wir mußten uns nicht mehr genieren junge Freunde einzuladen, wir wohnten nicht mehr in einer Notwohnung.

Als wir z.B. im Jahre 1954 durch Empfehlung eines Mitglieds vom Ruderverein bei einer Studentenverbindung als Gesellschaftsdamen engagiert wurden, war es uns höchst peinlich, wenn sich unser Partner vorstellen wollte. Es gehörte zur Etikette, dass der junge Mann sich erst bei den Eltern/Mutter vorstellt und dann ein paar Tage später die Tochter ausführt. Entweder ein Ball, oder ein Ausflug per Bus nach historischen Städten udgl. Es gab einen Imbiß und eine große Zeche unter den Studenten war im Gange. Da erlebte ich zum Erstenmal wie man ein "Ex" trinkt - Glas aufheben, ansetzen, alles runtertrinken. Auch wie so mancher junge Student eine Maß Bier verkraften mußte, ob er es wollte oder nicht. Das Motto lautete:
"Trink, trink, Brüderlein trink, lassest die Sorgen zu Haus, meide den Kummer und meide den Schmerz, dann ist das Leben ein Scherz..." Dieses Lied passte wirklich zur Stimmung.
Die jungen Studenten benahmen sich uns Damen gegenüber ausgezeichnet ritterlich, gute Manieren, guter Humor, gute Unterhaltung, das war eine Grundlage für einen frohen Ausflug oder Abend. Oft war der Student, von dem man abgeholt wurde, nicht immer die Wahl des Herzens, aber - die gute

Etikette sorgte für ein Amüsement, dessen man sich immer erfreuen konnte.
Ganz besonders aufregend war für mich als Achtzehnjährige und meine Schwester zwanzig, unser erster großer Ball. Unser erstes Abendkleid. Stoff (Organza) wurde gekauft, Schneiderin Mariele, auf der Neuen Welt, machte das Kleid. Ich wählte rosa meine Lieblingsfarbe, meine Schwester himmelblau. "Man steckte Veilchen ans Kleid, die Röcke waren ganz weit, ach Gott war das eine Zeit, nichts auf der Welt war so schön, als sich zur Polka zu drehn... Himmelbalu und rosa möcht ich sehn, zärtlich und voll Poesie..."
Warum wählten wir rosa und himmelblau? Ganz einfach. Unsere Schildkröten-Puppen trugen: Margot's helle Farbe, blaue Augen, ein blaues Kleidchen, meine war im Ton leicht gebräunt, hatte braune Augen und ein rosa Kleidchen. Da wir damals 3 und 5 Jahre waren, blieb diese Farbenpracht fest im Gedächtnis heften.
Zu unseren langen Kleidern trugen wir auch lange, weiße Handschuhe, bis zum Ellbogen hoch. Als Schmuck eine Perlenkette, (künstliche) und dazu ein paar Ohrringe, die aus ganz kleinen Perlen bestanden und die Form eines Weintraubenbündels hatten. Unter dem langen Kleid trugen wir einen gestärkten Unterrock, das Material hieß glaube ich 'Vlieseline'..
Als wir jedoch an jenem Abend von der Neuen Welt von unseren Kavalieren abgeholt wurden, mußten wir vorher mit dem "Dreimädelhaus" einen Plan schmieden. Wir waren uns bewußt, dass unsere Notwohnung im sog. alten "Schweinestall" einfach unmöglich war. Die Wohnung selbst natürlich nicht, Gott bewahre, unsere Mutti hat ein gemütliches Heim gemacht. Aber, der Treppenaufgang und die Sperrholzplatten-Wände, das war für zwei junge Geschöpfe einfach nicht akzeptabel. So erklärten wir, dass unsere Mutti verreist sei und wir uns bei unseren Freundinnen fertig machen würden und baten, dort abgeholt zu werden. Wir baten die zwei jungen Männer bei Tavan links am ersten Haus zu klingeln. Emma und Alice hießen die Studenten willkommen und boten ihnen ein Likörchen an, während Pauline schnell entwich, durch den Garten zu uns hoch kam. Unser Haus lag etwas höher, jedoch auf der gleichen Seite. Wir waren fertig, eilten ebenfalls durch den Garten und über die Veranda ins Haus, gingen dann ganz ruhig mit erhabenem Schritt vom Schlafzimmer von Emma und Alice durch den Gang ins Wohnzimmer, wo uns unsere Herren nett begrüßten und wir uns dann auf "Schusters Rappen" auf den Weg machten. Berg hinunter, über Löwenbrücke zum Studentenhaus hin.
Man bedenke, zu Beginn der Fünfziger Jahre hatte fast kaum ein Student ein Auto, junge Männer allgemein nicht, so wurde überall hingelaufen. Wir lernten

auf hohen Schuhen den langen Berg hinunter zu tippeln.
Der Ball war zauberhaft, er wurde mit einem Francaise eröffnet und wir lernten diesen sog. Figurentanz von einem Tanzmeister, der speziell für diesen Anlass engagiert wurde. Wir tanzten Walzer, man hielt den äußersten Saum des langen Kleides hoch und schwebte so dahin, wie einst in Wien.
Unser erster großer Ball, das erste gesellschaftliche Ereigniss. Wir Schwestern durften es gemeinsam erleben und Mutti freute sich mit uns. Am nächsten Morgen haben wir ihr dann in Einzelheiten alles erzählt, vom ersten bis zum letzten Tanz, von anderen Gästen am Tisch.

Wir sind in der Weingartenstraße.

Eine herrliche Lage, wir glaubten fast die beste! Da war das Hallenbad, die Sander-Post, Huttensäle. Straßenbahnhaltestellen: Sanderpost und Sanderrasen. Meine Schwester arbeitete in der Nähe des Juliusspitals und ich in der Kaiserstraße. Wir sind natürlich gelaufen. Straßenbahn nahm man nur an Regentagen und nicht immer dann, es gab ja einen Regenschirm.

Unsere 3-Zimmer Wohnung, Bad, Balkon, war einfach ein Wunschtraum in Erfüllung gegangen. Die Miete betrug damals DM 69.50 im Monat. Das kleinere Schlafzimmer wurde wie geplant, Opa's Zimmer. Für meinen Puppenwagen mit Puppe, an dem ich mit kindlicher Liebe hing, war auch eine Ecke frei.
Das größere Schlafzimmer war voll mit Mutti's kompletten Schlafzimmer. Im Wohnzimmer stand das alte Sofa/Liege, kleiner runder Tisch und Opa's Holzlehnstuhl. Ganz besonders erfreut waren wir, als wir Mutti's Teppich ausrollen durften. Der Raum wurde schlagartig heimisch, gemütlich. Die große Glastüre zum Balkon, das sich anschließende Doppelfenster bildeten eine große Lichtquelle. Begeistert und in Erwartung stellte ich mir schon ein kleines Tischchen und Gartenstühle auf dem Balkon vor, dort sollte Frühstück eingenommen werden.
Die Balkontüre entpuppte sich zu einer tükischen Türe. Ein Hebel zur rechten Seite hob buchstäblich die Türe hoch, dann ließ sie sich öffnen. Wehe, wenn der Hebel nicht voll nach unten gedrückt war, dann bewegte sich die Türe nicht, oder aber schnallzte hoch und man war total erschreckt über die moderne Version.
Die Schiebetüre, eine platzsparende Maßnahme zur Küche war recht praktisch. Die Küche selbst war mehr länglich als breit. Das Fenster war auf der gleichen

Seite wie der Balkon. Alle Parteien hatten das Fenster offen, oder teils aufgekippt, besonders dann, wenn am Sonntag der Braten angebraten wurde. Man wollte ja nicht, dass der Küchengeruch übers Wohnzimmer in die ganze Wohnung sich verbreitete. Oft konnten wir somit riechen, was über uns oder unter uns gekocht oder gebraten wurde, die Düfte schwebten hoch oder runter, je nach der Windsituation. Unser altmodisches, großes, heftiges Küchenbüfett, das noch vom Schreiner angefertigt war, nahm viel Platz weg, passte aber ganz gut rein, so auch unser Tisch mit 2 Stühlen und 2 Hockern. Eine kleine Kommode passte genau in die Ecke links, dann kam ein Guß in einer Niesche. Auch für den Gasherd war noch Platz.

Zwei Häuser von uns weg eine Bäckerei mit Lebensmitteln - in der Franz-Ludwigstraße ein Metzger. Auch ein Kupsch nicht weit weg. Welch ein Luxus, wir konnten frische Brötchen am Morgen holen, am Nachmittag ging Opa sogar alleine zum Bäcker und holte für Lisbeth und sich selbst ein paar Stückchen Kuchen - natürlich nicht jeden Tag. Kam am Sonntag ein unangemeldeter Besuch, dann ging eine von uns Mädchen quer durch die Anlagen vor zum Café Haubeltshofer. Dort wählt man den Kuchen, wenn empfehlenswert auch noch eine Portion Schlagsahne und mit zwei Kuchenpaketen in der Hand kommt man zu Hause an.
Wenn ich das so aufschreibe, es mit meiner Wahlheimat vergleiche und den Ort wo ich jetzt wohne, so habe ich absolut keine Bäckerei/Konditorei, die ich am Sonntag aufsuchen könnte in unmittelbarer Nähe. Hier muß ich Kilometer abfahren oder selber backen !

Ich habe meine Stelle gewechselt !

Welch ein Aufschwung. Ein ehemaliger Student, jetzt ein Doktor, der auf der Neuen Welt einst wohnte, arbeitete als Assistent am Institut für Volkswirtschaftslehre. Er traf meine Schwester in der Stadt und sagte zu ihr:
“Ist die ‘Kleine’ wieder von München zurück?”
“Ja”, antwortete Margot. “Sie arbeitet seit vier Wochen in einer Versicherung. Nicht ganz ihre Szene, etwas langweilig meint sie”.
Dr. Hoppmann antwortete sehr schnell: “Sagen sie ihr einen schönen Gruß von mir und sie soll im Institut für Betriebswirtschaftslehre in der Domerschulstraße mal anrufen und sich bei Dr. Wöhe melden. Dort sucht man eine Sekretärin. Das wäre doch was für Sieglinde.”

"Danke", warf meine Schwester freudig ein, "ich werde es ihr ausrichten!"
So geschah es, dass ich, zwar immer noch in meiner Stelle, mich eines abends nach Dienstschluß beim Institut vorstellte. Ich war nicht gerade unsicher, ich war ja nicht arbeitslos, so redete ich mir als Hilfsstütze ein, ich bräuchte die Stelle eigentlich nicht.
Plötzlich wurde mir bewußt, dass ich ja nur 3 Jahre berufstätig war. Was, wenn man eine erfahrene Kraft sucht ? Ob ich wohl den Anforderungen an einem wissenschaftlichen Institut gewachsen bin ? Sekretärin ? Für zwei Professoren und zwei Assistenten arbeiten ? Viele Gedanken schossen mir auf dem Wege in die Domerschulstraße durch den Kopf. Nr. 16, das Gebäude der alten Universität ragte vor mir. Groß, eindrucksvoll. Eine große, hölzerne Eingangstüre, sogar ein Aufzug zum dritten Stock und das nur, weil das Gebäude erst seit kurzem neu aufgebaut wurde. Vom Bombenangriff her war alles zerstört, nur die Außenwände blieben, alles andere neu. Damit meine ich aber nicht neu, unschön, nein im Gegenteil. Schöne breite Treppen, schmiedeeisernes Gelände. Eine große Aula im Erdgeschoß. Die Universitäts-Bibliothek im ersten Stock. Die Juristen mit all' ihren Räumen im 2. Stock und im dritten Stock die Volkswirte und Betriebswirte.
Am Eingang eines jeglichen Zimmers stand auf einer Plakette, der Name des Instituts der Name des Professors, auch die Sekretärinnen wurden mit Namen angekündigt.
Zuerst klopfte ich bei Dr.Wöhe dem Assistenten an, er wiederum nahm mich durch eine Verbindungstüre in das Zimmer des Professors. Der Raum beeindruckte mich sofort. So ein feudales Büro hatte ich noch nie gesehen. Eine Ecke war einem Wohnzimmer gleich, mit Bücherschrank, Sofa, Couchtisch. Die andere Seite aus dem gleichen Holz ein Schreibtisch und davor ein Stuhl. Darauf mußte ich mich setzen. Ich wurde kurz als Frl. Ullrich vorgestellt und gefragt, wo ich zur Zeit arbeite und ob ich eine Lehre mitgemacht habe. Beide Fragen konnte ich positiv beantworten.
Jetzt folgte ein Diktat. Prof. Ruchti las aus einem von ihm veröffentlichen Buch: "Die Abschreibung". Bei der Übertragung in die Schreibmaschine, die beim Assistenten im Zimmer stand, war ich für einige Sekunden hilflos den sog. "Fremdwörtern" gegenüber, die ich bei der Aufnahme nicht verstand. So ließ ich einfach eine Lücke. Über seine Brillenränder mich ansehend fragte mich Prof.Ruchti:
"Warum haben sie Lücken gelassen?" Ich antwortete etwas schüchtern: "Tut mir leid, aber die Worte sind mir unbekannt, jedenfalls die Schreibweise!"
"Ha", der Professor lachte auf und meinte freundlich: "Das sind alles

wissenschaftliche Fachausdrücke, die werfe ich ihnen so oft am Kopf, dass sie diese am Schluß im Schlaf schreiben können. Sie haben doch englisch in der Schule gelernt ? Viele Worte stammen aus dieser Sprache oder der lateinischen."

Das Interview war erfolgreich, so wurde ich schriftlich informiert, dass man mich mit einer dreimonatigen Probezeit in die staatliche Stelle aufnehmen würde und ich nach TOA VIII bezahlt werde. Hurrah, ich war ganz stolz auf mich selbst. Dazu muß ich noch erwähnen, dass meine Schwester vor dem Interview sagte:
" So jetzt kannst Du mal zeigen was Du wirklich kannst, denn schließlich und endlich hast Du die mittlere Reife!"
Mein erstes Gehalt war gleich für eineinhalb Monate. Ich fing am ersten an, aber wir wurden Mitte des Monats bezahlt. So viel Geld hatte ich noch nie verdient. Über DM 400.- Netto war für 1956 ein gutes Gehalt. Die Neubauwohnung mußte möbliert werden. Fürs Wohnzimmer neue Übergardinen und Stors. Wir drei Frauen saßen um den Tisch am Abend und schmiedeten Pläne. Ich war so stolz und erklärte gleich: "Ich kann die Kosten der Vorhänge sofort übernehmen". Die Stelle meiner Schwester brachte auch ein gutes Entgeld und so wurde ausgerechnet, wer von uns welche Abzahlung übernimmt. Unser Kostgeld an Mutti sollte DM 80.- betragen, aber während wir Abzahlungen leisteten, durften wir kostfrei leben. Ein Bekannter an der Uni hatte einen guten Kontakt zu einem Möbelgroßhandel. Dorthin wurden wir empfohlen.
Eine Schlafcouch mit zwei Sesseln und ein kl. Teewagen waren meine Wahl zur Abzahlung. Margot erinnerte sich einer Mitschülerin von der Handelsschule, deren Eltern ebenso ein gutes Möbelgeschäft in Würzburg hatten. Dort erstanden wir einen Schrank mit Glasvitrine und einen passenden Eckschrank dazu, ebenso oben Glas, daran anschließend eine Komode.
Der neue Stil - Anbaumöbel - war sehr angebracht in unserer verhältnismäßig kleinen Wohnung. In dem Haus selbst, so erzählte die Hausbesitzerin, waren vor dem Bombenangriff nur eine Wohnung auf jeder Etage, diese hatte große, hohe Räume. Daraus wurden jetzt 2 Wohnungen je Stockwerk, mit mehr Zimmern, dafür aber etwas kleiner. Das wurde in vielen Neubauten nach dem Wiederaufbau gehandhabt. Die Wohnungsnot war groß, herrschaftliche Wohnungen nicht mehr so gefragt.
Der Couchtisch war ein technisches "Wunderwerk". Er war 88 cm x 64 cm und vom Boden ca. 62 cm hoch, aus dem gleichen Holz wie die Schränke.

Durch einen Hebel und einer Spirale konnte die Höhe des Tisches bestimmt werden, so z.B. zu einem normalen Eßtisch erhöht, die Tischplatte selbst konnte man aufklappen und hatte somit zweimal die Fläche wie vorher. Das bedeutete, wenn Besuch kam konnten bis zu 8 Mann um den Tisch herum sitzen. Da wir ja kein Eßzimmer hatten, nur in der Küche für vier Sitzplatz„ war diese Kombination des Couchtisches einmalig.
Noch heute, nach 35 Jahren ist der Tisch in Gebrauch in meinem Frühstückszimmer, welches einer kleinen Küche angeschlossen ist. Ab und zu sind meine Gäste immer noch verwundert, wenn ich ihnen das geniale, deutsche Handwerk vorführe.

Schritt für Schritt wurde unser Wohnzimmer vollständig. Bilder hingen an der Wand, Geschirr, das jahrelang in Kisten verpackt war kam in die Glasvitrine. Tischdecken aufgelegt, kleine Mitteldecken mit Spitze, wir konnten als erwachsene Mädchen endlich Mutti's sog. "Aussteuer" bewundern. Wir fragten Opa oft, ob ihm dieses oder jenes gefalle, aber er antwortete immer mit dem gleichen Satz: "Mir ist alles recht, ich hab' ja alles was ich mir wünschen kann." Damit meinte er auch, dass er sein eigenes Schlafzimmer hatte, einen Ofen zum Einheizen darinnen für den Winter. Den gleichen braunen Ofen, mit Röhre hoch zur Wand hatten wir auch im Wohnzimmer. Der Hausarzt empfahl deshalb, dass Mutti wegen ihrer Verschlechterung des Rheumas/Arthritis, in der warmen Stube bleibe. Somit mußte ich ins große Schlafzimmer zur Margot, das eine Ehebett belegen.
Einen großen Nachteil hatte diese Schlafaufteilung. Wir konnten zwar Freunde und Verwandte einladen, aber es durfte nie zu spät werden. Mutti mußte zu geregelten Zeiten ihre Tabletten einnehmen, oft nach einer Mahlzeit und vor dem Schlafengehen. Wir luden öfters mal zum Kaffee und Kuchen ein, mit darauffolgendem Abendbrot. Dies bestand aus kalter Platte, entweder Tee mit Zitrone oder Rum oder zu besonderen Anlässen auch ein Gläschen Wein.

Das erste Weihnachten 1956 in der neuen Wohnung wurde gleich mit einem Foto festgehalten. Was ich lange nicht verstehen konnte war, dass unsere Verwandtschaft, das war einmal die Schwester meiner Mutter mit Familie und der Bruder meiner Mutter mit Tochter und Frau, sich aufeinmal nicht mehr so oft sehen ließen wie vorher, wo wir noch in der Notwohnung lebten. Vielleicht war der lange Spaziergang zur Neuen Welt reizvoller ?
In die Weingartenstraße konnte man aber kreuz und quer durchs Klein-Nizza spazieren, was doch auch ein Genuß war. Mutti und wir waren jahrelang auf

Wohnungsuche und ihr Bruder meinte oftmals: “Ja, Lisbeth Du mußt schon aufpassen, dass die Wohnung nicht zu teuer ist, denn der Vater ist schon über 80 Jahre und wer weiß - ohne seine Pension kannst Du Dir die heutigen Mieten gar nicht leisten”. Ich sehe noch heute, wie gedankenverloren meine Mutti dann oft dreinblickte. Aber, es änderte sich ja alles schlagartig als beide Töchter gutes Geld verdienten, damit hat unser Onkel wohl gar nicht gerechnet.
Unsere Mutti war sehr gut im hauswirtschaftlichen Bereich, das Einteilen von Geld, Ausgaben kontrollieren. Vorallem wußte sie, was man sich leisten kann oder nicht. Sie war stets für Qualität, anstatt Quantität. Sommer- und Winterschlußverkauf haben sie nie zur Einkaufswut hingerissen. Sie war ja selbst einst im Verkauf tätig und so sagte sie zu uns:
“Im Ausverkauf werden einige gute Sachen zum Kaufreiz im Schaufenster ausgestellt, aber seid gewarnt, oft werden Ladenhüter, Sachen die schwer zu verkaufen sind an den Mann gebracht!”

Die Verwandtschaft kam zu Opa’s Geburtstagen, da gab es immer Kaffee und Kuchen und Abendbrot mit Wein. Durch “die Blume” wurde uns zu verstehen gegeben, dass wir ja fast Opa’s Pension nicht mehr bräuchten, da wir ja alle so viel verdienen würden. Mutti meinte hinterher gelassen. “Keiner hat mir eine Wohnung gefunden, ich habe von keinem etwas erwartet, aber jetzt sind sie noch eifersüchtig, dass wir Opa bei uns haben. Sie haben alle noch ihre Ehepartner, keiner weiß wie es ist verwitwet zu sein. Ich bin wirklich stolz auf Euch, Ihr seid schon eine große Stütze für mich”. Nach so einer Aussage, das ja gleichzeitig ein Kompliment war, nahmen wir oft unsere Mutti in den Arm, drückten sie und sagten: “Mutsch Du bist doch unser bestes Stück, so eine gute Mutti wie Dich gibt es selten”.
Zur Bekräftigung knallte ich oft meiner Mutti einige Küsschen auf die Wangen.
Wenn wir uns unsere Verwandtschaft so ansahen, so stellten wir fest, dass es ihnen nicht schlecht ging. Onkel Hans, Tante Ida und Helga wohnten noch zusammen in der Petrinistraße, Altbau, keine hohe Miete. Sie waren also nicht ausgebombt und mußten nicht von vorne anfangen. Helga war drei Jahre älter als ich und brachte auch einen Verdienst nach Hause. Tante Dora und Onkel Adam dagegen, verloren ihr Hab und Gut samt Wohnung im Angriff auf Würzburg im Februar 1945. Sie mußten, wie man so schön sagte: “von vorne anfangen”.
Cousine Ruth besuchte die Handelsschule und wegen ihrer guten

Englischkenntnisse arbeitete sie dann nach dem Krieg in einem Büro der amerikanischen Besatzung. Wie es das Schicksal mal so will, sie verliebte sich in einen G.I. Das Glück wurde jäh unterbrochen, Bill wurde in den Krieg nach Korea abgeordnet. Ich glaube fast, dass meine Tante sehr traurig gewesen wäre, wenn Ruth Bill geheiratet hätte und demzufolge nach Amerika ausgewandert wäre.
So fügte es das Schicksal, dass meine Cousine nach dem Motto: "Warum in die Ferne schweifen, liegt das Glück doch so nah..." einen jungen Mann, namens Georg heiratete, der nur einige Straßen von ihr entfernt wohnte.

Meine Schwester und ich waren schon ein gutes Team und wir bauten uns unseren eigenen Wirkungskreis auf, besonders eng verwickelt waren wir mit unserem Ruderverein, dem wir 1954 beitraten. Aktives Rudern, Wanderfahrten, Feste im Bootshaus feiern - einfach prima!

Das Leben in der Weingartenstrasse wurde immer schöner. Schon alleine unser Weg zum Büro durch die Anlagen, wo der Wonnemonat Mai überall die Büsche, Sträucher und Bäume in ein zartes Grün hüllte, war allmorgentlich ein Genuß. Margot und ich liefen von der Weingartenstraße kommend quer durch die Anlagen entweder in Richtung Münz-Gasse zur Alten Uni oder oft auch die Otto-Straße entlang, am Gericht vorbei vor bis zur Domerschulgasse. Margot mußte dann weiter zur Innenstadt hin. Auch sie hatte eine neue Stelle gefunden und zwar durch den Ruderverein, eine Firma am Dominikanerplatz.
Die Buchhalterin, für die Ziffern sehr viel bedeuten, war etwas enttäuscht, als sich herausstellte, dass ich, die jüngere Schwester, in meiner staatlichen Stelle DM 10.- im Monat mehr verdiente als sie. Nun hatte sie eine ausgesprochene gutbezahlte Position und sie konnte sich voll und ganz auf ihrem Gebiet entfalten.
Zur Mittagspause gingen wir fast immer nach Hause, es war ja nicht weit. Mein Büro befand sich im 3. Stockwerk. Vom alten Turm der Uni links gesehen war ich ca. das 3. Fenster. Margot stand oft auf der gegenüberliegenden Seite und rief nur ganz kurz meinen Namen, oder nur "huhu".
Ganz stolz war ich, als ich der Familie mitteilen konnte, dass rechts von meiner Türe auf dem Schild nicht nur der Name des Instituts zu lesen war, sondern auch mein Name: "Frl. Ullrich".
Das hob mein Selbstbewußtsein ganz gewaltig. Auch wenn man mich fragte, wo und als was ich arbeite, konnte ich stolz sagen: "Ich bin Sekretärin am

Institut für BWL".
Ich hatte auch zum erstenmal mein eigenes Büro, mußte mit niemanden teilen. Erst glaubte ich unter Einsamkeit leiden zu müssen, aber mit der Zeit wurde ich mir der Vorteile bewußt.
Der Raum hatte einen Schreibtisch, der stand links an der Wand. Gleich links neben der Türe waren einige Gaderobehaken angebracht. Die Doppelfenster waren gerade aus von der Türe und mit Blick über die Dächer zur Festung hoch. Mein Schreibmaschinentisch stand so, dass mein Rücken zum Fenster war und so hatte ich genügend Licht beim Tippen.
An der rechten Wand standen zwei Wandrollschränke mit Akten und Ordnern, die ich jedesmal vor Dienstschluß zumachen mußte. In der Ecke am Fenster hatte ich ein Waschbecken mit Spiegel, ganz besonders wertvoll für meine Weiblichkeit!
Meine persönliche Note brachte ich mit ins Zimmer, indem ich einen bemalten Holzteller meiner jungen Freundin Rosemarie, mit bunten Postkarten aus Urlaubsorten von verschiedenen Ländern an die Wand über meinem Schreibtisch anbrachte.
Auch Blumen, vorallem ein geschenkter Rosenstrauß zum 21. Geburtstag, präsentierte ich auf meinem Schreibtisch. Als Mutti mir abraten wollten, sagte ich:
"Die Blumen sollen mir Freude bringen und ich sehe sie nur am Abend und am Morgen. Wenn ich sie aber mit ins Büro nehme, sehe ich sie den ganzen Tag über. Womit ich nicht rechnete, waren die vielen Fragen, nach dem Verehrer oder Anlass, die der Strauß auslöste.

Wie erwähnt, ich arbeitete für zwei Professoren und jeder hatte einen Assistenten, also hatte ich vier Chefs und jeder brachte mir Sachen zum Tippen. Mein erstes, langes Diktat kam von Prof. Ruchti, er überarbeitete in den Semesterferein eines seiner Bücher, es sollte zu einer Neuauflage führen. So ging ich eines Tages mit meinem Stenoblock unterm Arm zur Mittagspause. Zu Hause angekommen, setzte ich mich sofort hin und las meine vielen Stenoseiten durch, damit ich nur nicht vergesse was frisch in Erinnerung schwebt. Wenn nötig machte ich eine Bemerkung in Langschrift.
An einem wunderschöner Sommerstag, blauer Himmel, Sonnenschein kam Professor Nowak, mein zweiter Chef in mein Büro und erklärte ganz offenherzig: "Was haben sie da für eine herrliche Aussicht, über den Dächern von Würzburg blicken sie direkt auf die Burg. Man müßte Ihnen direkt Kulturabgabe abnehmen!" Ich antwortete ganz sachte: "Ja, ich weiß das auch

zu schätzen, ich liebe mein Büro und die Aussicht". Er warf noch ein: "Wissen Sie, es gibt viele Schreibkräfte die ihr Geld hinter der Schreibmaschine sitzend verdienen - aber die sind in den Industriegebieten und Firmen tätig, wo 20 bis 50 Fräuleins in einem großen Raum sitzen und arbeiten". Prof. Nowak kam oft herein um sich einfach nur den Schlüssel zum Archiv zu holen. Ich hatte ein Schlüsselbrett mit Ersatzschlüssel für alle Amtszimmer unseres Institutes. Er war rauh, aber herzlich. Als Vater von drei Söhnen fand er nicht immer den richtigen Ton für eine junges Fräulein..Seine Vorlesungen waren hauptsächlich "Büro-Technik und Organisation". Er war etwas pedantisch. So mußte ich z.B. in seinem Zimmer auf dem Schreibtisch darauf achten, dass seine Bleistifte stets gespitzt und die Kugelschreiber so lagen, dass die Spitze nach rechts zeigte, so dass man nur hochheben mußte und schreiben und nicht erst umdrehen, sollte die Spitze nach links zeigen.
Mir fehlte der strenge Ton eines Vaters. Umsomehr berührte es mich, wenn mein Chef losdonnerte, wie das der Fall an einem heißen Sommerstag war.
Er war zu dieser Zeit Direktor des Verwaltungsausschusses. Das Büro befand sich in der Neuen Universität, ca. 5 Minuten entfernt von der Alten Uni. Dieses Amt wurde von verschiedenen Professoren der diversen Fakultäten übernommen. So geschah es, dass meine beiden Professoren der BWL hintereinander das Amt innehielten. An jenem Tag kam kurz vor Dienstschluß, also ca. 17.50 Uhr eine telefonische Benachrichtigung, die wie folgt lautete: "Die Beerdigung des Herrn Kollegen findet morgen um 13.00 Uhr im Hauptfriedhof statt und wegen der großen Hitze wird allgemein empfohlen vom traditionellen schwarzen Anzug abzusehen, ein leichter Sommer-Anzug mit schwarzer Binde sei zu empfehlen".
Ich rief daraufhin im Verwaltungsausschuß an, Prof. Nowak war nicht mehr da. Ich blätterte im Telefonbuch nach seiner Privatnummer - nichts - es gab keine. Ich wußte zwar wo er wohnte, in der Simon-Breu Straße hoch oben beim Maria-Hill Hospital. Das lag absolut nicht auf meinem Heimweg. Ich dachte nicht weiter darüber nach, der Fall war für mich erledigt. Ich habe ihn nicht erreichen können!
Der Gedanke, mich auf mein Fahrrad zu setzen, das zu Hause stand, und am Abend noch hochzuradeln, kam mir absolut nicht in den Sinn. In diesem Fall war ich einfach jung und unerfahren und konnte die Folgen nicht voraussehen. Am Spätnachmittag des folgenden Tages rief er mich zu sich ins Büro des Verwaltungsausschusses. Er erschien sehr wütend und ärgerlich. Er wollte genau wissen, wann die Benachrichtigung eintraf und so erzählte ich ihm den genauen Sachverhalt. Es nützte alles nichts. Er sagte sehr energisch:

“Da lassen Sie einen alten Mann (er war wohl zwischen 55 und 60 Jahre) in einem dunklen Anzug zu Tode schwitzen, anstatt sich aufs Fahrrad zu setzen. Kein Telefon bedeutet nicht das Ende der Kommunikation, das Ende der Welt”. Ich war so verletzt, ich erkannte sofort, er hatte Recht. Ich nahm stillschweigend meine Unterschriftsmappe, oft lag sie dort mit den unterschriebenen Briefen, für mich zum Mitnehmen, machte leise die Türe auf und schlich mich hinaus. Als ich dann bei der Vorzimmerdame, Frl. Semmel vorbeiging und sie ansah, brach ich in Tränen aus. Sie tröstete mich, war auch etiche Jahre älter als ich und sagte:
“Das hat er nicht so gemeint, sie werden sehen, morgen hat er alles vergessen.”
Er hat sich sogar am übernächsten Tage, als ich zum Diktat mußte so quasi entschuldigt.
Beide meine Chefs kamen nicht jeden Tag in ihr Büro ins Institut. Es richtete sich danach, ob und wann die Vorlesungen in der Neuen Uni waren. Dafür beschäftigten mich die zwei Assistenten, die wiederum für die Professoren die meisten Arbeiten erledigten. Vorbereitung zur Vorlesung, Seminare abhalten, Klausuren korrigieren. Zwischendurch tippte ich auch einige Seiten zur Habilitationsschrift des Privatdozenten.
Hatte ein Betriebswirt sein Diplom und er ging nicht in die Privatwirtschaft, sondern schlug die akademische Laufbahn ein, dann wurde er erstmals als Assistent zum Professor(en) berufen. In den folgenden Jahren schrieb er dann seine Doktorarbeit, er promovierte zum Dr.rer.pol. Dann ging er an seine Habilitationsschrift und wurde bei Vorlage seiner Arbeit, Thema z.B. “Steuerpflicht” bei anderen Universitäten bekannt. Es kam zu Gastvorlesungen und nach beiderseitigem Einverständnis wurde ihm ein Lehrstuhl angeboten, er war dann ein ordentlicher Professor.
Die Volkswirte hatten den gleichen Lehrgang. BWL und VWL gingen Hand in Hand. So waren auch die Büroräume auf dem gleichen Flur wie wir und der Seminar-Raum/Leseraum und Bibliothek wurden geteilt. Prof. Carell war der Chef der VWL’ler und er hatte ebenso einen Assistenten und eine Sekretärin. Vor der Bibliothek/Leseraum gab es ein sog. Vorzimmer, ebenfalls ein Büro mit einer Sekretärin, die gleichzeitig für die Bibliotheksverwaltung verantwortlich war. Es handelte sich ja hier nur um Fachliteratur der BWL und VWL.
Unter uns, also im 2. Stock befanden sich mehrere Räume die von den Juristen belegt waren. Professor von der Hyde war damals der Chef, auch er hatte zwei Assistenten und eine Sekretärin. Eine sehr reizende junge Frau Fischer mit der ich mich sofort anfreundete.

Neben mir im Vorzimmer war Frau Gütling. Welch eine liebenswerte Person. Sie war fast unbeschreibbar. Sie war weder modern noch altmodisch, jedoch irgendwie schien sie in einer Zeitspanne zu schweben, die aus Vergangenheit und etwas Gegenwart bestand. Sie hatte das Elternhaus als junge Dame verlassen. Sie heiratete nach dem ersten Weltkrieg einen Amerikaner. Doch Amerika, die Lebenserfahrung und die Ehe schien ihr nicht viel Glück und Liebe gebracht zu haben. So kehrte sie wieder nach dem 2. Weltkrieg zurück und widmete sich voll und ganz der Betreuung ihrer gealterten Mutter. Sie beherrschte englisch in Wort und Schrift und wurde somit gleich zu Beginn des Wiederaufbaus der Universität und des Personals engagiert. Sehr belesen und sehr lebensweise war sie eine Persönlichkeit, der man nur mit Höflichkeit und Respekt begegnen konnte. Ein kleines Spässchen hie und da konnte man mit ihr teilen und sie stand stets gerne mit Rat und Tat zur Seite. Wie sie sich kleidete erinnerte sie mich sehr an Frl. Rostosky, die Kunstmalerin von der Neuen Welt. Sommer wie Winter trug sie einen Hut, schöne seidene Blusen mit einer Brosche am hohen Kragen, oftmals ein Seidenschal elegant um die Schulter geworfen und immer lange, warme Strickjacken.
Ihre Brille rutschte ihr oft etwas zur Nasenspitze und sie hatte eine nette Art sich mit einem über den Brillenrand hinweg zu unterhalten. Sie empfahl mir als kleinen Imbiß doch mal Joghurt mit Haferflocken und etwas Zucker zu probieren, was ich tat und mir ausgezeichnet schmeckte.
Vom Vorzimmer ging eine Tür ins Sekretaritat der VWL und die junge Dame dort hieß Frl. Thomas. Sie war gerade 17 Jahre und sehr stolz auf ihre Position. Sie war wohl eine ausgezeichnete Schülerin, sie hatte ausgezeichnete Zeugnisse. Sie war ein Produkt der elterlichen Steuerung, wenn man das so sagen kann. Die Mutter bestimmte die Gardrobe. Wir schreiben das Jahr 1956 - sie trug oft einen Hut ins Büro, meistens ein Kostüm. War das Kostüm grau, dann waren auch die Schuhe und Strümpfe grau, so auch die Handschuhe und die Handtasche. Mir tat sie fast etwas leid, denn sie wurde total von der Mutter dominiert und sah aus mit ihren jungen 17 Jahren wie eine Dreißigjährige. Obendrein mußte das arme Geschöpf noch eine ganz dicke Brille tragen.
Einer unserer Studenten, der mal gefragt wurde, wie ihm Frl. Thomas gefalle, meinte: "Die Thomas können sie mir am Bauch binden und trotzalledem, ich werde sie nicht anrühren!"

Am Tag als ich meinen kleinen Führerschein machte, also für Motorroller udgl. gratulierte man mir von allen Seiten. Sekretärinnen, Assistenten, Studenten alle wünschten sie mir viel Spaß und viel Glück beim Fahren. Da kam Frl. Thomas

auch aus ihrem Zimmer und gratulierte mir. Ich sagte spontan zu ihr:
"Nun sind Sie an der Reihe einen Führerschein zu machen".
Sie lachte ganz pikiert und sagte leicht verlegen: "Nein, nein, das ist nichts für mich, ich habe Angst vorm Verkehr!" Zuerst lachten die Männer, dann fiel der Groschen auch bei uns Weibchen, das Wort Verkehr hatte natürlich zwei Bedeutungen.
Sie entfernte sich bald mit der Bemerkung, sie habe viel zu tun. Einer der Studenten meinte ganz frech: "Das hatte ich mir gedacht, die Thomas und Angst vorm Verkehr, sie ist doch noch ne Jungfer und bleibt wohl auch eine!"
Einmal hatte ich sie, so behauptete sie, im falschen Ton angesprochen und sie sagte mit todernster Miene: "Frl. Ullrich, wenn sie sich nicht bei mir entschuldigen, werde ich von nun an nur noch auf dienstlicher Ebene mit ihnen sprechen". Wohlgemerkt, ich war ca. 4 Jahre älter als sie, da ich aber keinen Unfrieden am Arbeitsplatz wollte und ich die ganze Angelegenheit sowieso lächerlich fand, half mir mein guter Humor. Ich entschuldigte mich auf ganz höfliche Art und Weise, jedoch konnte ich mir einen kleinen ironischen Unterton nicht verkneifen.

Unten bei den Juristen gab es einen neuen Assistenten. Er stellte sich vor als Dr. Häusling und erzählte ganz begeistert von der Sorbone in Paris, wo er eben erst Abschied genommen hatte.
Zwischendurch war die Sekretärin bei den Juristen gegangen und an ihre Stelle kamen gleich zwei neue. Die Jursiten hatten einen neuen Lehrstuhl, einen neuen Professor und den Assistenten dazu. Die juristische Fakultät hatte sich vergrößert. Mit beiden Sekretärinnen verstand ich mich sehr gut. Die eine, Hannelore war zurückhaltend, etwas ruhig, aber sehr charmant. Gaby dagegen hatte ein lautes Mundwerk, sie kam aus Ostpreußen. Rauh, aber herzlich ein guter Mensch. Bald aber erkannte ich, dass unter der äußeren, schlagfertigen Person ein verletztes Wesen sich verbarg.
Nun, der Assistent aus Paris fragte uns gleich: "Meine Damen, haben sie denn keine Tassen im Büro, kann man keinen Kaffee machen, Tee? Nichts?"
"Nein, leider nicht. Hat man das denn in den Büro's in Paris?" fragte ich.
"Ja, aber natürlich, ab und zu hat man ein Tässchen Kaffee dringend nötig".
Also, die Juristen machten es sich gemütlich. Gaby ging einkaufen: Tassen, Unterteller, Kaffee-Kanne, Döschen Kaffee, Päckchen Tee, Dosenmilch usw.
Ich beratschlagte mich mit unseren Assistenten. Sie meinten, wenn von der nächsten Excursion etwas Geld übrig bliebe, dann könne ich auch Tassen udgl. einkaufen. Einen Tauchsieder und ein kleines Töpfchen brachte ich von zu

Hause aus mit.
Während der Semesterferien, oder wenn immer mal eine nicht so hektische Zeit im Büro herrschte, besuchten wir, die Sekretärinnen uns untereinander. Ein Tässchen Kaffee, oder Tee wurde dann angeboten. An dieser Stelle muß ich aber auch erwähnen, dass wir uns auch gegenseitig aushalfen, wenn wir wirklich zu viel zu tippen hatten, oft waren es Referate für die diversen Seminare.
Eines Tages ging unerwartet plötzlich meine Büro-Türe auf, ohne anzuklopfen, stand mein Chef, Prof. Ruchti im Türrahmen. Gaby saß gerade gemütlich in meinem Bürostuhl, wärend ich mich ganz bequem in meinem Schreibmaschinenstuhl hineindrückte.
Er sagte nur: "Aha", ich stellte ihm schnell Gaby als Prof. von der Heydte's Sekretärin vor. Er nickte etwas mit dem Kopf und sagte, sich zu mir wendend: "Kommen sie doch gleich mal zu mir ins Büro". Ich sah Gaby erschreckt an, nahm schnell meinen Stenoblock und Bleistift, klopfte an seine Türe an und trat ein. Ich erwartete, gerügt zu werden.
Er dagegen sagte fast freundlich: "Ach, ich will ihnen nichts diktieren. Machen sie mir doch auch ein Tässchen Kaffee und hier sind fünfzig Pfennig, gehn sie doch bitte zum Bäcker an der Ecke und holen sie mir einen 'Kissinger' dazu. Übrigens, ich habe gar nicht gewusst, dass wir auch Kaffeekochen können, war das ihre Idee?"
"Nein, eigentlich kam die gute Idee vom Assistenten der Juristen, er kam eben aus Paris zurück und dort macht man das. Ich habe mich mit unserem Assistenten aber erst abgesprochen", war meine Antwort.
"Ich habe absolut nichts dagegen, also so gehn sie mal meinen Kaffee machen".
Ich strahlte übers ganze Gesicht, als ich in mein Büro zurückkam und erzählte Gaby schnell den Vorfall. Sie freute sich mit mir, stellte gleich Wasser auf und ich eilte zum Bäcker.
Studenten der BWL und VWL legten einmal im Jahr eine Prüfung ab, um für's Honneffer Modell - ein Stipendium - zu qualifizieren. Zu diesem Anlaß saßen sie im 3. Stock in der Empfangsnische, natürlich sichtlich nervös. Die Zimmer der Professoren und Assistenten befanden sich in unmittelbarer Nähe. Einer der Assistenten kam an jenem Tag zu mir ins Büro und fragte:
"Frl. Ullrich würden sie etwas Kaffee machen und rausbringen zu den Studenten, ich glaube das würde den Kandidaten gut tun."
"Gerne" antwortete ich strahlend. War es doch eine willkommene Abwechslung vom Schreibtisch weggeholt zu werden.

Im Großen und Ganzen machte mir meine Arbeit viel Spaß. Die ersten Wochen und Monate wo ich noch meine Probezeit absolvieren mußte fand ich etwas anstrengend. So z.B. nahm ich öfters meinen Stenoblock in der Mittagspause mit nach Hause, las alles durch, im Falle ich meine Kürzel zu grass geschrieben habe. Bald aber gewöhnte ich mich an die Fachsprache.
Ganz neu war für mich die Anrede in einem Brief an den Rektor der Universität: Anstatt sehr geehrter Herr.... hieß es "Magnifizenz", am Schluß wurde gezeichnet: "Eurer Spektabilität sehr ergebener......"

Nachdem wir nun eine schöne Neubauwohnung hatten, bat ich Mutti, ob ich nicht mal meinen Freund Wilfried von Düsseldorf einladen dürfte, es waren nun schon einige Monate vergangen seit meiner Rückkehr. Unser Briefwechsel war nicht gerade rege. Aber sehen wollten wir uns doch recht gerne. Ich wollte ihn auch gerne Mutti vorstellen, sehen was Margot und die Ruderkoleginnen zu sagen hatten.
So geschah es, dass er an einem freien Wochenende, da er noch immer in der Hotelbranche arbeitete, tatsächlich in Würzburg eintraf. Er mietete sich in ein kleines Hotel in der Bahnhofstraße ein und telefonierte mit mir im Büro. Ich hatte ihn über alles bestens informiert. Er traf zeitmäßig so günstig ein, dass ich ihn nach Dienstschluß abholen konnte.

Am Samstag war auch noch ein kleiner Tanzabend vom WRV 1875 (Ruderverein) im Studentenheim. Ich war sehr stolz, meinen Freund aus Düsseldorf meinen Freundinnen und Bekannten vorstellen zu können.

Wie bekannt, entsteht bei der ersten körperlichen Beziehung zum anderen Geschlecht bei uns Weibchen oft eine starke Bindung. Man ist verliebt. Mit Sitte und Anstand ist das alles noch zu verkraften. So war mir klar, dass ich mich wohl mit diesem jungen Mann auch eines Tages verehelichen werde.
Meine Mutti und Schwester aber waren anderer Ansicht. Meine Schwester hatte schon bei ihr im Büro, wo auch WRV Damen arbeiteten und die Senior- und Junior Chefin ebenfalls Mitglieder des WRV's waren, eine genaue Beschreibung meines jungen Mannes abgegeben.
"Sieht ganz gut aus, ist auch höflich, wie aus der Eischale gekleidet, große, schlanke Figur.
Aber - leicht affektiert, oberflächlich, legt nur aufs Äußere wert, mit einem Würzburger Wort: 'er ist ein Stenz'!!!!

Der Tanzabend mit Wilfried im Ruderverein verlief ganz gut, wir tanzten viel, er forderte auch meine Schwester hie und da zu einem Tänzchen auf. Die Unterhaltung war im Allgemeinen höflich, man fragte das übliche: Wo habt ihr euch kennengelernt? Beruf, Familie, Wohnort usw. Am Sonntag wurde noch zu Hause Mittag gegessen und dann brachte ich ihn wieder zum Bahnhof. Er fragte mich eindringlich:
"Schatziman, Du bist mir doch treu geblieben? Du gehörst mir. Ich hätte gerne, dass Du nach Düsseldorf übersiedelst. Dort findest Du bestimmt auch eine gute Stelle".
Natürlich erwähnte ich nicht, dass ich einen gleichaltrigen jungen Mann vom WRV beim "Lumpenball" im Bootshaus kennengelernt habe, und er mir sehr sympathisch ist. Wir verabschiedeten uns, ich versprach nochmals, dass ich bald kommen würde - der Zug rollte aus dem Bahnhof - . So wie der Zug in der Ferne verschwand, so auch mein Versprechen, ich habe es nie eingehalten. Die Entfernung, die Distanzierung, meine Bindung zu Herrn Schatten löste sich auf, 'mein Schatten' verwischte im Tageslicht !
Wir haben oft über den Familiennamen "Schatten" gescherzt. Meine Schwester hatte zur gleichen Zeit einen Verehrer namens "Schleier". So sagten wir: Unsere Beziehungen zu beiden Männern, sind schattenhaft und schleierhaft!"
So war es auch in der Tat.
Ich hatte eine gute Aussprache mit meiner Mutti über Wilfried. Sie war zwischenzeitlich nicht nur meine Mutter die mit Rat und Tat zur Seite stand, sondern fast einer Freundin gleich, ich konnte ihr fast alles anvertrauen. Sie meinte:
"Du hättest etwas wählerisch sein sollen, mehr über den Charakter des Menschen erfahren sollen. Warum hast Du Dir denn ausgerechnet in den Kopf gesetzt, gerade diesen Großstadt-Typ zu heiraten?"
"Wenn ich ganz ehrlich bin, dann muß ich Dir erzählen, dass es anfing mit einer Art Rettungsaktion. Ich wollte ihm damals, wo er als Portier im gleichen Hotel wie ich arbeitete, eigentlich helfen, aus einer verzwickten Situation herauszukommen. Er hatte ein "Dächtelmechtel" mit einer Volontärin im Büro und als er sich zurückziehen wollte, drohte sie ihm, sie werde zum Direktor gehen, alles erzählen, dass er sie ausgenützt habe, der Direktor sei ein Freund ihres Vaters und so weiter. Wir Telefonistinnen und Büro-Damen haben gemeinsam protestiert, nachdem ich alle in Kenntnis gesetzt hatte und siehe da, ihm wurde nicht gekündigt, sondern sie mußte gehn. Daraufhin haben wir uns öfters am Stachus zum Tässchen Kaffee getroffen und eins führte zum anderen. Mutti, er vertraute mir sehr.

Eines Tages erzählte er mir dann auch von seinem Freund, der schwul war. Auch da wollte ich helfen. Ich wußte, dass Wilfried nicht stark genug ist, sich von ihm so ohne weiteres zu trennen. Schließlich hatte er ihn als 18-Jährigen von Düsseldorf nach München gebracht.
Na gut, er versprach mir dann auch hoch und heilig, dass er nichts mehr mit ihm zu tun haben wolle. Nun hatte ich die noble, - Du denkst jetzt bestimmt verrückte Idee - gehabt und dachte, wenn ich meine sogenannte "Unschuld" durch ihn verliere, also seine Geliebte werde, würde ich ihm helfen einfürallemal sich von den homosexuellen Männern und deren Einfluß zu lösen. Es hat auch gewirkt. Er war sehr stolz auf mich und beteuerte immer wieder, wie sehr froh und dankbar er ist, mich gefunden zu haben. Sein Vater nannte mich ein "Pracht-Mädchen". Er ist mit dem Vater, der auf meine Bitte hin ihn besuchte, mit nach Düsseldorf zurück. Also jetzt weißt Du warum ich ihn heiraten will. Ich gehe natürlich auch davon aus, dass man den ersten Mann, mit dem man geschlafen hat, auch heiraten soll."

Die ganze Zeit blieb meine Mutti still, nur ab und zu schüttelte sie ihr Haupt und ließ einen Seufzer los. Nun aber war sie an der Reihe, sie legte los, sie war ganz in Fahrt:
"Also mein Kind jetzt will ich Dir mal was sagen. Einmal ein Schwuler, immer ein Schwuler. Ich hatte eine Geschäftskollegin, ein bildhübsches Mädchen. Sie heiratete so einen Typ. Weißt Du, die Ehe war todunglücklich. Er hat zwar hoch und heilig alles versprochen, nie mehr eine männliche Beziehung aufzunehmen. Er zeugte auch drei Kinder, aber - da liegt der wunde Punkt. Er hat die Frau monatelang immer wiedermal betrogen mit einem anderen Mann. Also bitte mein Kind, vergesse dass Du Dich jemals mit diesem Menschen gebunden hast. Du hättest nicht so leichtsinnig sein sollen ...."
"Aber Mutti", warf ich bittend ein, "Du weißt gar nicht wie schwer es mir die Männer machen. Jedes Rendezvous ging darauf hinaus, dass nach dem ersten Küsschen ich immer bedrängt werde, doch mehr zu geben, keiner glaubte mir, dass ich so mit 19 Jahren noch unschuldig war. Meine freche Klappe, meine Figur, mein Temperament, alles wurde so ausgelegt, als wäre das ein Zeichen, dass ich leicht zu haben wäre. Ich habe wirklich die Nase voll. Manchmal entstand fast ein Zweikampf. Oft mußte ich meinen Mund fransig reden, um mich aus der Klemme zu ziehen".
"Mir ist das klar, aber Du bist in Deinem Wesen eben nicht zurückhaltend. Deine Oma hat mich immer ihre 'stolze Elisabeth' genannt. Lernen mußt Du, die Männer mit etwas Abstand erst mal abzuschätzen - nicht gleich mit der Tür

ins Haus fallen, aber Du warst schon immer ein ungeduldiges Geschöpf. Weißt noch wie die Sternenastrologin Dich warnte nicht immer impulsiv zu handeln? Wenn Du mir folgst, dann lässt Du diese Bekanntschaft einschlafen. Ihr lebt ja Gott sei Dank weit genug voneinander entfernt. Düsseldorf - Würzburg sechs Stunden Fahrt."

"Ach Mutti", warf ich schnell ein, "Du weißt doch wie es der Gebrauch ist, mit dem Mann mit dem man sich liiert, den heiratet man auch. Ich bin doch sonst verschrien als das 'leichte Mädchen', von wegen 'mein guter Ruf' ist geschädigt, wie die Spießbürger es so nennen."

"Nein mein Kind, wenn ich Dir es rate, als Deine Mutter, dann kannst Du das überwinden, verspreche mir nur beim zweitenmal viel, viel vorsichtiger in der Auswahl zu sein. Überlege es Dir reiflich, bevor Du zustimmst, oder Dich auf ein Verhältnis einlässt. Sehe doch mal erst, ob der Mann es ernst und ehrlich mit Dir meint. Wenn er Dich wirklich liebt kann er nämlich warten. Daran erkennt man immer den Charakter eines Mannes. Er darf Dich nicht in die Enge treiben".

In der folgenden Nacht lag ich lange wach und habe über alles nachgedacht, was mir meine liebe Mutti so alles ans Herz legte. Irgendwie war ich stolz mit meiner Mutti so offen und ehrlich über alles gesprochen zu haben. Als sie mir beteuerte, dass ich meinen sog. 'guten Ruf' auch nicht verloren habe, war ich glücklich eine so verständige Mutter zu besitzen. Meine Freundin, meine Gesprächspartnerin. Als Witwe ohne ihren Lebenspartner und mit dem gealterten Vater als Obhut, nahm sie viel mehr an unserem Leben teil, als sie evtl. es hätte tun können, wenn der Vater noch am Leben gewesen wäre und als Ehemann doch auch seine Ehefrau beansprucht hätte. Ich stellte mir z.B. vor, dass meine Eltern, wäre mein Vater wieder aus dem Krieg zurückgekommen, wohl oft unterwegs gewesen wären. Unser ganzes Familienleben wäre anders verlaufen. Mutti war die richtige Frau, mit der mein Vater gut repräsentieren konnte. Margot war für's Büro vorgemerkt, so plante Vati schon lange im voraus, als wir noch klein waren. Ich sollte ihn auf seinen langen Reisen begleiten und er sah in mir auch ein Potential mit Kundschaft gut umgehen zu können.

Der Krieg hatte alle Pläne zerstört, keinen Vater mehr, kein Geschäftsleben. Opa, der liebe Alte wurde von uns betreut und versorgt, wir waren so froh, dass wir nicht nur ein Frauenhaushalt waren.

Ganz zu Beginn meiner Tätigkeit am Institut für BWL klärte mich der

Assistent unter vier Augen über "die Studenten" auf, besonders diejenigen, die am Institut ein und aus gingen. Einige kamen von anderen Universitäten und belegten die letzten zwei Semester in Würzburg, andere fingen ihr Studium an. Er empfahl mir, mich grundsätzlich nicht mit Studenten einzulassen, auch nicht mal einladen zu lassen.
"Studenten sind halbfertige Menschen, die Studentenzeit ist für sie mit viel Zechen und Vergnügen verbunden, sie nehmen selten etwas ernst, sie müssen ja erst mal fertig studiert haben und einen Beruf ergreifen, dann sind sie für Sie erstmal ansprechbar. Jeder wird versuchen mit ihnen zu flirten, Sie einladen zu wollen, Sie sagen einfach höflich ab. Sollte es mal eine ganz besondere Einladung sein, wie ein Konzert oder ein Ball, dann sagen Sie mir, wer Sie einläd und ich sehe mir den Typ erst mal an".

Das hörte sich an, wie der Ratschlag eines väterlichen Freundes. Ich beherzigte es auch und hielt tatsächlich zwei Jahre lang durch, in dem ich gundsätzlich keine Verabredungen vom Büro aus arrangierte.
Ausnahmen bestätigen die Regel. Ein etwas älterer Student, damals noch Nachzügler vom Kriegsjahrgang, ca. anfangs Dreißig, lud mich zu einem Studentenball ein. Da dies ein sehr offizielles Fest war, wo alle Studenten der Verbindung ihre Mützen und Bänder trugen und der liebe Assistent den jungen Mann schätzte, durfte ich die Einladung annehmen.
Er kam von Norddeutschland, hatte eine schöne reine Aussprache und war Kavalier vom Scheitel bis zur Sohle. Er sprach zu Hause vor, holte mich ab, im Beisein meiner Mutti wurde ein Likörchen/Schnäpschen getrunken. Ich fühlte mich wohl und geborgen in seiner Begleitung. Es war ein geglückter Abend.

Der Würzburger Ruderverein von 1875 wurde mehr und mehr für Margot und mich der Treffpunkt für kleinere und größere Feste. Das Anrudern wurde im Bootshaus gefeiert. Tanzen, Musik, auch ein kleines Restaurant sorgte immer für gute, bürgerliche Küche. In der Spargelsaison gab es ein sog. "Spargelessen" für Mitglieder. Das war lecker! Spargelsalat mit Schinken im Brotteig! Wo ging man hin nach einem Abend im Bootshaus? In einer Clique, Männlein und Weiblein gemischt wurde vorgeschlagen: Wir gehen zur Jalossie Bar (Augustiner Strasse) - Gulaschsuppe essen nach 24 Uhr. Tolle Sache. Meine Schwester und ich besuchten meistens alle Feste gemeinsam. Wir hatten ein recht gutes, schwesterliches Verhältnis, um das wir oft beneidet wurden.

Wir akzeptierten uns gegenseitig, so wie wir waren. Unsere Fehler haben wir uns gegenseitig korrigiert. Oft meinte ich, Margot fühlte sich direkt verpflichtet, als die zwei Jahre Ältere, mich zurechtzuweisen oder zu verbessern. Manchmal fiel mir das "auf den Wecker" und ich übertrieb gewaltig.
Sie hatte z.B. die Angewohnheit, mich unterm Tisch sachte mit dem Fuß zu stupsen, wollte sie den flüssigen Strom einer Erzählung unterbrechen oder abbiegen. Sie glaubte immer zu wissen, was man sagt und was man nicht sagt. Wohlgemerkt wir sassen unter Freunden.
Eines Abends im Bootshaus: Wir hatten plözlich alle Hunger. Keiner ging zum Abendbrot heim, so bestellte ich beim Wirt "Schweinekotelett mit Kartoffelsalat und grünen Salat", mein damaliges Lieblingsessen. Eine Ruderkollegin bemerkte:
"Na, Dir schmeckt's aber!"
"Und wie" warf ich ein, "hier kann ich wenigstens ein ganzes Kotelett alleine verzehren, zu Hause muß ich mit der Margot eines teilen".
Großes Gelächter, wie oft in so einem Fall, man wußte nicht, ob meine Aussage echt war, oder nur Spaß. Stupps, stupps, unterm Tisch kam der Fuß/Schuh meiner Schwester. Das bedeutete: "Halte doch Deinen Mund, Du bist wiedermal unmöglich"!
Ich empfand das nicht so. Es war die Wahrheit. Mutti mußte noch immer mit ihrem Haushaltungsgeld vorsichtig umgehen, so wurde ein großes Kotelett eben geteilt.
Vom Wesen her waren wir zwei Schwestern nach außen hin gleich. Stets fröhliche Gesichter, immer gern ein Späßchen gemacht, gerne gesehen am Tisch zur fröhlichen Runde. Doch unsere Entwicklung zum individuellen Menschen fand später statt, als ich das Nest verließ und nicht mehr von Mutter und Schwester begutachtet, beobachtet, beraten wurde. Ich bin mir gewiss, dass ich viele Eigenschaften meines Vaters, der ja schon tot war, lebendigerweise verkörperte.

Im Ruderboot sassen wir stets im gleichen Boot. Oft ernannte man mich zum Steuermann. Ich hatte ein gutes, lautes Organ, auch immer etwas humorvolles zu sagen und somit erleichterte ich die harte Arbeit, das Rudern Mainaufwärts. Von meiner Margot kam die Anregung zum Rudern, sie war aktiv im Ruderboot während ihrer vier Jahre in Traben-Trarbach a.d. Mosel. Durch das harte Training, denn ihre Mannschaft sass in einem Rennboot, verlor sie ihren Pupertätsspeck. Es war eine radikale Gewichtsabnahme. Oft wurde ich gefragt,

ob meine Schwester eine Schlankheitskur mitgemacht habe, oder eventuell Tabletten geschluckt habe.
“Nein, nein “, beteuerte ich stets, “ihren Speck hat sie durchs Rudern verloren.” Mit 16/17 Jahren war meine Schwester rundlich und nun hatte sie eine gute Figur. Ich war schon recht stolz eine ältere Schwester zu haben, denn selbst die beste Freundin hatte nicht immer Zeit für mich, aber als Schwestern waren wir immer füreinander da. Wir teilten das Schlafzimmer, so konnte oft auch noch im Dunkeln gemunkelt werden, oder Ereignisse des Herzens besprochen werden, ohne dass Mutti davon hörte.

Viel gespartes Geld hatten wir nie. Das brauche ich wohl nicht lange zu erklären. Ohne den Hauptverdiener, das Familienoberhaupt, blieben alle Neuanschaffungen meiner Mutti, Schwester und mir überlassen. Die ersten 10 - 15 Nachkriegsjahre waren sicher überall in großen und kleinen Familien zu spüren. Nachdem die Möbelabzahlungen im Griff waren, konnte man etwas an Kleidung denken und Urlaubspläne schmieden.
Man sagte so schön in Deutschland gab es etlichen Wellen. Die Fress-, Kleider-, Urlaubs- und Juwelenwelle. Nach der dritten war ich leider schon im Ausland. Habe jedoch die ersten drei mitdurchstanden und genossen.

Meine dreimonatige Probezeit im Institut war vorbei und ich hatte langsam aber sicher gut Fuß gefasst. Exkursionen wurden durchgeführt und ich organisierte sie. Schrieb Briefe an die verschiedenen Fabriken. Auf eine schriftliche Einladung hin konnte dann der Bus bestellt werden. Oft waren es (1956/57) nur 25 Studenten der Betriebswirtschaftlehre. Unsere erste Fahrt ging zur Quelle nach Nürnberg, das größte Versandthaus Europa's!
Ich freute mich riesig, dass ich als Sekretärin mitfahren durfte. Die Assistenten meinten:
“Sie haben alles in die Wege geleitet, so verdienen sie auch mitzukommen.”
Von der Quelle war ich begeistert. Dort wurden schon die eingehenden Briefe automatisch geöffnet. Einer Führung durch das Versandthaus folgte ein Vortrag der Betriebsleitung, dann ein Mittagessen.
Auf dem Nachhauseweg durchs schöne Frankenland kehrte man in einer Gartenwirtschaft ein. Der Ausflug endete oft in einer feuchtfröhlichen Runde.
Die Besichtigung einer Motorrad Fabrik, ich glaube es war Triumph, folgte in einem anderen Semester, gefolgt bei der Ochsenfurter Zuckerfabrik.
Obwohl ich ehemals als Lehrling behauptete, ich mag keine Büroarbeit und ich käme vor Langeweile um, mußte ich nun feststellen, dass es darauf ankommt

wo, wie und was man tut.
Unter Akademikern, an einem Universitätsinstitut zu arbeiten, sagte mir zu. Mit diesen Herren ließ es sich anders arbeiten als mit einem privaten Unternehmer. Der Boss war nur auf seinen Gewinn bedacht, man wurde stets unter Druck gesetzt, nur kein Papierchen zu viel verschwenden. Der Verkauf, der Kunde kam zu allererst. Damals hieß es noch "der Kunde ist König". Zwischenzeitlich hat sich auch dies geändert. Einer meiner Professoren am Institut sagte mir in einem Gespräch:
"Wissen Sie, Frl. Ullrich, wir haben alle den gleichen Chef, den 'Vater Staat', also wir müssen alle so quasi zusammenarbeiten, denn wir werden alle aus der gleichen Kasse bezahlt".

Es kam z.B. vor, dass, wenn Professor Ruchti an einer Neuauflage seines bekannten Buches "Die Abschreibung" arbeitete, ich abends bis nach 18.30 Uhr oder 19.00 Uhr blieb. Er diktierte oft was er fertig im Manuskript hatte und überließ es mir, wann ich es in den nächsten Tagen dann tippte. Meistens fand diese Überarbeitung seiner Lehrbücher in den Semesterferien statt, wo er keine Vorlesungen hatte. Er erlaubte mir an den Tagen, wo ich länger abends im Büro blieb, am kommenden Morgen später anzufangen. War er mal verreist, dann bat er mich die Post in die Scheffelstrasse zu bringen und nach dem Rechten zu sehen, da ihre Hausangestellte eine etwas ängstliche Frau war. War er alleine verreist, dann lud mich seine Gattin zu einem Tässchen Kaffee ein. Ich machte auch kleine Besorgungen für sie auf dem Wege zum Haus.
Aufregend fand ich es, wenn ich die Prüfungsarbeiten auf Matrizen tippen mußte, die z.B. für den Schein nötig waren um Buchhaltung zu belegen. Auf Anordnung von Dr. Wöhe mußte ich mich in mein Büro einschliessen. War ich fertig, begleitete er mich in den Raum, unterm Dachboden, wo der Abzugsapparat stand. Er warnte mich auch und sagte:
"Frl. Ullrich es gibt neue Studenten, einige kommen von der Uni in Köln, die denken sich alle, dass sie hier an unserer kleinen Uni mit der neugegründeten BWL-Abteilung, ganz leicht ihre Scheine bekommen. Um ein Semester zu bestehen müssen sie soundsoviele Scheine belegen, je nach Fachkunde, den meisten fehlt die Statistik, den holen sie sich bei Prof. Schneider und dann bei uns die Buchhaltung. Passen Sie auf, dass man Sie nicht bestechen will. Sie werden eingeladen und ausgefragt!"

Er hatte Recht, ein Unternehmer-Söhnchen aus dem Rheinland, schon damals mit eigenem Auto, lud mich zum Abendessen ein und hinterher noch zu einem

kleinen Tänzchen in einer Bar in der Theaterstrasse.
Ich genoß die Hofierung, das Abendessen, das Tanzen. Dann kam die Überraschung. Auf dem Nachhauseweg nahm er anstatt durch die Augustiner-Straße zu fahren, einen Umweg, am Main entlang. Kurz vor der Löwenbrücke hielt er an und fragte, ob mir der Abend gefallen hätte. Ich: "Ja, danke, ich habe mich sehr amüsiert, er sei ja so ein charmanter Mann".
Nun hagelte es mit Komplimenten. Ich sei ein sehr lebhaftes, attraktives Geschöpf, so habe er sich die Franken-Mädchen gar nicht vorgestellt. Er beugte sich zu mir herüber und wollte sich einen Kuß holen. Da wich ich zurück, er war es absolut nicht wert. Er alamierte dann an mein Gewissen mit einer unverschämten Bemerkung: "Nun, wenn Sie nicht geküsst werden wollen, vielleicht wollen Sie auf eine andere Art und Weise dankeschön sagen?"
"Wieso? gibt es noch andere Worte? Ich habe mich doch schon bei Ihnen für den netten Abend bedankt! Da Sie kein armer Student sind, habe ich Ihnen nicht fifty-fifty angeboten, das mache ich sonst, so auch mit Freunden vom Ruderclub!"
"Nein, nein mein liebes Kind", meinte er lachend, "ich dachte mir, da Sie die Sekretärin sind, die alles weiß, weil alles durch Ihre flinken Fingerchen geht, Sie könnten mir eventuell behilflich sein. Ich hatte mit meinem BWL Schein Pech, im 2. Semester ein paar schlechte Klausuren geschrieben. Es liegt doch bestimmt so einiges im Büro herum-wo sie mir eine Kopie machen könnten?"
Jetzt fiel der Groschen bei mir:
"Sie meinen die Texte der Prüfungsarbeiten für nächste Woche! Ja, da muß ich Sie aber enttäuschen. Dr. Wöhe bringt die Texte am Tag vorher. Ich tippe sie auf Matrize hinter verschlossener Türe und dann, ja da können Sie lachen, dann begleitet mich Dr. Wöhe zum Dachboden im Archiv wo unser Vervielfältigungsapparat steht. Dort wird alles abgezogen und jede, aber auch jede halbgedruckte oder vermasselte Kopie nimmt Dr. Wöhe mit in sein Zimmer. Es tut mir sooooo leid, also ich kann Ihnen nicht helfen!"
Das soooo war total übertrieben, meine Stimme war ironisch angehaucht, ich hatte den schlauen Fuchs durchschaut und war voll in Kontrolle der Situation. Aber mein, er wollte irgendwie doch noch einen kleinen Ausgleich für die Unkosten des Abends und drehte sich noch mal schnell zu mir herüber und stahl sich ganz blitzartig einen Kuß von mir. Fast sprachlos - und das kommt nicht oft bei mir vor - sagte ich ärgerlich:
"Sie geben nicht leicht auf, Ihr Männer seid schon blöde Geschöpfe". Ich drückte auf den Türgriff des Wagens und zu meinem Schreck, ich brachte die

Tür nicht auf. Da sagte seine triumphierende, leise Stimme:
"Pech mein Kind, über die Türe bestimme ich" und er deutete auf einen Knopf auf seinem Amaturenbrett.
"Meine Güte" sage ich aufgeregt, "auch das noch, jetzt muß ich noch bitte sagen um aussteigen zu dürfen, ich laufe lieber nach Hause, von hier ist es nicht weit".
"Kommt nicht in Frage, als Kavalier der alten Schule werde ich Sie selbstverständlich nach Hause fahren. Immerhin es ist nach Mitternacht und da sollte eine junge Dame sich nicht alleine auf den Straßen bewegen. Vergessen wir eben die ganze Angelegenheit und ich bitte..." und da hielt er inne - "kein Wort an den Herrn Assistenten".
Ich wurde prompt vor der Haustüre abgesetzt. Mit gemischten Gefühlen sank ich todmüde in mein Bett. Meine Schwester hörte mich und fragte leise: "Wie war's denn mit dem Unternehmer-Söhnchen?"
"Erzähle Dir alles morgen", flüsterte ich zurück und löschte die Nachtischlampe aus.

Dem Assistenten erzählte ich den Vorfall in etwa ohne Namenserwähnung, ich wollte dass er wußte, das ich die 'Bestechung' überstanden habe.
Er meinte scherzend: "Die Herren aus Köln müssen erstmal erkennen, dass sie hier auch was leisten müssen und das wir nicht so einfach manipuliert werden können." Zu mir gewandt fügte er hinzu: "Freut mich, wie sie die Situation gehandhabt haben".

Es machte mir stets besonders Spaß, die Klausuren mit Benotung zurückzugeben und zu sehen, wie gut oder wie schlecht der eine oder andere Student war.

Im ersten Jahr am Institut hatten wir auch gleich zwei Doktoranden. Beide kamen von anderen Universitäten. Einer hieß Siegfried, der erste Namensverwandte den ich traf. Ein gutaussehender, blonder, großer junger Mann. Wenn man 20 Jahre ist, scheint ein Mitt-Deißigjähriger alt zu sein. Er kam von Norddeutschland, hatte gute Manieren, stets höflich und nie zu persönlich. Man fühlte sich als junge Sekretärin irgendwie geehrt, oft auch etwas verehrt, das tat gut. Der zweite Doktorand kam aus Zürich und ich fand seinen Akzent echt faszinierend. Er bekam zu seinem Schreck seine Doktorarbeit die das Thema "Werbung in Rundfunk und Fernsehen" bearbeitete, zurück mit dem Vermerk zur Überarbeitung verschiedener Kapitel.

Nun suchte er jemanden, der das Tippen übernhemen würde. Die Schreib-Büros waren angeblich überfordert, so dass er sich durch die Empfehlung des Assistenten an mich wandte.
Wie konnte ich absagen ? Den großen, schlanken Schweizer, mit seinem freundlichen Wesen mußte man eigentlich helfen. Ich glaube auch, dass mein Herz etwas klopfte, als er zum erstenmal in meinem Büro erschien.
Das Verlockende war auch der extra Verdienst. Pro Seite DM 1.- plus 5 Pfennig per Durchschlag. Damals mußte ja noch bei Korrektur jede einzelne Kopie ausradiert und verbessert werden. Mit der Zeit lernt jede Sekretärin wie man sauber und schön ausradieren und neueintippen kann. Also gut, ich nahm die extra Arbeit an, ohne aber nur zu ahnen, was mir da alles bevorstand.
Im Einverständnis mit den Chef's durfte ich mich z.B. nach Dienstschluß mit meinen eigenen Schlüsseln später wieder in das Amtsgebäude hereinlassen. Jedoch mußte ich dem Hausmeister, Herrn Blümel vorher Bescheid sagen. Er war ein sehr netter Mann, lebte mit Frau und Familie in einer Amtswohnung in der Alten Uni (Domerschulstrasse). Seine Frau arbeitete im Dekanat der Juristischen Fakultät, auch sie nahm ab und zu mal extra Tipparbeit an.
Als alle Abänderungen akzeptiert waren mußte die ganze Doktorarbeit nun auf Matrizen getippt, abgezogen und gebunden werden. Es waren im ganzen über 200 Seiten und das war viel Arbeit. Ich mußte oft auch mein Wochenende opfern. Als die ersten 70 Seiten fertig waren erhielt ich DM 70.- in bar und eine Einladung zum Eisessen zu Benito's Eisdiele in der Domstraße. Dort traf sich unsere Clique oft. Ich kannte den Inhaber und Frau, denn sie hatten ihre erste Eis-Bude unten am Nicholausberg. So um 1949/50 habe ich so manches Zehnerle für ein gutes Eis auf dem Nachhauseweg von der Schule ausgegeben.

Je länger ich mit dem Doktoranden René zusammenarbeitete, destomehr fühlte ich mich von seinem Charm umworben. Er war gute zehn Jahre älter als ich. Er erzählte mir ganz offen, dass er ein girlfriend in Zürich habe, die ihn ab und zu mal besuchen kommt. Sie sei ganz schön eifersüchtig. So konnten wir dann kein Rendezvous ausmachen.
Ein Doktorand muss nach der schriftlichen Arbeit noch eine mündliche Prüfung ablegen. Kurz zuvor war René ziemlich nervös. Ich war überrascht als er mich fragte: a) ob ich evangelisch bin, und b) eine protestantische Kirche wüßte, denn er möchte gerne am folgenden Sonntag mit mir zum Gottesdienst. Als ich das meiner Mutti erzählte war die Gute so beeindruckt von dem Verhalten des jungen Mannes, dass ich ihn zum Essen nach der Kirche einladen durfte.

Natürlich merkte ich, dass ich mich etwas in den René verliebte, obwohl ich die hoffnungslose Lage erkannte. Nach einem Rendezvous mit ihm klappte es mit dem Tippen immer viel besser, nunja dachte ich mir, von irgendwoher muss man sich ja die extra Energie holen.
Diese sogenannte Übung war sehr gut für mich, denn bis ich die Stelle als Sekretärin annahm, hatte ich nie viel getippt. Als Bürostift nicht und als Telefonistin erst recht nicht. Im Zeugnis hatte ich eine '1' im Schreibmaschinenschreiben und somit konnte ich endlich meine 'Fachkenntnis' etwas an den Mann bringen.

Als alle Seiten fast fertig waren, mußte René plötzlich zurück nach Zürich. So sandte ich am Schluß die Matrizen nach Zürich zum Korrigieren. Dann wollte René die Matrizen in Zürich fertig schreiben lassen, änderte jedoch seine Meinung in letzter Minute. Kurz vor seiner Abreise sagte er zu mir:
"Weil Du so lieb und hilfsbereit warst und auch Deine Mutti und Schwester so nett zu mir waren kurz vor meiner mündlichen Prüfung bist Du schon jetzt herzlich eingeladen, mal ein paar Tage in Zürich zu verbringen!"
"Wirklich?" fragte ich voll Begeisterung. "Das werde ich tun, denn ich war noch nie in der Schweiz".
Als ich die letzten 50 Matrizen absandte, so Mitte August 56, legte ich eine kleine Notiz bei und kündigte an, dass ich einen kleinen Urlaub nehme und zwar nach München fahre, um meine ehemalige Hauswirtin, Tante Liesel zu besuchen. Auf der Hinfahrt wolle ich über Stuttgart nach Zürich reisen und dann bei ihm kurz "guten Tag" sagen.
Leider öffnete er, als sich hinterher herausstellte, nie mein Paket mit den Matrizen, sondern sandte sie postwended zurück an mich und bat mich die Abzieherei doch lieber in Würzburg vorzunehmen. Er konnte, m.E. den job in Zürich nicht für den gleichen Preis erledigen.
Nun reiste ich aber ab, bevor das Paket eintraf.
Mich packte die Reiselust, speziell mit dem Zug über Stuttgart nach Zürich, wo ich noch nie war, aufregend! Meine Schwester lächelte vor sich hin. Koffer und kleine Reisetasche gepackt, Fahrkarte wurde gelöst. Mit meinen zwanzig Jahren wollte ich gerne neue Gebiete erforschen. Natürlich auch René wieder sehen, auch seine Eltern kennenlernen. Meine einzigen Urlaubs-Reisen beschränkten sich bisher auf Kaiserslautern, Waldmohr in der Pfalz, Traben-Trarbach a.d. Mosel und München und das Berchtesgadner Land.
Auf meiner Notiz stand klar und deutlich, wann ich komme, Tag und Eintreffen meines Zuges. Ich kam voller Erwartung im Züricher Bahnhof an,

aber - keine Spur von René. Ich wartete und schaute suchend in die Menschenmenge, die sich durch den Bahnhof bewegte.
Mir blieb nichts anderes übrig als die Telefonnummer herauszusuchen. Ich betrat ein Telefonhäuschen und wählte seine Nummer.
Eine nette Frauenstimme antwortete, es war die Mutter, sie rief René ans Telefon. Als er meine Stimmer erkannte fragte er: "Was gibt's, wo bischt Du denn?"
"Ja, genau da, wo ich sagte ich werde sein, als ich an Dich schrieb, warum bist Du denn nicht gekommen?"
"Ja, ich weiss ja von gar nichts, wann hast Du denn an mich geschrieben?"
"Als ich Dir die letzten Matrizen sandte, legte ich einen kleinen Brief an Dich rein. Da stand meine Ankunftszeit drauf. Ich mache Urlaub in München und wollte einen kleinen Umweg über Zürich machen und Dir guten Tag sagen".
Da lachte er hell auf und sagte:
"Du bist schon ein Mädchen, da fährst Du einen ganzen Bogen ab, über Stuttgart und Zürich nach München. Warte mal, ich frage meine Mutter schnell....." weg war seine Stimme.
Kurz darauf hörte ich ihn sagen:
"Als hör' mal, meine Mutter ladet Dich ein, Du mußt schon ein paar Tage Dir Zürich anschauen. Du kannst schon hier schlafen. Bleib da wo Du bist, ich nehme die Straßenbahn und bin in ca. 20 Minuten bei Dir am Bahnhof, tschüß!"
So geschah es. Mein Herz klopfte natürlich wieder etwas als René ankam. Ich habe noch heute den Namen seiner Straße im Kopf: Scheuchzerstrasse. Er hatte sehr sympathische, nette Eltern. Für alle Fälle sorgte ich vor, und hatte einen Boxbeutel für die Familie im Koffer. Auch seine Schwester und Verlobten lernte ich kennen. Wir alle saßen zum Abendessen gemeinsam um den Familientisch und viele Fragen wurden an mich gerichtet, über Familie, Beruf, Geschwister udgl.
Beim Abtrocknen hinterher in der Küche sagte mir die Mutter, dass meine Idee gut sei, irgendwann mal ins Ausland zu gehen und England wäre gut für die Sprachkenntnisse zu vervollkommen. Ihre Tochter sei auch vor einiger Zeit in London gewesen.
Auch erfuhr ich, dass René nach der Promotion nach USA geht, dort wartete ein Onkel der eine Lederwarenfabrik hatte, auf seinen jungen Neffen. Er sollte ihm helfen, die Firma zu leiten, da sein Sohn Musik studierte und somit keine Stütze für das Geschäft war.

René nahm mich am nächsten Tag zum Doller-Bad, das erste Schwimmbad das ich je sah, das künstliche Wellen erzeugte. Es war aufregend schön. Als wir gerade gemütlich auf der Wiese uns von der Sonne trocknen ließen, marschierte die eifersüchtige Freundin ins Bad. Schlauerweise beauftragte René einen Freund, sofort einzuspringen, sollte sie auf der Bildfläche erscheinen. Er belagerte sie und wir mußten uns ganz heimlich in die Kabinen schleichen, schnellstens umziehen und uns auf und davon machen. Ich fand das alles sehr abenteuerlich. Konnte mir nicht verkneifen, René direkt zu fragen, warum er als erwachsener junger Mann denn so eine eifersüchtige Freundin toleriert ?
"Ja", weischt, das ist so ne Sache! Ich hatte vor zwei Jahren noch eine hübsche, junge Freundin und dachte alles sei in bester Ordnung, bis sie eines Tages mit meinem besten Freund auf und davon ging. Das tat höllisch weh und ich wollte keine junge Freundin mehr und da begegnete ich eben dieser Frau, die mehrere Jahre älter ist und mich wahnsinnig liebt!"
"Und", warf ich ein, "weiß sie das Du nach USA gehst?"
"Na, woher weißt Du das denn?"
"Von Deiner Mutter, mein Jüngling", warf ich spöttisch ein.
Ich fand alles sehr aufregend und bevor wir zum Abendessen zur elterlichen Wohnung zurückkehrten machten wir noch eine kleine Rundfahrt auf dem Zürichsee.
Die Stadt selbst fand ich sehr elegant, die Leute reizend, vorallem wenn sie sagten: "Merci, dankeschön!".
Meine 3 Tage waren schnell um, 3 Fotos im Fotoalbum erinnern noch daran. René kam noch einmal nach Würzburg, wo wir uns kurz trafen und er versprach von New York zu schreiben, was er auch tat. Er lud mich großzügigerweise ein, Urlaub in USA zu machen - aber - in 1956/57 war das noch nicht an der Tagesordnung, es gab noch keine billigen Flüge.
Wir korrespondierten bis kurz nach meiner Eheschließung, er glaubte, als ich von London schrieb, ich würde England als Sprungbrett für die USA nützen. Ganz im Gegenteil, ich wurde sesshaft in London.

Als ich damals von der Schweiz nach München fuhr, sah ich zum erstenmal etwas vom Allgäu, der Landschaft mit ihren sanften Hügeln zum Weiden und die kleinen schmucken Hütten verteilt im saftigen Grün. Ich war beeindruckt und meine Johanna Spieri Bücher wurden lebendig im Gedächtnis.
Ich war gut ein Jahr von München weg und freute mich sehr meine Tante Liesel, meine Wirtin in der Osterwaldstrasse in Schwabing wiederzusehen. Wir gingen zusammen mal Mittagessen, Eisessen oder auch alte Kolleginnen in der

Hotelzentrale besuchen. Alle freuten sich mit 'Ulrike', dass sie in Würzburg so eine gute Stelle an der Uni gefunden hatte.
Meine zwei Wochen Urlaub waren schnell vorbei und zurück gings ins Frankenland.

Meine Schwester hatte einen Freund noch vom Fasching her und wie sie sich kennenlernten war ganz amüsant. Kostümiert auf der "Drehdolle" (Faschingsball) fragte er sie, mit einer Zigarette in der Hand: "Haben Sie bitte Feuer?" Sie lachte und spielte mit dem Wort 'Feuer' und sagte so in etwa zu ihm: "Ich weiss nicht, ob mir ein Mann ohne Feuer gefällt? Mit dem Feuer selbst spiele ich zwar manchmal!"
Schon war ein guter Kontakt da. Dem Philipp gefiel die Dorothea (genannt Ma). Bald traf ich den Freund Helmar, dem wir zu Hause den Spitznamen der "Dicke" gaben, er war etwas voll in der Figur. Sein Vater arbeitete am Theater hinter den Kulissen und vererbte Helmar das gewisse Etwas, theatralische. Er kleidete sich gerne auffallend, z.B. schwarze Hosen, roten Sacko und damit am hellichten Tage durch die Beamtenstadt zu spazieren war schon 1956 ein Ding. Ab und zu gingen wir zu Viert aus. Ganz besonders lustig fand ich seine Bootseinweihe.
Er hatte sich ein kleines Motorboot erstanden, Platz nur für zwei. Am Steg eines Ruderklubs weihten wir es ein. Er arbeitete als Buchhalter in einer Sektkellerei und somit durfte ich das Boot gebührend mit einem Schuß Sekt einweihen, dazu trug ich weisse Handschuhe. Wir hatten eine richtige "Gaudi" an diesem Tag.
Es kam nie zu einer engeren Bekanntschaft, just good friends. Er kam uns hie und da besuchen, vorallem als der Freund Philipp nach USA siedelte und er ohne Freund war.
Opa meinte manchmal als er unangemeldet am Sonntag auftauchte, oft um eine neue Jacke oder neue Schuhe vorzuführen "der Dicke hat wiedermal gerochen, dass es heute Kuchen gibt".

Herbst zog ein, Winter folgte. Das erstemal nach 7 Jahren, dass wir eine richtig warme Wohnung hatten. Die Öfen wurden gut mit Kohle geheizt. In Opa's Zimmer wurde spät am Nachmittag eingeheizt und im Wohnzimmer früh morgens. Opa war der Heizer. Er hatte es los, schnell mit wenig Spreiseli und Papier den Ofen anzubrennen. Kohle und Briketts folgten. Er selbst spaltete noch die Holzscheitli unten im Keller. Nur das Kohlen-Hochtragen erledigten wir Mädchen.

Er hielt uns auf Trapp. Es verging kein Tag an dem er nicht uns erinnerte, nachzusehen, ob noch genügend Kohle im Eimer sei. Wir hatten 2 Kohleneimer im Badezimmer, schön versteckt unter einem Tischchen mit Vorhang, so auch die Briketts, die wir hauptsächlich für den Badeofen brauchten. Den einzuheizenden Badeofen fanden wir eine Plage, es war stets zu heiss im kleinen Badezimmer.
Langsam fing Opa auch an und wollte nicht mehr so gerne in die Wanne.
"Ich bin doch nicht schmutzig, ich tue doch gar keine Arbeit mehr" war seine Ausrede. So mußten wir Mädchen uns einschalten, erstmal ihn überreden, immerhin er war 85 Jahre alt. Schließlich wurde es uns klar, dass er einfach Hilfe braucht. Mutti war selbst behindert mit ihrem Rheuma und hatte keine Kraft mehr in den Händen, so halfen wir beim Einsteigen in die Wanne und wenn er uns rief, dann griffen wir ihn kräftig unter die Arme und holten ihn wieder aus der Wanne. Hinterher machte ich ihm noch seine Fußnägel. Er betrat die Küche im Schlafanzug, dort wartete Mutti. Seine Wangen waren rosarot, wohl etwas erhitzt vom Baden, er wandte sich zur Mutti und sagte:
"Na, Liesbeth, seh' ich nicht schön sauber aus, das hat der Bub gut gemacht!"
Ich blinzelte meiner Mutti zu und winkte ab - also bitte keine Korrektur wegen des Buben.
Als Opa im Bett war erklärte ich ihr: "Ich glaube der Opa will das so, er denkt: lieber ein Junge der mich badet als ein Mädchen. Schließlich trage ich ja auch die Blue-Jeans und habe einen kurzen Haarschnitt, also lassen wir ihn lieber auf dem Glauben, dass ich ein Bub bin, dann geniert er sich auch nicht."
Es war nicht leicht für Mutti einzusehen, dass ihr einst so strenger und geistig hellwacher Vater so langsam unter Altersschwäche litt.
Sie war eines Tages ganz aufgeregt, fast böse mit ihm. Wir kamen zum Mittagessen heim und da hörten wir, dass Opa die Main-Post heute morgen aufschlug und behauptete:
"Jetzt will ich mal sehen was die Homburger (i.d. Pfalz) Zeitung alles schreibt!"
"Doch nicht Homburg, Würzburg, Du liest die Main-Post Vater".
Er jedoch erwiderte: "Ich werd' doch noch wissen wie unsere Tageszeitung heißt, hab' lange genug drinnen gelesen".
Mutti verstand es nicht ganz und meinte, er tue es absichtlich um sie zu ärgern.
"Nein, nein", sagten wir beruhigend zur Mutti "er wird älter und bei alten Leuten ist das mal so, wir haben im Büro noch so einen Fall." Wir, die Enkelkinder konnten mit unserem gewissen Abstand die Sache lange nicht so ernst nehmen. Wir akzeptierten, dass Opa langsam etwas verwirrt ist.

Die nächste Geschichte, die wir uns anhören mußten, war, dass er vom Fenster aus sah, dass Züge rangiert wurden. Mutti meinte: "Ich hab' ihm gesagt, dass dort drüben ein Haus und ein Baum steht". Daraufhin habe er seinen Kopf geschüttelt und gesagt:
"Du siehst halt schon gleich gar nichts ohne Deine Brille".
Apropos Brille. Eines Tages schickte er Mutti durch alle Zimmer um seine Brille zu finden.
"Liesbeth, ich hab' meine Brille verlegt, weiß nicht mehr wo ich sie hingelegt hab'."
Mutti ging, ohne den Opa anzusehen, in jedes Zimmer bis zur Küche. Nichts! Dort blieb sie stehen und drehte sich um, sie hatte Opa im Blickfeld, er saß in seinem Sessel draußen im Wohnzimmer.
"Also Vater Du treibst Schindluderles mit mir, Deine Brille, weißt wo sie ist ? Auf Deiner Nase!"
Als sie uns das in der Mittagspause erzählte mussten wir hell auflachen, jedoch sie fand das nicht so lustig.
Anfangs seiner Achtziger-Jahre rauchte Opa noch ab und zu seine Pfeife und an Festtagen oder wenn Besuch da war, auch mal eine Zigarre. Da mußte Mutti hinterher lüften, denn der Rauch hängt in den Vorhängen lautete ihre Entschuldigung.
Sie war eine wirklich perfekte Hausfrau. Sie lüftete jedes Schlafzimmer frühmorgens, ob Sommer oder Winter, die Betten waren herausgelegt und brauchten auch frische Luft. Sie mußten auch täglich kräftig geschüttelt werden, dann wieder schön gefaltet und hingelegt werden. Selbst wenn wir erkrankt waren, wurde gelüftet. "Der Mensch, auch der Kranke, braucht Sauerstoff, das ist gut für die Lunge", meinte sie erklärenderweise. Dann befahl sie:
"Zudecke bis nach oben hin ziehen, nur noch die Nase darf rausspitzen".
Auch Kleider wurden bei uns gelüftet. Dazu war der Balkon gut zu gebrauchen.
Wenn ich abends mal in einem Jazz-Keller war, ja dann meckerte sie besonders, denn meine Kleidung stank nach Rauch und sie sagte:
"Warst wieder in dem Schäss-Keller", ich glaubte fast sie wollte Scheiß-Keller sagen. In den Mit-Fünfziger Jahren war es "in" sich im Jazz Keller zu verkriechen, er war immer krachendvoll, dicke Rauchwolken und Jazzmusik, ein Bierchen, ein Cola oder Scholle waren die Getränke. Ab und zu spielten sogar amerikanische Soldaten im Zivil für uns.
Im Studentenhaus am Sanderring, war auch ein Jazz-Keller, aber nur an

bestimmten Wochentagen offen und nur für Studenten. Je nach dem wer an der Türe stand und mich kannte, dann durfte ich auch ohne Begleitung rein.

Noch eine Geschichte vom Opa: Ab und zu gingen wir in die Stefanskirche. Eines schönen Sonntags waren wir, außer Opa, alle noch am Schlafen. Wir kamen spät heim und wollten am Sonntag ausschlafen. Da klopfte Mutti an die Türe und meinte: "Wer kann von Euch schnell aufstehen und Opa Frühstück machen, er will ausgerechnet heute in die Kirche und wenn keiner aufsteht geht er allein".
Ruck-Zuck waren wir hellwach. Ma entschied:
"Ich mache das Früstück Siggi, und Du ziehst Dich an und machst Dich fertig."
Opa stand in voller Kleidung, in seinem besten Anzug mit Spazierstock bereits im Gang.
Wir hatten gute 20 Minuten zum Fertigwerden. Als wir uns alle vom Frühstückstisch erhoben, waren Ma und Mutti noch im Morgenrock, jedoch Opa und ich fertig zum losgehen, da meinte er plötzlich:
"Ich hab' mir's anders überlegt, so in Eile will ich auch nicht zur Kirche, lieber gehe ich nächste Woche, bin heute aweng wacklig auf den Beinen."
Da blieb uns drei Frauen die Spucke weg.
"Also Vater, also Opa" wir redeten alle auf ihn ein, "lass uns schon gehen, für was hast uns denn aus dem Bett gescheucht, los jetzt gehn wir aber auch". Nichts los. Er maschierte schnurstracks in sein Zimmer, zog sich seine Anzugsjacke aus, seine Strickjacke an, kehrte zurück ins Wohnzimmer und ließ sich in seinen Sessel nieder.
Wir meckerten alle Drei und Mutti erzählte uns dann einige Schauergeschichten, von der Zeit als sie eine Schülerin war. Er kam nach Hause, hatte ein Bierchen zu viel hinter der Binde. Wischte dann ihre, und die Hausaufgaben der Geschwister, die mit Griffel auf der schwarzen Tafel standen einfach aus. Sie mußten dann alle beim Kerzenlicht, das war noch bevor das Gaslicht existierte, die Rechenarbeiten neu aufschreiben. Oma nannte es "eine Schikane, dem Mann ist nicht zu trauen".
Nunja, wir hatten unseren Opa schon recht lieb, war er doch Ersatz für unseren Vater und Bruder, das einzige männliche Wesen im Haushalt. Wir hatten den Zwischenfall bald vergessen.
Opa erzählte von Hitler's Leuten, die ihn nach seiner Pensionierung 1940 im Alter von 69 Jahren noch einmal einstellen wollten. Wie bekannt war, hat das Hitlerregiem viele Soldaten für die Front verschluckt, somit holte man einige schon in Pension getretene Beamten wieder zum Dienst. Opa war

O'zugschaffner a.D. Zwei Parteigenossen besuchten ihn in seiner Wohnung, zu dem Zeitpunkt war er auch schon 2 Jahre verwitwet. Sie schlugen vor, er solle sich zum Dienst melden.
Er stellte sich aber so dumm, behauptete, dass er die Zahlen trotz Brille nicht mehr lesen kann und holte seine Taschenuhr vor. Es war besonders wichtig für einen Eisenbahner die Zeit sagen und lesen zu können. Er tat auch so, als habe er Gedächtnisschwund und redete etwas durcheinander. Sie entschieden, er sei untauglich für den Einsatz.
Mutti erzählte, soweit sie sich noch erinnern kann, hat man ihn auch etwas frühzeitig pensioniert, denn er habe angeblich zuviel Unruhe gestiftet in den schlimmen Hungerjahren, während der Inflation. Er konnte z.B. nicht mit ansehen, wenn die Bahnhofsvorsteher sich an den Gütern bereicherten, die ihnen gar nicht gehörten. Viele Frauen, alt und jung, gingen aufs Land betteln, hamstern für Mehl, Butter, Eier usw. Da soll es vorgekommen sein, dass man aus falschen Gründen den Frauen ihre Butter, Brot udgl. abnehmen wollte.
Er konnte keine Ungerechtigkeit sehen und setzte sich für die Frauen ein. So entwickelte sich ein hitziges Argument zwischen seinen Vorgesetzten und ihm. "Aber", so soll er stolz gesagt haben "sie mußten den armen Frauen wieder das zurückgeben, was sie beschlagnahmt hatten. Das Gesetz das sie erfunden haben, gab es nämlich gar nicht."

Ich glaube, ich habe da auch eine Ader vom Opa, ich kann absolut keine Ungerechtigkeit vertragen. Das kann leider auch zum Konflikt mit den Mitmenschen oder Vorgesetzten führen.

Frühjahr 1957 - der Mai ist gekommen, die Bäume schlagen aus......

Einer meiner schönsten, geheimgehaltenen Flirts begann. Abends mußte ich manchmal einfach frische Luft holen und wenn ich nur mal "um's Stöckle" ging. Weingartenstrasse links runter bis zum Studentenhaus, dann am Exerzierplatz vor, an der Ecke wo die Drogerie ist wieder die Weingartenstrasse hoch. Oder auch noch kurz in die Anlagen vor bis zur Münz-Strasse, dann vor am Sanderrasen entlang, links wieder hoch zur Adalbero-Kirche und Weingartenstrasse. Ma wollte nicht immer mitgehen.
So strolchte ich an einem Abend alleine zu den Anlagen, dort hörte ich laute Stimmen. Ich stoß auf ca. fünf Jugendliche, die 'Räuber & Schander' spielten. Ich fragte sofort, ob ich mitmachen könnte. Ein freudiges "Ja" allerseits und ich wurde eingeteilt. Ich war 20 Jahre! und spielte mit Vierzehn-

Sechzehnjährigen. Schön was! Es wurde langsam ganz dunkel und man konnte sich kaum mehr erkennen. Es war eine Gaudi. Ganz erhitzt kam ich später heim.
Als ich Mutti und Ma erzählte, wo ich gewesen war und was ich spielte, schüttelten sie nur ihre Köpfe und erinnerten mich an mein Alter!!
Einen jungen, grossen, schlanken Jüngling fand ich besonders nett, aber in der Gaudi haben wir vergessen uns gegenseitig richtig vorzustellen, ich wußte nur seinen Vornamen und den seines Freundes, der gerade zu Besuch war.
Viel später erzählte er mir, dass er und sein Freund nach mir suchten und die ganze Nachbarschaft abends manchmal abmarschierten.

Wochen später nach meiner Mittagspause ging ich quer durch die Anlagen, in Richtung Münzstrasse. Da schlenderte ganz gemütlich der große Jüngling vom 'Räuber & Schander' Spiel vom Politechnikum kommend mir entgegen. Irgendwie erkannten wir uns aber keiner blieb stehen, sondern wir lächelten uns nur an und grüßten freundlich.
Einige Tage später folgte eine zweite Begegnung im Ruderverein. Unsere Damenabteilung ruderte und siehe da, er ruderte ebenfalls. Was für ein Zufall, ich war echt erfreut.
Nun war es einfach für mich. Stück für Stück holte ich mir meine Information. Bald wußte ich seinen vollen Namen, wo er wohnte, wie alt er ist, dass er zur TH geht, Ingenieur werden will. In einem Achterboot sitzt und ganz streng im Training ist.
Ein Gebot mußte man beachten, der Trainer liess alle Jugendlichen wissen, dass wenn die Jungs im Wettbewerb sind und trainieren und Regatten fahren, fahren, dann dürfen keine Mädchen dazwischen kommen. Sein Sohn Lothar sass ebenfalls im Achter und wir wußten alle, dass sein Vater wirklich sehr streng ist.
Bei einem Damen-Kaffee-Kränzchen lernte ich seine Mutter kennen. Ich war von ihr begeistert. Eine sehr sympathische, offene Frau, die nach ihrer Scheidung mit ihrem Sohn in Würzburg neu Fuß gefasst hatte und couragiert sich beruflich neu ausbilden liess. Aus der Gastronomie kommend arbeitete sie nun als Physiotherapeutin . Sie stand mit beiden Füßen im Leben. Wir schlossen bald eine gute Freundschaft. Sie war eine intelligente, aufgeschlossene Mutter. Ich glaube, sie erkannte, dass ich eine 'Schwäche' für ihren Sohn hatte und er mich auch sehr gut leiden konnte. Sie verstand auch, dass ich eigentlich immer noch den jüngeren Bruder den ich verlor, sehr vermisste und aus diesem Grunde vielleicht die Freundschaft eines Jungens

suchte. Sie sagte mir auch, dass sie es begrüße, das ihr Sohn eine Freundschaft mit mir hege. Nach meinem Aussehen, könnte man mich für viel jünger halten. Meine Gefühle waren zu Beginn recht schwesterlich, freundschaftlich gemischt.
Wenn immer ich Lust zum Streunen verspürte, so mußte ich nur um die Ecke zum Friedrich-Ebertring spazieren. Dort wurde ich immer herzlich aufgenommen und manchmal wurde ich sogar aufgefordert noch das Abendbrot mit Mutter und Sohn zu teilen.
Als die Regatten vorbei waren schlenderte ich eines abends mit dem jungen Mann zurück vom Ruderverein. Unser Weg ging von der Löwenbrücke durch die Anlagen. Er schob sein Fahrrad, ich lief neben ihm her. Nachdem wir die meiste Strecke miteinander plauderten, hielt er plötzlich inne und mit einem so geschickten Handgriff ward das Fahrrad weggestellt und er nahm mich in seine Arme und küßte mich!
Wau, das hatte ich nicht erwartet. Ich akzeptierte, dass wir altersmäßig etwa 4 Jahre auseinander waren und ich wollte ihn auf keinen Fall "verführen". So meinte ich schwerzend:
"Wer verführt hier wen? Und wo hast Du denn gelernt so gut zu küssen?"
"Hah", lachte er und meinte: "Von den Freundinnen meiner Mutter, die eine ist noch viel älter als Du!"
Nachdem nun das Eis gebrochen war, d.h. die Transformation von Freundschaft in einen kleinen Flirt sich entwickelte, stellte ich nach Überprüfung meiner Gefühle bald fest, dass ich mich etwas verliebt habe. Es war einfach herrlich nach einem Tag im Büro am Abend versteckt ein Rendezvous auszumachen. Wir verbrachten oft mehrere Stunden küssenderweise auf einer Glaci-Bank.
Unsere Treffpunkte waren stets abends und im Dunkeln, da wir ja auf keinen Fall von irgendjemanden vom Verein gesehen werden wollten. Somit wurde es ein 'süßes Geheimnis'.
Auch meiner Mutter und Schwester sagte ich kein Sterbeswörtle.
Da ich meistens erst nach 21.00 Uhr mit der Vespa erst losfuhr scherzten meine Mutti und Schwester und fragten mich: "Sag uns doch mit wem Du Dich triffst? Warum so geheimnisvoll? Du sagst uns doch sonst alles!"
"Leider in diesem Fall mal nicht", sagte ich lächelnd. So erklärten beide eines Tages:
"Wir glauben Du triffst Dich mit einem Nachtschicht-Arbeiter vom Nöll, stimmt's ?"
"Nein, total falsch getippt!" war meine kurze Antwort.

Zu diesem Zeitpunkt machte ich z.B. noch die wöchentliche Putzerei für Mutti, Wohnung, Hausordnung, Treppenhaus putzen usw. Meiner Mutti mußte ich dann etwas weniger Haushaltungsgeld zahlen. Damit war jeder zufrieden. Vorher hatten wir eine Putzfrau, jedoch Mutti war nicht mit ihr zufrieden, so übernahm ich mal vorrübergehenderweise das Saubermachen. Es war immer ein Freitag. Unsere liebe Mutti war, wie schon mal erwähnt eine 100 %ige, ordnungsliebende Hausfrau. Da ich meine Jeans zum Putzen anzog und ich oft gerade um 21 Uhr fertig war, konnte ich mich ohne lang umzuziehen auf meine Vespa setzen.
Mutti und sister wunderten sich immer mehr, warum ich mich zu einem Rendezvous nicht mal schick machen will.
Ich mußte die Vespa noch mit einem Kickstart anspringen lassen, flache Schuhe waren empfehlenswert. Auf gings in Richtung Randersacker. Er kam per Fahrrad. Wir trafen uns unten am Fluß, im Sommer macht das besonders Spaß.
Als wir im Gras sassen meinte er:
"Oft war ich in meinem Achter gesessen und konnte die Liebespärchen am Fluß sitzen sehen, da dachte ich mir, eines abends sitze ich auch mal am Fluß mit einem Mädchen!"
An einem Sonntag hatte ich tatsächlich mal ein Sommerkleid an, mit einem riesen, weiten Rock, darunter trug ich einen Pettycoat aus Vlieselin, leicht steif.
Als wir uns wiedermal am Ufer im Gras niederliessen, bemerkte ich, das er schöne hellgraue Hosen trug. Ich wußte, das das saftige, grüne Gras oft Flecken hinterläßt. So spielte ich Kavalier und zog meinen Pettycoat aus und breitete ihn über die Fläche aus, wo wir uns hinsetzten. Wir lachten, scherzten und küssten viel. So langsam aber sicher fühlte ich, dass ich mich mehr und mehr verliebte. Da schaltete sich meine Vernunft ein und ich gestand mir ein:
"Hoffnungsloser Fall - er ist 16 und Du bist 20. Der Altersunterschied ist zu groß, er hat noch so viele Ausbildungsjahre vor sich. Du bist schon fest in Deinem Beruf verankert".
Da kam mir seine Mutter eines Tages zur Hilfe. Sie sagte, dass sie für zwei bis drei Tage verreise und sie weiß, dass ihr Sohn sich selbst versorgen kann und sie hoffe, dass ich auch ab und zu vorbeikomme. Dann sagte sie:
"Ich weiß, dass Ihr beide eine Schwäche für einander habt. Da finde ich nichts dabei, es tut ihm gut, eine nette, liebe Freundin zu haben und ich mag Sie gut leiden, aber da Sie die Ältere sind, liegt die Verantwortung bei Ihnen. Ich hoffe, dass ihr beide nichts 'anstellt' solange ich weg bin.!"

Da wußte ich Bescheid. Es tat mir gut solch eine Offenheit zu spüren. Ich reagierte sehr spontan auf das in mich gesetzte Vertrauen.
Es folgten einige schöne, köstliche Stunden, voll mit Zärtlichkeit, Küssen und kosen. Es war aber nicht gerade einfach einem stürmischen jungen Mann auf sein Drängen hin ein "nein" zu geben. Dic Verantwortung lag auf meinen Schultern. 1956 keinen freien Sex ohne Risiko. Uns Mädchen sass die Angst im Nacken, wer wollte schon mit Verstand schwanger sein?

Unsere Romanze war nach dem Sommer nicht mehr so intensiv, aber eine jahrelange herzliche Zuneigung folgte. Ich konnte zu ihm und seiner Mutter kommen, von meinen Verehrern erzählen, mein Herz ausschütten, sie nahmen an allem teil. Wenn mir mal die Tränen kamen, dann gab er mir sogar sein Taschentuch.
Sehr kritisch war er oft mit wem ich mich traf oder ausging. Seinen brüderlichen Ratschlag habe ich oft beherzigt.
Meine Zuneigung hat sich nie geändert. Es folgten Jahre, wo wir uns nicht sahen. Meine Eheschließung, seine Heirat, aber durch den Kontakt zur Mutter habe ich ihn nie aus den Augen verloren.

Weihnachtsfeier im Institut.
Die Juristen luden ein. Gaby und Hannelore die Sekretärinnen organisierten mit ihren Assistenten den gemütlichen Abend. Mit Glühwein und Weihnachtsgebäck saßen wir in den Amtsräumen, die Schreibtische mit weißen Tischdecken leicht festlich verkleidet. Der Assistent der eben aus Paris kam, lockerte wirklich die ganze Beamtenatmosphäre auf. Ein sehr netter Dr. Paucz, Leiter der Universitätsbibliothek, seine Sekretärin, wir vom Institut für BWL und die Volkswirte, Sekretärinnen, Assistenten und Professoren, wir alle erfreuten uns am geselligen Beisammensein und es wurden Pläne geschmiedet, wann und wo das nächste Fest, evtl. Faschingsfest stattfinden solle.

Ich hörte so manchen Scherz von den Juristen über Beamte und Angestellte im staatlichen Dienst, so z.B. eine Ableitung vom Pharagraph 249:
"Dass einem jeden Recht gescheh' begründet so das BGB: Wer schuldig wird in Schadensfällen, hat den Zustand wieder herzustellen,
der da würd' noch besteh'n, wenn das Geschehne nicht geschehn.
- Ein Radfahrer, der's eilig hat, fährt durch die Straßen einer Stadt,
er achtet nicht des Weg's genau und stößt so gegen eine Frau,

die in dem Zustand sich befindet, der Hoffnung auf ein Kind begründet.
Der Anprall und der jähe Schreck, nehmen ihr diese Hoffnung weg. -
Hat nun, so lautet meine Frage, der Radfahrer im Fall der Klage, als Schuldiger in Schadensfällen, den Zustand wieder herzustellen ?"

Helga plaudert aus der Schule.
Sie war mit mir in der 3. Klasse der Mittelschule. Eine der besten Schülerinnen mit einem sehr guten Abschlußzeugnis. Sie schrieb fast nur "1" und "2" in den Prüfungen. Ich fragte sie mal:
"Sag mal, wie kam es nur, Du hast bei der Wendland in Deutsch nur 'Einser' geschrieben. Nur ein einzigesmal bekam ich auch ne 'eins' bei ihr. Ich war so platt, habe hinterher mich oft angestrengt, aber nie mehr ne 'eins' bekommen!"
Ihre Frage: "Kannst Du Dich noch auf das Thema erinnern?"
"Ja, es war eine Bildbeschreibung. Da saß ein alter Mann mit einem kleinen Jungen mit Sack und Pack am Straßenrand, genau dort stand auch ein Kruzifix, ne Art Wallfahrtsecke," warf ich schnell ein. Sie schaute etwas fragend auf mich und meinte:
"Dann hast Du bestimmt einen religiösen Faden bei Deiner Bildbeschreibung gehabt und das wollte sie so haben, das hat Dir die "1" gewonnen."
Überraschend sagte ich: "Das kann doch nicht sein, abgesehen davon, dass dieses Bild ja ein Kruzifix hatte, konnte ich doch nicht einfach in jegliches andere Thema Religion mit hinein bringen?"
"Doch, doch", sie nickte mit dem Kopf, "sie wollte es so, so habe ich es dann immer gemacht".
"Mit anderen Worten, Du hast alle Deine Aufsätze absichtlich mit einem sogenannten religiösen Faden geschrieben, weil Dir bewußt war, dass es eine gute Note birngt?"
"Genau so, einfach was?" Sie grinste übers ganze Gesicht.
"Ihr katholischen Christen seid doch ein schlaues Volk, darauf wäre ich nie gekommen, weil ich meine Aufsätze so abgefasst habe, wie es mir in den Sinn kam, auf jeden Fall zum Thema passend." Ich schüttelte meinen Kopf und war fast sprachlos. Diese Geschichte mußte ich zu Hause erzählen, Mutti war immer interessiert warum und weshalb meine Note in Deutsch sich nicht mit meinen Erwartungen traf.

Über die tüchtige Schülerin: Sie bekam gleich nach Schulschluß eine gute Stelle in einer Versicherung als Kontoristin und verdiente viel besser als ich zu Beginn mit meiner Anlernzeit. Ich traf sie zufällig in der Stadt, wir erzählten

uns von unseren Arbeitsplätzen. Sie machte große Augen, als sie hörte, dass ich, die mittelmäßige Schülerin an einem Universitäts-Institut arbeite. Sie wechselte ihre Stelle, aber hatte Pech, denn die eben neugegründete Reisegesellschaft machte Bankrott und sie verlor ihre kurz erworbene Stelle. Sie war auf Arbeitssuche. Sie erzählte mir auch, dass sie schon wochenlang ohne Einkommen ist und ein guter Freund würde ihr finanziell aushelfen. Sie war zu stolz ihrer Mutter und Schwester von ihrer misglückten Stelle zu berichten. Die Mutter ebenfalls Witwe, so zählte das Einkommen der Kinder sehr. So ging Helga sage und schreibe jeden Morgen zur gleichen Zeit wie vorher aus dem Hause, ging ins Museum und Kino. Schlug die Zeit tot, bis zum Feierabend. Ich konnte das überhaupt nicht verstehen. Bei uns zu Hause herrschte grosse Offenheit und Vertrauen zwischen Mutter und Töchtern. Irgendwie tat sie mir so leid. Wie kann man nur in so eine Klemme kommen. Ich lud sie ein, mich im Institut zu besuchen. Sie kam auf meinen Vorschlag hin an einem Nachmittag, so konnte ich ihr eine Tasse Tee anbieten. Sie war beeindruckt.
Ich hörte mich um, bediente mich des Telefons und meiner Kontakte. Man brauchte eine Aushilfe in der Universitäts-Bibliothek, also im Erdgeschoß vom Gebäude. Sie war begeistert. Danach übernahm sie den Job von Frau Gütling, sie wurde meine Kollegin nebenan.
Es entstand eine neue Freundschaft, die etwas anhaltender war, als die von der Schulzeit.
Da die Sekretärin der Volkswirte, wie schon vorher erwähnt, etwas verschraubt, altmodisch und unnahbar war, begrüßte ich es sehr, eine junge, etwas mehr aufgeweckte Person im Büro nebenan zu wissen. Auf Exkursionen kam Helga von nun an mit.

Die Juristen laden zur Mai-Bowle mit Tanz ein.
Die Sekretärin Gaby Meyrowski, wie der Name schon preisgibt, kam aus Ost-Preußen und hatte viel Temperament, viel Energie, Humor und eine "Schnauze". Sie blieb niemanden je eine Antwort schuldig, vom Verliebtsein, flirten, küssen und kosen hielt sie überhaupt nichts.
Meine Schwester und ich versuchten etwas hinter die Kulissen zu sehen und entdeckten, dass da ein junges Mädchen verborgen und verschüttet liegt, das nie zu Worte kam. Sie war fast ein Opfer des Krieges. Von ihrer Mutter und Schwester auf der Flucht getrennt, kaum 15 Jahre alt, landete sie in einem Internier-Lager in Dänemark. Ihr zweijähriger Aufenthalt war schrecklich. Nur ab und zu erzählte sie mal davon. Sie war im Lager mit alten und jungen

Leuten und Soldaten die starben. Leid, Kummer, Hunger und immer die Angst, dass sie ihre Mutter, Oma und Schwester nie mehr finden werde plagten sie. Das Rote Kreuz schaltete sich ein und man fand die Drei bei Verwandten in Würzburg. So war sie gerettet.
Ihre erste Romanze erlebte sie mit 17 Jahren, sie verliebte sich, sie vertraute jemanden. Jedoch der Freund löste das Verhältnis auf und sie mußte erfahren, dass er sich gleich darauf mit einer 'guten Partie' verlobte. Das tat ihr so weh, dass sie von da an, um nur nicht noch mal verletzt zu werden, alles - wenigstens nach außen hin - auf die leichte Schulter nahm, speziell ihre Beziehung zu den Männern. Sie war ein Prachtkerl und ich hörte zu gerne ihrer Mutter und Großmutter zu, wenn sie deutsch mit einer starken ostpreußischen Betonung sprachen.
Ihre Gastfreundschaft war hervorragend und erstreckte sich viele Jahre später auch auf meinen Mann und Kinder.
Wenn Gaby etwas in die Hände nahm, dann wurde es 100%ig durchgezogen. So auch unser Mai-Tanz. Kalte Platten wurden hergerichtet, alle Sekretärinnen halfen mit, die Herren unterstützten uns finanziell.
Gaby's Leben endete sehr tragisch. In den siebziger Jahren waren die Juristen auf Betriebsausflug und Gaby war in ihrem VW in einem Unfall verwickelt, der ihr das Leben kostete. Das finde ich ungerecht und ich beklage mich bei dem Schutzengel, der sie verlassen hatte. Sie hätte ein glückliches Leben verdient, hat doch genug gelitten in ihren jungen Jahren.
Ich frage das Schicksal warum, warum...... Schicksal gibt keine Antwort, Schicksal bleibt stumm.

Nochmal kurz zurück zum Mai-Tanz 1957. Wir waren wiedermal eine nette Clique, meine Schwester war mit dabei, wir Damen waren fast immer in der Minderheit. Es wurde geplaudert, getanzt, gescherzt. Da fiel mir ein junger Mann auf, der Bruder eines Assistenten, der zu Besuch war. Er saß in einer Ecke und tanzte nicht. Ich ging auf ihn zu und flüsterte:
"Wenn sie nicht tanzen können, so macht das gar nichts, ich bringe ihnen ein paar Schritte ganz unauffällig bei!" Er lächelte und stand auf und ließ sich von mir führen. Auf alles konnte man ja Foxtrott tanzen. In einer Unterhaltung gestand er mir später, dass er ja niemanden kannte und sich die Gruppe erstmal gründlich ansehen wollte. Er finde es ganz lieb, dass ich als erste bemerkte, dass er ganz abgegrenzt da saß und mich seiner annahm.
Der Abend verlief schnell und als ich mich von ihm nach Hause begleiten ließ setzten wir uns noch mal kurz auf eine Glaci-Bank, direkt gegenüber der

Neuen Uni. Ich war echt um ihn besorgt, er hatte so ein blasses, mageres Gesicht und sah manchmal so traurig drein. Auf meine Frage, ob er Kummer habe, antwortete er, dass er Chemie studiere, müsse sich sein Studium selbst finanzieren. Er arbeite in den Semesterferien in einer Fabrik. Der Lärm und die harte Arbeit machen ihn nervlich ganz kaputt. Da nahm ich seinen Kopf in meine Hände und sagte:
"Im Mondlicht siehst Du noch blasser aus, es tut mir so leid, dass Du so schwer arbeiten mußt!" Ich drückte ihm einen Kuss auf die Wange. Er sagte, er fände es rührend, dass ich mich so um ihn sorge, wo doch beim Fest genügend wohlaussehende, wohlhabende junge Assistenten und Studenten gewesen wären, und warum ich mich nicht länger in der lustigen Runde hätte aufhalten wollen.
Ich erzählte ihm von meinen kleinen und großen Enttäuschungen und vorallem erwähnte ich, dass ich meine Situation als Frau total hoffnungslos empfinde. Ich begeistere mich für einen netten jungen Mann, gehe ein paar mal aus mit ihm und müsse feststellen, dass die meisten unter ihnen eigentlich keine seriöse Bindung wollen, sondern nur eine oberflächliche Beziehung. Da mein Wesen recht offen sei, ich mit viel Humor noch alles angehe, ziemlich attraktiv bin und dazu noch eine grosse Klappe habe, finde ich es oft bedauernswert, dass ich meine wirklich weibliche, gute seriöse Seite meines Wesens gar nicht anbringen kann. Sowie ich eine etwas tiefgehende Unterhaltung anfinge, etwas philosophisch werde, da schalten die Männer sofort ab, so als wollten sie eigentlich nur die eine Seite, die leicht oberflächliche, vorziehen.
Er hörte gut zu, sagte am Schluß: "Weißt Du, so ironisch ist es eben im Leben, die meisten von uns wissen nicht wenn wir etwas echt gutes in Händen halten, bis es uns entrinnt und wir so was ähnlichem nie mehr wieder begegnen. Du bist eben noch keinem Mann begegnet, der Dich so echt schätzen kann. Verzweifle nicht, suche den Fehler nie bei Dir, versprich mir das. Es sind die anderen die unwissend sind und Dich nicht verstehen. Leider - ich habe schon eine Freundin und ich muß übermorgen zurück ins Rheinland. Ich hätte noch gerne viele Stunden mit Dir verbracht".
Seine Worte bewegten mich sehr. Als ich hinterher noch zweimal Post von ihm erhielt und er mir in jedem Brief ein Gedicht beilegte erkannte ich, dass ich einen echt wertvollen Menschen kennengelernt habe. Von Natür aus ein junger Poet, der aber leider einen ganz anderen Berufsweg einschlagen mußte. Ich wußte, dass ich einen Draht zu ihm hatte, man konnte uns sozusagen auf den gleichen Nenner bringen.

Ein andermal auf einem anderen Festchen lernte ich einen lieben, netten Menschen kennen. Er studierte Jura und war Kunsthistoriker, aber was uns beide in eine lange Unterhaltung mit viel Gelächter verwickelte war die Tatsache, dass wir beide unsere Kindheit auf einem Dorf im Steigerwald verbrachten. Die unterfränkische Mundart total beherrschten und uns also im Dialekt unterhielten.

"Na, des gibt's nit, Du hast in Wiesabrunn gelabt und i neben dra in Castell, dort gibts ober en Fürscht, den hab'n die Wiesabrunner niet."

"Mir ham aber a an arch guten Most un a gut's Glasla Wein kannst bei der Winzer kriech".

Keiner, der an uns vorüberging konnte uns verstehn, mit Ausnahme meiner Schwester und sie lachte sich halb tot.

Wir tauschten viele Kindheitserinnerung aus. Wir trafen uns, wir flirteten miteinander. Doch eines Tages war der junge Mann spurlos verschwunden. Keine Anrufe, keine Verabredungen, keine Besuche im Büro. Was, wie, wo? Er erwähnte zwar mal, dass er eine historische Excursion nach Spanien unternnehmen müsse, aber nie wann und wie lange. Ich war auch etwas verletzt und bei den Juristen nach ihm fragen wollte ich gleich gar nicht. Ich hätte ja dann verraten können, dass ich ihn recht gut leiden mag. Eines Tages hörte ich dann von einer anderen Quelle, dass er für Monate weg sei. Er schrieb an seiner Doktorarbeit und irgendwie waren auch Baupläne von Balthasar Neuman mit im Spiel.

Siehe da, eines schönen Morgens, Monate später, stand er im Büro und strahlte übers ganze Gesicht. Er wunderte sich, warum ich mich nicht freue, ihn wiederzusehen.

Ich sagte: "Ohne Abschied, kein Wort, keine Postkarte, kein Gruß und nun stehst Du da und strahlst wie ein Maikäfer und meinst ich müßte Dir gleich in die Arme fallen. Aus Deinem Verhalten geht ganz klar hervor, dass Du unsere Beziehung nur als eine vorübergehende Phase gesehen hast und ich habe daraus die Konsequenzen gezogen. Schließlich sind fast sechs Monate vergangen!"

Er erwiderte schnell: "Das bedeutet für mich, wie ich es verstehe, dass Du jemand anderen getroffen hast und Du Dich evtl. in ihn verliebt hast!"

"Vielleicht, wer weiß", antwortete ich beleidigt.

Er meinte, es täte ihm leid und ob wir uns nicht doch nochmal treffen wollten. Ich hielt nicht viel davon, zumal ich abwarten wollte, wie sich die Begegnung mit dem Herrn Studenten aus Westfalen entwickeln würde.

Zwei ausschlaggebende Fehler - habe ich nun gemacht. a) mich mit einem Studenten von der BWL liiert, das war total gegen die guten Ratschläge die mir der Assistent zu Beginn meiner Anstellung ans Herz legte und b) eine Faschingsbekanntschaft ernst genommen.
Er war eine starke Persönlichkeit, wollte einige Semester bei uns absolvieren und dann fertig in Köln studieren. Ich liess mich von ihm bezirzen, ich fand ihn entgegen anderen Studenten sehr reif und erwachsen. Er fuhr einen Borgwart, das war schon eine große Sache, die meisten Studenten hatten kein Auto. Auf meine Frage, ob er ein Unternehmer-Söhnchen sei, erwiederte er schnell und fast im verletzten Ton:
"Leider ganz und gar nicht. Ich habe mir den Wagen sauer verdient". Viel später erzählte er mir die traurige Geschichte. Bei einem Bombenagriff wurde er verschüttet und hätte fast sein eines Bein verloren. Ganz leicht konnte man es beim Laufen bemerken. In der Badehose sah man deutlich operative Eingriffe, die das ganze Bein viel dünner liessen als das gesunde.
Seine Eltern waren geschieden. Während sein Vater in englischer Gefangenschaft war, lernte seine Mutter jemand anders kennen. Der Vater blieb daraufhin nach der Entlassung in England. Kehrte nicht in die Heimat zurück.
Als mir dies bekannt wurde und die Tatsache, dass seine erste grosse Liebe in die Brüche ging und er sehr darunter gelitten hatte, wurde mir klar, warum er eine leicht satirische Neigung mir gegenüber hatte, oder mich einfach auf den Opferstock seiner seelischen Nöte legen wollte. Ich mußte so quasi büsen, was ihm Menschen, von denen er Gegenliebe erwartete, erhoffte, das schliesst seine Eltern ein, nicht fähig waren zu geben.
Ich erzählte Mutti und Margot von ihm. Sie kritisierten seine Bemerkungen und die Art und Weise wie er mich behandelte. So zum Beispiel sagte er:
"Du kannst froh sein, dass ich Dich heirate, denn mir sind viele Töchter unserer Kommilitonen buchstäblich angeboten worden, aus wohlhabenden Familien. Mit denen müßte ich nicht mit Tisch und Stuhl anfangen."
Ich fand es nichtmal so tragisch, da es ja fast irgendwie wahr gewesen wäre. Ohne Vater und keiner großen Aussteuer, war ich keine "Partie".
Ein andermal kam ich gerade von der Höhensonne, um eine gute Farbe mitten im Winter zu bewahren. Ich sah oft sehr blass aus. Wir fuhren hinterher etwas außerhalb ins Steinbachtal zum Spaziergehen. Es hatte geschneit und wie Kinder wanderten wir durch den Schnee und warfen natürlich auch mit Schneebällen auf uns. Doch da packte er mich plötzlich und rieb mein Gesicht

mit dem Schnee ein. Ich schrie auf, denn es tat weh, da meine Haut noch zart war von der Höhensonne. Aber er konnte nur lachen und sagen: "Wenn Du wütend bist und weinst gefällst Du mir erst recht gut."
Bei einer anderen Gelegenheit liess er mich mindestens eine Stunde im Auto warten, das im Winter, während er in seinem Verbindungshaus eine Fechtrunde ablegte. Er gehörte zu einer schlagenden Verbindung.
Wir verbrachten auch sehr nette Stunden zusammen, dazu gehörte ein Besuch zu meinen Verwandten nach Wiesenbronn. Wir wurden dort zum Essen erwartet. Sie waren so lieb, meine alten Tanten gaben sich große Mühe. Der Tisch wurde schön gedeckt, das Hochzeitsgeschirr von Tante Anna kam auf den Tisch. Ich wunderte mich, wie gut er sich anpassen konnte. Die echte Gastfreundschaft tat ihm gut, das konnte ich fühlen.
Wir besuchten auch Erna, die Tochter von Anna, und schauten uns den kleinen Sohn Peter an, dessen Patentante ich war. Er war ca. acht Wochen alt und wurde trocken gelegt, gewickelt und gefüttert. Ich war glücklich dabei zu sein. Im Unterbewußtsein träumte ich bestimmt auch von meinem eigenen Baby.
Mutti wunderte sich hinterher, warum ich ihn den Verwandten auf dem Land vorführte und weshalb ich ihn noch nicht nach Hause gebracht habe? Ich wußte wohl selbst keine direkte Antwort. Eine gewisse Unsicherheit, das Abwarten des richtigen Momentes waren wohl im Spiel.
An einem Sonntagnachmittag verabredeten wir uns in seinem Studentenheim in der Nähe des Luitpoldkrankenhauses. Wir wollten auf der Höhe etwas spazieren gehen. Ich nahm die Linie 1 bis zur Endstation. Als ich guten Mutes bei ihm ankam, fand ich ihn total mißgestimmt auf seinem Bett liegend. Eine kurzer Wortwechsel folgte:
"Warum bist Du denn nicht marschbereit, wir wollten doch die Sonne ausnützen?"
"Passt mir heute nicht", war seine kurze Antwort. Er war so mufflig, dass mir die Wut kam und ich ganz energisch meinte:
"Du mußt nicht immer den großen Mann mit mir spielen und Dir schon gar nicht einbilden, daß mir Dein Verhalten gefällt. Wie soll ich glauben, daß Du mich lieb hast, wenn Du mich ständig provozierst und dann noch Spaß daran findest. So stelle ich mir aber ein weiteres Zusammensein mit Dir nicht vor. Hätte ich nur die Worte vom Assistenten beherzigt, er hat mich gewarnt und gesagt, ich solle mich vor einem Studentenverhältnis hüten, denn die meisten Kandidaten seien unfertige, unreife Männer, die noch nicht beruflich Fuß gefasst haben und deshalb keine empfehlenswerten Verehrer sind!"
Ohne meinen Mantel abzulegen, sagte ich dies alles im Stehen.

Er lag immer noch auf seinem Bett, mit denHänden hinterm Kopf verschrenkt und meinte mit leicht ironischem Ton:
"Wir sind eben nicht auf einen Nenner zu bringen!"
"Aha, so gut ich mich entsinne, bedeutet dass, wir passen nicht zusammen. Na gut, jetzt hast Du wenigstens die Wahrheit gesagt, denn gefühlt habe ich das schon lange. Du hast mich wohl von Anfang an gar nicht so ernstlich lieb gehabt wie ich Dich - aber - so mies behandeln lasse ich mich nicht. Lieber schlucke ich meinen Stolz und gebe zu, dass ich einen Fehler gemacht habe".
"Bedeutet das, dass Du unsere Beziehungen so mir nichts dir nichts an den Nagel hängst? Das eine kann ich Dir sagen, wenn Du jetzt aus dem Zimmer gehst und die Türe hinter Dir schließt dann bleibt es aber dabei. Ich werde Dich nicht bitten zu mir zurückzukommen, das kann ich Dir versichern!"
"Gut, das mußt Du auch nicht, denn ich wünsche es auch gar nicht!"
Mit diesen Worten drehte ich mich herum, öffnete die Türe, ohne zurückzublicken verschwand ich.
Als ich in der Straßenbahn stand und mit Absicht ganz hinten im Anhänger, schaute ich gedankenverloren vor mich hin. Ich fühlte mich wohl und frei. Ich war mir sicher, das Richtige getan zu haben.
Wie eine Befreiung von einem Alptraum. Als ich viel früher als erwartet zu Hause wieder ankam, konnte ich gerade noch Kaffee mittrinken. Ich erzählte auch gleich, dass ich mit dem Herrn Studenten Schluß gemacht habe.
"Na, Gottlob" sagte meine Mutti. "Es hat mir überhaupt nicht behagt, was Du so von ihm erzählt hast. Wenn ein Mann einer Frau schon vor der Ehe Vorwürfe macht von wegen was und was sie nicht als Mitgift in die Ehe bringt, dann wäre das keine gute Ehe geworden. Voll mit Vorwürfen und dann noch seine satirische Ader." "Strupp", meinte Mutti nun im fürsorglichen Ton, "wenn Du nur lernen könntest in der Wahl Deiner Verehrer vorsichtiger zu sein und etwas länger wählen würdest".
Meine Schwester warf ein: "Siggilein, vergiss nicht, es war eine Faschingsbekanntschaft und wie heisst es so schön - drum prüfe wer sich ewig binde, ob sich das Herz zum Herzen finde, der Wahn ist kurz, die Reu ist lang.."
Ich sagte als Antwort die andere Version: "Drum prüfe wer sich ewig binde, ob sich nicht doch was besseres finde".
Da holte die 'Große' den Zwetschgenschnaps hervor und sagte: "Siggilein, er verdient Dich gar nicht", stellte drei Gläschen auf den Tisch und meinte: "Also jetzt lass uns mal den Kummer begraben - auf eine bessere Bekanntschaft das nächstemal. Prost".

Wir stiessen alle Drei an. Hatte meine Schwester mal Liebeskummer, so wurde sie von mir getröstet und ich versicherte ihr ebenso was sie für ein wertvoller Mensch sei. Ein Likörchen oder ein Schnäpschen gehörten immer in unseren Vorrat. Gingen wir auf einen Faschingsball, zur 'Drehdolle' in den Huttensälen oder ein Fest im Ruderverein. Vorher wurde immer ein Schnäpschen getrunken, denn man wußte nie was für ein Alkoholgetränke hinterher folgte. Ein Schnäpschen bildete immer eine gute Grundlage. Es wärmte auf, denn im Fasching im Winter, legte man den Weg meistens zu Fuß zurück. Auf den meisten Festen gab es entweder ein Glas Wein, Bier oder Coca-Cola zu trinken. Hatte der Tänzer etwas Geld gings in die Sektlaube. Ein Gläschen Sekt konnten wir uns aber auch oft selbst leisten. In den End-Fünfziger Jahren war besonders das Wort: 'Fifty-Fifty' an der Tagesordnung. Das dürfte schon das erste Zeichen der weiblichen Emanzipation gewesen sein. Schöne Erinnerungen. Schöne Feste. Viel getanzt, geflirtet. Oft nach dem Motto: "Ein Küsschen in Ehren kann niemand verwehren."
Wir brauchten keine Drogen um uns zu amüsieren oder auf ein "high" zu gelangen. Die reine Freude am Leben verhalf uns zu Höhepunkten. Die meisten von uns die in den Fünfziger Jahren so um die zwanzig waren, hatten alle den Krieg miterlebt und die ersten harten Nachkriegsjahre, also: "Freunde das Leben ist lebenswert!"
Die herrlichen Schlager und Schnulzen von dieser Zeit waren unwiderruflich einmalig:
"Das machen nur die Beine von Dolores, dass die Senjores nicht schlafen gehn..." Gerhard Wendland.
"Rote Rosen, rote Lippen roter Wein und Italien's blaues Meer im Sonnenschein... " Vicko Torrani.
Der allererste Nachkriegsschlager: "Wenn bei Capri die rote Sonne ins Meer versinkt..."
Man tanzte Rumba, Samba... "am Zuckerhut, am Zuckerhut da geht's den Senjorinas gut, wo jederman im Sambaschritt sein Herz so schnell verliert...." oder:
"Max wenn Du den Tango tanzt, ja da sieht man was Du kannst, ja Du hast so einen Rhytmus dass ein jeder mit muss..." oder: "Was machst Du mit dem Knie lieber Hans beim Tanz..."
Dann kam der Rock and Roll nach Germany. Elvis Pressley: "Love me tender love me true...."

So wie meine Mutti von den goldenen Zwanzigerjahren schwärmte, so

schwärme ich heute von den goldenen Fünfzigerjahren.
Meine sog. Sturm- & Drangzeit durchlebte ich in den Endfünfziger Jahren. Ich fragte mich oft, warum ich ausgerechnet immer Pech hatte mit "der Wahl meiner Verehrer," wie das Mutti so schön sagte. Ich war aufgeschlossen, manchmal etwas herausfordernd, hatte viel Humor mit dem Hang zum Extrovert. "Ein goldenes Herz hat sie, wenn man ihr ein gutes Wort gibt und sie lobt, dann ist ihr keine Bitte zu viel", waren wiederum die Worte von Mutti.
Meine Schwester und ich liessen den größten Teil unserer Kleidung von einer Schneiderin anfertigen. Für Kostüme und Hosen ging ich zu einem Schneider. Dort suchte man sich den Stoff, das Futter usw. aus und er nahm den Auftrag an. Ich liess mir mal ein schönes antrazit-graues Kostüm schneidern, dazu eine Hose und eine weinrote Weste. Mit weißer Bluse getragen sah das todschick aus. Mein erster Kamelhaarmantel wurde ebenso vom Schneider hergestellt. Mit einem kleinen dunkelbraunen Persianerkragen war es ein "Qualitätsmantel". Mutti war überrascht als ich ihr ihn vorführte und gab mir ein Kompliment.
Beim Schneider/Schneiderin etwas in Auftrag zu geben bedeutete zur Anprobe zu müssen, das alleine schon war eine Art Vorfreude auf das neue Kleid, Kostüm udgl.
Der Hang "aus der Reihe zu tanzen" war groß. Man könnte sagen ein Hang zur Individualistin. Meine Mutti und Schwester waren mir zu konservativ. Ich trug z.B. eines Tages ein graues Strickjäckchen so, dass die Knöpfe nach hinten waren, so sah es von vorne wie ein Pulli aus. So wie heute noch die sog. Jugendlichen, hatte ich auch mal eine kurze Phase, wo ich zu gerne schwarz oder dunkle Farben trug. Mutti kaufte mir immer rote, lebhafte Farben, da ich angeblich so blass aussah. Nun verdiente ich mein eigenes Geld, so durfte ich selbst wählen.
Die H und A Linie war modern. So ließ ich mir ein Kleid für den Herbst schneidern im senffarbigen Ton. Ganz schlicht und einfach. Unterhalb des Knie's recht und links mußten zwei Reißverschlüsse angebracht werden, damit ich die Treppe steigen konnte! Dazu trug ich einen schönen braunen Pumps (Stiletto). Ich entsinne mich, ich trug es zum Kabarett-Abend in den Huttensälen, das Düsseldorfer "Kommödchen" war zu Gast.
Ein fantastisches Kabarett, mit starken politischen Untertönen. Man mußte sich im politischen Tagesablauf gut auskennen, um schnell die Witze, die schlagartig geliefert wurden, zu erkennen. Dann konnte man auch kräftig mitlachen. Solche Abende waren selten in Würzburg.

Nach der abgebrochenen Romance mit dem Studenten aus Westfalen quälte ich mich schon sehr mit Schuldgefühlen. Warum und weshalb ich wieder Pech hatte.
Besonders viel Selbstbewußtsein war nötig, um am Arbeitsplatz im Institut auf verschiedene Fragen anderer Studenten, auch Assistenten, die richtige Antwort bereit zu haben. Ein sehr liebenswerter, netter Assistent der VWL fragte mich dann auch, wie es sich denn wirklich zugetragen habe, dass meine Romance mit dem besagten Student sich auflöste. Er habe so einige Gerüchte gehört. Vorallem habe der gewisse Herr nach einigen Gläschen Bier der Tischrunde wissen lassen, dass die Initiative des Auseinandergehens wohl von ihm ausginge. Da nahm ich die Gelegenheit wahr und sagte klipp und klar, wie es sich zugetragen habe. Unter den Drohungen seinerseits, nicht Schluß zu machen, habe ich mich dennoch von ihm getrennt.
“Da bin ich nur froh”, meinte jener nette junge Mann, “denn so habe ich es mir auch vorgestellt. Ich wollte Ihnen auch sagen, dass dieser Mensch eine gewisse Art an sich hat, die gar nicht zu Ihnen passt”.
Ich war angenehm überrascht und erfreut, dass ein junger Assistent so fair urteilte und meinen ‘guten Kern’ erkannte.
Ich kam zu der Erkenntnis: Wenn man attraktiv ist, ein gutes Mundwerk hat, menschenfreundlich ist, man buchstäblich einen Preis auf dem Kopf hat. Man ist Freiwild im menschlichen Dschungel. Junge Männer mit starkem Egoismus wollen beweisen, wie leicht und einfach es ist eine Verabredung anzuknüpfen. Ist man dann ausgeführt worden, wird ausprobiert wie weit er drängen kann - Kuß oder mehr? In den meisten Fällen sind wir, die Weibchen doch viel ehrlicher mit unseren Gefühlen. Wir nehmen einen Flirt oft viel ernster als man uns zutraut. Wir müssen zumindestens leicht verliebt sein, um einen Kuß zu wollen. Mit Ausnahme von wenigen nehmen die meisten Mannsbilder einen Kuß als Einladung zu einer sexuellen Entdeckungsreise. Ich lernte sehr schnell wie der Hase läuft, mußte auf Draht sein und die Bremsen ziehen.
Das Schlimmste und Gemeinste was einem passieren konnte: wenn man auf einer Party mit Absicht unter Alkohol gesetzt wurde, Getränke gemischt wurden, eine harmlose Bowle in einen starken Alkoholtrunk sich verwandelte. Eine Einladung zum Schoppentrinken oder Federweißen, was in einer Winzergegend wie Würzburg ganz an der Tagesordnung ist, konnte sehr verhängnisvoll werden. Man blieb meistens bei einem oder zwei “Achterle”.
Die Wirkung des Alkohols verspürt man erst recht an der frischen Luft, auf dem Wege nach Hause. Man ist dann nicht mehr so abwehrfähig, sehr zum Vorteil des männlichen Wesens. Dann schaltet man auf ‘Reserveverteidigung’.

Viele Einladungen haben meine Schwester und ich gemeinsam angenommen. Wir waren dann Viermannhoch.
So gings an einem wunderschönen, zwar sehr heißen Sommerabend hoch zum Schützenhof zum Erdbeerschoppentrinken. Dieser Wein trinkt sich so leicht, man schmeckt die Frucht so kräftig durch, das Gesöff ist einfach lieblich. Selbst wenn man nebenbei noch ein paar Bratwürste isst, oder ein belegtes Schinkenbrot, oh weh, oh weh, es half alles nichts.
Schon auf dem Nachhauseweg, an der frischen Luft, die vielen Treppen vom 'Käppele' (Wallfahrts-Kirche) hinunter steigend, da wurde uns schon übel. Kaum zu Hause angekommen, verabschiedeten wir uns schnell. Beide steuerten wir aufs Badezimmer los und haben uns jämmerlich übergeben. Das kommt aber nur einmal vor. Die Lehre: Nicht mehr als ein Glas Erdbeerwein trinken, auch wenn er noch so harmlos, lieblich schmeckt.

Das gute, schwesterliche Verhältnis.

Wir handelten nach dem Motto: "Geteiltes Leid, halbes Leid, geteilte Freude, doppelt so viel". Wir waren immer für einander da.
Erich Fromm schreibt in seinem Buch: "Die Kunst des Liebens" auf Seite 38:
"Neben der Fürsorge gehört noch ein weiterer Aspekt zur Liebe: *das Verantwortungsgefühl.*
Heute versteht man unter Verantwortungsgefühl häufig 'Pflicht', also etwas, das uns von außen auferlegt wird. Aber in seiner wahren Bedeutung ist das Verantwortungsgefühl etwas völlig Freiwilliges; es ist meine Antwort auf die ausgesprochenen oder auch unausgesprochenen Bedürfnisse eines anderen menschlichen Wesens. Sich für jemanden 'verantwortlich' zu fühlen, heißt fähig und bereit sein zu 'antworten'.......Der liebende Mensch antwortet. Das Leben seines Bruders geht nicht nur diesen Bruder allein, sondern auch ihn an. Er fühlt sich für seine Mitmenschen genauso verantwortlich wie für sich selbst...
... Die Erkenntnis, die ein Akspekt der Liebe ist, bleibt nicht an der Oberfläche, sondern dringt zum Kern vor. Sie ist nur möglich, wenn ich mein eigenes Interesse transzendiere und den anderen so sehe, wie er wirklich ist. So kann ich zum Beispiel merken, daß jemand sich ärgert, selbst wenn er es nicht offen zeigt; aber ich kann ihn auch noch tiefer kennen, und dann weiß ich, daß er Angst hat und sich Sorgen macht, daß sein Ärger nur die Manifestation von etwas ist, was tiefer liegt, und ich sehe in ihm dann den verängstigten und verwirrten, das heißt den leidenden und nicht den verärgerten Menschen."

Obwohl weder meine Schwester noch ich je von Erich Fromm damals etwas gelesen hatten, stelle ich fest, den obigen Text im Sinne, das wir instinktiv vieles richtig gemacht haben, wenn auch nicht alles. Ob wohl die Theorie fehlte? Der Einfluss unserer Eltern, die uns liebend mit viel Fürsorge, etwas streng und mit Fehlern erzogen, prägte sich im Endeffekt.

Eine Kollegin am Arbeitsplatz bewunderte oft, wie gut wir zwei Mädchen miteinander auskamen. Sie selbst hatte keinen guten Kontakt zu ihrer Schwester. Sie waren mehr Rivalinnen. Die eine mußte stets besser sein, oder mehr leisten können als die andere.
Zwischen uns beiden bestand ein gesundes Konkurrenzgefühl, das aber schon von eh und je auf meiner Seite stärker existierte, da ich als zweitgeborenes Mädchen ja immer an zweiter Stelle rangierte. Auch wenn meine Mutti es mir zehnfach versicherte, dass es nicht so sei, ich fühlte es einfach so. Sie, die ältere Schwester war ja vor mir da und konnte so Mutti viel länger in Anspruch nehmen. Ich wollte zwar nie meiner Schwester direkt nacheifern, jedoch zumindestens gleichwertig sein.

Wie kamen wir zu unserem gebrauchten Motorroller, der Vespa ?
Vom Vater einer Freundin von Margot wurde sie abgekauft. Sie kam von Frankfurt per Fracht im Zuge und mußte vom Bahnhof abgeholt werden. Wir gingen beide nach Büroschluß hin. Im Tank war kein Benzin, sie war nicht angemeldet, so mußten wir sie vom Bahnhof in die Weingartenstrasse schieben. Ab und zu setzte ich mich mal seitwärts drauf und schob mit dem einen Bein mich ab, so daß ich wenigstens im Glaci etwas rollen konnte.
“Siggi” ermahnte die groß Schwester, “mach keinen Blödsinn. Kannst Du es denn nicht abwarten - sei vernünftig”. Aha dachte ich, hier sind wieder die herrlichen Worte “sei doch vernünftig”... Aber was macht man, wenn man wie ich so viel Abenteuerlust im Blut hat ? Wie man so schön sagt: ‘ein Junge an mir verloren ging’. Man wagt und riskiert !
Bald war die Vespa fahrbar. Unsere erste Fahrt ging zum Ruderverein. Wer fährt ? Die schlaue Margot hat sich sofort angeboten rüber zu fahren und ich solle heim fahren. Gut, das hörte sich gerecht an.
Mutti kam zum Fenster um das Losfahren mitanzusehen. Irgendwie fand sie das Rollerfahren noch ein Risiko. Es könnte uns ja was passieren ! Sie war mit Recht ängstlich. Sie hatte ja schon ihren Jungen durch einen Unglücksfall verloren, so wollte sie ihre beiden Mädchen nicht in einem Unfall verwickelt

sehen. Beruhigt war sie, als sie hörte, die 'Große' fahre zuerst. Der Roller hatte einen Kick-Start, das muß geübt sein. Margot fuhr schön langsam und sicher die Anlagen hoch bis zur Löwenbrücke. Ich auf den Sozius gab die Zeichen für 'rechts'- und 'links' abbiegen. Zum Bootshaus ging es leicht einen Hang runter, sie bremste sachte und mit viel Hurrah wurden wir von der Damenabteilung begrüßt. Es gab noch nicht viel weibliche Rollerfahrerinnen. Auf der Heimfahrt war ich nun an der Reihe. Zuerst mußte ich bergauf anfahren, es ging etwas holprig. Dann - oh Schreck! Die Löwenbrücke hat rechts die Straßenbahnschienen. Ich mußte schnell lernen wie man hin und her über die Schienen kommt, die Balance hält, zügig weiterfährt und absolut vermeidet mit den dicken, kleinen Vespareifen hängen zu bleiben.
Zu Hause angekommen stellten wir die Vespa in die Fahrradecke im Hof. Ich wandte mich zur Margot und sagte: "Mensch, das war ne' Leistung, ganz schön schwer die verdammten Straßenbahnschienen, meinst Du nicht auch?" Mit einem kleinen Lächeln im Gesicht antwortete sie: "Das hab' ich mir schon im voraus ausgerechnet, deshalb bin ich lieber rüber zum Bootshaus gefahren!"
"Du bist raffiniert", rief ich laut aus. Sie lachte, meinte leicht mit den Schultern zuckend:
"Du bist doch diejenige, die immer auf Abenteuer aus ist, na da hattest doch ne kleine Kostprobe".
Mutti und Opa waren beide froh, dass wir heil zurück waren. Über die kommenden Wochen und Monate gewöhnten sie sich an unseren "fahrbaren Untersatz". Erkannten auch, wie nützlich ein Roller sein kann. Es gab Kirschen zum Abholen in Veitshöchheim. Eine fuhr, die andere hielt das volle Steigle mit Kirschen. So besorgten wir uns auch frischen Spargel in den umliegenden Dörfern in der Spargelzeit.
Ab und zu hatten wir auch Lust, an einem herrlichen Sommertag, nur so mal eine kleine Spritzfahrt zu machen. Wir fuhren am Main entlang bis nach Marketzöchheim. Unter den blühenden, tiefhängenden Zweigen der Kirschbäume hindurch. Auf manchen Landstraßen standen die Obstbäume geradezu rechts und links Spalier. Wenn ich ganz übermütig war, dann erhob ich mich von meinem Sitz, wenn Margot fuhr. Versuchte die Zweige mit meinen Fingerspitzen zu erreichen.
"Setz' Dich hin und wackle nicht so", rief's Schwesterlein und ich gehorchte! Es leuchtete mir ein, dass ich beim Aufstehen das Gewicht verlagere und das spürt man im Lenkrad.
Wir hatten nie Streit, wer die Vespa gebraucht. Wir besprachen es immer am Abend vorher. An dem Tag, wo Margot die Vespa hatte, holte sie mich auf

dem Heimweg ab. Ein kurzes Hupen genügte und ich machte meinen Weg vom Büro nach unten. Es gab widerum Tage, an denen sich meine Schwester schick anziehen, und nicht gerade Roller fahren wollte.
Das Rollerfahren hatte seine Tücken. Benzin kaufen mußte natürlich überwacht werden.
Eines morgens, kurz vorm Weggehen erklärte Margot, obwohl ihr die Vespa für den Tag zustand:
"Siggilein, Du kannst die Vespa heute gerne nehmen, ich fahre lieber mit der Straßenbahn, mein helles Kleid ist mir zu schade." Wohlgemerkt, wir hatten weite Röcke in den Fünfzigerjahren, enge Röcke waren beim Fahren nicht sehr praktisch. Oft müssen die Füsse/Beine schnell links und rechts den Boden fassen können. Das ist besonders erforderlich beim Stoppen an Verkehrsampeln. An jenem Morgen versuchte ich vergeblich den Kickstart an der Vespa, ich schaute in den Tank - kein Tropfen Benzin - !! Da half nichts als schieben. Gottlob war eine Tankstelle am Exerzierplatz also nur um die Ecke. Im Büro angekommen rief ich mein Schwesterherz an und meckerte ganz jämmerlich:
"Schlaues Weib, Du hast bestimmt gewußt, dass kein Benzin im Tank war, deshalb das großzügige Angebot".
Ruhig und freundlich meinte sie: "Siggilein, ich hatte nur ne' Ahnung, dass sehr wenig im Tank ist und ich war schon fix und fertig angezogen, als es mir einfiel."
Nunja, es war noch lange kein Grund ernstlich böse zu sein, war mir doch bewußt, das Margot nicht gerne ihre Hände schmutzig macht. Beim Auftanken konnte das oft nicht vermieden werden.

Mitten im Winter stieg ich ebenso auf die Vespa. Ich zog meinen Duffel-coat an, Kapuze hoch, Schal um den Mund, nach hinten gebunden, Hosen, warme Handschuhe und los gings.
Ich war fest davon überzeugt, dass die eiskalte, frische Luft mir gut tut. Vorallem dann, wenn ich die Nacht vorher wegen eines Faschingsfestes oder Party nach Mitternacht erst ins Bett kam. Dem Opa entging aber auch nichts. Wenn ich oder wir beide mal spät heimkamen und ganz leise die Flurtüre aufschlossen, kein Licht anknipsten, da Opa's Zimmertüre einen Glaseinsatz hatte, uns ins Bad schlichen - er hörte es dennoch. Am nächsten Tag in der Mittagspause fragte Mutti:
"Na Ihr Grazien, hoffentlich war es nicht zu spät gestern Nacht? Ich habe fest geschlafen, das sind meine Tabletten, ich habe Euch nicht gehört." Wir

beteuerten: "Nein, nein, es war nicht spät". Da fuhr Opa dazwischen und erklärte:
"Was nennt Ihr dann ein Uhr, das ist viel zu spät für junge Mädchen. Wenn ich Euer Vater wäre, dann hieß es zwölf Uhr Zapfenstreich, keine Minute später - aber mit Eurer Mutter macht ihr ja was Ihr wollt!"
Jetzt wurde ich leicht ärgerlich und antwortete:
"Opa, erstens und gottlob, Du bist nicht unser Vater und zweitens, die Mutti weiß dass sie sich auf uns verlassen kann, wir streunen nicht draußen herum, wir waren auf einer Geburtstagsfeier und Mutti wußte Bescheid. Sie hat eben Vertrauen in uns!"
Es gab noch einen kleinen Wortwechsel, es wurde hin und her argumentiert. Es ist ein Gehabe der älteren Generation immer dann bei solchen Begebenheiten von ihrer eigenen Jugend zu erzählen, was sie tun und nicht tun durften. Oft auch erzählte er selbst was für ein strenger Vater er gewesen sei. Mutti konnte das nur bestätigen.

Mutti erzählt aus ihrer Jugend.
Auf unser ewiges Fragen hin erzählte uns Mutti auch ab und zu Ausschnitte aus ihrer Jugend. Ihrer Lehrzeit. Die goldenen Zwanzigerjahre !! Das Kabarett, die Operettenschlager. Wie und wo man tanzte. Was sie für Kleid trug und ob es die Schneiderin anfertigte. Sie erinnerte sich so genau ans Material, Farbe des Stoffes, ob Spitzenkragen oder nicht. Welche Schuhe sie trug und mit wem sie zum Ball ging.
Natürlich wollten wir auch wissen, wann und wo sie unseren Vati kennengelernt hat.

"Erst", mit etwas Pause fortfahrend, "habe ich mich in einen sehr gutaussehenden, jungen Mann verliebt. Als ich meiner Mutter sagte, dass er katholisch ist, weinte sie und sagte:
"Elisabeth, tue es mir nicht an, das geht nicht gut. Du mußt dann auch katholisch werden, Deine Kinder werden katholisch getauft. Man soll in seiner Religion bleiben, das hat schon meine Mutter gesagt".
Man bedenke, unsere Oma wurde 1868 geboren. Es herrschte also um die Jahrhundertwende noch eine große Trennung zwischen beiden Konfessionen.
Mutti fuhr weiter: "So habe ich diesen netten Mann enttäuschen müssen und habe 'nein' zu seinem Heiratsantrag gesagt. Später hörte ich, dass er nach München zog..." "und dann" warfen wir ungeduldig ein. "Ja dann lernte ich Euren Vater kennen. Eine Freundin von mir hatte ihn mir vorgestellt. Er suchte

Im Nachhinein bin ich recht stolz auf das gute Mutter-Töchter-Verhältnis, dass wir beide Mädchen zu unserer Mutter hegten. Wie schon früher erwähnt, sie war unsere Freundin und Mutter. Wir beiden nannten sie oft, wenn es die Gelegenheit erlaubte, bei ihrem Vornamen 'Elisabeth' der uns sehr gut gefiel.

Was uns besonders weh tat war, dass unsere Mutti so sehr unter ihrer Arthritis leiden mußte.
Obwohl die Krankenkasse von Zeit zu Zeit eine Kur genehmigte hieß es immer: Wir können nur Linderung schaffen, keine Heilung. Alle ihre Gelenke waren entzündet, angeschwollen.
Sie fing ungefähr mit fünfzig Jahren an Tabletten zu nehmen. Leider hatten diese Drogen, die auch Cortison enthielten, später ihrem allgemeinen Gesundheitszustand mehr geschadet als gut getan. Die Tabletten haben lediglich den bohrenden Schmerz reduziert, aber viele Nebenwirkungen stellten sich ein. Der Zucker im Blut und das Wasser im Körper mußten kontrolliert werden. Jeden Morgen und Abend mußte sie verschiedene Tabletten schlucken. Am besten mit dem Abendbrot und schon aus diesem Grunde sollten wir nie zu spät zu Abend essen. Wenn man heute über Arthritis nachließt, so erfährt man, das diese Krankheit durch Schock ausgelöst werden kann. Mutti verlor ihren einzigen Jungen durch einen tragischen Unglücksfall. Zwei Jahre später kam die Nachricht vom Tode meines Vaters im Gefangenenlager. Die Kriegsjahre selbst zehrten auch an ihrer Gesundheit. Sie war von Natur aus sehr sensibel und feinfühlig. Sie hatte viel Temperament und verlor manchmal ihre Fassung mit uns. Überwiegend war sie aber ein liebenswerter, gütiger Mensch.
"Das Schicksal", so meinte sie, "hat es nicht gut mit mir gemeint".
"Mutti", sagten wir dann, "Du hast doch noch uns, bist denn nicht froh?"
"Ja, ja, schon meine Mädchen. Auch bin ich dankbar, dass mein Vater bei uns lebt und uns mit seiner Pension unterstützt. Wir hätten es sonst nie so schnell mit einer Neubauwohnung geschafft. Es ist nicht leicht Witwe zu sein. Ich habe mir halt mein Leben anders vorgestellt. Euer Vati hat so viele gute Ideen gehabt, was wir alles unternehmen und wo wir wohnen.
Ach, nunja, der Mensch denkt und Gott lenkt!" Sie senkte ihr Haupt in einer Art Resignation.
Margot und ich haben sie oft zum Heilpraktiker hingebracht. Packungen aufgelegt. Frischzellen-Therapie in die Wege geleitet. Alles mögliche für unsere liebe Mutti zugänglich gemacht. Leider aber nie mit Heilerfolg. Oft nicht mal Linderung.

Es gelang uns nur einmal, sie zu überreden, mit uns zu einem Weihnachtsball vom WRV im Studentenheim mitzukommen. Sie zog sich schick an, man war oft um die Weihnachtszeit elegant schwarz gekleidet. Auch junge Leute. Wir saßen an einem netten Tisch mit Ruder-Freunden. Leider war nur ein Ehepaar mit am Tisch. Mutti freute sich mit uns, dass wir tanzten und einen schönen Abend verbrachten.
"Aber", so erklärte sie hinterher, "Kinder es ist mir erst so richtig bewußt geworden, dass ich Witwe bin. Ohne einen Partner ist so ein Abend für mich eigentlich nur gefüllt mit schmerzvollen Erinnerungen. Ich sehe einige Gesichter von früher, die haben alle noch ihre Ehepartner und da denke ich an Euren Vati, wie schön es einst war auszugehen. So bleibe ich in Zukunft lieber zu Hause. Seid mir nicht böse, aber es ist besser für mich."
Natürlich leuchtete dies uns erst hinterher ein. Aber wir fanden einen kleinen Ausweg: Kino und Theaterbesuche. Dazu konnten wir sie doch noch ab und zu überreden. Vorausgesetzt, dass sie einen guten Tag hatte, d.h. nicht so viel Schmerzen. Über die Jahre hinweg hatten die Tabletten nicht mehr die gleiche Wirkung wie zu Beginn. Eines Tages bestellte uns der Hausarzt zu sich in die Praxis. Er müsse etwas besprechen. Wir waren ganz gespannt, was es denn sei. So unterrichtete er uns so freundlich und vorsichtig es ging:
"Mädchen, der Gesundheitszustand Eurer Mutti hat sich verschlechtert, um ehrlich zu sein, die Tabletten helfen nicht mehr so gut, ich muß ihr eine stärkere Dosis verschreiben. Wäre Euer Vater hier, dann hätte ich es mit ihm besprochen. Das Risiko ist, dass die Tabletten Nebenerscheinungen haben. Leber und Niere werden zum Beispiel belastet. Im Endeffekt wird ihre Lebensdauer dadurch beeinflusst".
Wir sahen uns an, Margot und ich waren schmerzlich berührt.
"Was raten sie denn. Was wollen sie eigentlich sagen?"
"Die Sache ist die. Ohne Verstärkung der Dosis muß Eure Mutter mehr Schmerzen ausstehen. Mit Verstärkung wird ihre Lebensdauer um ca. 5 Jahre verkürzt."
Ein tiefer Seufzer entronn unserer Brust. "Welche Entscheidung war zu treffen? Müssen wir wirklich die Verantwortung tragen? Es ist uns beiden klar, wir wollten nicht, dass unsere Mutti mehr Schmerzen ertragen soll. Wir sehen es oft in ihrem Gesicht, wenn es ein schlechter Tag ist. Bitte helfen sie ihr die Schmerzen zu verringern!"
Wir fragten uns, ob man ein Leben, voll mit körperlichen Schmerzen hinausziehen sollte? Heute (1993) wissen wir beide, das seelische Schmerzen,

das Nichtverkraften von Begebenheiten in unserem Leben, die Auslöser der meisten Erkrankungen sind.
Unser Hausarzt verstärkte die Dosis so um 1957.

Sommer 1957 - ich werde volljährig - erster Urlaub nach Italien!

Am 8. Juni wird mein 21. Geburtstag gefeiert. Wir fragen die Hausleute, ein etwas älteres Ehepaar, das direkt über uns wohnte, um Genehmigung. Das gehörte zum guten Ton, schon alleine wegen der Musik, (Schallplattenspieler) denn es sollte auch getanzt werden. Mit dem jungen Ehepaar (Sohn und Frau der Hausbesitzer) plauderten wir auch gerne. Man begegnete sich oft im Treppenhaus. Die junge Frau fanden wir besonders liebenswert und aufgeschlossen. Sie zeigte stets ein Interesse an unserem Tun und Lassen.

Zu diesem Zeitpunkt hatte ich keinen speziellen boyfriend. Es wurden hauptsächlich Ruderfreunde/innen eingeladen und das Drei-Mädelhaus von der Neuen-Welt. Alice war zwischendurch mit dem netten Bernhard, vom Beruf Bildhauer, verheiratet. Emma und Pauline waren noch frei und ledig.

Ich bestellte eine kalte Platte beim Metzger, als Getränke gab es eine Erdbeerbowle. Auf unserem fast neu erstandenen Braun-Telefunken-Plattenspieler legten wir Platten auf. Foxtrott, Tango, Boogie und Rock & Roll. Unser Wohnzimmer war nicht besonders gross, so mußten die Nichttänzer entweder in der Küche oder auf dem Balkon sich ausschwatzen.
Nach Mitternacht servierten wir eine Gullaschsuppe, die den Alkohol etwas aufsaugen sollte. Es war eine schöne Party, jeder amüsierte sich. Mutti hatten wir für den Abend zu Tante Maria in die Kleist-Strasse ausquartiert. Tante Maria war unsere Nenn-Tante, aber in ihrem Verhalten uns gegenüber wie eine echte Tante. Ich konnte stets mit meinen kleinen und großen Freuden und Nöten zu ihr kommen. Ganz besonders dankbar war ich, wenn ich mal knapp bei Kasse war und sie mir bis zum Monatsende etwas Geld lieh. Auch sie zog von Wiesenbronn wieder nach Würzburg und wohnte nicht weit weg von uns.

Das nächste große Ereignis nach der Geburtstagsfeier war: Ein Italienurlaub wurde geplant !
Durch einen Studenten hörte ich von einer Privatunterkunft in Terracina, südlich von Rom. Ein deutsches Ehepaar vermietete dort ein Haus mit vier Gästezimmern. Schlicht und einfach, aber gute Lage, gute Verpflegung. Ein

italienisches Ehepaar, das nebenan wohne, würde uns verköstigen.
Walter, unser Ruderfreund war ein ruhiger, netter junger Mann. Er würde gerne mit "zwei Schönen" wie er meinte, in Urlaub fahren. Wir warnten ihn scherzend, dass es nicht so einfach wäre. Er müsse sich für eine Lieblingsfrau entscheiden. Ich wußte damals genau, dass er eine Schwäche für meine Schwester hatte. Sie konnte seine Zuneigung jedoch nicht ganz erwidern. Gut befreundet miteinander waren wir alle drei. Unser Partner hatte seinen eigenen VW und er organisierte alles im Zusammenhang mit dem Transport: Versicherung, Autokarte udgl. Wir werden alle Benzinkosten durch drei teilen. Somit war alles fair und square.

Für unsere Italienreise wurde uns allgemein Mitte September als Reisetermin vorgeschlagen.
Auf gings - Richtung Süden! Mutti mussten wir versprechen in Kontakt zu bleiben. Wir versprachen viele Kartengrüße.
Für 1957 war es schon ein abenteuerliches Unternehmen. Drei-Mann hoch im VW über die Alpen, in ein Land dessen Sprache wir keinesfalls beherrschten. Ein kleines Taschenwörterbuch zur Hand und einige schnell gelernten Worte wie: " Dove, una camera da letto, scusi, prego, troppo caro, una tazza di caffee, ill conto prego."
Auf der langen Fahrt im Auto haben wir ab und zu Vokabeln geübt. Oft haben wir mehr gelacht als die Sache ernst genommen.

Leider hatte nur Walter einen Führerschein. Margot und ich jedoch Erfahrung auf der Vespa und theoretisch gesehen kannten wir uns im Verkehr aus. Ich konnte es gar nicht erwarten, bis ich mal hinters Steuer durfte. Für kurze Strecken durfte ich ab und zu mal den Fahrer ablösen.

Die Fahrt ging Auto-Bahn München bis in die Dolomiten, Lienz am ersten Tag. Dort wurde übernachtet, es wurde noch deutsch gesprochen, zwar mit starkem süd-tiroler Akzent.
Weiter gings am nächsten Morgen über den Brenner Pass in die Po-Ebene. Fruchtbares Land, viel sattes Grün im Landschaftsbild. Venedig war unser Ziel. Wir fanden etwas außerhalb einen Parkplatz. Dort zogen wir unsere Shorts aus und wechselten in ein Kleid. Schließlich und endlich legte man noch Wert auf gute Garderobe. Wir bummelten durch die engen Gassen und Straßen von Venedig. Vieles wurde dem Touristen angeboten. Schmuck, Tücher, endlose Geschäftemacherei an allen Ecken und Brücken. Die kleinen

Brücken über die Kanäle fand ich besonders reizvoll. Die Urlaubsprospekte wurden lebendig, die vielen Gondola's auf den Wasserstraßen - wir erreichten den Markus-Platz. Wenn man zum erstenmal dort steht und das Auge gierig alles aufnimmt, könnte man fast sagen, man kann betrunken sein von der Vielfalt der schmucken Fassaden, den Gebäuden, dem Meer, dem Getöse der Menschen. Wir erfuhren durch Zufall von einem anderen Touristen, dass am selbigen Abend ein Konzert hier im Markusplatz stattfände und man müßte es erlebt haben.
So entschlossen wir uns zu bleiben. Wir fanden in einem der vielen Café-Restaurants einen kleinen Tisch im Freien für uns drei und ließen uns nieder. Nicht weit von uns entdeckten wir einen Künstler, der mit flinken Fingern eine Kreideskizze von Passanten anfertigte.
Margot und ich konnten nicht umhin und stellten uns als Modelle bereit. In Null-Komma-Nichts war unser Bild fertig. Es kostete uns einige Lire, aber die Ähnlichkeit war verblüffend.

Das Konzert unter dem Sternenhimmel von Venedig war wohl unser erstes bewegendes Erlebnis zum Urlaubsbeginn! Einstimmig - wir haben es alle Drei genossen.

Wir fuhren nach 24 Uhr noch weiter, die Übernachtung in Venedig wäre zu teuer gewesen. Beim Morgengrauen erreichten wir Milano. Wir schliefen etwas im Auto und warteten bis ein kleines Café aufmachte, erfrischten uns etwas und nahmen ein kleines Frühstück ein. Eine kurze Stadtbesichtigung folgte, eine Aufnahme vorm Dom von Milano und weiter gings, in Richtung Rom.
Auf einer kurzen Autostrata, ich glaube es war so um Bolognia herum, mußten wir bezahlen.
Ich hatte den Mut, Walter zu fragen, ob ich etwas fahren durfte. Er willigte ein, da er glaubte, dass es auf der Autobahn wohl am sichersten sei. 1957 mußte man beim Gangschalten im VW noch Zwischengas geben. Das war für einen Anfänger nicht so mir-nichts-Dir-nichts. Ich war stolz, dass ich es bald beherrschte. Walter war ein guter Lehrer und Beifahrer.
Als wir auf Rom zufuhren fiel uns besonders das verdörrte Gras rechts und links am Straßenrand auf. Der lange, heiße Sommer lässt alles Gras verfärbt. Für September fanden wir die Temperaturen ca. 28 - 30 Grad auch noch sehr heiß. Die Plastiksitze im Auto wurden mit Badehandtüchern abgedeckt, damit man nicht anklebte. So weit ich mich entsinne, haben wir bis Rom an Hand

unserer Landkarte alles gut gefunden. Das änderte sich jedoch schlagartig. Außerhalb von Rom machten wir kurz Halt. Vor uns lag die Stadt mit den sieben Hügeln. Ein dicker Dunst, nebelartig, jedoch mehr eine Decke voll mit heißer Luft, breitete sich über die Stadt aus. Walter saß hinter dem Steuer, wir fuhren zum Stadtzentrum. Von dort sollten wir nach Angabe der Pension unsere Straße nach Terracina finden. Terracina liegt noch im Vatikan, südlich von Rom an der Via Apia. Wir fragten uns durch. Unser Italienisch war oft nicht ausreichend, der Redeschwall der Römer so unglaublich, dass wir oft es uns wiederholt erklären ließen.
Einige sehr hübsche, gut aussehende Römerinnen und Polizisten entdeckte ich vom Beifahrersitz, sie waren alle sehr hilfsbereit.
Der Verkehr in Rom war atemberaubend. Außer München war ich noch nie in einem Großstadtverkehr, so wie Rom, verwickelt. Das Temperament der Italiener läßt sie mit Freude auf die Hupe drücken. Autos fahren gleich fünf aufeinmal los, quer über einen großen Platz.
Sieht aus wie ein Chaos, aber es geht ohne Zusammenstoß. Walter machte es nichts aus, er war ruhig, gelassen, ein sicherer Fahrer. So ein lieber Germane, wir Weibchen wurden uns bewußt, was für einen guten Kameraden wir bei uns hatten.
Er machte auch gerne ein Spässchen und fragte mich ab und zu:
"Na, wie gefallen Dir denn die Italiener? Haben sich Deine Erwartungen alle erfüllt? Wie wär's mit dem hier?" Wir sind an einer Ampel angekommen und mußten halten. Ich warf einen schnellen Blick auf die männliche Figur und erwiderte:
"Nein, der ist nicht ganz mein Typ. Er muß groß und schlank sein, ganz dunkles Haar und ein nettes Gesicht haben, und auf keinen Fall einen flachen Hinterkopf".
Walter lachte hell auf, schmunzelte und fuhr weiter. Meine liebe Schwester machte vom Rücksitz auch eine Bemerkung wie:
"Sie muß erstmal warten bis wir am Ort angekommen sind, dann kann sie suchen."
Wir mußten wieder anhalten und nach der Via Apia und Terracina fragen. Mit dem Wörterbuch in der Hand, das Fenster heruntergedreht half uns ein überaus freundlicher Polizist. Er sprach etwas deutsch und so erklärte er:
"Ah, Terracina, si, si, la vista Via Apia - Richtung Latina, nehmen sie rechte Straße, dann sehen sie una bella casa, molto bianca, dann machen sie links Biegung und 500 Meter ist Via Apia".
Ich schmolz fast in meinem Sitz vor Bewunderung, wie gut er doch aussah,

sein gebräuntes Gesicht, seine blendend weißen Zähne, wie er graziös mit seinen Fingern an seine Mütze tippte und uns eine gute Reise wünschte. Walter fragte gleich: "Ist dieser nun der Typ den Du suchst, hat er auch das richtige Kopfformat?"
"Ja", sagte ich schnell und fröhlich, "so stellte ich mir einen Italiener vor. Habt Ihr auch gehört, er nannte mich 'bella senjorina'!" Da ertönte Margot's Stimme der Vernunft vom Rücksitz: "Er ist bestimmt verheiratet und hat fünf bambinos zu Hause und 'bella senjorina' sagt er bestimmt zu allen Touristen".
"Wahrscheinlich" eiferte ich, "ich finde ihn und die Sprache einfach herrlich. Der Tonfall und die schönen braunen Augen, Mama mia!"

Es wurde langsam Abend. Wir hatten Latina, eine mittelgroße Marktstadt bereits hinter uns. Der Bezirk nennt sich Quartier Latina. Mussolini hat aus den Pontinischen Sümpfen ein fruchtbares Gartenland und Felder anlegen lassen, indem er erstmals das ganze Gebiet entwässerte. So erzählte man uns bei einem kleinen Imbiss.
Endlich erreichten wir Terracina. Wir mußten uns Straße für Straße durchfragen. Der Besitzer war als Doktore bekannt und man wußte, dass er 'uno dedesco' ist. Er selbst wohnte in einem Ort in den Bergen, namens Sezze, während er sein Haus in Terracina an empfohlene Gäste vermietete.
Gilda und Domenico waren das Ehepaar, das uns versorgte. Das Haus lag oben auf einem Anhang, kleine enge Gassen und Straßen führten dorthin.
Margot und ich bekamen im ersten Stock ein nettes Zimmer zugeteilt. Einfaches, blaues Bauernmöbel, als Bad hatten wir ein Sitzbad aus Mosaik. Vom Balkon aus konnten wir in ca. 2 km Abstand das Meer sehen. Walter wurde im Erdgeschoß untergebracht. Dort logierte ebenso eine Geschäftsfrau mit teenage Tochter. Neben ihr eine sehr ranke, hochgewachsene Dame, von Beruf Krankengymnastikerin. Wir trafen uns alle beim Abendessen auf der Veranda. Ein kleiner Garten mit vielen Kakteen und ähnlich aussehenden Pflanzen, dessen Früchte man essen konnte, umgrenzte die Veranda.

Es begann ein gegenseitiges Vorstellen und auf Anhieb wußten wir, dass wir alle gut miteinander auskommen werden. Senjor Walter, der Hahn im Korb!
Mit der 14-jährigen Birgitt hatte ich die Abenteuerlust gemeinsam. Wir konnten kaum auf den nächsten Tag warten, wo sie mir alles zeigen wollte, die Stadt, den Strand, die Eisdielen.

Gilda und Domenico sprachen auch einige Worte deutsch. Sie waren so typisch

einheimisch und sehr freundlich und bemüht uns zu verwöhnen. Meiner Schwester schmeckte der geriebene Schafskäse auf der Spaghetti gleich gar nicht. Sie liess ihren Teller zurückgehen. Spaghetti war ja unsere Vorsspeise. Was mich sehr überraschte, dass Margot das wagte, waren wir doch beide so erzogen, dass man alles isst, was auf dem Teller serviert wird. Als Beilage gab es viel Salate. Auch Eselsfleisch verwandelte sich in Schnitzel, paniert. Beim Aufschneiden erkannte man das dunkle Fleisch. Die Krankengymnastin war schon eine Woche hier zu Gast und kannte sich mit dem Küchenplan gut aus.
"Ihr müßt Euch an eine gute, einfache Hausmannskost gewöhnen. Hotel-Küche gibt es hier nicht meine lieben Kinder", so erklärte sie nach der ersten Mahlzeit.
Zum Frühstück empfahl sie Kakao zu bestellen, da der Tee unmöglich sei und der Kaffee erst recht nach gebrannten Bohnen schmecken würde, so ähnlich wie der Kaffee der Franzosen.

Als Senior Walter sich zu oft hintereinander Spiegeleier zum Frühstück bestellte, klärte sie uns schnell auf wie 'schädlich' es für den männlichen Stoffwechsel sei !!
Wir lernten auch ziemlich schnell, dass es billiger ist, Wein mit dem Essen zu trinken, als Aqua Minerale zu bestellen. Einfaches Mineralwasser war teuerer als der rote, süffige Wein.
Ich dachte an das Schnulzenlied - "Rote Rosen, rote Lippen, roter Wein und Italien's blaues Meer im Sonnenschein...." Wie herrlich, da es doch alles Wirklichkeit wurde. Bisher fehlten aber noch die 'roten Lippen'.
Zum Lunch wollten wir am Strand bleiben und Gilda packte uns ein paar Weißbrote mit Gurke, Tomaten, Salami und Käse ein. Auf unseren Tagesausflügen nahmen wir oft unsere Verpflegung mit.
In der ersten Nacht regnete es in Strömen. Platzregen nennt man es. Der Regen platschte nur so auf den teils sehr ausgetrockneten Lehmboden und klatschte auf die flachen Dächern um uns herum. Das Schreien einiger Esel in der Nachbarschaft gehörte mit zu den nächtlichen Geräuschen.
Zu unserer großen Freude waren die Regenwolken am nächsten Morgen total abgezogen, es folgte ein herrlicher, sonniger Tag.
Auf unserem Wege zum Strand ging es im Zick-Zack die kleinen engen Gassen hinunter bis zur Hauptstraße. Von dort waren es normale Strassen mit Gehsteig. Wir fanden eine kleine Eisdiele auf dem Wege. Die netten Pensionsgäste liefen mit uns zum Strand und erklärten und zeigten uns alles was man wissen sollte. Wir liessen das Lido links liegen, und weiter nach

rechts dem Strand entlang. So vermieden wir die großen Menschenmengen. Der Sandstrand war einfach herrlich. Ich hüpfte buchstäblich herum wie ein ein kleines Mädchen. Bald war ich mit der jungen Birgitt im Wasser. Ach die Wellen, sie schlugen uns fast um. Die erfahrenen Erwachsenen erklärten uns auch die Folgen von Ebbe und Flut und wie weit wir rausschwimmen sollten. Vor Quallen wurde ebenfalls gewarnt. Es war mein allererster Urlaub am Meer. Ich hatte keine Ahnung, dass die runden Geleefische, wenn sie in Kontakt mit meiner Haut kommen, ganz schön stechen. Eigentlich mehr die Flüssigkeit, die sie absondern.
Doch als der erste mich berührte und meine Schulter zu brennen anfing, wußte ich Bescheid. Dieses kleine Mißgeschick bremste meine Freude am Meer überhaupt nicht.
Fräulein Batz (die Krankengymnastin) erzählte uns, dass sie oft den Schauspielern zeigen mußte, wie man sicher und ohne sich zu verletzen auf der Bühne ohnmächtig wird, oder zusammenbricht. Sie meinte: "Im Sand läßt sich das besonders gut üben, also hersehen !" Sie stand auf, sagte sie spiele die Rolle einer Frau, die ohnmächtig wird. Sie hielt sich die Hand vorm Kopf und sank in die Knie, leicht seitwärts und liess sich dann so hinfallen. Sie meinte: "Es ist ein sogenanntes Zusammenklappen des Körpers".
Birgitt und ich probierten dann sofort und wollten von unseren wohlgesinnten Zuschauern wissen, wie es aussah. Wir wurden gelobt, beide seien wir gut. Wir hatten alle eine 'Mordsgaudi' weil wir uns vor Lachen biegen mußten und über uns selbst stolperten, da die Füße oft im Sand stecken blieben.

Am besten imponierte uns das Hinlegen, da wo die Wellen auslaufen und sachte sind, bis dann eine große Welle kam und uns buchstäblich umwälzte. Von Zeit zu Zeit mußten wir uns in der herrlichen Sonne wieder aufwärmen. Sorella, wie ich von nun an meine Schwester nannte, spielte auch ab und zu mal mit uns, meistens aber unterhielt sie sich mit den anderen Erwachsenen.
Vom Strand ging man gegen 17.00 Uhr weg. Gegen 19.00 Uhr wurde zu Abend gegessen. Vorher tat man das übliche, duschen, Sand aus Ohren und Nase, frische Kleidung. Haare waren genügend naß geworden, aber das Seewasser und den Sand mußte man dennoch auswaschen. Ich trug einen kurzen Haarschnitt, gerade richtig für Sonne und Strand.

Tagesausflug nach Rom !

Man muß da gewesen sein. Eine Stadt, in der die Seiten in unseren Geschichtsbüchern lebendig wurden. Der Vatikan, der Peters-Dom, die

sizilianische Kapelle. Ich war schon etwas verwöhnt von meiner Heimatstadt Würzburg - 36 katholische Kirchen, eine schöner wie die andere, Barock, Rokoko, voll Prunk und Pracht. Dazu die Decke von Tiepollo im Treppenhaus der Residenz. Doch hier in Rom staunten wir noch mehr.
Das Coloseum - man denkt an die Christenverfolgung - teils zerfallen, steht der große runde Komplex noch da, als Zeuge der Vergangenheit. In den 'öden Fensterhöhlen wohnt das Grauen' hier versammelten sich die verwöhnten Römer einst zur Unterhaltung. Die Christen wurden zu den Löwen geworfen.
Fontana de Trevi, der Springbrunnen, wo man sich mit dem Rücken zum Brunnen hinstellt, über die Schulter hinweg einige Geldstücke hineinwirft. Das soll bezeugen, dass man wiederkommt. Ich muß das noch nachholen !
Wir gingen essen, wir saßen draußen unter Sonnenschirmen. Leider reichten unsere Lire oft nur zu einer Pizza oder Spaghetti. Wir verständigten uns oft mit Gesten und Händen.
Beim Bummeln wurde an einer Eisdiele gehalten, ein echt italienisches Eis geschleckt, oder neu für uns, kalte Scheiben einer Wassermelone zur Erfrischung gegessen.
Der Tag war ein Erlebnis, Walter, Margot und ich waren todmüde als wir wieder spät abends in Terracina ankamen.

Nebenan von unserem Gästehaus wohnte ein junger Münchner, names Hermano, so nannte ihn Gilda. Uns gefiel die italienische Aussprache sehr. Er erzählte uns, dass eine wohlhabende Münchnerin sich eine kleine Villa baut, unweit von unserem Quartier.
Als junger Architekt-Student übernahm er als Praktikum den Bau, mit italienischen Maurern. Er tat dies hauptsächlich in seinen Semesterferien. Wir durften das Gebäude noch im Rohbau besichtigen. Als besondere Attraktion ließ er einen ganzen Baum im Erdgeschoß stehen. Da sollte eine Bar eingerichtet werden. Wir Alle von der Pension fanden das großartig. Wir befreundeten uns mit Hermano. Er meinte auch so nett, Franken gehöre ja gerade so noch zu Bayern. Sein echt bayrischer Akzent war recht amüsant und wir verstanden uns gut. Auf bayrisch: "Wir ham a Mordsgaudi g'habt".

Wenn er Zeit hatte, planten wir mit ihm Tagesfahrten. Er war ortskundig und mit der umliegenden Gegend gut vertraut. Es gesellte sich noch ein neuer Gast zu uns, ein junger Kriminalbeamter. Meine sorella und ich fanden ihn sehr interessant. Wir waren oft in lebhafter Unterhaltung verwickelt. So fragte er, ob wir schon einmal nackt im Meer um Mitternacht gebadet hätten?!

“Was? Hast Du das schon erlebt?” fragte ich gleich eifrig. Für mich war das total neu.
“Das ist ein einmaliges Erlebnis, das müßt ihr Beide mal mitmachen!” Er meinte natürlich Margot und mich. Walter würde so etwas ablehnen, dazu war er zu seriös.
Wir beschlossen das Nacktbaden noch in der selben Nacht. Da ich den jungen, hübschen Italiener, den Mann meiner Träume noch nicht gefunden hatte, wollte ich um die Gunst des etwa fünf Jahre älteren Kriminalbeamten werben. Doch meine Schwester war meine Rivalin. Sie zeigte ebenso großes Interesse an der ‘Mondscheinserenade’.
Da regte sich mein Egoismus, ich dachte mir, sie hat schon Walter als ihren stillen Verehrer, er himmelt sie nur so an. Ich wollte also die Chance hier alleine ausnützen.
Ich betrat das Zimmer, als sie ihre Badesachen einpackte und sagte glatt:
“Es ist doch viel reizvoller, wenn eine von uns nur geht!”
“Wieso?” fragte sie.
“Ganz einfach, entweder Du oder ich, nicht alle zwei, das verdirbt den Spaß bei der Sache!”
“Du Egoist”, schimpfte meine sorella. “Willst mal wieder alles an Dich reissen. Aber da kennst Du mich schlecht, ich werde nicht darum kämpfen. Geh nur alleine.”
Ich schlenderte also alleine mit ihm runter zum Strand. Auf die Frage: “Wo bleibt denn Deine Schwester?” antwortete ich schlicht: “Sie hat sich’s anders überlegt!”
Es war um Mitternacht. Das Meer schien pechschwarz. Der Mond warf sein silbernes Licht übers Wasser. Der Sand unter meinen Füßen war kühl. Die Männerstimme sagte voll Humor:
“Also wir machen schnell, nach dem Motto, wer ist zuerst im Wasser!”
Alleine wäre ich umgekommen vor Angst. Die kräftige Männerstimme gab mir Sicherheit und Mut. Sie mahnte, nicht zu weit hinaus zu schwimmen. Mein Körper gleitete durch das ruhige Wasser. Ein einmaliges Gefühl, ich spürte das Meer um meinen nackten Körper. Erstmals erlebt, ewig in Erinnerung geblieben! Niemals mehr wiederholt!
Er war vor mir aus dem Wasser und rief mir zu, doch auch herauszukommen, es sei zu kalt. Doch plötzlich verließ mich mein Mut, meine Frechheit war weg, abgesunken in des Meeres Tiefe. Oh lieber Gott, ein schüchternes Mädchen schwamm auf das Ufer zu. Ich war mir meiner Nacktheit bewußt. Die Geschichte von Adam und Eva im Paradies viel mir ein.

Er, der erfahrene Mann, er wußte wie er die Situation retten konnte. Erst wickelte er sich in sein Badehandtuch ein, dann hielt er das meinige mit ausgebreiteten Händen hin und rief:
"Komm schon raus Du kleiner Feigling, zu lange darfst Du nicht bleiben, Du wirst kalt. Na komm schon, ich drehe meinen Kopf zur Seite!"
Ich sprang aus dem Wasser, ihm entgegen und liess mich zähneklappernd in mein Badetuch wickeln. Für einen kurzen Moment hielt er mich eng in seinen Armen, um mich aufzuwärmen, sagte er. Dann zogen wir uns beide schnell an und liefen händehaltend am Strand entlang zurück zur Pension.
Meine sorella war noch wach, sie hatte auf mich gewartet.
"Er ist ein Kavalier der alten Schule" berichtete ich. "Er hat mich weder geküsst, noch hat er sich mir in irgend einer Art und Weise genähert. Ich kann es fast nicht glauben, aber es gibt noch Männer die sich beherrschen können".
"Oder", meinte meine sorella kühl und etwas ironisch, "Du hast ihm einfach nicht gefallen. Vielleicht hätte er meinen Typ vorgezogen".
Diese Äußerung gab mir Grund zum Nachgrübeln. Ihre Reaktion war fast verständlich, schließlich und endlich habe ich egoistisch gehandelt. Wir waren uns sehr ähnlich in unserer Kinderstube, also Benimm, Humor, Lebensfreude, Kontaktfreude zu Menschen. Aber - sie ist blond, blauäugig und hielt ihr Näschen gerne etwas hoch. Ne Art etepetete.
Ich bin brünett, braune Augen, die gleiche Figur wie sie, gut proportioniert. Irgendetwas war rätselhaft. Nicht mal einen Kuß ?
Einige Monate später besuchte uns jener nette Kriminalbeamte in Würzburg. Er war auf der Durchreise nach dem Süden. Wir tauschten Fotos aus, wir scherzten und lachten. Erzählten noch einiges vom Urlaub in Terracina, was sich nach seiner Abreise zugetragen hatte. Nun gestand er:
"Es war für mich eine sagenhafte Prüfung. Zwei attraktive Mädchen in der Pension. Eine davon geht mit mir nachts schwimmen. Ich als Kriminalbeamte im Training mußte mir beweisen, ob ich dem weiblichen Reiz widerstehen konnte. Also unser Rendezvous um Mitternacht war eine Prüfung der Selbstbeherrschung ersten Ranges. Ich mußte mir selbst beweisen, dass ich Distanz bewahren kann, denn das erfordert mein Beruf. Ich hab's geschafft - aber leider - ich hätte es lieber nicht getan. Ich freue mich umso mehr, dass ich Euch heute nochmal sehen konnte und mein damaliges Verhalten erklären konnte".
Margot und ich fanden diese 'Beichte' äußerst amüsant.

Tages-Ausflug nach Neapel.

In den VW drückten wir uns zu fünft hinein. Walter, Margot, Hermano, der Beamte und ich. Hermano war ortskundig, speziell als wir Neapel erreichten. Er kannte eine kleine Spelunke. Wir schlängelten uns durch Neapel's Hauptstrassen. In einer kleinen Gasse traten wir durch ein Tor, ne Art Garagentüre. Man ging zur ebenen Erde rein. Eine große, dicke Mamma erkannte Hermano sofort und rief aus:
"Hier kommt mein deutscher Freund mit Gästen. Natürlich habt ihr alle Hunger. Ich will gleich kochen. Der Redeschwall wurde von Hermano für uns übersetzt, sie sprach nur italienisch. Die Mamma nahm das Tischtuch eines der drei kleinen Tische einfach hoch, schleuderte es kurz aus, drehte es um und legte es wieder auf den Tisch. Wino rosso in einer Karaffe und fünf Gläser wurden hingestellt. Zwischen Weinfässern hindurch bewegte sich Mamma auf den Gasherd zu, der am Fenster neben dem Guß stand. Der Papa tauchte auch auf und half teils der Mamma, teils unterhielt er sich mit uns. Wir sahen buchstäblich, wie die Spaghetti gekocht, abgeseiht und mit großen, kräftigen Händen auf unsere Teller serviert wurden. Obendrauf kam die Pasta aus Champinions, Tomaten, verschiedene Gewürze und Parmasankäse zum Aufstreuen. Es schmeckte fantastisch. Wir waren uns alle einig, die Spaghetti 'a la Napoli' war die beste, die wir je gegessen hatten. Der Wein, die Atmosphäre im Raum, die Urlaubsstimmung, wir waren alle übermütig und glücklich.
Was mir für immer im Auge haftete war die Aussicht von unserem Tisch. Gegenüber erblickten wir durch eine halboffene Tür einen Kellerraum, der Boden nur aus Lehm, wie der hier. Doch da stand ein Bett in der Ecke, eine alte Oma saß auf einem Stuhl. Ein Huhn war mit einer dünnen Kette am Bettposten angebunden. Der Reichtum mußte gehütet werden. Neapel, die Perle des Südens hat sehr viel arme Leute. Die Maffia ist dort stark vertreten, so gibt es für die ärmere Schicht nur dann Arbeit, wenn man für die Banditos arbeiten wollte.

Nach unserem Mittagessen und großer Verabschiedung von Mamma, kletterten wir auf eine kleine Anhöhe um die Bucht von Neapel zu sehen. Da erklärte ich ganz laut:
"Nun habe ich Neapel gesehen, jetzt kann ich sterben". Diesen Spruch hörte ich in einer Reklame.
"Rede doch nicht so ein dummes Zeug Siggilein", ermahnte mich meine

sorella. Ich beteuerte, dass es ein ganz bekannter Ausspruch sei. Kurz darauf wurde mir aber doch Angst und Bange, ich hatte plötzlich ganz starke Bauchschmerzen. 'Auch das noch' hörte ich mich klagen. Zu meiner sorella hin flüsterte ich:
"Jetzt bekomme ich ausgerechnet noch eine Periode, in dieser Hitze. Keine Kamelia dabei, was sollen wir machen?" Margot deutete auf Hermano und sagte:
"Er ist unser Reiseleiter, er weiss sicher wo eine Apotheke ist". So fragte ich Hermano.
"Aha, eine Pharmacia" meinte er und brachte mich in ein Geschäft. Wir fragten nach Camelia? Watte? Hermano übersetzte, dass eine Frau diesen Artikel monatlich bräuchte. Endlich fiel der Groschen, die Apothekerin gab mir eine Packung Binden.

Wir trafen uns wieder mit den anderen in einem kleinen Straßen-Café. Während wir unser Eis schleckten stand zur Debatte: Entweder eine Dampferfahrt zur Insel Capri, oder wir fahren nach Pompei. Wir fragten Hermano, er solle uns sagen, was er für wertvoller halte. Er meinte:
"Also i sag' Euch was. Auf Capri is a richtiges Touristengewimmel. Die Felseninsel und ihre Grotten sind scho schön, aber ich kann Euch genau so a schöne zeigen. Da fährt nit a jeder hin, die Insel heißt Ponza. Da fahr'n mir a andersmal hin. Da gehts von Terracina zwar erst nach Anzio, einer Hafenstadt nördlich von Terracina. Dann mit dem Dampfer weiter auf die Insel Ponza.
Wenn wir heut' aber nach Pompei fahren, da habt's ihr viel mehr davon, denn dort g'wesen g'hört einfach zu einem Italienurlaub dazu." Wir vertrauten auf Hermano und es ging nach:

Pompei ! Die Hitze war groß und ich erinnere mich, dass ich mir igendwo noch schnell einen Strohhut kaufte, um mich etwas von den starken Sonnenstrahlen zu schützen. Ich fühlte, dass mich meine Periode schon etwas schwächte, meine Finger- und Fußgelenke waren leicht angeschwollen.
Mein Wissensdurst und alles zu erleben, was die Vergangenheit hier anbot, drängte mich vorwärts durch die engen, ausgegrabenen Gassen. Die halben Häuser, die Inneneinrichtung noch teils erhalten, zeigte z.B. alte offene Herde mit den Töpfen obendrauf, eine Familie lebte hier, die Hausfrau war beim Essenvorbereiten. Der Ausbruch des Vesuv's war so plötzlich, ohne viel Warnung. Die Lavamassen erreichten die umliegenden Orte sehr schnell, Mensch und Gut wurden begraben.

Etwas ist mir noch sehr im Gedächtniss geblieben. Auf den engen Gassen entlang konnte man noch deutlich Spuren erkennen, die sich im Koppelpflaster eingeprägt hatten. Dort bewegten sich einst Holzwagen, deren Räder tagein und tagaus auf den gleichen Spuren hin und her fuhren. Es war kein Zentimeter Platz zwischen der Gasse und dem Gehsteig.
In einer Glasvitrine im Eingangsgebäude, wo auch der Kartenverkauf war, befand sich eine ausgegrabene, mumienartige Person. Man konnte noch viel erkennen, doch meine Blicke wollten einfach dort nicht heften bleiben.
Als wir alle wieder versammelt waren, stiegen wir in den VW ein und eine Stimme sagte laut: "Ich hab' jetzt einen Mordshunger und Durst".
Hermano wußte wieder ein gutes, kleines Restaurant, wo wir zu Abend essen konnten. Wir fuhren zurück nach Neapel und diesesmal blieben wir auf einer Geschäftsstrasse, ein freundliches Restaurant, mit weißgedeckten Tischen war unser Ziel.
Meine sorella und ich stellten fest, dass die Pizza hier nicht so lecker schmeckte, wie jene, die Peppino in der Grotte (Elefantengasse in Würzburg) servierte. Uns war der Teigrand zu dick. Hermano betonte abermals: "Pizza ist hier keine Hauptmahlzeit". Am Tisch nebenan hatte man uns wahrscheinlich in etwa verstanden und vorallem, dass wir unsere Pizza kritisierten. So lud man uns ein mit den Worten: "Pizza und Spaghetti nix Abendessen, bitte probieren unsere Austern." Man zeigte uns auch wie man sie auszüllen muß. Wir waren begeistert und dankbar. Diese Begegnung mit einer netten italienischen Familie war ein schöner Abschluss eines langen Tages.
Unser Heimweg führte uns wieder über Gaeta, eine schön gelegene, in eine Bucht eingebettete Hafenstadt. "Hierher müßt Ihr auch alle mal einen Tagesausflug machen, es ist eine bella cita" versicherte Hermano.
Im Auto wurde gesungen: "Wenn bei Capri die rote Sonne ins Meer versinkt..", "Rote Rosen, rote Lippen roter Wein, und Itralien's blaues Meer im Sonnenschein..." "Oh mia bella Napoli, du Stadt am blauen Meer ..."
Während ich das so aufschreibe denke ich unwillkürlich an die Schlager, (veilmehr aus Operette) die meine Mutti liebte, also so um 1920 herum. "Zwei dunkle Augen, ein purpurer Mund, sind all' mein Glück zu jeder Stund..." "Gern hab'ich die Frau'n geküsst, hab'nie gefragt, ob es gestattet ist ..." "Wenn Du einmal Dein Herz verschenkst, so schenk es mir, wenn Du einmal an's Küssen denkst, so komm zu mir..." Unsere ersten Schlager nach dem 2. Weltkrieg waren oft aus, oder über den sonnigen Süden, so wurde die Reiselust erweckt. Später nannte man sie "Schmalz" oder "Schnulze". Dann kam der amerikanische und englische Einfluß und deren Hitparade. Ich kann hier nur

Elvis Pressley nennen. Später, als ich schon die Heimat verlassen hatte, wurden die Beatles berühmt, so auch die Rolling Stones, Cliff Richard, die Shaddows usw. Die englische Sprache wurde die Sprache der Popmusik. Also ich habe das gleiche Recht von unseren Schlagern zu schwärmen, wenn es auch "Schmalz" war. Aber, es waren melodienreiche Rhythmen, nicht wie die heutige Pobmusik, hektisch, laut, als würden die Trommeln aus Afrika lebendig. Mit einigen Ausnahmen, das bestätigt die Regel.

Auf der Rückfahrt von einem Ausflug nach Gaeta standen kurz vor Terracina zwei junge Italiener am Straßenrand und gaben das "Anhalter/Mitfahrer-Zeichen" Daumen in die Richtung Terracina. Es passte nur noch eine Person ins Auto und Walter sagte ganz schnell zu mir: "Welcher gefällt Dir ? Der Rechte oder Linke ?" Ich entschied mich genauso schnell. Der junge Mann stieg ins Auto. Hermano verdolmetsche eine kleine Unterhaltung, deren Endergebnis war, das ich gefragt wurde, ob ich mich mit ihm am nächsten Abend, Stadtmitte, bei den Verkehrsampeln treffen wolle. Natürlich! Der erste nette, junge Italiener, den ich näher kennenlernen konnte. Er hieß Emilio und er wusste von mir, dass ich Siggi hieß. Ich freute mich riesig auf mein Rendezvous. Ich konnte gar nicht abwarten bis es soweit war. Mit einem kleinen italienischen Wörterbuch bewaffnet, traf ich mich mit ihm.
Wir schlenderten zum Strand, ich verdolmetschte ihm, dass meine sorella und amicos dort sind. Er erzählte mir, dass er auch eine sorella habe und einen fratello in Rom und mit Vater und sorella in der Via Anunziata wohne. Mia madre e mordo - meine Mutter ist gestorben. Das tat mir gleich aufrichtig leid. Der Arme! Was ich noch erfuhr war, dass er Architekt werden wolle.
Wir begegneten Ma und Walter am Strand, sie hatten schon ihre Badehandtücher ausgebreitet etc.
Das Urteil meiner sorella: "Er ist nett, aber seine Fingernägel waren nicht ganz sauber. An seinen Jeans war die Tasche hinten leicht abgetrennt." Das störte mich überhaupt nicht, schon gleich gar nicht, weil ich wußte dass er keine Mutter mehr hatte. Ich wollte auf jeden Fall meinen ersten Urlaub im sonnigen Süden mit einer Romanze schmücken. Emilio sah gut aus. Schlank, ovales Gesicht, dunkle Augen, leicht gelocktes Haar, seine Gesichtszüge zeigten eine gewisse Empfindlichkeit auf.
Wir trafen uns am Abend wieder, ohne Gouvernante. Unten am Strand hörte man Musik von den Villas herkommend. Wir tanzten auf der Strasse zu den Rhythmen. Emilio kannte die Lieder und er sang... "volare, cantare... oh oh...." Er gab mir einen Kuß und noch einige mehr folgten. Ich lernte einige Worte:

stella für Sterne, il mondo die Erde, luna der Mond. Unsere Begegnung war so echt wie ich es mir erträumt hatte. "Rote Rosen, rote Lippen roter Wein, und Italien's blaues Meer im Sonnenschein..."
Unsere Clique von der Pension nahmen alle Kenntnis von meinem Flirt. Doch war ich immer noch bereit, wenn es um einen Tagesausflug ging, auch mal ohne Emilio zu sein. Ich konnte ihn ja am Abend sehen.

Anzio - Insel Ponza! Frühmorgens gings los. Frau Becker, die 14-jährige Birgitt und Mutter kamen in ihrem Wagen, Hermano, Walter, Ma und ich im VW.
Im Hafen wurden die Autos geparkt. Wir bestiegen ein mittelgrosses Schiff. Das Meer war recht unruhig. Wir schaukelten ganz schön. Das ganze Schiff ging rauf und runter. Margot und ich sprachen uns gegenseitig Mut zu, "wir sind doch alte Ruderinnen, das Wasser müßte uns doch Spass machen.." Mit Weh' und Ach erreichten wir die Insel Ponza. Eine herrliche Felseninsel. Wir fanden ein kleines Lokal. Eine sagenhaft gewürzige Spaghetti wurde uns serviert. Wieder ohne Fleisch, aber mit viel Champignons und anderen Pilzen. Nach dem Motto: "Nach dem Essen sollst Du ruhn, oder 1.000 Schritte tun", entschieden sich Hermano, Birgitt und ich, dass wir uns den langen Strand mit seinen verlockenden Felsennieschen etwas näher betrachten. Wir kletterten über kleine und größere Felsbrocken und siehe da, wir entdeckten eine kleine Bucht. Ein kleines Boot war an einem Haken im Felsen angebunden. Wir waren uns einige, dass man es sich mal ausborgen könnte, solange wir es nach Gebrauch zurückbringen und es wieder sorgfältig befestigen.
Hermano ruderte feste und wir zwei Grazien lagen eine am Backboard, eine am Steuerboard auf einem kleinen Brett, quer über das Boot ausgestreckt und genossen die Sonne, das Meer und Hermano's echt bayrischen Schnaderhupferl.
Wir entdeckten eine Art Tor, eine Einfahrt in eine Grotte ? Nein, wir hatten noch den blauen Himmel über uns, umringt bei einer Felsenwand . Blitzschnell drehte Hermano das Boot:
"Wir müssen schleunigst rauss, Donnerwetter, gut das ich des g'sehn hab'. Seht's ihr da drüben den Sog, dort wo das Wasser sich im Kreis zieht, mei Gott, da dürf mer net rein'zogen wer'n". Es entstand keine Panik, aber wir zwei Mädels waren uns einer Gefahr bewusst. So setzten wir alle Kräfte ein und halfen beim Wenden. Mit kräftigen Zügen ruderte Hermano durch den Torbogen, durch den wir hereingekommen waren. Zurück gings zum Strand

und ohne langes Argument brachten wir das Boot an seinen Platz zurück. Dann setzten wir uns kurz auf den warmen Sand, um unser kleines Abenteuer erstmal etwas zu verkraften, bevor wir uns wieder zu den anderen Freunden gesellten.
Die mahnenden Worte von Birgitt's Mutter und die meiner Schwester liessen uns nochmal klar werden, daß wir uns eigentlich in grosser Gefahr befanden. Hermano sagte beruhigend:
"Geh' seids scho ruhig, i hob's ja rechtzeitig g'sehn und da wär scho nix passiert!" Man mußte einfach Hermano vertrauen, seine ruhig, männliche und doch noch etwas bubenhafte Art strahlte Sicherheit aus. Es wurde noch viel hin und her diskutiert, was alles hätte passieren können. Gegen Abend schlenderten wir alle zurück zum Schiff. Die Heimfahrt war noch unruhiger wie die Hinfahrt. Viele Leute blieben unten in den Toiletten hängen. Margot und ich versicherten uns immer wieder, dass wir doch Ruderinnen seien und am besten sei es doch hier oben an Deck zu bleiben. Eines war sicher, so bald man aufstand und sich bewegte, fühlte sich der Magen bedroht. Also blieben wir schön brav sitzen.

Am nächsten Morgen traf ich mich wieder mit Emilio. Er ging Schuhe mit mir einkaufen. Natürlich kannte er den Laden, der Inhalber hiess Mario. Ich lernte schnell, man muß handeln. Das wiederum bezieht sich nicht auf die Qualität der Ware, sondern es ist eine Tradition. "Troppo caro" - "zu teuer" bereicherte meinen Wortschatz. Ich erstand zu guter Letzt ein paar wunderschöne, dunkelrote Wildlederpumps. Dazu ließ ich mir später in Würzburg ein paar lange Handschuhe anfertigen. So fehlte nur noch das Abendkleid.
Am Ende unseres Urlaubs war mir klar, daß ich mich in Emilio verliebt hatte. Ein Verhältnis hatten wir aber nicht - damals begnügte man sich oft noch mit Küssen und Kosen. Das "Nein" eines Mädchen wurde aufgewertet und nicht negativ ausgelegt.
Emilio und ich verblieben so, dass er sich um einen Studien-Platz in Deutschland bewerben würde, so dass wir uns wiedersehen konnten.
Doch vieles kommt oft anders als man plant.

Ich erhielt wunderschöne italienische Liebesbriefe. Um diese zu verstehen, ging ich in den Italienisch-Kurs. Die Lehrerin bestätigte mir, dass es sich um einen gebildeten jungen Mann handele, sein Italienisch sei sehr gut und ich freute mich über die aufs Papier ausgedrückten Zärtlichkeiten! Bald konnte ich meine eigenen Briefe verfassen, etwas holpriges italienisch, aber er freute sich über meine Versuche. Ebenso konnte ich seine Briefe mit Hilfe eines Wörterbuches gut verstehen. Es entstand ein regelrechter Briefverkehr.

Briefwahl !

Etwas muß ich noch erwähnen, was den Italienurlaub ganz besonders hervorhob, war, dass wir Geschwister das erstemal per Briefwahl wählten. Ich durfte überhaupt zum allerersten Mal wählen. Zu meinem 21. Geburtstag erhielt ich von der Stadt Würzburg ein Schreiben, indem man mich a) beglückwünschte und b) man mich darauf aufmerksam machte, dass ich nun volljährig sei und ich wurde aufgefordert, von meinem Wahlrecht Gebrauch zu machen.
Ich würde im Nachhinein fast sagen, man hat ein politisches Erwachen in mir hervorgerufen, was ich nur begrüßen kann.
Da der Wahltag in unseren Urlaub fiel, machten die Behörden uns auf verschiedene Möglichkeiten aufmerksam, u.a. die Briefwahl. Gleich zu Beginn unseres Urlaubs waren wir sehr darauf bedacht, als gute Bürgerinnen, unsere Stimmzettel ordentlich auszufüllen und abzusenden.
Margot meinte, den Stift in der Hand haltend:
“Na Siggilein, wen oder was sollen wir denn wählen ? Den guten Konrad Adenauer wieder?”
In typischer, leichtherziger Urlaubsstimmung erwiderte ich:
“Der gute Adenauer hat uns bisher geholfen wieder etwas Ansehen in der Welt zu erreichen, warum auch nicht. Uns geht es doch ausgezeichnet. Bedeutet das, wir wählen für die CSU/CDU ?”
“Ja, mein Kind”, warf Margot ein, “alle beide sind christliche Parteien, da werden wir schon richtig gewählt haben”.

Keine von uns hatte 1957 eine politische Meinung, geschweige einen ‘Draht’ zu den verschiedenen politischen Parteien. Wir waren jung, fast sorgenfrei und in Italien im Urlaub, ja mehr konnte man doch wirklich nicht vom Leben erwarten ? !!
Dazu muß ich erwähnen, dass wir keine politischen Diskussionen zu Hause mit Mutti führten, sie war zu verletzt, dass ihr das Hitlerregime Mann und Kind genommen hatte.
Ich mußte mir oft am Arbeitsplatz von den Assistenten so einiges übers das 3. Reich, den Ausgang und den Untergang erklären lassen.
In der Schule, bis Ende 1952 wurde doch das Wort ‘Hitler’ gar nicht in den

Mund genommen. Total Tabu! Unsere Geschichte hörte nach dem 1. Weltkrieg auf. Punkt, Komma, Strich. Unsere Lehrbücher wurden unter Kontrolle der amerikansichen Besatzungsmacht gedruckt.
Wie gesagt, wir mußten ja aus dem Drama der Diktatur Adolf Hitler's in ein demokratisch denkendes Volk umgewandelt werden.

Heute, im Ausland, also England lebend, bin ich sehr stolz auf das, wie mein Vaterland sich als Bundesrepublik in der Weltgeschichte eingegliedert hat. Die großen Nachteile einer Monarchie mit den uralten Gesetzgebungen und nur langsam vorwärtskommenden Reformen, haben gleich zu Beginn meines Aufenthaltes hier, einen politischen Geist in mir erweckt.

Chrysanthemen-Ball im WRV !

Der alljährliche, im November stattfindende Ball vom WRV wurde angesagt. Ich hatte gar keine rechte Lust ohne Emilio hinzugehen. Ich wünschte so sehr, dass er hier sein würde. Meine Schwester, die ich nur zu gerne sorella nannte, gab sich grosse Mühe mir den Ball geschmackhaft zu machen. Sie munterte mich auf, indem sie mir versprach einen wirklich netten, jungen Ruderer für mich zu finden. Sie selbst flirtete mit einem Herrn aus Schweinfurt. Einige Telefonate und sie versicherte mir, dass sie einen Tänzer und einen Tischherren aus dem Schweinfurter Ruderklub für mich gefunden habe und zwar sei er ein Freund von ihrem Bekannten.
So war ich doch gespannt - wer wird uns abholen? Am besagten Abend klingelte es an der Tür und zwei gut aussehende Herren, mit ausgezeichneten guten Manieren, holten uns ab. Ein jeder überreichte seiner Partnerin eine Chrysantheme.
Überraschung löste gleich Begeisterung aus. In der Tat wir waren eine lustige, fröhliche Gesellschaft für den Abend. Ab und zu schweiften schon meine Gedanken nach Italien, aber die vertrauten Gesichter vom Ruderklub und mein reizender Begleiter verdrängten jegliches Traurigsein.
Mit dem netten jungen Mann aus Schweinfurt habe ich auch Silvester in Nürnberg bei seinen Freunden gefeiert. Leider hat sich nichts Bleibendes entwickeln können, denn ich war meinerseits zu sehr verwirrt mit meinen echten und unechten Gefühlen. Erst viel später lernte ich, dass man sich verlieben kann, aber jemanden lieben, das gehörte zu einer anderen Kategorie.

Heiratsgedanken ? Was meine Mutter und sorella jedoch total überraschte war, dass ich mich tatsächlich mit Heiratsgedanken beschäftigte im Falle Emilio. Ich fing an, meine Aussteuer ernst zu nehmen. Ich bestellte per Katalog ein Dutzend Handtücher. Sagte mir, aller Anfang ist gut - oder schwer? Sie waren nun überzeugt, dass die Romanze mit dem Italiener eine ernste Sache werden könnte. Alle möglichen Vorurteile wurden gefällt. Fremdes Land, fremde Sitten und Gebräuche, er katholisch und ich protestantisch - keine Aussicht auf Anerkennung.
Aber - nichts konnte mich davon zurückhalten meinen nächsten Urlaub bereits für den kommenden Mai zu planen.

Per Zug nach Rom !

In aller Morgensfrühe trat ich am 15. Mai 1958 meine lange Zugreise nach Rom an. Ich war fast 22 Jahre, recht selbstsicher und konnte alle Warnungen meiner Mutti und Schwester nur positiv beantworten. Bis München und dem Brennerpass war alles vertraulich, ruhig, man konnte fast noch schlafen. Das änderte sich schlagartig, als wir die Dolomiten und später die Po-Ebene erreichten. Die zugestiegenen Passagiere waren alle waschechte Italiener. Es ging laut zu, es wurde gevespert. Ununterbrochen bot man mir Wein und belegte Brote an. Auch una tazza di caffe. Sie versuchten alle sich mit mir in etwa zu unterhalten. In meinem etwas gebrochenen Italienisch konnte ich mich schon verständigen. Sie wussten am Schluss alle, dass ich bis nach Rom durchfahre. Gegen Mitternacht erreichte ich mein Ziel. Ich hatte alles geplant und mir von einer Reisegesellschaft ein Hotel nennen lassen. Es sollte direkt am Bahnhof sein. Man könne es nicht verpassen. Ich musste einmal übernachten, um am nächsten Tag meinen Bus nach Terracina zu nehmen.
Ich verabschiedete mich beim Verlassen meines Abteils von meinen Mitreisenden, - so als wüßte ich genau wo ich hin wollte. Hatte mich aber im Ausgang getäuscht. Ähnlich wie der Münchner Bahnhof, hatte auch der in Rom mehrere Ausgänge und ich hatte nun den falschen erwischt, also nicht den Hauptausgang. Demzufolge konnte ich das besagte Hotel überhaupt nicht sehen. Mit meinem kleinen Koffer in der Hand und einer Reisetasche fragte ich einige Male nach der Pension, die mir empfohlen wurde. Aber keiner schien mit meiner Beschreibung zurecht zu kommen. So fiel ich natürlich sofort als Touristin einem Schlawiener in die Arme. Er bot sich mit einem Wortschwall an, mir sofort ein Quartier zu finden, gleich in der nächsten Seitenstrasse. Mit viel Armbewegung deutete er auf eine Seitenstrasse

gegenüber. Er trug auch gleich hilfsbereit meinen Koffer. Ich marschierte im Gleichschritt mit. Wir standen vor einer Pension. Nicht gerade einladend, etwas zu einfach. Eine dicke, fette Senjora sass in einem Gehäuse, ne Art Empfang, und verlangte gleich meinen Passport. Ich versuchte ihr zu erklären, dass ich morgen früh bezahlen werde. Nein, sie war hartnäckig, ich musste ihr meinen Pass aushändigen, der auch gleich eingeschlossen wurde. Leider konnte ich den überaus flüssigen Redeschwall des "Kavaliers", der meinen Koffer trug und mich hierher brachte nicht verstehen. Die Senjora brachte mich auf mein Zimmer. Zu meinem Schreck war es ziemlich gross, mit 6 Betten. Nun fiel mir auf, dass mein "Kavalier" sich ebenfalls ins Zimmer zwang und wieder aufregend auf die Senjora einsprach. Sie sagte jedoch energisch "no, no, impossibele". Sie drehte sich um und verschwand mit ihm aus meinem Zimmer, immer noch laut argumentierend. Ich schloss sofort meine Türe zu.. Ausziehen, ins Bett gehen lag mir nicht im Sinn. Ich setzte mich erstmal auf den Bettrand und sah mir das notdürftig möblierte Zimmer an und beruhigte meine aufkommenden Beklemmungen und sagte zu mir: 'Nur nicht den Mut verlieren, die Tür ist abgeschlossen, keiner kann durchs Fenster, ich bin im 2. Stock und es ist ja nur eine Nacht , das heisst nur ca. sieben Stunden bis zum Morgen.'
Da klopfte es an meine Türe und die Stimme vom "Kavalier" klang fast bettelnd, ich solle ihn doch rein kommen lassen, er brauche ein Bett für die Nacht und ich hätte doch ein Zimmer mit mehreren Betten. Es wäre zu "troppo caro" für ihn, hier ein Zimmer zu mieten. Ich erwiderte immer und immer wieder "no, no". Als ich dann meine Zähne putzte und er wieder klopfte, sprudelten plötzlich einige italienischen Worte wie: "pasta, finito, avanti" hervor und noch so ähnlich wie: mein amico ist morgen hier in der Pensione. Endlich wurde es ruhig, aber schlafen konnte ich nicht richtig. Ich legte mich nur oben aufs Bett. Mit meiner Handtasche und Gepäck neben mir verfiel ich in kleine, kurze Schlafphasen. Ich war echt froh, als es 7.30 Uhr war und ich runter konnte, meinen Passport bei Senjora abholte, bezahlte, mir sagen liess wo ich einen kleinen Imbiss einnehmen konnte und wo ich meinen Bus nach Terracina finde und wie ich dort hin käme. Sie war überaus hilfsbereit und alles erläuterte sie mir in einem langsam gesprochenen Italienisch. Sie schrieb auch auf einen Zettel die strata / piazzo wo der Bus abfuhr und sagte mir, ich solle ein Taxi dorthin nehmen.

In meiner Pension in Terracina, die von Gilda und Domenico geleitet wurde, war ich schriftlich angemeldet. Je näher ich mit dem Bus auf Terracina zukam, um so mehr freute ich mich und mein kleines Herz klopfte. Was ich nicht machte, ich meldete mich nicht bei Emilio an, sondern ich wollte ihn überraschen. In einer meiner Briefe an ihn erzählte ich vom Chrysanthemen-Ball. Er war gekränkt und glaubte gleich, ich habe einen neuen Freund gefunden und reagierte echt beleidigt. Ich weiss noch heute seine Anschrift im Kopf: Via Anunziata 42. Ich wollte nicht mit der Tür ins Haus fallen, so bat ich Domenico, doch kurz eine Nachricht von mir bei ihm zu hinterlassen. Er kam am Abend noch hoch und wir gingen händchenhaltend zum Meer hin spazieren. Die Begrüßung war nicht so, wie ich sie mir vorgestellt hatte. Er freute sich, aber seine Freude war nicht übergroß. Er erwähnte wieder den Brief mit der Schilderung vom Chrysathemenball. Meine Briefe seien spärlich gewesen, ich hätte ihn schreiben sollen, dass ich komme. Ich versuchte, so gut mein Italienisch es mir erlaubte, ihn zu beruhigen und erklärte, das Freunde im Ruderklub anders sind als sonstwo. Bei einem nächtlichen Rendezvous am Strand gab ich sogar endlich seinem Betteln nach und wir wurden intim. Beeindruckt war ich aber nicht, auch seine Küsse schienen nicht mehr die gleichen Gefühle zu entfachten. Wir trafen uns oft, meistens gegen Abend. Ich fragte nichtmal was er am Tage über so macht. Irgendwie fühlte ich, der Zauber vom letzten Sommer war weg. Ich sah Emilio fast mit nüchternen, kritischen Blicken an. Wie einst meiner sorella, so fiel mir auch auf, dass er z.B. zweimal das gleiche weisse Hemd trug und der Kragen war leicht angeschmutzt. Auf seine Bitte, mich am Tage meiner Rückreise bis nach Rom begleiten zu dürfen, willigte ich zögernd ein.

Eine nette, aufgeschlossene Kölnerin, auch eine Sekretärin an der Uni, war zur gleichen Zeit bei Gilda & Domenico zu Gast, wir befreundeten uns. Machten einen Ausflug nach Rom, wo es noch genug zu besichtigen gab. Der erste Besuch reichte nie aus. Wir gingen gemeinsam zum Strand, schwammen und sonnten uns. Was wir überraschend wahrnahmen war der fast leere Strand. Es war ja erst Mai. Eines Tages kam ein Italiener am Strand entlang und als er uns da liegen sah, stürzte er sich plötzlich auf die blonde Kölnerin und legte sich buchstäblich auf ihren Körper und wollte sie küssen. Sie schrie um Hilfe, ich wollte ihn wegstoßen, was mir aber nicht gelang. Eine Dame aus der Villa uns genau vis-a-vis am Strand, sah den Vorfall vom Fenster und sandte uns ihre Hausangestellte. Als er ihre Schimpfworte hörte, ließ er los, schnalzte nur so hoch und machte sich auf die Flucht. Hinterher stellte sich heraus, dass er etwas geistig behindert war. Seine Familie lasse ihn in der Hochsaison gar nicht aus dem Hause .

Wir beiden Grazien waren etwas schockiert und nahmen dankbar die Einladung

an, uns in Zukunft im Garten ihrer Villa zu sonnen und uns dort auch umzuziehen. Die Dame des Hauses sprach Englisch. Sie besuchte in England die Sprachschule. Wir konnten uns ausgezeichnet mit ihr unterhalten. Ich erzählte ihr von Emilio und dass ich beabsichtigt hatte mich zu verloben. Sie hob ihre Hand hoch, in Abwehr und meinte:
"Don't do it. Ein Italiener ist ein guter Liebhaber, aber ein schlechter Ehemann. Er ist ein ausgezeichneter Vater, tut alles für seine bambini's, aber die Frauen kommen dann an zweiter Stelle. Er nimmt sich oft das Recht eine Geliebte zu haben".
Sie erklärte lächelnd, sie wisse alles aus erster Hand, ihre eigene Erfahrung. Sie wolle mich nur vor meinem Unglück bewahren.........
Beim nächsten Rendezvous mit Emilio merkte er, dass ich mehr Fragen stellte und genau wissen wollte, wie und wann er nach Deutschland kommen werde ! Als Student, oder zum Arbeiten? Seine Antworten waren unsicher, es hing alles von einem Stipendium ab.
Emilio begleitete mich am Tage meiner Abreise per Bus nach Rom. Ich lehnte ab, mit ihm zum Bruder, der Polizist in Rom war, zum Essen zu gehen. Irgendwie wußte ich - es ist vorbei der Zauber des Verliebtseins. Noch eine Enttäuschung beim Bruder und Frau wollte ich nicht erleben.
Wir bummelten noch etwas durch Rom. Es war Zeit zum Bahnhof zu gehen. Der Zug stand schon da, ich suchte mein Abteil und Sitzplatz, Emilio half mir mit dem Koffer. Der Zug fuhr langsam an, das übliche "good-bye" eine kurze Umarmung, das Versprechen, bald zu schreiben und die Hoffnung, dass man sich bald wiedersehen würde.
Ein Wiedersehen mit Emilio in Deutschland verwirklichte sich nicht. Er fand keine Mittel und Wege nach Deutschland zu kommen, unsere Briefe versiegten.
Meine Mutter, sorella und Opa waren erleichtert und froh, dass ich nicht einen Italiener heirate, zum katholischen Glauben übertrete und wegziehen werde.

ASTA fährt fünf Tage nach Paris !

Die Semesterferien kamen. Ich studierte das schwarze Brett in der Uni. 'Fünf Tage Paris DM 59.- Fahrt und Unterkunft, keine Verpflegung'. Ich fragte gleich, ob ich buchen könnte, ich durfte als Angestellte im Öffentlichen Dienst nur mit, wenn ganz am Schluss noch ein Platz frei war. Hurrah, es klappte. Als ich meinen Chef, Prof. Ruchti fragte, ob ich 5 Tage meines Urlaubs im August nehmen könnte, der ASTA habe ein gutes Angebot, blickte er über seine

Brillenränder zu mir hin und sagte ganz trocken:
"Ja, was wollen sie denn alleine in Paris ?"
"Mir die Stadt ansehen, die Atmosphäre genießen, Louvre, Eifel-Tower, die Seine, da gibt es doch unendlich viel zu sehen."
"Aha, aha, " meinte er nachdenklich, "rufen sie aber die Besoldungsstelle an und klären sie dort alles.". Gesagt, getan, alles wurde organisiert. Mutti und Margot spitzten die Ohren und Opa meinte ganz trocken.
"Du warst doch dieses Jahr schon in Urlaub. Genügt das nicht. Wie ich in Deinem Alter war, hab ich gar keinen Urlaub gekannt."
"Ja, Opa ich kenne die alte Geschichte gut. Aber zwischendurch hat sich einiges in der Gesellschaft geändert. Wir bekommen jetzt geregelten, bezahlten Urlaub, jeder Arbeiter, jede Angestellte und ich bin ja nur 5 Tage weg."
Mutti und Margot freuten sich mit mir, mein Schwesternherz hatte Paris schon zu Beginn der 50iger Jahren erlebt. Sie machte einen Betriebsausflug mit der Firma an der Mosel dorthin und schwärmte noch davon.

An einem Samstag um Mitternacht ging unser Bus vom Studentenhaus ab.
Zu meiner allergrößten Überraschung wurde ein junger Mann, den ich vom Vespafahren und Espresso-Café Treffpunkt her kannte, von seinen Eltern verabschiedet. Er sollte geschäftlich was dazu lernen, meinten seine Eltern scherzend. Sie hatten ein Antiquitäten-Geschäft und Paris schien der richtige Ort, wo er sich mal drei Monate über Wasser halten sollte.
Seine Schwester Liesel war auch am Bus zum "good-bye-sagen", sie war eine ganz flotte junge Frau und Vespa-Fahrerin.
Peter und ich setzten uns natürlich nebeneinander und winkten frohen Mutes den Zurückgebliebenen zu. Liesel versprach mir noch, meine Schwester im Büro anzurufen und ihr von der freudigen Reisebegleitung zu berichten.
Die jeweilige Schulter des anderen half uns von Zeit zu Zeit ein kurzes Schläfchen zu halten. Wir fuhren in ein Gewitter hinein. Es blitzte grell, der Donner schien wie ein Artillerie Geschoß. Ich war heil froh, mich an Peter ankuscheln zu dürfen. Nach einer langen Fahrt durch die schwarze Nacht erreichten wir so gegen 7 Uhr morgens die Aussenviertel von Paris. In einem kleinen Cafe genossen wir den heissen Kaffee und die Butterhörnchen. Der Kaffee war stark geröstet, hatte eben einen anderen Geschmack wie zu Hause. Wir waren alle etwas übernächtig und die kleine Erfrischung tat uns gut.
Ein volles Programm wartete auf uns. Das billige Hotel befand sich nicht weit weg von dem Opernviertel. Wir konnten keinerlei Mahlzeiten dort einnehmen, nichtmal Frühstück. In der Nähe gab es ein Selbstbedienungs-Restaurant, das

sollte genügen. Nunja, wer mit Studenten reist und selbst nicht so viel verdient, fügt sich sehr schnell in die neue Lage. Zum erstenmal sah ich ein Bidet und man klärte mich über die Verwendung desselben auf. Wir waren zu Dritt in einem Zimmer. Eine Studentin hatte schon einmal Urlaub in Frankreich gemacht. Ich fand das Bidet äußerst praktisch zum Füßewaschen. Das Klo, das sog. Loch im Boden erlebte ich auch zum erstenmal.
Peter trennte sich von unserer Gruppe, denn er musste sich eine Logie besorgen. Ein oder zweimal ging ich mit ihm durch die Strassen von Quatier Latin auf Zimmersuche.

Der Tagesausflug nach Versailles war beeindruckend. Das Schloß und der berühmte Spiegelsaal schon ein Pracht. Wir gingen im Garten und wurden zur Liebeslaube geführt, dort wo sich einst Marie-Antoinette mit ihrem Liebhaber traf. Sie wurden angeblich von Wachposten umringt, geschützt. Jeder Poste hielt eine Lanze, hochpolliert in der Hand und somit konnten sie im Spiegelbild quasi sehen, was sich hinter ihrem Rücken in der Laube abspielte...
An einem Abend ging unsere Gruppe in ein Nachtlokal - ein Jazz-Club. Als wir so da saßen und ich auf die Bühne blickte, den Rhythmus vom Jazz so richtig in mich aufnahm, bemerkte ich plötzlich einen jungen Mann am Saxophon. Im Aussehen erinnerte er mich sehr an René von der Schweiz. Er blickte genau ab und zu in meine Richtung. Ich vergewisserte mich, ob nicht doch hinter mir ein weibliches Wesen sitzen würde. Aber nein, der Musikus auf der Bühne flirtete mit mir. Unsere Gruppe bestand hauptsächlich aus Paaren und sie waren meistens älter als ich.
So geschah es, dass der Saxophonist an mir, der fast Jüngsten im Kreise, Gefallen hatte. Wie er später auch meinte, sei ich ihm aufgefallen, weil ich schick angezogen war. Ich trug ein weisses Leinenkostüm mit kurzem Arm, kurzem Jäckchen mit großem runden Kragen. Dazu einen engen weissen Rock und flache, weisse Ledersandalen. Das Konzert war zu Ende, wir machten uns alle zum Ausgang hin. Der Saxophonist stand plötzlich dicht neben mir. Da ich ihn auf Französisch nicht antworten konnte, versuchte er es mit Englisch. Fein, er lud mich ein, mit ihm Paris bei Nacht zu erleben. Ich solle die langweilige Studentengruppe alleine zum Hotel zurück lassen. Da ich mich gut auf englisch verständigen konnte, er einen sehr sympathischen Eindruck machte, vertraute ich ihm.

Es war ca. 1 Uhr Mitternacht. Viele Musiker und deren girl-friends kannten ihn und freuten sich ihn zu sehen. Er stellte mich als Sieglind' vor und erzählte, er

habe mich von langweiligen Studenten gerettet.
Nach diesem Club kamen noch zwei mehr. Überall die gleiche Begeisterung, er war stets zu einer kleinen Beigabe mit seinem Saxophone bereit. Ich fühlte mich sehr wohl, so wollte ich Paris erleben, Menschen kennen lernen.
Der Morgen graute schon langsam, ich fragte nach der U-Bahnstation und sagte ihm, wo mein Hotel situiert ist. Er wusste genau Bescheid und versprach mir, mich dorthin zu bringen, so bald die U-Bahn aufmacht. Wir saßen auf einer Bank in der Champs Elysées. Den neuen Tag herankommen zu sehen, so stellte ich mir Paris vor. Eine knisternde Atmosphäre. Engumschlungen auf einer Bank, ein lauwarmes Lüftchen wehte. Er fragte mich sogar, ob er mir einen Kuss geben darf. Ich bejahte natürlich freudig.
Die erste Metro fuhr gegen 6 Uhr und er brachte mich hin, zeigte mir nochmal genau wie ich fahren mußte. Wir verabredeten uns nochmal. Ob ich wohl den Jazz-Club alleine finden werde?
Der zweite Abend war jedoch nicht mehr so aufregend wie der erste, denn wir wiederholten die gleichen Besuche. Er fragte mich am Schluss auch, ob ich mit zu ihm kommen möchte um dort zu übernachten. Ich lehnte es ab, ich dachte mir, ich möchte lieber die Romanze als solche in Erinnerung haben. Er akzeptierte. Da es noch lange Zeit bis zur Metro war, rief er mir ein Taxi. Der Fahrer war ein Algerier, er wußte, dass ich kein Französisch sprach. Nahm die Anweisungen von meinem Musiker auf und fuhr los. Als ich beim Zahlen meinen letzten grossen Schein hinreichte und genau wusste, dass ich noch viel Wechselgeld bekommen müßte, weigerte er sich, obwohl ich auf seinen Zähler deutete, der wenig anzeigte.
Er blieb stur stellte sich auf dumm und fuhr ab. Nun stand ich da. Für den morgigen, den letzten Tag, hatte ich fast kein Geld mehr. Von Peter wusste ich nur durch einen Telefonanruf, dass er ein Zimmer gefunden habe, aber keine Ahnung wo.

Unser Bus sollte am Samstag um Mitternacht wieder abfahren. Unser Gepäck mussten wir schon am Mittag abgeben. Ich versuchte etwas Geld in der Gruppe zu borgen, aber keiner schien mir helfen zu können. Ich glaube, die zwei Studentinnen, mit denen ich das Zimmer teilte, hielten es nicht für besonders gut, dass ich einmal erst früh am Morgen ins Hotel zurückkam und ihnen nicht genau erzählte wo ich war. Ich wollte es als mein "süsses Geheimnis" behalten. Ich zählte meine 'Groschen'. Es genügte, mir eine Stange Brot und eine Flasche Milch zu kaufen. Nach meinem Imbiß spazierte ich allein zur Seine hin. Ich wollte gerne den Eifel-Turm besichtigen, dazu hatten wir keine Zeit, wir fuhren nur mit dem Bus vorbei und hielten kurz für Fotos. Der Eifelturm sah so nahe aus, als ich aber am Ufer der Seine entlang spazierte, rückte er mehr und mehr in die Ferne. Ich blieb einige Male stehen und überlegte, ob sich es rentieren würde? Ich hatte doch genug Zeit, bis 12.00 Uhr Mitternacht. Also lief ich weiter.

Plötzlich stoppte ein Vespa-Fahrer neben mir. Er begrüßte mich auf Fanzösisch. Da ich nicht direkt reagierte probierte er gleich Englisch, so konnten wir uns unterhalten.
Er war sympathisch und ich erzählte ihm, dass ich auch eine Vespa zu Hause fahre.
Er hatte ein sehr liebes, offenes Gesicht, war eventuell im gleichen Alter wie ich. Netterweise schlug er mir vor, mich auf seinen Sozius zu setzen. Er wolle mich zum Eifelturm bringen. Von dort fuhr er mit mir nochmal kreuz und quer durch Paris. Am Schluß parkte er vor einem Wohngebäude, er erklärte mir, dass er hier wohne. Sein Englisch war nicht gerade flüssig und soweit ich ihn verstehen konnte, schlug er vor, dass wir uns beide etwas erfrischen und hinterher möchte er mich zum Essen einladen.
Wir betraten das Gebäude. Eine dicke Mamsell saß in einem Glasgehäuse ne Art Rezption und grüßte freundlich.
Soweit ich es übersetzen konnte, gab er mir hände-redend, als wir die Treppe hoch stiegen, eine Beschreibung seiner Wohnung. Alles war mir aber klipp und klar, als er die Wohnungstüre aufschloss. Sein Zimmer war frisch getüncht und einige Möbel verschoben, wie Schrank, Tisch und Stühle. Er entschuldigte sich vielmals, bot mir trotzdem einen Stuhl schnell an und eilte in die Küche um einen Kaffee zu machen. Ich blickte zwischendurch zum Fenster hinaus, schaute wirklich nur auf ein Meer von Häusern und mir fiel der Titel des Films "über den Dächern von Paris" sofort ein. Der Fußboden aus Holz zeigte deutliche Spuren von Spritzerchen vom Anstreichen der Wände. Er kam lächelnd mit dem Kaffee zurück ins Zimmer. Ich bot mich sofort an, ihm zu helfen, das Zimmer wieder in Ordnung zu bringen. Ich deutete auf meine Armbanduhr und beteuerte, dass ich noch viele Stunden Zeit bis zur Abfahrt habe.
Er lächelte lieb und etwas verlegen, als ich ihn um alte Klamotten bat und ganz ungeniert mich dann bis zum Unterrock auszog und mich in eine Putzfrau verwandelte. Raymond wechselte ebenfalls seine Kleidung. Dann brachte er einen Eimer mit Wasser und zwei Putztücher und gemeinsam gingen wir auf Knien an die Arbeit. Wir lachten und erzählten viel. Ich sagte z.B. meine

Schwester und Mutter würden die Hände überm Kopf zusammenschlagen, wenn ich ihnen erzählen werde, was ich in meinen letzten Stunden in Paris gemacht habe.
Nach getaner Arbeit stiessen wir mit einem Aperetif an. Da mein Magen ziemlich leer war, ging mir der Alkohol fast in den Kopf und ich bat um ein Sandwich. Raymond machte für uns beide einige Schnitten. Ich ging ins Bad um mich zu erfrischen und legte die alte Kleidung ab. Er hatte zwischendurch die Möbel im Zimmer wieder ordentlich hingestellt und die Tagesdecke am Bett mit einigen schicken Sofakissen beworfen. Nun war er an der Reihe sagte er, sich zu erfrischen. Ich setzte mich auf den Bettrand, doch eine plötzliche Müdigkeit überfiel mich. Ohne mir Gedanken zu machen, streckte ich mich auf dem Bett aus und schlief tatsächlich ein. Ich fühlte nach einer Weile, dass er sich ganz eng neben mich bettete, mich mit seinen Armen umschlang, mir einen zarten Kuß auf die Wange gab und sagte:
"Danke, danke, dass Du mir geholfen hast, ich hätte es alleine heute Nacht gemacht. Du bist ein einmalig tolles Mädchen."
Es war ein herrliches Gefühl von zwei starken Männerarmen zärtlich gedrückt zu werden. Ich war in Kontrolle und wußte genau, wann ich die Bremsen anziehen mußte. Wenn das Küssen zu intensiv wird, legte man eben eine Pause ein. Was ich toll fand, dass kein Drängen folgte, sondern Raymond der liebenswerte, zärtliche Franzose akzeptierte mein sachtes "nein". Ich wollte nicht intim werden.
Wir unterhielten uns weiter. Ich fragte nach seinem Beruf, er nach dem meinigen. Wenn ich es richtig verstanden habe, so war er eine Art Garde-Offizier. Er öffnete den Schrank und da hing eine Uniform, viel rot und schwarz mit einer goldenen Borde. Ich berichtete von meiner Gruppe Studenten und dass sie mich alle im Stich gelassen hatten, keiner konnte mir etwas Geld leihen und keiner bot an, mich anzuschliessen und so geschah es, dass ich alleine am Ufer spazierte. Ein Klopfen an der Tür bedeutete, dass der Nachbar eingetroffen ist, er blickte kurz ins Zimmer, Raymond stellte mich kurz als "Sieglind the only one in the world" vor und ging mit dem Freund kurz hinaus. Es muß wohl länger gewesen sein, denn ich schlief abermals ein, doch diesmal liess mich Raymond über eine Stunde schlafen. Er weckte mich sachte, deutete auf die Uhr und meinte:
"Sieglind, hast Du nicht Hunger ? Wollen wir nicht etwas essen gehen?"
Natürlich hatte ich Hunger, aber eine wahnsinnige Angst plagte mich, im Falle er selbst nicht so viel Geld hatte und Paris war doch sehr teuer. Doofe Kuh, dachte ich viel später. Ich meinte dann abweichend ich hätte etwas einen

verstimmten Magen und wolle lieber nicht in ein Restaurant. Daraufhin ging er wieder in die Küche, machte mir einen schwarzen Tee und wieder einige Sandwiches. Es schmeckte lecker. Wir genossen so echt unser gegenseitiges Berichten von zu Hause. Er kam auch von einer kleinen Stadt in der Nähe von Paris, seine Eltern lebten noch, hatte glaube ich noch eine Schwester.
Bald war es 23.30 Uhr und Raymond fuhr mich auf seiner Vespa zum wartenden Bus.
Dort wunderten sich die Mitreisenden, wieso und warum ein junger Mann mit Vespa? Wo sei Peter, der Reisebegleiter auf der Herfahrt.? Ich beantwortete alle ihre Fragen schnell und dann kam ein herzliches Verabschieden von Raymond. Küsschen auf jeder Wange. Ein Versprechen, dass wir schreiben wollten.
Weihnachten kam eine Karte von ihm, leider ohne Absender. Ich wollte antworten, doch hatte seine Adresse verloren, das kam nicht oft vor, aber leider ich konnte nicht zurückschreiben und er hat dies bestimmt negativ ausgelegt.
Von Peter hatte ich auch noch kurz vor der Abfahrt eine Benachrichtigung im Hotel, er habe ein gutes Zimmer gefunden und ich solle es an seine Eltern weitergeben.
Auf der - so schien es - endlos langen Busfahrt zurück nach Würzburg knurrte mir mein Magen ganz gewaltig. Ich nahm direkt dankend eine Zigarette von einem Studenten an, obwohl ich Nichtraucherin war. Irgendwie hatte ich das Gefühl, dass das Rauchen fast den Hunger stillte. Wenn immer möglich, versuchte ich zu schlafen.
Am Sonntag gegen 12 Uhr Mittag waren wir wieder am Exerzierplatz. In einigen Minuten war ich zu Hause. Das erste was ich sagte, als mich Mutter und Schwester in Empfang nahmen:
"Ich habe Hunger, Hunger, Hunger habe Durst". Habt Ihr schon zu Mittag gegessen ?"
"Nein, aber in zehn Minuten. Es gibt Braten, Klöße und Salat".
Es schmeckte alles so lecker und meine Familie wunderte sich, warum ich so "ausgehungert" war. Stückweise erzählte ich von meinen tollen, erlebnisreichen 5 Tagen in Paris.
Das gleiche mußte ich wiederholen, als ich Peter's Eltern und Schwester besuchte. Sie waren alle gespannt wie es uns erging, wie die Hinfahrt war, was Peter machte und in welchem Viertel sein Zimmer liegt. Der Vater kannte sich gut in Paris aus.
Ich konnte nur Gutes berichten. Sie waren sichtlich erleichtert. Das Ehepaar war sehr lebensbejahend, jungendlich eingestellt voll und ganz begeistert von

meinen Abenteuern in Paris, einschliesslich der "Putzfrau"-Geschichte.

Silvester 58/59 feierten Margot und ich ganz toll. Freunde von der Uni und deren Freunde organisierten eine Party mitten im Wald in einer Jagdhütte. Jeder brachte etwas zu Essen mit. Wir hatten unsere Schüssel mit Kartoffelsalat auf dem Schoß, als der VW der uns abholte scharfe rechts und links Kurven machen musste, da die Waldwege klein und kurvig waren.
Wir lachten viel. Ich sagte zu Margot:

"Wir hätten nicht so viel Majonäse rein tun sollen, dann würde er nicht so in der Schüssel herumrutschen." Wir erreichten die Jagdhütte in totaler Finsternis. Die erleuchteten Fenster halfen uns den Weg zur Türe zu finden. Drinnen herrschte schon eine Vorbereitungswelle.
Einige bereiteten eine Feuerzangenbowle vor, andere stellten Teller und Gläser auf den Tisch. Wir wurden gleich aufgefordert auch unseren Salat dorthin zu stellen. Wir machten uns alle untereinander bekannt. Ein kleines Schnäpschen half das wir alle etwas "angewärmt" wurden und das in doppelter Weise. Eine laute Stimme erklärte:
"Wenn einer von Euch auf's Klo muß, dann bitte die hintere Türe nach draußen benützen. Ihr seht dann im Dunkeln ein "Herzchen". Das ist in der Holztüre vom Klo, innen brennt eine Kerze, bitte nicht ausblasen."
Nun, wer flirtete mit wem? An jenem Abend hatte meine Schwester ohne Rücksicht auf Verlust, mir meinen sog. "Schwarm" ausgespannt. Ich fand den Freund vom ihm sehr nett und so gönnte ich meiner sorella diesen "schönen Mann". Wir nannten ihn so, wenn wir von ihm sprachen. Er hatte einen absoluten "schlechten Ruf" unter den Damen, da er stets seine Freundinnen wechselte. Wir waren überzeugt, dass er wusste, dass er gut aussieht, so ne Art Rock Hudson Typ dazu noch Jura studierte. Er kam von einer ordentlichen, wohlhabenden Familie, der Vater war Direktor in einer Fabrik im Maintal. Wenn ich das Wort "Schwarm" benütze, dann bedeuted das, dass ich den Mann nur oberflächlich kenne. Nur so vom Sehen im Gebäude der Alten Universität.
Meine Schwester traf sich mal mit ihm und sie gingen ins Kino. Sie meinte hinterher, er hat nicht umsonst seinen "schlechten Ruf", Siggilein, er geht auf's Ganze.

Mein Hobby.

Neben meinem Beruf hatte ich immer noch Zeit für mein Hobby. Im Ruderverein wurde ich langsam in unserer Damenabteilung bekannt für meinen Humor und den Hang und Drang zur Unterhaltung beizutragen. Eine wohlwollende Dame im WRV, die unsere Damenabteilung oft unterstützte wusste von unseren "künstlerischen Begabungen". Wir wollten einen sog. "Bunten Abend" im Bootshaus gestalten. Erst stiessen wir auf etwas Widerstand im Vorstand.
"Na ja, ich glaub' schon das sie Talent hat, ich weiss sie war ein Jahr in München, das sagt mir aber gar nichts!" Da warf meine ältere, mir wohlgesinnte Dame, im Verein als zahlkräftiges Mitglied bekannt ein:
"Sie ist schon mit 17 Jahren in einer Nachmittagssitzung im Elferrat aufgetreten. Na und das war ihre eigene Nummer. Sie wird doch dann bei uns im Bootshaus mit den anderen Mädchen was auf die Beine bringen. Ich unterstütze alles."
Das hatte gewirkt. Es wurde genehmigt. Einladungskarten für einen "bunten Abend" im Bootshaus, gingen an die Mitglieder ab. Alles Talent von der Jugend wurde engagiert.
Wir hatten eine Drei-Mann-Band. Schlagzeug, Schifferklavier und Saxophon.
Wir besorgten uns Sketche, ein besonders guter vom "Arbeitsamt", aufgeführt von Renate und Margot. Margot machte sich als Beamtin sehr gut und Renate als das stellensuchende Fräulein, die nicht ganz sicher war, was sie eigentlich wollte..
Helga und ich hatten einen Seiltänzerinnen Akt. Wir sahen aus wie süße, kleine Ballerinas und alles was wir tanzten war - auf einem Seil - entlang, das auf dem Boden ausgebreitet war.

Dann mußte ich mich als Bauchtänzerin verkleiden, mich in eine Truhe rein legen. Orientalische Musik spielte, ich wurde hereingetragen. Christian spielte auf seiner "Zauberflöte", bis ich den Deckel langsam hochhob und mich aus der Kiste heraus winden konnte.
Ich legte einen kleinen Phantasie-Bauchtanz aufs Parkett. Gesicht wohlgemerkt verschleiert.
Allgemeiner Applaus, die Mitglieder, ob alt oder jung, waren begeistert. Man erfreute sich "am frischen Wind", der angeblich durch mich aufwehte. Im Bootshaus sitzt's sich gut, bei einem guten Schoppen und kleinen Mahlzeiten.

Ich zog mich nochmal kurz um, in Jeans und geringeltem Hemd (ein altes Fußballhemd meines Vaters..) mit Gesichtsmaske, unterhielt ich mich im kölnischen Akzent (Akzente und Dialekte waren meine Stärke) als "Herr Dünnes und Herr Scheel" mit Hummel . Frau Steffan besorgte uns die Texte.

Der "Elferrat der Damenabteilung" wird gegründet.

Den darauffolgenden Fasching feierten wir dann mit Bütte, Bühne, Mikrophone und allem Drumm und Dran. Für die Elferrätinnen spendierte Frau Steffan ebenfalls einiges Material und eine Ausstaffierung. Wir trugen alle das gleiche: Weiße Rüschenbluse, eine schwarze Weste, einen schwarzen Rock. Das Tollste war unser Hut, ein echter dreieckiger, Elferrat-Hut mit weissem Pelzrand.
Jetzt wurden auch die Damen aus der Senjorenabteilung mitgerissen. Es wurden viele Sketche hervorgezaubert. Besonders gut war das Lied: "I hob' rote Haar, feuerrote Haar sogar.." vorgetragen von Frau Steffan. Frau Colhuhn schilderte die Sach' mit "dem Training" einmalig. Drei Frauen standen auch im langen Nachthemd auf der Bühne und trugen etwas vor. Man hatte mir eine Nummer ausgesucht: Ich sollte das "Mauerblümchen" singen. Eben erst bekanntgewordener Schlager. Ich konnte aber nicht singen, sondern gesprochene Texte, Kabarettartig war meine Stärke. Aber auch dafür hatte man eine Lösung. Für die Nummer wurde ein Plattenspieler unters Podium gestellt. Bobby bediente ihn sehr genau. Ich stand am Mikrophon und legte los. Mein enges goldgelbes Kleid, mit roten, langen Handschuhen, roter Perücke, rote Schuhe. Rot-gold, die Farben des WRV's.
Da es ziemlich lebhaft im Raum vor sich ging, man sass an langen Tischen und prostete sich zu, merkte man tatsächlich nicht, dass ich gar nicht sang, sondern nur mimte.
Meine eigene Nummer, "die Halbstarke" folgte später. Viel Beifall! Einer unserer Mitglieder, Herr Landauer, war ein echter Elferrat und meinte: "Du sollst Dich mal beim Bayrischen Rundfunk bewerben".
"Das hab' ich schon mit 17 Jahren gemacht. Damals traf ich mich nach einem Konzert des Bayrischen Rundfunks in den Huttensälen mit einem Intendanten. Er ermutigte mich und empfahl mir, einen Auftritt auf einer Provinzbühne zu arrangieren. Ein Interview in der lokalen Zeitung würde ebenso helfen. So hätten es einst die Isar-Spatzen gemacht. Man müßte mich quasi entdecken!" war meine Antwort.
"Aha, ich würd' sagen ein Artikel in der Main-Post könnte eventuell wichtig

sein.. Du musst die Gelegenheit beim Schopf packen", meinte Herr Landauer. Ich lächelte und dachte mir, nun habe ich erstmal den Abend im Ruderverein hinter mich gebracht.
Mein Hobby ließ mich durch Höhen und Tiefen gehen. Meinen Beruf, sah ich nicht als Berufung, sondern mehr als eine Tätigkeit die ein Entgeld, also Bezahlung brachte.
Ich träumte immer davon, dass, wäre mein Vati am Leben, so hätte er mich zur Bühne gelassen und mir meine Ausbildung bezahlt. Er war selbst ein guter Unterhalter. Bilder im Album zeigten eine Gruppe Männer in seinem Klub der "Manfretonia", mit denen er ebenfalls auf der Bühne war. Mutti war in ihrer Art leicht zurückhaltend und auf keinen Fall ein Extravert. Sie meinte oft scherzend:
"Vati dachte immer, dass er durch Dich nochmal **meine** Jugendzeit miterleben kann. Als wir uns kennenlernten war ich schon fast 27 Jahre alt. Aber da hat er sich schwer getäuscht. Wie sehr überrascht würde er sein, denn er könnte in Dir nochmal **seine** Jugend erleben. Er liebte das Leben, hatte einen guten Humor, immer zu einem Späßchen bereit. Beliebt bei seinen Freunden, ein ausgezeichneter Unterhalter. "
Das machte mich froh, dass ich den abwesenden Vater doch irgendwie noch spürte. Ich vermisste ihn ja so sehr. Wenn Mutti und Margot mich nicht verstanden oder nicht auf meine Ideen eingingen, so glaubte ich immer, wenn Vati nur hier wäre, er würde mich verstehen.

Mein erster, öffentlicher Auftritt !

Zu meiner größten Überraschung mein erster Auftritt kam schneller als erwartet.
Eine Kollegin im Institut hörte durch ihre Mutter, dass der 'Hausfrauenverband Wzbg.' dringend ein oder zwei Künstler als Einlage ihres Gala-Abends in den Huttensälen suche. Sie war so rührend und hat mich gleich empfohlen. Ich war mir bewusst, dass ich es nicht alleine schaffe und dachte sofort an Peter. Er gehörte dem Magic-Circel an. Konnte Kaffee aus einer Zeitungstüte gießen. Ebenso einmalig Marcell Marseau mit seinen zauberhaften Mimiken fabelhaft imitieren.
Wir steckten unsere Köpfe zusammen, stellten ein Programm auf. Seine Schwester Liesl sollte auch mithelfen, indem sie mit einem Plakat in der Hand über die Bühne stolzierte und die jeweilige Nummer ihres Bruders ansagte.
Ich borgte mir einen Anzug und trat erst als männlicher Ansager auf. Stellte die

Kapelle vor und meine eigenen Nummern. Es wurde alles genau nach Minuten ausgearbeitet. Wir mussten der Leiterin des Frauenverbandes unser Programm mitteilen, sie liess es drucken. Nun hatten wir alles “schwarz auf weiß”.
Mutti, Margot Tanten und Onkel wurden eingeladen. Auch Peter organisierte seine Freunde und Familie. Wir unterzeichneten einen Vertrag mit dem Verband, unsere Gage war DM 200 für den Abend. Ungefähr die Hälfte meines Monatsgehaltes.
Dieter, der Freund meiner Schwester war so nett und begleitete mich am Klavier.
Der Abend verlief ohne Pannen, das Publikum schien aber die künstlerische Einlage mit den zauberhaften Mimiken nicht sehr zu schätzten. Die Leistungen waren m.E. zu hochwertig für das im Durchschnitt nicht anspruchsvolle Publikum.
Meine “Halbstarke” kam gut an.

Ulrike - die Halbstarke

(Ulrike, kess und frech spaziert mit Papa, zittriger Alter, zum Klavier, spricht einige aufklärende Worte zum Publikum und beginnt:)

Ach, ich möchte so gerne und weiss auch schon was
doch Papa möchte dieses und ich möchte das ....
Ich möchte so gerne so ne richtige Halbstarke sein,
so echt mit den Händen in die Hosentaschen rein,
des nachts nicht nach Hause, in ein tolles Lokal
die Jungens mal küssen, ganz nach meiner Wahl.
Am nächsten Morgen, verschlafen, mit ‘nem Halbstarkengang -
und das ganze - so ca. acht Tage lang -
Doch ich weiß was sich gehört, seh wie Papa sich empört,
drum füg’ ich mich und bleib ganz fein,
Papa’s süßes, liebes, kleines Töchterlein.

Ach, ich möchte so gerne und weiß auch schon was -
ich möchte so gerne einen Beruf mir ergreifen
auf’s Schlafen und Ausfahrn da würd’ ich gern pfeifen.
So als Stütze der Hausfrau -
er ein feiner Pinkel in den besten Jahren,
mit Eigenheim, Auto in allem erfahren.
Sie wie ein Pfannkuchen dick, ohne Geschick.

Im Urlaub, auf Geschäftsreisen, da würd' ich ihn begleiten
und sie würd' den Haushalt ganz ordentlich leiten.
Doch zur Scheidung und Ehekrach darf es nicht kommen,
da wird vorher schnell eine andere Stelle genommen.
Doch ich weiß was sich gehört, seh wie Papa sich empört....

Ach ich möchte so gerne und weiß auch schon was...
Ich möchte so gerne ein Filmsternchen sein -
Papa ist ein hohes Tier, Referenzen sind da,
die Maße hab' ich, den Schlafzimmerblick auch,
Talent, Schauspielschule, Begabung, schon längst nicht mehr Brauch.
Steh' ich vor dem Regiseur, werf ich mich in Possitour
und gaffe ihn an - and lächle, lächle nur.
Er lässt mich drei Schritte vor und einen zurück wieder schreiten
und wird mich anschließend nach Hause begleiten.
Den Filmvertrag hab' ich, in den Illustrierten steht drinn'
das ich als einmaliges Talent entdeckt worden bin.
Doch ich weiss was sich gehört und seh' wie Papa sich empört....

Ach, ich möcht so gerne und weiß auch schon was...
Ich möchte so gerne mehr scheinen als sein -
so wie jene Mädchen - als Neureiche von heute -
die Vergangenheit, die Zukunft, was gehn die mich an,
ich schreite Abend für Abend am Strich - der Gegenwart entlang.
Ich hab' dann viel Geld auf meinem Bankkonto drauf
mit mir geht's bergab und wieder auf
ich kaufe mir einen Wagen mit dem Mercedesstern
und alle - alle Neureichen haben mich dann gern.

Doch ich weiß was sich gehört, seh' wie Papa sich empört,
drum füg' ich mich und bleib ganz fein
Papa's süßes, kleines Töchterlein -
denn alles auf dieser Welt dreht sich doch nur um das schmutzige Geld
doch da es mich einmal zum Guten und einmal zum Bösen zieht hin,
weiß ich, daß ich nur eine **Halbstarke** bin.

Zum Text kann ich nur sagen, dass man sich in die Fünfziger Jahre zurück versetzen muß. Der Fall mit dem Fräulein Nitribitt in Frankfurt (Prostituierte die hohe Preise forderte und auch Politiker unter ihren Kunden zählte..) wurde durch alle Tageszeitungen gezogen. Er entpuppte sich zu einem Skandal, der die Politiker belastete. Im Jahre 1963 gab es einen ähnlichen Fall hier im West-End von London, das Fräulein hieß Christine Keeler.

Vor meinem besagten Auftritt las ich in der Main-Post auf der Hobby Seite einen Artikel über einen jungen Kunstmaler, Olaf Täuber. Rosele die kleine Busenfreundin meiner Kindheit auch von Wiesenbronn zurück in Würzburg entpuppte sich als eine begabte Malerin. Sie arbeitete als Schaufenster-Dekorateurin. Malen war ihr Steckenpferd. Ein bemalter Holzteller von ihr hing in meinem Büro. Spontan rief ich die Main-Post an und erkundigte mich, ob man nicht auch einen Artikel über Rosele schreiben könnte. Leider teilte man mir mit, dass man nicht nochmal "Kunstmalerei" als Hobby bringen könne, irgendein anderes Hobby wäre wünschenswert.

So fragte ich: "Würden sie sich für mein Hobby interessieren? Kabarett ? Ich trete demnächst in den Huttensälen auf ?"
"Ja", war die Antwort. Man schicke einen Reporter vorbei. Ich konnte es fast nicht glauben.

Ein Termin wurde ausgemacht, Reporter und Röder der Fotograf erschienen. In unserem kleinen, gemütlichen Wohnzimmer entstand eine reine Foto-Session. Ich mußte verschiedene Kleidungsstücke ausprobieren, Sitzgelegenheiten usw. Es entstand ein Artikel mit Foto.

Sigi möchte die Bühne erobern - Nachwuchs-Sternchen Würzburger Provenienz

Ausschnitte des Artikels.......
Werktags sitzt sie brav hinter ihrem Schreibtisch in einem Würzburger Institut und verwandelt teures Papier in mehr oder wenig ansehnliche Briefe. Wenn aber irgendwo (und speziell beim Würzburger Rudervrein von 1875) irgendetwas "los" ist, so macht sie ganz bestimmt mit. "Sigi" wird sie von Freunden u. Bekannten genannt, aber in den amtlichen Urkunden steht Siglinde Ullrich. Und die Hauptsache: Ihre Freunde sind davon überzeugt "An Sigi ist eine Kabarettistin verloren gegangen!"
Sie ist 22 Jahre alt und genaugenommen das, was man ein "Urvieh" nennt. Übersprudelnd, voller Ideen und Temperament. ....
.... zusammen mit Peter Lockner - dem Amateurzauberer - bestritt sie als Conférencier (i.dkl.blauen Schneideranzug), Halbstarke (in Blue Jeans) und Pariser Chansonette (im hautengen Kleid) beim Faschingsball des Hausfrauenverbandes das Programm. .... ist es für sie ein Hobby, so wie andere naturgetreue Modelle basteln.... Die Texte schreibt sie selbst. Freche kleine Stücke, mit denen sie die großen und kleinen Schwächen der "Normalbürger" aufs Korn nimmt. Man muß sie einmal erlebt haben, wie sie temperamentvoll und ungekünstelt ganz "bei der Sache" ist ..... das Mundwerk und die Stricknadeln klappern bei Sigi um die Wette.........Sigi's Talent für die "kleine Kunst" mitunter sehr geräuschvolle Begleiterscheinungen hat.

Jetzt war ich mein eigener Agent, hatte meine eigene Werbung organisiert, was nun?
Zuallererst mußte ich mich mit den vielseitigen Bemerkungen, Reaktionen auf den in der Main-Post erschienen Artikel über mein "Talent", mein Hobby auseinandersetzen. Meine Chef's, die Studenten, die Verwandten, Freunde, Bekannte, alle hatten was zu sagen. Meistens aber war es eine echte Begeisterung, teils auch Bewunderung, weil man in manchen Kreisen von meinem Hobby gar nichts wußte. Als diese Welle an mir heil vorbeirauschte, machte ich mir ernsthaft Gedanken. Sollte ich mich nicht nun beim Bayrischen Rundfunk bewerben? Der Abteilungsleiter für Unterhaltung riet mir ja schon 1953, dass ich nach einem Interview in einer Zeitung schon mal die Chance wahrnehmen sollte. Aber - mir spuckte gleich das Fernsehen im Kopf herum.

Ich holte mir von einem Jugendfreund, der zu meiner Münchner-Zeit im Fernsehstudium "Freimann" als Kamera-Mann arbeitete eine Adresse. Dorthin sandte ich eine Art Bewerbung mit Zeitungs-Artikel .
Ich wartete geduldig. Zwei Wochen, drei Wochen, vier Wochen. Keine Antwort.

Mir fehlte wahrscheinlich der nagende Hunger nach Ruhm und Bühne. Anstatt eine zweite Bewerbung an den Rundfunk zu senden, legte ich die Hobby-Phase einfach auf's Eis. Vielleicht hätte ich konsequenter sein sollen? Jahre später, als es mir so echt bewußt wurde, dass ich meine Chance total vermurkst habe, war ich tottraurig. Ist es die Künstlerin, die sich selbst nicht verkaufen kann ? Ich hatte ja einen Beruf. Vielleicht sollte ich doch meine Kabarett-Idee als Allüren abschreiben ? So habe ich mein Talent an den Nagel gehängt.

Fasching 1959. "Die Drehdolle" ein Kostüm-Ball in den Huttensälen.

"Sputnik", der russische Erfolg im Weltall. Vom "Sputnik" Fieber ergriffen nähte ich mir aus goldglizerndem Stoff ein Kleidchen und bastelte mir einen Hut mit Antennen und nannte mein Kostüm "Sputnik". Meine liebe Schwester und ich gingen zum Ball. Sie lernte einen Baron kennen und verliebte sich in ihn und mir ging es nicht anders. Ich wurde von einigen Studenten der BWL entdeckt. Ein sehr humorvoller Kölner stellte mir einen jungen Mann vor, der eben erst von Frankfurt an unsere Uni überwechselte. Er war Würzburger, sehr liebenswert, hatte ein sagenhaftes Lächeln, trug eine Brille, dunkelhaarig, einige Zentimeter größer als ich. Wir tanzten gut und viel miteinander. Gingen ein Gläschen Sekt trinken und waren am Schluß unzertrennlich.
Wir tanzen den Rest vom Abend zusammen. Er brachte mich nach Hause und sagt zu mir:
"Ich habe Dich sehr lieb, aber leider bin ich halt noch ein Student und kann keinerlei Versprechungen machen!"
Dieses offene Bekenntnis beeindruckte mich. Er wiederum wußte, dass ich die Sekretärin seiner zwei Professoren der BWL bin und ich glaube, das beeindruckte ihn etwas.

Es folgen viele Verabredungen. Wir gehen zum Essen, ins Kino, zur Festung hoch spazieren. Wir fahren an einem Wochenende nach München.Wir treffen

uns dort mit seinem alten Freund und der Verlobten. Wir verstehen uns gut, wir sind verliebt!
Er muß nach Köln als Volontär für einige Wochen. Vater bestimmte das, Sohn muß Kunden kennen lernen. Eine kleine Trennung findet statt, man gewinnt etwas Abstand, zum Überlegen tut das gut.

Ich nütze eine Urlaubsgelegenheit als Benzingast aus. Unser alter Hausfreund, "der Dicke", fährt mit einem älteren Freund nach Ischgel in Tirol zum Skifahren. Im Auto war noch ein Platz frei. Zwei Wochen vor Ostern, herrliches Wetter, mein erster Ski-Urlaub - hurrah ! Ausrüstung? Hose selbst gekauft, die gute Tante Maria in der Kleiststrasse hat mir netterweise wiedermal etwas Geld vorgestreckt. Stiefel von Freundin Pauline geborgt. Skipullover, wie im Artikel der Main-Post bereits erwähnt, selbst gestrickt. Bei der Schneiderin noch schnell einen tollen Rock mit Stola für den Abend anfertigen lassen.
Die Reise ging per VW in die Berge. Ich war überglücklich. Fand in einer Pension noch Unterkunft, wohnte getrennt von den beiden anderen Würzburgern. Man traf sich beim Essen und abends. Meldete mich bei den "Beginnern" und auf gings jeden Morgen auf die Bretter, den kleinen Hügel rauf und runter. Beim öfteren Hinfallen verließ mich manchmal der Mut.
Eine sehr nette Berlinerin feuerte mich oft an und sagte: "Achtung Ulli Du bist dran, los geh' schon. Wenn Du wacklig bist, einfach Textilbremse ziehn." Das hieß - sich auf den Hosenboden setzen. Bald meisterte ich den Schneepflug, das war meine beste Hilfe.
Das nette Ehepaar von Berlin kam im "Schneewittchensarg" das war ein Messerschmitt Klein-Auto, auf drei Rädern. Ich erlebte zum erstenmal den echten Berliner Humor. Wir lachten viel. Ich war recht froh, mich dem Ehepaar anschließen zu können.
Am Abend gab es "Gäste-Kabarett". Ich meldete mich, nachdem meine Berliner Freunde mich recht heftig aufforderten. Meine "Halbstarke-Nummer" erntete großen Beifall. Der Dicke machte auch so seine Spässchen, er war ein Unikum von Haus aus, aber auf meine Nummer war er fast etwas eifersüchtig.
Am Ende meines Urlaubs erreichte mich ein Brief aus Köln, auf den ich sehr gewartet habe und worüber ich mich sehr freute. Horst hat geschrieben, er vermisste mich sehr. Ich schrieb sofort zurück und gestand, dass ich ihn auch sehr vermisse, aber der Urlaub habe blendend die Lücke gefüllt.
Braungebrannt mit einem echten Muskelkater kam ich wieder zu Hause an. Ich schwärmte sehr von meinem gelungen Skiurlaub mit Anfängerlehrgang.

"Du siehst erholt und braun aus, hast Du Dich aber auch wirklich ausgeruht?" waren die Worte meiner lieben, umsorgenden Mutti.
"Bestens", bestätigte ich mit einem Fingerklick, "aber recht anstrengend ist es schon, bis man auf den Skiern aufrecht stehen kann. Aber ich nehme Margot das nächste Jahr mit. Sie muß das auch mal erleben."

Ich feierte mit Horst Wiedersehn mit einem Gläschen Wein in der Martinsklause und wir waren recht glücklich.
Er erzählte mir mehr von zu Hause und von seiner Schwester, die kaum 20 Jahre war und die Eltern würden sich sorgen, weil sie so gar nichts mit ihrem Leben anfangen wolle. Sie fahre jedes Jahr mit einem Mädchen vom Büro im Sommer nach Garmisch in Urlaub. Die Eltern hätten gerne, dass sie außer diesem Kontakt im Büro noch andere junge Menschen kennenlernen solle. Sie boten den Besuch einer Sprachschule in Frankfurt oder München an, aber sie lehnte alles ab.
Ich fühlte mich sofort angeregt, dem lieben Horst zu helfen und ich schlug vor, dass wir mal gemeinsam ins Kino gingen und hinterher zum Benito in die Domstraße, oder in die Elefantengasse Pizza essen. Er war etwas unsicher und meinte, sie würde vielleicht absagen.
Sie kannte mich vom Telefon her, da ich öfters mal zu Hause anrief. So nahm ich die Gelegenheit beim Schopf. Ich lud sie per Telefon direkt ein. Sie sagte zu, es klappte alles prima, wir trafen uns vor den Huttensälen. Nach dem Kino mußte ich zwei Fahrten auf der Vespa vornehmen, ich brachte beide in die Elefantengasse zum Pizzaessen. Dort servierte man die beste Pizza in der Stadt. Peppino war allen bekannt.
Wir verbrachten einen netten Abend zusammen. Da ich ja ein redefreudiges Geschöpf bin, merkte ich , dass die sehr ruhige Karin langsam etwas auftaute. Ich hörte sehr humorvolle kleine Anekdoten von dem "großen" Bruder, der nur drei Jahre älter war, aber Mutter's Augapfel.
Horst und Karin durften sich abwechselnd das Auto vom Vater leihen. Es war ein schöner himmelblauer Mercedes und für 1959 schon ein Klasse-Auto.
Ein Tanzabend im Ruderverein wurde gemeinsam besucht. Margot reihte sich zu uns und bald kamen wir eine Einladung von den Eltern zum Abendbrot.
Echt nette, liebenswerte Mutter, äußerst gastfreundschaftlich. Der Vater ein Geschäftsmann durch und durch. Manchmal wußte ich nicht so recht, ob man so nett und herzlich zu mir war, weil ich mich auch mit der Tochter angefreundet habe, oder ob man in mir die eigentliche Freundin vom Sohn sah.?

So nebenbei verdiente ich mir wiedermal etwas extra Geld, ich tippte eine Doktorarbeit, diesmal für einen Student aus Korea, der in Volkswirtschaft promovierte. Ich tippte entweder nach Büroschluss oder an einigen Studen am Wochenende.
Dieser überaus höfliche Mensch bezahlte mich nicht direkt, das wäre entgegen seinen Sitten und Gebräuchen, ein Ding der Unmöglichkeit gewesen. Dies erklärte mir der Assistent später. Er überreichte mir eine Schachtel Pralinen, schön in Geschenkpapier verpackt und ich glaubte immer, das Geld würde noch kommen.
Ich hatte noch nie einen Heißhunger auf Pralinen, aber hie und da mal Gelüsten. So stellte ich die Schachtel als Reserve weg. Ab und zu schenkte ich so einen 'süßen Gruß' gleich weiter an Freunde oder an meine Familie. Wochen später öffnete ich die Schachtel. Siehe da, als ich das Papier abnahm, kam ein Kuvert zum Vorschein, darinnen war eine Dankesnotiz und die verabredete Summe Geld. Was war ich froh, dass ich bei dieser Gelegenheit nicht die Schachtel Pralinen weitergeschenkt habe. Am folgenden Tag sprach ich mit dem Doktoranten und erklärte ihm, warum ich mich erst jetzt bei ihm bedanke. Er lächelte sehr und sagte eigentlich nur :"Haja, haja, ich verstehe" und verbeugte sich mehrmals.

Horst und ich waren zwischendurch unzertrennlich. Mein 23. Geburtstag wurde im Ruderverein in einem Nebenzimmer gefeiert. Meine liebe Schwester und ich organisierten eine nette Party. Wie das so an Parties ist, eine meiner Freundinnen irritierte mich leicht, denn sie bekam einen "Moralischen", sie mußte ständig getröstet werden, so auch von meinem boyfriend. Sie war ansonsten ein liebes Geschöpf. Sie und Ihr Bruder standen jedoch sehr unter dem Druck der Mutter. Sie war eine tüchtige Geschäftsfrau, der Vater nicht mehr auf der Bildfläche, so leitete sie mit ihrem Sohn und Tochter einen Spielautomaten-Vertrieb (Service) das war sehr im Kommen. Die beiden Geschwister durften sich ebenso von der Mutter den Mercedes ausleihen.
Es wurde bei einer anderen Gelegenheit eine Fahrt nach Hammelburg organisiert, dort segelte Horst und wir wollten alle mal dabei sein. Die beiden Autos waren voll besetzt u.a. auch meine Schwester, Horst's Schwester und meine Cousine Renate, die eine kleine Stipvisite bei uns machte. Sie kam eben erst aus der Schweiz, wo sie einen Stellenwechsel vornahm.
Glückliche, frohe Stunden verbrachten wir an jenem Sonntag auf dem Hammelburger Segelflugplatz. Doch wie leichtsinnig können Jugendliche

sein. Wohlgemerkt 1959 waren die Landstrassen noch nicht so voll mit Autos wie heute. Auf der Rückfahrt von Hammelburg hatten wir noch eine Flasche Wein übrig vom Picknick und da gaben wir uns von einem Auto zum anderen ein Zeichen, fuhren dicht nebeneinander, also auf gleicher Höhe, um die Flasche hinüber zu reichen. Alles klappte und wir waren noch stolz auf unser waghalsiges Manöver. Erst hinterher leuchtet uns ein, dass dieser Zwischenfall zu einem Unfall hätte führen können.

Anfang Juli traf ich mich mit Horst im Jazz-Keller im Studentenhaus. Irgendwie war der ganze Abend stimmungsmäßig nicht geglückt. Es lag wohl an mir, denn ich war sehr am Nachdenken über unsere Beziehung und wie es wohl weiterginge. Angestupst war ich durch eine Unterhaltung mit einem wohlgesinnten Freund, der mir glatt ins Gesicht sagte: "Nimm die Sache mit dem Horst nicht so ernst, denn er wird Dich bestimmt nicht heiraten." Ich überlegte hin und her und wußte nicht recht wie ich auf diplomatische Art und Weise meinem boyfriend wie man so schön sagt "auf den Zahn fühlen" sollte. Wir streiften kurz ins Glaci, bevor wir in die Weingartenstrasse bogen. Auf einer Bank liessen wir uns nieder und ich versuchte, "wie die Katze um den heissen Brei" mir eine Antwort zu holen. Es führte zu einer langen Aussprache mit dem Endergebnis das Horst sagte:
"Ich bin nicht der richte Mann für Dich - Du bist einfach zu gut für mich. Ich glaube Du hast keine Ahnung, was für ein Schwächling ich sein kann. Manchmal kämpfe ich recht mit meinem inneren 'Schweinehund'. Hast Du mich schon betrunken gesehen ?"
Ich wollte es nicht wahr haben. Wie kann ich zu gut sein, ich habe auch meine Fehler, ich zählte sie ihm alle auf. Ungeduldig, launisch, grosse Klappe, - was auch immer ich aufzählte es schien keinen Ausgleich zu schaffen. Er sagte, er meine es so ehrlich und ich fände bestimmt eines Tages den 'richtigen Mann'. Ich fragte mit den Tränen kämpfend, ob er mich denn nie richtig geliebt habe und dass ich bereit sei mit ihm durch 'Dick und Dünn' zu gehen. An Fehlern müsse man arbeiten, eine enge Beziehung braucht vielleicht mal einen kleinen Abstand, dass man sich gegenseitig mal von der Ferne betrachte. Ich wollte so tapfer sein und trotzdem kamen mir nur so die Tränen. Auch er schien ziemlich geknickt. Er brachte mich vor die Haustüre und wir verblieben bei dem Vorsatz, uns mal eine Woche lange nicht zu treffen.
Ich schlich mich ganz leise ins Schlafzimmer, wollte meine Schwester nicht aufwecken, lag lange noch wach und habe viele Tränen ins Kopfkissen geweint. Das ewige Fragen nach dem 'Warum' und 'Weshalb' hilft absolut

nicht, man hat hinterher einen Brummkopf und am nächsten Morgen konnte ich nicht viel erklären, wollte es bis zum Abend aufheben. Die Hauptsache war, niemand sollte etwas im Büro erfahren. Ich habe mein Gesicht mehrmals mit eiskaltem Wasser gewaschen, meine verweinten Augen sollten mich nicht verraten.
Meine liebe Mutti und Schwester konnten es auch nicht recht glauben, da wir ein halbes Jahr so eng befreundet waren und kein echter Grund zur Trennung vorlag.
Wir vermissten uns sehr. Eine Woche war vergangen. An einem herrlichen Samstagnachmittag klingelte es und Horst holte mich ab, wir fuhren hoch zur Festung zu einem Spaziergang. Wir genossen den ewig kostbaren Blick auf die Stadt mit ihren vielen Kirchtürmen, den grünen Gürtel, das Glaci, das die Alt-Stadt umzüngelt, und den alten, ruhigen Main den man zur Rechten bis Heidingsfeld hin verfolgen kann, links dagegen macht der Fluß eine starke Biegung in Richtung Veitshöchheim. Wir schlenderten händehaltend dahin. Mein Herz klopfte, als er mich in seine Arme nahm und wir uns küssten. Vielleicht hat das Gespräch auf der Glaci-Bank gar nicht stattgefunden. Hatte ich einen Alptraum ? Worte blieben unausgesprochen, ich hatte Angst, eventuell die falschen zu wählen.
Nach diesem sonnigen Nachmittag kamen Stunden und Wochen wo er mir aus dem Wege ging. Selbst im Institut tauchte er nicht auf. Ich verabredete mich mit seiner Schwester und erzählte ihr alles. Sie teilte meinen Kummer, konnte aber auch wie ich, nicht verstehen, was ihren Bruder dazu bewegt hatte, unsere intime Freundschaft abbrechen zu wollen. Ich fragte sie, ob es mit ihrer Mutter oder Vater etwas zu tun habe, ob ich abgelehnt worden sei. Sie verneinte, 'im Gegenteil' meinte sie, 'sie mögen Dich alle gut leiden'.
Ich fragte Karin, ob sie nun auch unsere Freundschaft abbrechen wolle ? Sie war ganz erschrocken und versicherte mir: "Auf keinen Fall, wir können uns doch weiterhin treffen und was gemeinsam unternehmen." Als ich sie so ansah wurde mir bewußt, wie sehr ähnlich sie doch durch ihr sagenhaftes, liebes Lächeln dem Bruder gleicht. Obwohl beide verschiedene andere Gesichtszüge haben, das bestimmte Lächeln blieb das gleiche. Karin war blond und braunäugig und ihre Nase war etwas anders. Während Horst eine dicke Brille trug und schwarzes Haar hatte.

Liebeskummer im vollsten Maße !

Im Büro war ich nicht besonders aufnahme- und leistungsfähig, woraufhin mich der Assistent fragte: "Was ist denn los, haben sie wohl Liebeskummer?"

Das konnte ich nur bejahen und mußte mich zusammenreissen, um nicht zu weinen.
"Sie haben mich gewarnt, gleich zu Beginn vor drei Jahren, keine intimen Beziehungen mit Studenten zu haben, sie sagten, sie seien 'unfertige Menschen', nun habe ich zum zweitenmal einen Fehler gemacht bei der Auswahl, so muß ich die Konsequenzen ziehen. Mein sog. 'guter Ruf' ist dahin. Eine herrliche Bezeichnung, finden Sie nicht auch? Die Spießbürger haben ihn sicher erfunden? Ich denke, das beste ist, wenn ich von hier weggehe, mir eine andere Stelle suche, in eine andere Stadt ziehe."
"Wohin denn?" warf der Assistent ein. "So eine gute Stelle finden sie nicht so schnell wieder. Denken sie an sich erstmal und wie gut es ihnen doch hier gefällt. Was geschieht mit Mutter, Schwester und Opa? Werden sie nicht sehr vermisst?"
"Nein, ich glaube nicht, sie werden mich entbehren und nicht so sehr vermissen, denn ich war ja schon immer der unruhige Geist in der Familie."
"Na, na, mal nicht so pessimistisch. Soll ich mir mal den Herrn Studenten vornehmen und mit ihm ein ernsthaftes Wort haben. So ohne weiteres wollen wir auch nicht unsere Sekretärin verlieren. Schliesslich und endlich fehlt ihnen der Vater und da fehlt wohl oft der Respekt, den man Ihnen und ihrer Familie entgegenbringen sollte."
"Oh nein, bitte nicht" rief ich entsetzt aus. Ich mußte ihm aber versprechen, mich nicht sofort um eine andere Stelle zu bewerben und alles etwas in Ruhe zu betrachten. So ging der Alltag weiter. Früh ins Büro, abends heim. Ab und zu begegnete ich Horst im Korridor, oder nebenan im Seminarraum. Wir versuchten beide nach außenhin so ungezwungen wie nur möglich zu erscheinen. Innerlich hat es mich aber manchmal fast zerrissen. Ich handelte so, wie jeder verliebter Mensch in solch einer Situation handelt, ich wollte ihn in Schutz nehmen und auf keinen Fall sollte er angegriffen werden. Total opferbereit, wollte ich lieber den Kürzeren ziehen und mich versetzen. Eine Szene wollte ich auch nicht machen. Irgendwie wusste ich, dass ich ihn nicht zwingen kann weiterhin an meiner Seite zu bleiben, Liebe kann man nicht erzwingen. Vielleicht sollte ich die großzügige, verständnisvolle Frauenrolle spielen, damit gebe ich ihm Zeit zum Nachdenken. Er muß ja noch 3 Jahre studieren bis zu seinem Diplom. Tage und Wochen folgten voll mit Depressionen, Selbstkritik, Verzweiflung. Meine Mutti und Schwester standen hilflos da, sie konnten mir nur ab und zu gut zureden und versichern, dass er es nicht wert sei, dass ich mich so hinhänge. Aber was hilft's viele jungen Frauen und Männer kommen an dieser Kreuzstrasse an und dann heisst es eben,

Entscheidungen treffen, neu anfangen? Aus liebevollen Gedanken werden haßerfüllte Gedanken, man sieht ihn gar nicht mehr so wie er einst war. Von Zeit zu Zeit begegneten wir uns dann doch. Auf einem Festchen in der Residenz war ich mit einem alten Freund anwesend, der mir ritterlich zur Seite stand. Als Horst auch mit seinen Freunden auftauchte, hatte er schon zu tief in ein Glas Wein geschaut, milde gesagt, er war leicht angetrunken. Als er mir begegnete, wurde er verletzend in seinen Vorwürfen.
"Was willst Du denn von mir? Soll ich mich einschliessen und warten ob Du eventuell noch Deine Meinung ändern würdest?" Sagte ich. Seine Freunde schalteten sich ein, nahmen ihn und führten ihn aus dem Raum und brachten ihn nach Hause. "Er war voll", meinte einer der Studenten am nächsten Tag, "ich mußte ihn nach Hause fahren, er selbst konnte nicht mehr das Auto steuern."
Da schaltete sich Mitleid ein. Wie, wenn er aus Kummer getrunken hat? Vielleicht liebt er mich doch noch sehr und kann es nur nicht einsehen. Oft saß ich in meinem Büro und grübelte über vieles nach. So brachte ich folgende Gedanken zu Papier:

Studien Tradition.

Mein Freund, der Student, auch Akademiker man sie nennt,
man teilt sie ein in verschiedene Kategorien
und davon erzähl' ich ihnen:
Nummerus uno, schon an der fremd-wörtlich betont
lateinisch angehauchten Ausdrucksweise
erkennen sie des Studikus's vornehmen Gesellschaftskreise.
Der Ur-, Groß- und Vater haben sich dem Studium zugewandt
und nun auch noch der Sohn,
ja so etwas nennt man Tradition.
Der Ur- und Großpapa, waren noch ganz dicke da,
sie schafften noch den Dr. med. und eine Frau nach Etikett.
Das Mitgift und die damalige Zeit,
gesichert war der Wohlstand dann zu zweit.

Doch schon beim Vater ging ein Riss ins Mäntelchen der Tradition,
geboren war das Tausendjährige Reich
und da waren sie dann alle gleich.
Am besten gings dann jenen, die vor dem Braun

noch ein “von” setzen konnten
und am Ende sich im Ruhm der “Forschung” sonnten.
Der Krieg war aus, so mancher kam getarnt als Doktorchen nach Haus,
sein ganzer Stolz - Familientradition - das war sein Sohn.
Zum Ende dann der fünf'ziger Jahre,
das Abitur es ward erzwungen
der Sohn aus Tradition in die Verbindung eingesungen.

Filius zog aus dem Elternhaus, er ging in Untermiete,
und da das Geld viel zu schnell war aufgebraucht,
er zwar studierte, doch zum Schreck,
am ganz untauglichem Objekt -
das Bratkartoffelverhältnis war modern,
Filius bleibt im Schritt, macht alles mit.

Das Studium, das Vordiplom,
mit sehr viel Glück und Tradition,
es schafft der Sohn die Promotion.
Mit Rücksicht auf die Vielzahl der Semester
und Dank des langen Studiensoll -
geboren ward der Dr. rer. pol.

September 1959. Mutti’s Kur ist genehmigt.

Wir freuen uns mit ihr. Sie hat es nötig, meinte der fürsorgliche Arzt. “Ihr Arthritis wird nicht besser, aber eine Kur dient zur Linderung der Schmerzen.” Sie ist in Bad-Brückenau angemeldet. Ich schreibe an Tante Liesl meine ehemalige Wirtin in München, sie hatte sich angeboten, den Opa zu versorgen, sollte Mutti zur Kur weg. Sie kommt und versorgt uns alle. Opa und Mädchen. Jeden Tag wartet ein gutes Essen auf uns. Tante Liesl ist mittlerweile auch etwas älter geworden. Ihre Hüften schmerzen oft. Das Laufen ist beschwerlich. Sie versichert uns, liebend gerne bei uns zu sein, denn in München sei sie ja auch nur alleine.
Wenn wir vom Büro nach Hause kommen berichtet sie uns, dass Opa öfters nach seiner Liesbeth fragt, und wo sie denn sei. Sie erzählt ihm dann, sie ist auf Kur und kommt bald wieder. Er ist sehr vergesslich geworden und fragt immer wieder nach der Lisebeth.

Margot und ich versuchen ihm zu erklären, dass Mutti die Kur dringend nötigt gehabt hat und wir froh sind, dass die Kasse es genehmigt. Er nickt mit dem Kopf. Uns ist aufgefallen, dass er schon lange keine Pfeife mehr geraucht hat und auch keine Zigarren mehr.
"Opa, willst nicht mal eine von Deinen guten Zigarren rauchen" fragte ich am Sonntagnachmittag.
"Ich hab' gar keine Lust mehr, es schmeckt mir auch nicht mehr so richtig".
An einem anderen Tag kommen wir nach Hause und Tante Liesl sagt uns, dass er zu Mittag gar nicht viel gegessen habe. Ich machte ihm sein Haferflockensüppchen am Abend. Der Arzt hat vor ein oder zwei Jahren uns vorgeschlagen ihm doch kein Brot mehr abends zu geben, sondern besser zu verdauen und nahrhaft seien Haferflocken. Opa hatte in seinen Mitvierziger Jahren eine grosse Magenoperation. Wie er uns immer sagte, habe der Arzt ihm den halben Magen weggeschnitten. So entstand 'Opa's Süppchen', das ich noch heute für meine Familie zubereite, wenn der Magen mal ausruhen soll. Die Haferflocken werden leicht goldenbraun mit Butter angedünstet, dann giesst man mit Wasser auf. Gibt ein geklöppeltes Ei dazu, etwas Knorr-Würfelchen und Petersilie. Mit Salz und Pfeffer je nach Belieben abschmecken.
Mutti war nun zwei Wochen auf Kur und auf der Postkarte stand:
"Es gefällt mir gut, die Bäder sind anstrengend, aber ich genieße den Park, die gute Luft die gute Kost und das Ausruhen. Wie geht es Euch und was macht Opa? Vielen Dank an Tante Liesl, dass sie so lieb ihn umsorgt und Euch zwei Grazien auch. Bis bald, Eure Mutti."

Wir sorgen uns um Opa.
In der dritten Woche wollte er früh manchmal gar nicht aufstehen. Zum Mittagessen musste man ihn überreden und dann aufeinmal sagte er:
"Ich hab' gar keinen Hunger mehr". Er saß in seinem Sessel und wie immer stützte er seinen Kopf in seine Hand und liess den Ellbogen auf den Sesselarm ruhen.
"Opa, fehlt Dir was? Gell Du vermisst die Mutti sehr? Aber Du weisst doch, nur noch eineinhalb Wochen und sie ist wieder da. Soll ich den Doktor rufen?"
"Nein, Kind, mir fehlt doch nichts, ich brauch' keinen Doktor."
Den darauffolgenden Tag riefen wir bei Tante Dora an, seiner ältesten Tochter und baten sie, doch mal vorbeizukommen, wir würden uns Gedanken um Opa machen und Mutti sei auf Kur. Sie kam, sie brachte ihm einen kleinen Sekt und glaubte fest, dass er nur eine Art Verstimmung habe und das komme oft bei alten Leuten vor. "Schliesslich und endlich ist unser Vater ja schon 88 Jahre alt

und da muss man sich wegen Appetitlosigkeit keine Gedanken machen."

Am Donnerstag wollte Opa gar nicht mehr aufstehen. Er lag im Bett recht friedlich und versicherte uns, wir sollen ruhig zur Arbeit gehen, es fehle ihm gar nichts, er wolle halt nur ausruhen. Wir gingen schnell über die Strasse zum Hausarzt und baten um einen Besuch. Als wir zur Mittagspause nach Hause kamen, besuchte uns der Arzt. Er ging an Opa's Bett und fragte:
"Na, Herr Klos fehlt ihnen was, tut ihnen irgend etwas weh?" Er nahm seinen Puls und hörte sein Herz ab. Zu uns gewandt meinte er, dass er nichts feststellen könne und wir sollten mal abwarten. Im Wohnzimmer fragten wir ihn dann, ob es ernstlich sei, ob wir Mutti verständigen sollen.
"Nein, lasst mal Eure Mutti wo sie ist, sie braucht ihre 4 Wochen Kur und ihr habt ja eine Tante hier und ihr seid da, ich komme morgen wieder vorbei."
Er ging, wir gingen zurück ins Büro. Ich rief meine Tante Dora wieder und bat sie, auch den Sohn Hans zu verständigen. Ihr Mann, Onkel Adam und Onkel Hans kamen noch am gleichen Abend.
Sie unterhielten sich kurz mit Opa. Er wurde "Herrchen" von seinen Söhnen genannt, so fragte auch Onkel Hans: "Na Herrchen was fehlt Dir denn?"
"Mir fehlt gar nichts, macht Ihr Euch mal keine Gedanken. Die Liesbeth kommt ja bald wieder und die Mädli sind ja auch da."
Sie gingen wieder und meinten beim Verabschieden, es sei wohl nichts Ernstliches, wir sollen nicht aus der Ruhe kommen. In ein paar Tagen ginge es ihm bestimmt wieder besser. Nun nahm uns Tante Liesel zur Seite und berichtete, dass Opa sich während des Nachmittags ein paar mal erbrochen habe. Gegen 21 Uhr wurde Opa etwas unruhig und wollte gerne, dass ich bei ihm im Zimmer bleibe. Ich machte mir ein Bett auf der Couch und versprach, dass ich die ganze Nacht hier schlafen werde. Er fing an von seiner Heimat, der Pfalz, zu erzählen, von den Wäldern und dass er mit seinen Brüdern oft viele Pilze gesammelt habe. Er nannte seine Geschwister bei Namen, so als wolle er sie rufen. Ich hielt meine Hand hinüber zu seinem Bett und sagte:
"Opa, lass uns Hände halten, so wie wir es machten, wenn Du in Wiesenbronn bei uns geschlafen hast. Weil ich immer Angst hatte, dass die Flieger kommen und Bomben werfen und das ganze Dorf, alle Scheunen lichterloh brennen würden" ....Er hielt meine Hand und sagte: "Der Benjamin war der kleinste und der Jakob der älteste von uns"... das habe ich noch gehört dann folgten noch die weiteren zwölf Namen seiner Geschwister, aber ich bin eingeschlafen.
Meine Schwester klopfte sachte an die Türe: "Siggilein, 7 Uhr, Zeit zum Aufstehen". Ich war gleich hell wach. Schaute zu Opa hinüber, er hatte seine

Augen geschlossen und atmete tief und langsam. Gut, dachte ich, er schläft noch. In der Küche beim Frühstück beratschlagten wir mit Tante Liesl, dass es vielleicht besser wäre, wenn eine von uns zu Hause bleiben würde. Margot ging ins Büro, denn als Chefin in der Buchhaltungsabteilung wurde sie dringend gebraucht, bei uns am Institut war wegen der Semesterferien nicht so viel los. Sie rief dort an und entschuldigte mich.
Ich ging so gegen 10.00 Uhr wieder in Opa's Zimmer. Ich streichelte ihn und fragte, ob er etwas zu trinken möchte. Er schüttelte sein Haupt und hob seinen rechten Arm etwas hoch und liess ihn gleich wieder müde aufs Bett fallen. Später am Tag, als ich wieder reinschaute, war Opa - so schien es mir - in einen tiefen Schlaf verfallen. Etwas unruhig wurde ich, als das Atemholen sehr geräuschvoll wurde und er nur mit offenem Munde atmete. Ich lief wieder über die Strasse zum Doktor. Er kam kurz darauf blickte ihn an, wandte sich zu uns und meinte. "Es tut mir leid Mädchen, ich glaube ihr müßt jetzt Eure Mutter holen. Es geht bergab mit dem Opa".
Wir fragten durcheinander: "Wie lange lebt er noch, wird er noch einmal aufwachen, was sollen wir Mutti sagen".
"Zuerst müßt ihr mit dem Kurarzt sprechen und ihm schnell alles erklären. Ich weiss, dass man nicht gerne einwilligt, eine Kur abzubrechen. In diesem Fall ist es leider jetzt doch nötig. Gut, dass Eure Mutter wenigstens 3 Wochen hatte. Aber sagt dem Doktor, er solle mich anrufen, meine Nummer habt ihr ja. Noch etwas, bringt es der Mutter schonend bei, vielleicht sagt ihr nur mal, dass ich meine sie solle heimkommen."
Wir riefen Karin an, wir brauchten dringend jemanden mit Auto, um Mutti abzuholen. Es war schon spät am Nachmittag, aber sie fragte ihre Eltern, ob sie das Auto nehmen durfte, dann kam sie. Zu dritt fuhren wir nun nach Bad Brückenau. Sie hatte noch nicht lange ihren Führerschein und es war ihre erst Nachtfahrt erklärte sie uns couragiert.
Mutti und der Kur-Arzt zögern etwas in ihrem Entschluss, man will von uns genaueres über Opa's Befinden wissen. Wir bestehen darauf, dass der Hausarzt uns geraten hat Mutti zu holen.
Im Auto stellt Mutti Fragen: "Kinder sagt mir schon wie lange Opa erkrankt ist und was sagt der Doktor, was ist es denn?"
Wir geben ausweichende Antworten. "Der Doktor weiss es selbst nicht recht".
Karin war eine ausgezeichnete Fahrerin, sie hatte gut die dunklen Landstrassen gemeistert. Wir bedanken uns herzlich bei ihr. Mutti betritt Opa's Zimmer. Sie hat uns oft erzählt, wie sie einst am Bett ihrer Mutter Nachtwache gehalten habe und sie sah die Mutter sterben. Sie warf nur einen Blick auf Opa, hörte

das geräuschvolle, langsame Atmen und sagte sehr leise und tief traurig:
"Kinder, Opa wird die Augen nicht mehr aufmachen". Halb klagend meinte sie:
"Ich hätte so gerne mit ihm nochmal gesprochen und ihm gedankt für die vielen Jahre, die er bei uns war und er uns unterstützt hat. Mein Vater hat es gut gemeint. Wer weiß, ob wir je ohne ihn diese Wohnung bekommen hätten."

Die Nachtwache !

Wir besprachen uns mit Tante Liesl. Wir waren alle bereit eine Nachtwache zu halten. Wir setzten uns um das Bett herum. Mutti holte das Gesangbuch im Anhang war ein Gebet, das sie vorlas. Daraufhin erzählten wir ihr dann mit leiser Stimme wie sich alles in den letzten paar Tagen zugetragen hatte. Ihre Geschwister hatten wir gerufen, sie kamen, sahen aber keine ernstliche Erkrankung.
Gegen 4 Uhr morgens atmete Opa plötzlich ganz lange und tief. Mutti schaute uns an und sagte leise, sein dritter Atemzug wird der Letzte sein. So geschah es, unser lieber Opa atmete nicht mehr. Es war totenstill. Wir fingen alle an zu weinen. Für Margot und mich war es die erste Begegnung mit dem Tod, das heisst, einen lieben Menschen sterben zu sehen. Dieses erste Erleben gab uns beiden Mädchen eine gewisse Reife mit auf den Lebensweg.
"Mutti", flüsterten wir, "er ist ja so ruhig eingeschlafen. Kein Todeskampf, so ruhig".
"Ja, genau so war es mit meiner Mutter, nun habe ich beide meine Eltern sterben sehn, meine Schwiegermutter und meinen kleinen Jungen." Sie weinte vor sich hin. Dann bat sie uns um ein Kopftuch. Da sein Mund weit offen war, musste sie den Mund schliessen und das Kopftuch so umbinden, das es oben am Kopf gefestigt wurde. Wir gaben ihm alle nochmal ein kleines Küsschen auf die Wange. Wir liessen das Licht brennen und zogen uns in unser Schlafzimmer zurück.
Am nächsten Morgen musste viel erledigt werden. Unsere Hausleute oben im 1. Stock waren die ersten, denen wir es erzählten. Sie liessen uns über ihr Telefon das Beerdigungsinstitut anrufen. Es kam eine schwarze Limosine, Männer in schwarz gekleidet brachten den Sarg hoch. Es war noch Sitte, dass man dem Verstorbenen seinen besten schwarzen Anzug anzieht und ihn so in den Sarg bettet. Noch ein letzter Blick auf Opa. Sie schlossen den Sargdeckel und trugen ihn hinuter zum Leichenauto.
Jetzt wurde uns der Abschied erst so richtig bewusst, Margot und ich weinten jämmerlich. Das Bett war leer, der gute Alte, der so einen trockenen Humor

hatte, der uns den Vater ersetzte, nun ist er für immer gegangen. Um unsere Tränen etwas zu stillen, erzählten wir von seinen alten Geschichten von Hexen im Dorf, vom Pilsesammeln. Nun wurde er eingesammelt. Wir sprachen über Leben und Tod und bestätigten unseren festen Glauben an den jüngsten Tag, wo wir alle unsere Lieben wieder sehen werden. Opa, Oma, Vati und unser Brüderchen.
Margot und ich wussten, dass durch dieses Miterleben am Tode unseres Opa's ein emotionelles Wachsen stattgefunden hatte.

Tante Liesl fuhr nach der Beerdigung wieder nach München zurück.
Die Beisetzung selbst brachte fast alle Verwandten wieder zusammen. Beide Brüder meiner Mutter mit Frauen und teils auch mit Kindern. Die Schwester, der Mann und die beiden Töchter. Auch aus Wiesenbronn kam unsere liebe Tante Anna, Tante Maria aus der Kleiststrasse und eine Wiesenbronner Freundin von Margot aus Frickenhausen teilte mit uns die Trauerfeier. Ganz besonders angetan war ich, dass Karin und Horst auch kamen. Die Eltern boten das Auto für unseren Transport zum Friedhof an. Irgendwie konnte ich fühlen, dass es ihm schon recht leid tat, denn er wusste von meinen vielen Erzählungen, wie sehr ich an meinem Opa hing.
Die Beerdigung brachte die Verwandtschaft ans Grab, aber nicht in unsere Mitte.
Es kam zu Zank und Streit. Die zwei Brüder und Mutti's Schwester taten sich zusammen und wollten wissen, wieviel Geld auf Opa's Konto sei. Sie sandten als 'Abgeordneten' Onkel Hans zu Margot ins Büro. Sie war total verblüfft als er auftauchte und von Mutti eine Vollmacht forderte, damit er diese auf der Bank vorlegen könne, denn dort habe man ihm gesagt, dass er diese benötige, wenn er als ältester Sohn an das Konto von Opa heran wolle.
Margot war so gekränkt und erzählte es in ihrem Büro. Der Bruder einer Kollegin war Rechtsanwalt er bot an, alles für Mutti zu erledigen. Er wolle an die Geschwister schreiben und den genauen Kontostand angeben. Zwischendurch hörten wir von der Bundesbahn, dass Opa's Pension noch drei Monate weiterbezahlt würde, ne Art Übergang und Kostentilgung. Wir fanden das sehr großzügig. Wir baten den Rechtsanwalt, das Geld unter den Geschwistern aufzuteilen. Er schrieb an alle und Postanweisungen gingen los.
Nun hörten wir zu unserem Entsetzen, dass die Geschwister mit einer höheren Geldsumme als sogenanntes 'Erbe' rechneten. 'Wo ist Vater's Pension hingegangen? Ihr verdient doch alle gut, die Liesbeth hat auch eine Rente, da hättet ihr doch sparen können. Was habt ihr mit Vater's Lastenausgleich

gemacht? Viel Geld hat er nicht zum Leben gebraucht und ihr habt ihm ja schon lange nur Haferflockensuppe gegeben."
Wir drei Frauen fühlten uns zu Unrecht angegriffen. Mutti meinte verletzt: "Keiner wollte Vater gleich nach dem Kriege, keiner hatte Platz. Vater kam zu uns, weil er es so wollte. Die Nachkriegsjahre waren für mich nicht leicht als Witwe. Erst mußte ich mal den LAG sparen als Baukostenzuschuß. Dann die Anschaffung der Möbel. Wir wohnten doch echt primitiv auf der Neuen Welt, eine Notwohnung. Keiner meiner Geschwister hat mir mit meiner Wohnungssuche geholfen. Da hiess es immer: 'Liesbeth Du kannst Dir keine Neubauwohnung leisten, die sind zu teuer'. Mit Euren Anfangsgehältern konnte ich auch keine großen Sprünge machen. Denkt denn keiner daran, dass ihr schon jahrelang ohne Vater seid und ich ohne Mann, dem Haupternährer?"
Wir versuchten beide Mutti etwas zu beruhigen. Wir waren uns so echt bewusst, dass wir von nun an noch mehr zusammenhalten müssen, nichtmal die Verwandtschaft bedauerte uns.
Ich war tiefst erschrocken, als eine Stimme in der Uni-Verwaltung einige Wochen nach dem Tode von Opa meinte:
"Hängen sie sich doch nicht so hin, ist doch **nur** der Großvater und er hat ja mit seinen 88 Jahren ein gesegnetes Alter erreicht".
"Was" rief ich aus, "was heisst hier **nur** der Großvater. Ich habe seit 15 Jahren keinen Vater mehr und er lebte mit uns, er ersetzte mir ein bisschen den Vater. Ich habe ihn sehr lieb gehabt." Man entschuldigte sich in etwa und wechselte das Thema.
Es war Sitte, dass unsere Mutti sich für ca. 1 Jahr ganz schwarz kleidete, Margot und ich waren in den nächsten paar Monaten mit dunkelblau und dunkelgrau 'noch respektvoll angezogen', so meinte Mutti.

Am schwarzen Brett in der Uni stand: 7 Tage nach Portorosz in Juguslawien.
Der Preis war günstig und es waren gerade noch zwei Plätze frei. Mir stand eine Mandeloperation bevor, ich wusste, dass ich bald von der Krankenkasse hören werde. Meine ewigen eitrigen Mandeln sollten herauskommen. Ich holte mir sogar ein zweites Gutachten von der Universitätsklinik. Mutti meinte fürsorglich, wir sollten die Gelegenheit mit dem kleinen Urlaub wahrnehmen, wir hätten es verdient, denn die ganzen Aufregungen mit Opa mußten verkraftet werden. Sie zehre noch von ihrer Kur und wir sollten uns keine Gedanken um sie machen, sie werde sich gut ausruhen.
Meine Schwester und ich fuhren mit einer Studentengruppe per Bus über die

Alpen. Da entdeckte ich zum erstenmal wie eng die Bergstrassen doch sind, wenn der Bus ganz scharf um die Kurve mußte hing oft das Hinterteil des Buses über den Abhang. Ich entschloss mich lieber vorne zu sitzen, denn vor dem Blick in die Tiefe gruselte es mir.
Unser Quartier war ein altes Hotel, mit viel Holzverschalung und Kristall-Lüstern. Soll noch auf die österreichische Verwaltung zurückführen erklärte die Reiseleitung.
Wir waren zum erstenmal in einem sog. kommunistischen Land. Jugoslawien war eines der ersten Ostländer, das seine Türen für den Tourismus öffnete. Die Kost war einfach, bürgerlich. Wenn die Einheimischen sprachen, glaubte ich es sei russisch, so hörte es sich wenigstens an. Wir gingen in einer kleinen Gruppe runter zum Hafen, der Ort selbst liegt ja an der Adria. Mit einem lustigen Studenten aus Cuxhaven klönte ich herum, indem ich mir ein Kopftuch so aufsetze, wie es die Frauen im Ort taten. Wir liessen uns fotografieren. Von nun an nannte ich ihn "Väterchen" und er mich "Mütterchen" und wir sprachen gerne mit russischem Akzent.
Es war schon Ende September, anfangs Oktober. Jedoch man konnte noch gut im Meer baden. Der felsige Küstenstreifen war einmalig, das Wasser klar, die Menschen um uns recht fröhlich. Wir sassen in kleinen Strassen-Cafés, tranken türkischen, starken Kaffee, wo der Kaffeesatz unten im Topf bleibt.
Nach einer Woche kamen wir beide gut erholt wieder zu Hause an.

Doch was fanden wir vor ? Eine sehr traurige Mutti, der so echt der Verlust ihres Vaters bewußt geworden ist. Er teilte mit ihr das häusliche Leben. Während wir tagsüber beruflich tätig waren, oder auch an Wochenenden, wenn wir rudern gingen, mit der Vespa eine kleine Runde drehten, ins Kino gingen. Er war immer da.
Sie sass vor uns, ganz in schwarz gehüllt und zu tiefst verletzt, wir sahen es an ihren Gesichtszügen und sie berichtete:
"Ihr ward kaum abgereist, da kam Onkel Hans und mein Schwager Adam. Sie gingen in Opa's Zimmer, sahen sich um, um zu sehen, was sie sich aneignen könnten. Sie fanden nichts unter der Kleidung was ihnen gefiel. Aber, da lag Opa's Uhr noch auf dem kleinen Tisch neben dem Bett. Mein Bruder wollte ein Andenken, so nahm er die Uhr. Sie blieben nicht lange, keiner fragte wie es mir ginge, auch nicht nach Euch. Ich habe dann auch nicht gesagt, dass Ihr in Urlaub seid."
Da konnte ich nicht zurückhalten und recht aufgeregt sagte ich:
"So eine Unverschämtheit. Welche Erinnerungen verbinden denn ihn mit

seinem Vater ? Er wohnte nur eine halbe Stunde zu Fuß weg und besuchen kam er ihn höchstens nur einmal im Jahr. Die ganzen 15 Jahre, die Opa bei uns wohnte, war seine Uhr am Kettchen in der Westentasche der Hauptpunkt zum Tagesablauf. Die Uhr wurde mit einer sicheren Bewegung aus der Tasche am Kettchen geholt, in der Handfläche haltend ermahnte er uns am Morgen noch zur Schulzeit oder später Lehrzeit und Büro:
"Es ist genau halb acht, Ihr müßt jetzt gehen, sonst kommt ihr zu spät."
Oftmals erwiderte ich: "Geht Deine Uhr auch nicht vor?" Seine Antwort war immer:
"Mein Ührle geht haargenau auf die Minute, so wie eh und je, auf die kann ich mich verlassen!"
Hatten wir mal Kaffee-Besuch oder auch sonst, sowie es langsam auf 18 Uhr ging, zog er seine Uhr galant aus der Weste, sagte kein Wort, eventuell schüttelte er den Kopf oder nahm sie ans Ohr, als wolle er sich vergewissern, dass sie auch noch tickt. Manchmal zog er sie noch auf und steckte sie wieder zurück. Meine Mutti wußte genau wie sie diese Geste verstehen sollte. Auch wir Mädchen verstanden es. Es bedeutete ganz einfach:
'Es ist Zeit für mein Abendbrot, den Besuch kannst langsam abschieben.' Sie konnte nicht immer wie wir es taten, das ganze Manöver mit Humor hinnehmen, sie war manchmal etwas irritiert, fast leicht gekränkt. Wurde es wirklich mal etwas später, bediente er sich der kindlichen Methode, man sagt nicht um sonst 'alte Leute werden wie kleine Kinder', er sagte: "Ich brauch' jetzt nichts mehr zu essen, der Kuchen hat mir gelangt, ich gehe dann so langsam ins Bett."
Wir Mädchen wußten sofort was wir jetzt sagen mußten: "Ach, Opa ein kleines Stückchen Brot kannst noch verkraften, wir machen Dir kleine Schnittli." Eine ging dann gleich in die Küch und machte die Brote. Später, als er über 85 Jahre war, empfahl der Hausarzt, dass wir ihm das Haferflockensüppchen kochen sollten. Mutti's Äußerung war oft:
"Dein Orientexpress fährt noch nicht gleich ab, kannst ruhig etwas warten". Meistens hat der Besuch Opa's 'Wink mit dem Scheunentor' verstanden und verabschiedete sich kurz darauf.

Nun, diese Uhr, täglich in Gebrauch in unserer Familie, wanderte in den Besitz von Onkel, Frau und Tochter, die eigentlich fast keine Beziehung zu Opa mehr hatten und ihre Besuche recht spärlich waren. Was half's, wir waren uns sicher, wir trauerten um den Opa und nicht nach der Uhr.

Zu Opa's Uhr-Geschichte aus Mutti's Unterlagen ein sehr schönes, sinnvolles Gedicht:

Meine Uhr.

Ich trage, wo ich gehe, stets eine Uhr bei mir,
wieviel es geschlagen habe, genau seh' ich's an ihr.
Es ist ein großer Meister, der künstlich ihr Werk gefügt,
wenngleich ihr Gang nicht immer dem törichten Wunsch genügt.

Ich wollt, sie wär' oft rasche gegangen an manchem Tag,
ich wollt an manchem Tage, sie hemmte den raschen Schlag.
In meinem Leiden und Freuden, im Sturme und in der Ruh -
was immer geschah im Leben, sie pochte den Takt dazu.

Sie schlug am Sarge des Vaters, sie schlug an des Freundes Bahr'
sie schlug an der Wiege des Kindes, sie schlägt, wills Gott noch oft,
wenn bessere Tage kommen, sie meine Seel' es hofft.

Und ward sie manchmal träge und drohte zu stocken ihr Lauf,
so zog sie der Meister mir immer großmütig wieder auf.
Doch stände ich einmal stille, dann wär's um sie geschehn,
kein anderer als der sie fügte, bringt die Zerstörte zum Gehn.

Dann müßt ich zum Meister wandern, und ach, der wohnt ja weit,
wohnt draußen jenseits der Erde, wohnt dort in der Ewigkeit.
Dann gäb' ich sie dankbar zurücke, dann würd' ich kindlich flehn:
"Sieh Herr, ich hab' nichts verdorben, sie blieb von selber stehn!"

Veröffentlicht im Iboriusblatt (Kirchenblatt) Verf. Johann Gabriel Seidl.

Mandeloperation!

Schon Ende September mußte ich per Strassenbahn mit Reisetasche bepackt, mich in die Hals-Nasen- und Ohrenklinik der Universität, also ins Luitpoldkrankenhaus einliefern. Die Besoldungsstelle teilte mir vorher mit, dass ich als staatliche Angestellte in die Universitätsklinik gehen könne. Meine Krankenkasse, eine Ersatz-Kasse, würde den Aufenthalt als Patient der 3.

Klasse tilgen, ich könne jedoch auf 2. Klasse liegen, der Staat zahle die Differenz. Das beeindruckte mich, so entschloss ich mich, das, was der ' Vater Staat' anbot, etwas zu geniessen. Was ich dann lernte war, dass an einer Mandeloperation, ausser den Eisportionen zum Nachtisch, absolut nichts "Genießbares" war. Ich bat Mutti, mir in etwa zu sagen, wie sich so eine Operation abspielt. Sie bekam vor einigen Jahren auch die Mandeln herausoperiert. Sie meinte: "Es ist etwas unangenehm, weil man keine Vollnarkose bekommt, aber Du bist doch ein tapferes Kind, hast doch schon Deinen Blindarm heraus bekommen."

Tatsache ist: Halbsitzend fand ich mich auf einem O.P. Stuhl, dann gab's nur eine örtliche Beteubung, auch eine Beruhigungsspritze vorher, a b e r man wird buchstäblich mit beiden Armen eingeschnallt. Vor "Nadeln", also Spritzen gruselte mir immer. Nun mußte ich den Mund weit aufmachen und eine riesenlange Spritze ging in den Rachen, einmal rechts, einmal links. Dann sagte der Professor:

"Es wird gleich soweit sein, sollten sie aber noch etwas fühlen, dann müssen sie mir mit ihrem Ellbogen einen kleinen Schups geben." Einige Minuten später hörte ich mich "Aaaaah" sagen, mein Ellbogen bewegte sich zum Professor hin, er sagte ruhig:

"Ach sie ist eine von denen, sie braucht eine doppelte Dosis." Wiederum gingen die langen Nadeln in den Rachen. Danach hörte ich nur Geräusche. Ich hielt meine Augen fest geschlossen. Fast wollte ich lachen, als der Professor kurz vor dem Einschnitt noch schnell sagte: "Jetzt pinzele ich sie ein, das wird jetzt nach Schuhcreme schmecken". Das tat es auch.

Es verlief alles gut. Ich konnte sogar vor meinem Zimmer schon aus dem Rollstuhl steigen und selbst zu meinem Bett hinlaufen. Ich war in einem Zweibett-Zimmer. Mein Bett mit dem Kopf gegen ein Fenster. Das Zimmer hell und freundlich. Klosterschwestern mit schönen Häubchen auf dem Kopf versorgten uns.

Meine liebe Mutti und Margot waren am Abend mein erster Besuch. Ich holte mir Mutti's Hand, mit meinem Zeigefinger drohte ich ihr und deutete auf meinen Hals. Man kann buchstäblich nur Laute von sich geben und nicht sprechen. Mutti wußte sofort was ich sagen wollte. Sie sagte recht sanft:

"Ja, mein Kind, ich konnte Dir doch nicht im Voraus sagen wie sich alles zuträgt. Ich weiss, es ist eine recht schmerzvolle Sache, da man ja keine Vollnarkose bekommt, aber jetzt hast Du ja alles hinter Dir und Du wirst sehen in zwei oder drei Tagen hast Du alles vergessen." Ich schüttelte nur den Kopf, denn so wie sich mein Hals anfühlte, so glaubte ich es würde Monate dauern,

bis ich wieder sprechen könnte.
Karin und Margot kamen am nächsten Tag und zu meiner größten Überraschung kam auch Horst mich kurz besuchen. Von Karin hörte ich nun die traurige Botschaft, dass auch in ihrer Familie der Opa plötzlich verstorben sei. Margot ging dann zur Beerdigung. Ich mußte meine 10 Tage im Krankenhaus bleiben.
Was mich besonders überraschte war zum Beispiel, dass ich einige englischen Worte eher sagen konnte, als deutsch sprechen. Die Dame, die das Zimmer mit mir teilte kam aus Belgien und sprach nur wenig deutsch, aber französisch und englisch. So fragte sie mich gleich am zweiten Tage, ob ich englisch verstünde, ich nickte mit dem Kopf. So meinte sie: "Would you like me to open the window a little?" siehe da, ich antwortete. "Yes please", aber konnte kein deutsches Wort formulieren. Hinterher haben wir uns ausgiebig über Sprachen und Aussprachen unterhalten. Es hat sich herausgestellt, dass unsere deutsche Sprache doch sehr vom Rachen her ausgesprochen wird, während die englischen Worte nur so von der Zunge rollen, und mehr im Vordermund geformt werden. Mit Ausnahme des "th", das vielen Ausländern viele Probleme bringt. Viele Deutsche sagen deshalb: "I tell you sis" , anstatt "this". Das "th" muss mit der Zunge buchstäblich gehalten werden um den richtigen Laut zu haben.

Nach dem Krankenhausaufenthalt hat mich Horst sogar auch einmal zu Hause besucht. Mutti meinte es gut und hat uns ein Gläschen Federweißen mit ein Paar Walnüssen hingestellt. Was keiner richtig wußte war, das man gleich nach der Mandeloperation keine Nüsse essen solle, denn kleine Teilchen blieben an der Wunde hängen und verursachten Schmerzen. Nach jeder Begegnung, die stets recht freundlich war, hatte ich immer einen leichten Schimmer Hoffnung, dass es doch wieder so sein wird, wie zum Anfang unseres Verliebtseins. Vielleicht besinnt er sich eines Besseren - aber nein - es blieb beim Alten.
Ich glaube, die Operation und die emotionellen Ereignisse der letzten paar Monate verhalfen mir nicht nur einen sog. "Moralischen" zu bekämpfen, sondern ich rutschte langsam aber sicher in eine Art Depression. Unser lieber Hausarzt schickte mich gleich zum Nervenarzt. Dieser war recht väterlich und ich konnte ihm so quasi all' meinen Kummer anvertrauen. Er meinte:
"Ja, die Auflösung einer Beziehung ist nicht immer einfach zu verkraften, dazu kommt noch der Tod vom Großvater und die Operation. Wie wäre es mit 'Tapetenwechsel'. Vielleicht täte es Ihnen gut, eine andere Stelle an einem anderen Ort zu nehmen?"

“Habe ich auch schon überlegt. Aber wo werde ich so eine gute Stelle wieder finden. Staatliche Stelle, gutes Gehalt, interessanter Arbeitsplatz - aber sie haben Recht, ich habe mich genug mit den Studenten herumgeärgert. Vielleicht sollte ich mich ernstlich mal umhören.”
Gesagt, getan. Ich traf zwei ehemalige Mitschülerinnen von der Mozartschule und sie erzählten mir begeistert von ihrem London-Aufenthalt. Sie waren ein Jahr als Domestic, ne Art ‘au-pair’, aber ganztags in London beschäftigt. Gingen zur Abendschule und holten sich ein ‘Lower Cambridge’ certificate in englisch. Ich besprach die Idee zuerst mit meinem Assistenten am Institut. Er meinte:
“Wenn Sie eine andere, besser bezahlte Stelle später suchen, hilft es sehr, wenn sie in einer Fremdsprache perfekt sind. Fremdsprachen-Sekretärinnen sind sehr gesucht, vorallem, wenn Sie sich nach München oder Frankfurt absetzen wollen. Dann müssen Sie ja auch eine schriftliche Kündigung einreichen. Ja, und wie formulieren Sie diese? Ein Englandaufenthalt wäre insofern ganz praktisch, denn sie könnten wörtlich schreiben, dass sie ‘ihre englischen Sprachkenntnisse erweitern wollen’, das hört sich schon mal gut an.”

Eine neue Idee - Auslandaufenthalt für ein Jahr.
Mutti und Margot erfuhren von meinem Vorhaben. Sie waren weniger begeistert.
“Warum willst Du uns denn verlassen?. Sei doch vernünftig, der blöde Horst hat Dich gar nicht verdient. Du wirst schon über den Kummer hinwegkommen. Was machen wir ohne Dich.?”
“Als ich in München war, seid ihr doch auch ohne mich ausgekommen. Warum auch nicht?” warf ich schnell ein. Aber Mutti’s fast warnende Stimme meinte: “Kind es ist nicht nur Deine Person die wir vermissen, aber auch Deinen Beitrag an den Unterhaltungskosten. Jetzt, wo wir keine Pension von Opa mehr haben, werden wir oft knapp bei Kasse sein.”
“Ach,” meinte ich seufzend, “Mutti Du siehst schon wieder schwarz. Du hast doch Deine Rente, die Miete ist nicht zu hoch. Margot hat ein gutes Gehalt und Ihr müßt einen Mund weniger füttern. Ich glaube, es täte mir gut mal wieder von Würzburg weg zu gehen. Schliesslich und endlich war ich nur ein Jahr in München, während Margot im Ganzen vier Jahre an der Mosel war, also habe ich noch 3 Jahre gut. “
“Siggilien,”, ertönte die Stimmer der älteren Schwester, “eines kann ich Dir sagen, das alles hört sich sehr egoistisch an. Du kannst uns doch nicht einfach

so 'mir nichts Dir nichts' im Stich lassen."
"Was heisst hier im Stich lassen. Erstens werde ich nicht ab sofort gehen. Ich muß beim Staat eine dreimonatige Kündigungsfrist einhalten. Also bin ich schon mal bis einschliesslich März hier. Wenn ich nach England will, dann muß ich mich erstmal bewerben, dann bekomme ich eine sog. "Arbeitserlaubnis", nur mit der kann ich für ein Jahr einreisen. Das hat mir die gute Luitgart alles erzählt. Sie war mit Giggi ein Jahr in einem Hostel. Das ist ne Art Hotel oder Heim für berufstätige Frauen. Nur Frauen, wohl gemerkt. Da gibt es ein grosses Kaufhaus in der Oxford Street. Das hat speziell für seine Angestellten ein Heim, dort müßte ich als Zimmermädchen arbeiten. Verpflegung und Logis im Hause, der Lohn nicht besonders, aber es könnte gerade ausreichen, damit ich noch am Abend in eine Schule kann."
Es wurde hin und her diskutiert, wir kamen zu keinem Entschluss.
Ich traf mich mit Karin, die zwischenzeitlich eine gute, treue Freundin wurde. Vielleicht sah sie in mir die ältere Schwester, die sie nicht hatte? Sicher sah sie auch, wie sehr ich unter dem Ende der Beziehung litt. Oder war es meine lebhafte Art, die ein guter Ausgleich war zu der etwas ruhigen Zwanzigjährigen? Auch diese Freundschaft betrachteten Mutti und Margot mit leicht gerunzelter Stirne. War es richtig, mich mit der Schwester des vergangenen Freundes weiterhin zu treffen? Wäre es nicht besser man würde einen Schlußstrich unter allem ziehen?
Ich schilderte Karin, was mir Luitgart und Giggi über London erzählten und fragte sie, ob sie eventuell Lust hätte mitzukommen. Sie strahlte übers ganze Gesicht und sagte:
"Ja Lust schon, aber meine Englischkenntnisse sind miserabel, ich habe in der Schule nie aufgepasst. Theoretisch schon, aber die Aussprache."
"Prima", rief ich aus, und nahm sie vor Begeisterung in die Arme. "Zuerst mußt Du es auch mit Deinen Eltern besprechen. Wenn sie nichts dagegen haben, dann werde ich nach London schreiben".
Karin's Eltern meinten, dass sie zwar noch recht jung sei, aber da sie mit mir ginge und ich etwas älter bin und schon mal von zu Hause weg war, vertrauen sie uns.
Der nächste Schritt war, wir meldeten uns bei der Berlitz-Schule zu einem Auffrischungskurs in Englisch an. Wöchentlich abends durch die langen, dunklen Winterabende hindurch, belebten wir unseren Geist mit englischen Vokabeln, Aussprache, Konversation. Unsere Lehrerin kam von Chicago und der gute englische Akzent fehlte ganz und gar. Sie war jedoch sehr lebhaft und brachte viel Schwung in den Unterricht.

Weihnachten 1959 ohne Opa, nur wir drei Frauen. Wir unterhielten uns und meinten, wo ich wohl nächstes Weihnachten sein werde? Auf jeden Fall zu Hause, ich war mir felsenfest sicher, dass ich meinen Urlaub so lege, dass ich Weihnachten zu Hause bin.
Der Fasching kam und wir gingen einige Male auf ein Kostümfest. Ab und zu ging Margot mit. Karin und ich hatten einen gemeinsamen Lebensabschnitt vor uns, ein Auslandsaufenthalt war auch in 1959/60 noch etwas Besonderes. Wir verbrachten viele gemeinsame Stunden. Selbst Horst sagte bei einer flüchtigen Begegnung:
"Ich finde es toll, dass Du mit meiner Schwester ins Ausland gehst, ich freue mich echt, es tut ihr bestimmt gut, mal von zu Hause weg zu sein und eine ganz neue Umgebung um sich zu haben. Ich bin mir sicher, Du wirst gut auf sie aufpassen."
Aus dieser tieftraurigen Stimmung heraus und da mir Geschichten in meinem Kopf herumspuckten, die er mir von sich selbst erzählte, als er noch in Frankfurt lebte und studierte, tippte ich folgendes zu Tode betrübt in meine Schreibmaschine:

Die Zeit ......

Sie, die Weiber, suchten ihn,
begehrten ihn,
es war so weit:
Sie liebten ihn und kosten ihn
es verging die Zeit -
Sie traten ihn, verstiessen ihn,
sie schlugen, sie peitschten ihn,
es tat ihnen nicht leid -
es verging die Zeit.

Er suchte nicht,
doch fand er mich, es war so weit -
wir liebten uns, es verging die Zeit.

Ich wischte weg,
die Tritte, Schläge und Peitschenhiebe,
ich tat es gern - er war meine große Liebe.

Ich koste ihn,
ich schenkte ihm mein Herz,
wir waren glücklich alle beid'
es verging die Zeit.

Er holte aus und schlug auf mich,
erst sachte - es war so seine Art -
ich wusste nicht was mit ihm ward.
Es war noch nicht so weit -
doch es verging die Zeit.

Er trat nach mir,
verstiess mich, peitschte mich -
war zu allem bereit,
es tat ihm nicht leid.

Es verging die Zeit - nicht mehr lang -
es ist soweit, ich bin bereit
es gibt nicht mehr die Zeit
nur noch die Ewigkeit.
Er wird dabei sein wenn man mich bettet.
Es ist soweit, es tut ihm leid. S.U. Oktober 1959

Eine Pendlerin (Wahrsagerin) die in die Zukunft sieht.

Margot und ich hörten von Ihr. Sie war bekannt bei der Polizei, da sie angeblich bei einem Unfall, bei dem ein Auto im Fluß verschwand mit ihrem Pendel die genaue Stelle herausfand. Man mußte ihr ein Bild des Verunglückten geben und an Hand des Fotos nahm sie Kontakt mit dem Geist des Menschen auf. Wir drei Grazien erschienen in Person und wollten alle etwas wissen. Sei es beruflich bei meiner Schwester, oder sei es unsere bevorstehende Reise nach England. Wir mußten ihr auch unsere Hand zeigen und sie suchte nach unserer Lebenslinie. Jeder musste dann sein Geburtsdatum zusammenzählen z.B. meines lautet: 8. 6. 1936 = 33. Angeblich sollte man die Nummer des Bekannten ebenso zusammenzählen, ergibt sich die gleiche Zahl, so passen beide gut zusammen. So addierte ich: 26. 6. 1936 = 33. Ganz freudig

sagte ich dann Frau Rotgelb, mein Freund hat die gleich Nummer. Sie meinte sofort:
"Dann komme was mag, er wird der richtige Mann sein. Sie können so weit weg wie sie wollen, er wird Ihnen immer nachreisen".
Ich glaubte es fast. Aber die Wirklichkeit war ganz anders. Wir hörten auch zum erstenmal, dass es eine ganze Gesellschaft gab, die an eine dreimalige Wiedergeburt der Menschen glaubt. Man traf sich zuletzt in der Schweiz und unsere Dame traf dort auf einen Ball ihren ehemaligen Mann aus dem ersten oder zweiten Leben. Bei einem Tänzchen erkannten sie sich wieder. Jeder von uns komme dreimal ins irdische Leben. Jedesmal in anderer Gestalt. Einmal als Kind, das andere mal als Erwachsene, dann als gealteter Mensch. Nachdem sie uns weiter aus der "Hand las" konnte sie kundgeben, dass ich z.B. schon mal im Mittelalter gelebt habe, aber leider einen tragischen Tod erlitt, ich sei als Hexe verbrannt worden. Dagegen sei Karin in ihrem ersten Leben als Kind schon gestorben. Meine Schwester, so glaube ich mich zu entsinnen, war erst in ihrem ersten Leben.
Auf dem Nachhauseweg haben wir viel gescherzt und ich habe meine Hexenverbrennerei als Anlass genommen, mich in Gedanken zu vertiefen, warum und weshalb man mich verbrannt habe. Ich wollte absolut nicht als 'böse' Hexe verbrannt worden sein. So fiel mir ein, dass gerade im Mittelalter die Hexenverfolgung gnadenlos alle Individuellen verurteilte und die sog. Kirchenväter hauptsächlich mit Frauen schlecht umgingen. Ich stellte mir vor, dass ich eventuell nur einem armen Ritter eine Wunde mit meinen wirkhaften Heilkräutern heilte und deshalb schon wegen 'Zauberei' verurteilt wurde.
Margot erinnerte sich, dass man mich als Kind schon oft 'Hexesybille' nannte.
"Ja, ja", scherzte ich, "demnächst fliege ich auf meinem Besenstiel".
Von London kam Post. Das "Warwickshire House" in der Gower-Street sandte uns zwei Arbeitsgenehmigungen. Jetzt wurde alles ernst. Ich mußte nun auch an meine Kündigung denken. Karin konnte fühlen, wie schwer mir der Entschluss am Ende doch fiel. Genau am letzten Tag, das muss Ende Dezember gewesen sein, tauchte sie im Büro auf. Ich zeigte ihr die Kopie meines Kündigungsschreibens. Ich musste zum 31.12. gekündigt haben, um am 31.3. zu gehen. Im Text war wirklich zu lesen:
"Zur Verbesserung meiner englischen Sprachkenntnisse werde ich für ein Jahr nach London gehen ...."
Die Professoren und Assistenten waren überrascht und doch irgendwie schienen sie zu sagen, so der eine wörtlich: "Ich habe mir schon immer im Stillen gedacht, dass sie nicht als Beamtin ihre Berufslaufbahn sehen und sie

uns früher oder später verlassen werden. Nunja, Fremdsprachensekretärin ist schon eine neue Anforderung."

Wir schickten unsere unterzeichneten Arbeitsverträge ab. Jetzt musste ich unsere Fahrt nach London buchen. Der ASTA bot eine günstige Fahrt - einfach nach London für DM 50.- an. Wir konnten aber erst in Köln den Studententransport nehmen. So stand uns eine Autofahrt nach Köln noch bevor. Erst mussten wir uns Gedanken machen, was wir an Kleidung und Sonstigem alles mitnehmen wollen, d.h. können. Ich packte Vati's grossen Schrankkoffer, was man auch Überseekoffer nannte. Zwei weitere Handkoffer wollte ich dann selbst mit auf die Reise nehmen. Wir mussten uns für ein Jahr eindecken. Das war Frühjahr, Sommer, Herbst und Winter.

Während ich meine Kündigungsfrist tapfer durchhielt kamen mir doch hie und da grosse Zweifel, ob ich nun auch die richtige Entscheidung getroffen habe? Immer wieder musste ich mir von Mutti und Schwester anhören, dass es schon ein übereilter Entschluß sei und dass man nicht einfach wegläuft von Problemen, sondern ich sollte meinen Stolz haben und sagen, dass es bestimmt noch einen besseren jungen Mann in Würzburg gäbe. Meine ganze Handlung sei sehr egoistisch geprägt. Zu meiner Schwester sagte ich, dass sie einfach Glück habe, dass es ihre Natur ihr erlaube, viele Dinge geheimzuhalten. Sie brachte es fertig, still in sich hinein zu weinen oder in sich zu versinken um jeglichen Liebeskummer mit der Aussenwelt nicht teilen zu müssen.

"Ich bin eben mal nicht so wie Du und Mutti, ihr nennt das Stolz, aber ihr fresst alles in Euch hinein, ich denke, dass Mutti's Gesundheit sehr darunter gelitten hat. Ich will auf keinen Fall eine chronische Krankheit mir zulegen," protestierte ich. Doch irgendwie war ich fest davon überzeugt, dass ich nicht weglaufe, sondern einfach nicht im 'moralischen Sumpf" stecken bleiben will. Die Beamtenstadt mit ihren Spießbürgern und Vorurteilen war mir einfach zu klein geworden, so glaubte ich jedenfalls! Ich konnte es nicht verkraften, wenn man mir ständig, auch die lieben Verwandten und guten Bekannten vor Augen hielt, 'dass man doch eine gute, staatliche Stelle nicht so einfach aufgibt um ins Ausland zu gehen'....

Ich empfand meine gebrochene Verbindung zu Horst wie eine Art Entwertung meiner Weiblichkeit, aus dieser Selbstentwertung musste ich mir heraushelfen. Neue Eindrücke sammeln, neue Umgebung, neue Anforderungen - Aufbesserung meiner Sprachkenntnisse. Das hörte sich zu mindestens gut an und bestätigte, dass ich positiv dachte. Schon rein beruflich an einem Fortschritt interessiert bin.

Letzter Fasching - eine 'Sitzung der Damenabteilung' lief im WRV nochmal über die Bühne. So ab und zu fragte eine nette Ruderin:
"Na Siggi, hast Du wirklich Liebeskummer?" keine wollte es glauben, 'so was passe doch gar nicht zu mir', hiess es. 'Ich sei doch so ein selbstsicheres Weibsbild, mit solch einem guten Humor, - Liebeskummer - ? das darf doch nicht wahr sein.' Ich empfand es schon als schmerzlich, dass mich doch keiner so richtig kannte. Weiss denn keiner wie tief verletzt ich bin? Will denn keiner die andere Seite von der Siggi kennenlernen?
Oft vermisste ich so sehr den Vater. Immer hatte ich das starke Bewußtsein, wenn eine Diskussion unter uns drei Frauen zu Hause schief ging, d.h. dass Mutti und Margot sich einig waren und ich der 'Außenseiter' in Gedanken und Worten war, dass Vati mich sicher verstehen würde, irgendwie sind wir uns bestimmt sehr ähnlich. Doch leider, ich hatte nie die Möglichkeit zu einer Aussprache unter vier Augen. Unser Drei-Frauen-Haushalt vermisste auch so echt den vierten, den lieben Opa. Er hielt mir öfters mal die Stange. Mir wurde echt bewusst, dass sich ein besseres Verständnis und Einverständnis zwischen Mutti und Margot entwickelte. Ich war beiden manchmal zu sozial eingestellt. Ganz einfach gesagt, ich sah es so als wollten beide immer etwas "Besseres" sein und meckerten oft an meinen Bekannten herum. Ich sehnte mich nach dem Vater und seiner Stimme in einer Diskussion. Nach dem Temperament wohl die Mutter, hiess es, doch im Geist der Vater. Eine übergroße Menschenfreundlichkeit und Verständnis für alle Schichten der Gesellschaft, ob arm oder reich beflügelte mich. Ich setzte mich mit Vorliebe für den bedürftigen/benachteiligten Menschen ein und ich wußte, dass ist der Vater in mir.

Das Verabschieden !

So Mitte März fing ein endloses "sich Verabschieden" an. Meine lieben Verwandten in Wiesenbronn. Die Tanten konnten beim besten Willen nicht verstehen, warum und weshalb ausgerechnet England, Ausland? Hätte ich nicht in Deutschland bleiben sollen? Ich erklärte so gut es ging, dass ich hauptsächlich wegen der Sprachkenntnisse nach London ginge. Cousin Ulli und seine Frau Marga hatten zwischendurch zwei kleine Mädchen, Agnes 1958 geboren, Margot 1959. Die beiden kleinen Mädchen hatten sage und schreibe den gleichen Haarschnitt wie einst Margot und ich - Erinnerungen wurden wach. Dann gings zur Wehrwein's Tante, sie war recht alt und gebückt und erinnerte mich in Gestalt sehr an meine Ullrich's Oma. Meine Cousine Lisbeth mit ihren zwei Söhnen Karl und Georg kam auch in die gute Stube, um mit einem kräftigen Händedruck mir alles Gute zu wünschen. Weiter gings die Dorfstrasse runter zur Tante Anna, Onkel Michel, meine Erbshäuser's Tante Babette, Tante Käthe Ullrich, die einzige Schwester meines Vaters, die unverheiratet blieb. Ihr Verlobter ist im 1. Weltkrieg gefallen und so blieb sie alleinstehend. Von meiner Tante Anna, die mich als Kind immer in Schutz nahm und zu der ich einen extra guten Draht hatte, fiel es mir besonders schwer sie für ein Jahr lang aus dem Blickfeld zu verlieren. Ihre beiden Söhne, Dieter 14 Jahre und Heiner fast 12 Jahre fanden es recht aufregend, dass ich nach England ging. Ich mußte versprechen, eine schöne Ansichtskarte von London zu senden. Klein-Peter mein Patenkind war erst zwei Jahre. Er und seine Mutti Erna weilten noch in Rüdenhausen im Kinderheim und so konnte ich nur Grüße hinterlassen und versprechen, dass ich schreiben werde. Bei Neubauer's habe ich auch schnell rein geschaut. Jemand war immer zu finden, entweder in der Backstube oder Gastwirtschaft. Waltraud meine gute Freundin aus der Kindheit, wohnte bereits in der Nähe von Dettelbach, wo sie ihre erste Lehrerin-Stelle angetreten hatte. Dort hatte ich sie mal kurz besucht. So hinterliess ich auch in der Familie Neubauer an alle Geschwister und vor allem an diejenigen, die weit verbreitet lebten meine herzlichen Grüße. Ganz besondere Grüße sollten der Marianne, der ehemaligen Weinköniging Franken's ausgerichtet werden. Sie war verheiratet und lebte in Frickenhausen. Der Vater Neubauer machte, wie immer, sein Späßchen, die Mutter fand ich in der Küche mit der Schwiegertochter und Heiner, wie immer in der Backstube. Mein letzter Abschied galt dem Grab meines Brüderchens.

Von der Würzburger Verwandtschaft habe ich mich mit Mutti und Schwester total nach dem Zwischenfall im Zusammenhang mit Opa's Tod zurückgezogen, also kein Verabschieden !
Meine besten Freundinnen waren noch von der Neuen Welt die Tavan's Töchter. Alice hatte zwischendurch zwei liebe Kinder, Ingeborg und Roul. Sie wohnte in der Stadt. Oben auf dem Leutfresserweg 32 wohnte noch Emma und Pauline mit den Eltern. Dorthin spazierte ich an einem Nachmittag, Alice war auch mit Familie zu Besuch. Ihre Mutti meinte scherzend:
"Sieglindelein, warum England ? Lieber gehe doch nach Amerika." Ich antwortete:
"Sie sagen das nur, weil sie dort gelebt haben. Aber Amerika ist viel zu weit."
Da schaltete sich Emma ein und meinte, dass sie ja auch ein Jahr in England

gewesen sei und sie hatte viel Geld sparen können, da sie oft zwei verschiedene Stellen hatte, teils im Haushalt, teils als Platzanweiserin in einem Kino. Es habe ihr gut gefallen und das Jahr geht schnell um. Pauline nahm mich auf die Seite und flüsterte so halb:
"Schau Dir mal Alice an, vielleicht fällt Dir was auf?" Ich rief ihren Namen, sie kam aus einem der Kinderzimmer, da sie etwas Neugeschneidertes anprobierte.
"Alla", rief ich erfreut aus, " meine Güte, seh ich recht"?
"Ja, Du siehst schon richtig, die Alla hat wieder einen dicken Bauch, sie ist schwanger mit dem dritten Kind und da bist Du dran Schuld", warf Pauline ein. Ich konnte an ihrer Stimme, und ihrer todernsten Miene, die sie perfekt aufsetzte, nicht erkennen, ob es Ernst oder Spaß war.
"Wieso das denn?" fragte ich wie aus allen Wolken gefallen. Da brach Paulines Gesicht in ein leuchtendes Grinsen und sie meinte:
"Der blöde 'Parzival' ist daran Schuld. Du hast doch Alla und Bernd Karten für Bayreuth gegeben."
"Ja, und..." weiter liess mich Alice gar nicht sprechen. Sie nahm mich sachte am Arm und wir gingen nach vorne in die gemütliche Küche, wo man so echt bequem auf der Eckbank saß, sie fuhr weiter: "Ja, der Parzival insofern, da wir nach der Aufführung in Bayreuth in der tiefsten Nacht nicht nach Hause fuhren, sondern in einer Gaststätte übernachteten. Irgendetwas ging dann schief mit unserer Verhütungsmasnahme. Das werde ich Dir später mal genauer erklären. Wir freuen uns auf unser 3. Kind."
Das einzige was mir einfiel zu sagen war: "Darf ich dann Patentante werden?"
"Natürlich mein Siegilein" antwortete Alice sanft und lächelnd. "Ich habe schon an Dich gedacht, nachdem meine Geschwister und Deine Margot schon bei den ersten Zweien Patentanten sind." "Auch wenn ich in England bin?" fragte ich nach, wollte mich eigentlich nur vergewissern.
"Selbstverständlich, es wird ungefähr Mitte Mai sein". Da dachte ich im Stillen: Alles neu macht der Mai, macht die Seelen frisch und frei.
Beim Abschiednehmen wieder das grosse Versprechen: "Ja ich werde auf jedenfall schreiben und Euch alle auf dem Laufenden halten".

Tante Maria in der Kleiststrasse und Rosele schenkten mir ein Tagebuch, da sollte ich eifrig alles aufschreiben was so um mich und mit mir geschieht.
Im Ruderverein hielten Margot und ich auch ne Art "Good-bye" party. Ein Ruderfreund stellte mir kurz vorher einen jungen Engländer vor, der noch in seines Vaters Geschäft als Volontär arbeitete, aber demnächst wieder nach London zurück kehre, sein Name war Stewart. Er wurde auch eingeladen. Ein

weiterer enger Kreis aus Mädchen und Junges bestehend. Einige Stimmen meinten: “Siggi, wir beneiden Dich, am liebsten würden wir auch mal wieder aus Würzburg rauss.” Jemand anders gab mir die Adresse vom Bruder, der in London bei Harrods in der Buchabteilung arbeite und an den ich mich wenden solle und man gab mir auch ein kleines Päckchen für ihn zum Mitnehmen.

4. Lebensabschnitt

Abreisetag war da, der 31. März 1960.

Meine Schwester sollte auch als mein Familienmitglied mit nach Köln kommen. Karin's Eltern kamen im Wagen vorgefahren. Ich verabschiedete mich von Mutti und eine Wehmut überfiel mich. Im Unterbewußtsein war uns beiden klar, dass obwohl alles nach Abenteuer und Unternehmungsgeist schillerte, tief im Herzen war ich wahnsinnig traurig. Als ich Mutti umarmte, murmelte ich: "Mutti es fällt mir direkt schwer jetzt doch zu gehen". Da sagte sie ganz ruhig und sachlich, vielleicht auch etwas leicht beleidigt:
"Du hast es ja so gewollt".
Diese wenigen Worte liessen mich erkennen, dass es mein Wille war, der sich durchsetze, also 'wo ein Wille, da auch ein Weg'.
Mutti versprach ans Fenster zu gehen und zu winken. Die größte Überraschung hatte ich, als ich Horst hinterm Steuerrad sah. Man erklärte mir, dass er dem Vater die lange Fahrt abnehmen wollte. So saß Karin neben dem Bruder, während ich dicht neben ihr und der Türe saß. Meine Schwester rückte mit den Eltern auf dem hinteren Sitz zusammen. Das Auto war voll, auch der Kofferraum. Ein kurzer Blick nach oben, zum Schlafzimmer hin, wo Mutti winkte und los ging die Fahrt. Autobahn erst ab Aschaffenburg, dann Frankfurt, Köln. Wir waren alle in einem kleinen Hotel eingebucht, denn die Zugreise ging frühmorgens los. Am Abend gingen wir gemeinsam essen. Es wurde viel geplaudert, sogar getanzt. Horst machte die Höflichkeitsrunde. Erst seine Familie, dann meine Schwester und am Schluß ich. Ein ganz kleiner Funken Hoffnung war doch noch wach, ich glaubte vielleicht würde er jetzt die unausgesprochenen Worte sagen, wie z.B.: "Es tut mir leid das Du gehst, ich werde Dich sehr vermissen..."
Nichts dergleichen, höfliche Konversation, die sich um die bevorstehende Reise drehte und mir wurde klar, er war nur noch der Bruder meiner Freundin. Was für ein Affentheater dachte ich mir. Ich blickte mich in der Runde um und dachte mir, jeder spielt so seine Rolle. Keiner sagte ein unüberlegtes Wort. Ich wurde immer wieder daran erinnert, gut auf Karin aufzupassen und auf mich selbst - natürlich. Das war für mich alles selbstverständlich. Karin war ein so liebes, anhängliches Wesen, dass ich schon vor einiger Zeit die Rolle der älteren Schwester übernommen hatte.
Meine Schwester bemerkte das wohl und stand dem allen sehr kritisch

gegenüber.
Hauptbahnhof Köln, Abschied, der Zug nach Ostende rollte ab. Zurück blieben winkend meine liebe Margot, die Eltern von Karin und Horst. Karin und ich machten es uns in unseren Sitzen bequem und langsam aber sicher packte uns dann doch das Reisefieber für London, die uns unbekannte Stadt.
Sehe ich mir die Fotos so an, so bemerke ich, wie elegant gekleidet wir noch 1960 auf eine lange Reise gingen. Wir trugen beide ein Kostüm und Wintermantel.

Wir schrieben den 1. April. War es ein Aprilscherz?
Ich wollte es so sehen, mit Blick auf die Zukunft, so erklärte ich in Würzburg vor meiner Abreise: "Ja, wenn mich meine Kinder später mal fragen 'Mutti, was hast Du denn in London gemacht am 1.4.1960 ?'
Dann wollte ich antworten: "Kinder, es war alles nur ein Aprilscherz!"
Das kann man nur Galgenhumor nennen, denn die Wirklichkeit war nicht ganz so wie ich mir das vorstellte. Zwar beteuerten meine Schulfreundinnen, die ein Jahr vor uns drüben waren, dass diese Arbeit weitaus besser wäre, als bei einer Familie als Au-Pair mit Kindern, wo der Arbeitstag nie zu Ende ginge und die freien Abende selten zu nehmen seien. Wir sollten geregelte Freizeit als Zimmermädchen haben. Von 8.30 Uhr morgens bis 12.30 Uhr mit einer Stunde Mittag und dann wieder 13.30 Uhr bis 17.30 Das hörte sich gut an, geregelte Arbeitszeiten im Vergleich zum Au-Pair.

Ostende ! Der Zug kam gegen 14.00 Uhr an. Der Bahnhof war direkt im Hafen, man wechselte vom Bahnsteig durch den Zoll in den Hafen, den Landesteg hoch und man war auf dem großen Schiff. Das erste in dieser Größe das ich je bestiegen hatte. Leider fiel mir mein Fotoapparat von den Schultern und ins Wasser, weg war er - kein guter Anfang dachte ich. Doch so viel Neues wartete auf mich, dass ich den Verlust schnell verschmerzte. War keine teuere Kamera sagte ich mir zur Beruhigung.
Gemütlich waren die Schiffe über den Kanal 1960 noch nicht. Wir befreundeten uns mit weiteren jungen Leuten, die teils auch zum ersten Mal nach London reisten.
Den Kanal habe ich mir aber anders vorgestellt. Ich dachte, ein Kanal würde auf beiden Seiten das Land in Sicht haben.
Ich war sehr überrascht, als wir stundenlang, fast wie eine Ewigkeit kam es mir vor, auf dem Kanal schwammen. Das Dröhnen der Maschinen hörte man deutlich. Von Zeit zu Zeit ging ich hoch zum Deck und blickte auf die großen,

schaumigen Wellen, die das Schiff zurück ließ. Kein Land in Sicht, nur Wasser, Wasser.
Mir war immer noch nicht bewußt, dass ich auf eine Insel zusteuerte, eine große Insel, namens England. Da fiel mir doch glatt der Text eines Würfelspieles von meiner Kindheit ein, nur damals hieß es: "Wir fliegen gegen Engeland und mit uns fliegt der Tod". Die Figuren auf unserem Spielbrett waren kleine Flugzeuge, die wir hin und her schoben, je nachdem was wir gewürfelt hatten. Ob ich wohl schon ahnte, dass man in England noch sehr viel über den letzten Weltkrieg spricht ?

Die weiße Steilküste - Dover - the white cliffs of Dover.
Ankunft - und durch den Zoll. Was ich nicht erwartete, man fragte uns im Einzelnen wohin wir gingen und wir mußten unsere Arbeitsgenehmigung zeigen. Was ich nie verstehen konnte, warum mir ein Beamter nach dem Ausfragen mit flacher Hand auf meinen Bauch klopfte ?
Unter uns Mädchen wurde es besprochen und wir glaubten, da ich besonders blass aussah htte man denken können, ich sei eventuell in anderen Umständen? Der Klaps auf den Bauch hätte mein Geheimnis entlockt, indem ich wohl aufgeschriehen hätte, da ich mein Kind beschützen wollte? Darüber wurde viel gelacht und gerätselt.
Noch mal fast 3 Stunden mit dem Zug, Dover bis London, Victoria Station. Dort wurden wir von einem anderen Würzburger Mädchen abgeholt, die bereits vor einigen Monaten schon im Warwickshire House angekommen ist. Sie besorgte uns ein Taxi. Sie sahen ganz anders aus wie die in Deutschland. Sie sind alle schwarz, der Fahrer ist von den Passagieren mit einem Glasfenster getrennt, es ist genug Platz für fünf Leute, wenn man zwei Notsitze herunterklappt.

London bei Nacht. Vom Bahnhof geht es schnell zum Hydpark, Parklane entlang, Oxford Street, Tottenham Court Road und rechts biegen wir ab in die Gower Street. Hinterher fiel mir ein, dass mein Gedicht: "Ankunft" auch auf London passt:

"London schließe mich in Deine Arme,
drücke mich ganz sachte an Dein Herz,
gib mir Deinen Pulsschlag,
Deinen Atem flöß mir ein
und ich weiß, ich bin nicht allein."

Jetzt hieß es für Karin und mich, Ohren steif halten, alle Hauskeeper (Hausdamen) und die Lady Warden (Leiterin) denen wir begegneten sprachen nur Englisch. Kurze Begrüßung: "Did you have a nice journey?"
"Yes, thank you". Unsere Zimmer wurden uns gezeigt. Nach Schema "F" möbliert. Altes, braunes Möbel, zwei Betten rechts, Kopf zu Fuß. Fenster gerade aus. Links je zwei Schränke und Kommoden, ein Guß genau in der Mitte. Für jeden Flur mit ca. 10 Räumen gibt es 3 Badezimmer und Klo's.
Das Hostel wird von Miss Nichols geleitet. Sie ist schottisch, wortkarg, äußerst höflich, an der Grenze von unpersönlich. Zum Aufstehen läutet eine Glocke im Flur, zum Frühstück und jeder Mahlzeit das gleiche, ebenso bei Arbeitspause und Arbeitsschluß. Den Tee-break kann man von 10.00-10.15 auf dem Zimmer nehmen oder in den Speisesaal gehen. Dann gab es noch einen Nachmittags-tea-break. Alles ordentlich geregelt, fast wie in Deutschland.
Der Speisesaal ist im Untergeschoß, wo auch die Küche ist. Am Büffett holt man sich sein Essen, Portionen werden auf die Teller gegeben. Man stellt sich schön an, kein Geschubse. Man nimmt ein Tablett, darauf kommen der Teller mit dem Hauptgericht, die Nachspeise und auch gleich eine Tasse Tee. Die Kost ist uns fremd. Kartoffeln, dünne, große Scheiben Fleisch, dicke braune Soße, immer die gleiche für alle Fleischsorten. Kohl, egal welcher, immer nur im Salzwasser abgekocht, oft auch überkocht. Als Ersatz für die so bekannte Mehlschwitze oder gedünstetes Gemüse von zu Hause, gibt es immer einen Nachtisch. Viel Vanillpudding, nennt sich custard, mit gekochten Äpfeln, gekochten Zwetschgen oder auch Pfirsiche aus der Büchse. An den Tee kann man sich gewöhnen, er ist stark und wird mit Milch getrunken. Das Abendbrot ist spärlich. Jämmerliche dünne Weißbrotscheiben, wenn man diese kräftig mit den Fingern drückt kleben sie zusammen und sind wie eine Karte. Dazu gab es Bohnen in Tomatensoße und zwei englische Würste. Diese erinnerten mich an unsere, die wir gleich nach dem Kriege bekamen. Man sagte, da sei zu viel Brot mit reingemischt worden. Hat man immer noch Hunger, so kann man genug Weißbrot mit Magarine und Marmelade essen und natürlich Tee trinken so viel man will.
Unsere Arbeit ist körperlich und deshalb haben wir alle immer Hunger. "Alle" die acht deutschen Mädchen sind: Uschi, Erika, Karin, Siggi, Barbara, Maria, Gisela und Jutta. Dazu gesellten sich zwei Schwedinnen, eine Schweizerin namens Ruth, eine Französin, zwei Italienerinnen. Wir waren die internationale Brigarde, die alle hier waren, um tagsüber zu arbeiten und am Abend in die Schule gingen um Englisch zu lernen, ein certificat zu bekommen.
Der Rest der Hausangestellten waren englische Frauen, teils schon etwas älter

die auch Kost und Logis im Hause hatten und teils ausserhalb wohnten. Die Hausdamen waren alle im Durchschnitt über fünfzig Jahre und spinsters (Junggesellinnen).
Das war nicht immer leicht für uns Jungvolk, denn sie rügten gerne und überprüften alle unsere Arbeit. Wir waren auf verschiedenen Etagen aufgeteilt. Es wohnten ca. 720 junge berufstätige Engländerinnen in dem Hostel, das ja wie ein Hotel funktionierte. Das Hostel gehörte zu dem großen Kaufhaus Bourne & Hollingworth in Oxford Street. Unterhalten durften wir uns nur in der Pause, nicht mal mit einer Engländerin plaudern, wenn mal eine noch in ihrem Zimmer war. Keine Zeit vergeuden, gleich stand eine Hausdame da und erinnerte an die Arbeit. Nur gut, dass ich von zu Hause aus das Saubermachen gelernt hatte.
Ich wurde Linda gerufen, da Sieglinde zu kompliziert war und meinen Namen Siggi, der war nur für Freunde und Bekannte, den gab ich gar nicht an. Mit einem Mopp in der Hand, Staubtuch im Schürzentäschen, das unser eigenes war, gings durch die Zimmer. Ich hatte zwölf Zimmer, alles Parkettböden, und drei Badezimmer zu reinigen. Die Routine wurde uns am ersten Tag gezeigt. Jedes Zimmer hatte zwei Bettvorlagen und eine vorm Guß. Diese mussten abgesaugt werden. Mit Stahlwolle die Wasserflecken auf dem Parket um den Guß herum wegscheuern. Da habe ich heimlich auf deutsch gemeckert. Die Weiber mußten ja nicht die Arbeit tun. Wir waren also das Dienstpersonal, das muss man erstmal schlucken. Die Korridore auch alles Parkett, mußten ab und zu eingewachst werden. Zum Bohnern gab es eine elektrische Maschine, diese sorgte für Hochglanz. Einen Fimmel hatte ich. Die Wasserhahnen mußte ich auf Hochglanz bringen und mit meiner Nagelfeile habe ich den Kalkansatz abgekratzt. Aber das auch nur in den ersten Wochen! In den Papierkörben fanden wir Kleidungsstücke, wo vielleicht ein Saum oder Naht aufgetrennt war und genäht werden mußte. Halbgestrickte Pullover und Schuhe, die zum Schuster sollten, da der Absatz abgelaufen war. Es gab auch kein Fräulein, wie bei uns im Kaufhof in Würzburg, das die Maschen an den Nylons hochnahm. Alles wurde weggeworfen. Was haben wir hier dachte ich 'eine Wegwerfgesellschaft' ?
Unsere Arbeit war im Grunde genommen Hausarbeit, routinemäßig und langweilig. Wenn wir uns beklagten sagten die Jungfern (Hausdamen): "Warum seid ihr eigentlich gekommen? Ihr habt angeblich alle so schöne Stellen zu Hause gehabt, warum habt ihr sie denn aufgegeben? Das können wir nicht verstehen?" Ich gab zurück: "Wir sind ja nur hier um eine Sprachschule zu besuchen. Da wir keine reichen Väter haben, müssen wir hier arbeiten, wo

wir Unterkunft und Verpflegung mit im Hause haben."
Unser Verdienst betrug ca. £ 3 und 15 shillinge in der Woche, nachdem Kost und Verpflegung abgezogen war. Der Kurs war DM 11.00 für 1 £. Es reichte fast nicht für die Gebühr der Abendschule. Uns blieb fast kein Taschengeld. Wir gingen window-shopping (Fenster-Einkauf) in die Oxford Street. Donnerwetter, die Damenunterwäsche - was für ein Angebot. Recht sexy im Vergleich zur deutschen Unterwäsche.
Ein herrliches Gefühl eine Millionen-Stadt (ca. 10 Millionen Menschen) zu erforschen. Hinter der Gower Street liegt die Londoner Universität, das Britische Museum und Russell Square mit einem kleinen runden Garten mit Springbrunnen, Rasen, Bäumen und Blumenbeeten. Auch eine Tee-Hütte, wo man sich seine Tasse Tee holt. Liegestühle sind zum Mieten für ca. 15 pence. Ich entdecke langsam, dass London voll von kleinen Parkanlagen ist, ich bin angenehm überrascht. Die großen Parks wie Regents-Park und Hyde-Park sind mit dem Bus schnell zu erreichen. Auf dem Rasen im Hyde-Park liegen die Liebespärchen eng umschlungen da. Ich dachte so eine Szene fände man nur in Paris. Von wegen vernebeltes, graues London. Es ist Frühling hier und ich bin angenehm von London beeindruckt, 'das blaue Band flattert durch die Lüfte'.
Von der Gower Street läuft es sich gut zur Tottenham Court Road von da an weiter in die Oxford Street, wo auch das Kaufhaus Bourne & Hollingworth ist. C & A, John Lewis, D.H. Evans, mehrmals Marks & Spencer mit den besten Preisangeboten, Qualitätsware für den kleinen Geldbeutel. Ganz unten am Ende der Oxford Street nahe Marble Arch, liegt das 3. größte Kaufhaus, Selfridges, mit prachtvoller Fasade. Die Oxford Street sei die längste Einkaufsstrasse Englands. Aber - Harrods in Knightsbridge ist d a s beste und teuerste Kaufhaus. Dort gibt es alles, von der Wiege bis zur Bahre. Hauskauf, Imobilien. Man kauft per Telefon in der riesengrossen first class Food Hall (Lebensmittelabteilung/Delikatessen) ein.Wenn man irgendetwas nicht findet, so heißt es: 'Das bekommst Du bestimmt in Harrods'. Am Abend ist der Hauskomplex mit tausenden von Glühbirnen erleuchtet, ein sog. Wahrzeichen von Knightsbridge. Neben Kensington High Street die teuerste Einkaufsecke von London.
Von der Tottenham Court Road geradeaus spaziert man die Charing Cross Road hinunter zum Trafalgar Square. Ein Springbrunnen, zwei dicke Löwendenkmale und das Nelson Colum bilden das Wahrzeichen. Auch den Schwarm von Tauben, für die Körner zum Kauf angeboten werden, kann man füttern, auf der Hand halten und ein Bild machen lassen. Sitzt man dort auf einer Bank, hört man Sprachen aus aller Welt. Gleich hinter dem Trafalgar

Square ist die National Gallery. Blickt man in die Richtlinie der Löwen so erstreckt sich Whitehall und den Big-Ben sieht man etwas. Rechts läuft man durch einen Torbogen zum Buckingham Palace hin, links erstreckt sich der schöne kleine St. James's Park.
Spaziert man Whitehall entlang, kommt man an der Downing Street vorbei. 1960 konnte man noch bis zur Türe von Nr. 10 (Wohnsitz des Prime Ministers) gehen. Unter dem Regime von Maggy Thatcher wurde alles abgesperrt. Ein grosses, hohes schmiedeeisernes schwarzes Tor mit vergoldeten Spitzen blockiert den Zugang zu Nr. 10 und natürlich auch Nr.11 wo der Finanzminister residiert. Geht man weiter bis zum Big Ben, dann spaziert man so halb über die Westminster Bridge, dreht sich um und man sieht Westminster das gothische Regierungsgebäude in voller Pracht gleich an der Themse. Gut für Fotos !
Voller Freude am Neuen, erforscht man an Hand eines Stadt-Führers, wo man hingeht und was man sich ansieht. Man ist an freien Wochenenden auf Achse. Ein Boot fährt z.B. von Westminster Bridge runter nach Greenwich. Man sieht St. Paul's Cathetral zur Linken. Die Kuppel erinnert mich an das Neumünster in Würzburg.
Von der Tottenham Court Road fahren wir mit dem Nr.1 Bus zur Madam Tussaud, nahe der Baker Street. Der berühmte Sharlock Holmes soll angeblich dort gewohnt haben. Angeblich gehen täglich noch Briefe dort ein und eine wohlgesinnte Versicherungsgesellschaft nimmt die Briefe in Empfang. Antworten bekommt man glaube ich nicht.
Ganz in der Nähe von Madam Tussaud liegt der Regents-Park, mit einem kleinen See, einem Rosengarten, vielen Blumenanlagen, Bänken und Liegestühlen zum Ausruhen. Aber, man darf hier auch auf den Rasen sitzen und ein Picknick halten. Das Betreten des Rasens ist nicht verboten! In einem kleinen Selbstbedienungs-Café kann man sich mit Tee, Kaffee und süßen Kuchen erfrischen. Ich vergesse etwas die langweilige Saubermacherei.
Stewart, ein netter Engländer der uns ja noch in Würzburg vorgestellt wurde, ist zwischendurch wieder im Lande und nimmt sich unser an. Am ersten freien Wochenende, Ostern 1960, fahren Karin und ich mit Stewart im Auto nach Windsor. Wir sahen die Queen, Prinz Phillip, Margaret und ihren Verlobten, sowie Charles und Ann am Balkonfenster der Burg stehen. Wir essen in einem Pub-Restaurant gegenüber des Schlosses zu Mittag. Echt englisches Essen. Lamm-Braten, Erbsen und Rüben, oder Grünkohl und Kartoffeln. Ich hatte natürlich keine Ahnung, dass ich mal später nur ca. 15 Autominuten von Windsor weg wohnen werde und öfters dort hin fahre. Die Burg und das

Städtchen erinnern mich in etwa an unser schönes Würzburg. Die Stadt hat auch ein kleines Theater und einen Fluß, die Themse.
Karin und ich verstehen uns sehr gut. Wir sind ein guter Ausgleich. Sie ist mehr bestimmt und konsequent und ich bin das Queksilber und ständig am Ausklügeln was man jetzt noch unternehmen könnte. Karin schmecken die süßen Sachen so gut, sie kauft sich zusätzlich Kuchen und Plätzchen. Ich habe immer Hunger auf was Herzhaftes. Wir gehen indisch essen, das war nicht nur gewürzig sondern auch sehr scharf. Man weiss, dass man sich beim nächstenmal für einen mittelmäßigen Madras Curry entschliesst.
Wenn Post von zu Hause eintrifft, freuen wir uns sehr. Ich bin ja das zweitemal von zu Hause weg, mein Jahr in München hat mich schon einiges gelehrt. Bei Karin merkte ich jedoch sie vermisst das Elternhaus sehr.
Maria geht nach Paris, ich bekomme ihre Stelle, das bedeutet, ich muß nur noch 3 Zimmer putzen. Dafür muss ich Miss Nichols, die Lady Warden (Leiterin) betreuen. Sie hat ihre eigene kleine Wohnung im 2. Stock des großen Gebäudes. Im Fahrstuhl hole ich die Hauptmahlzeiten aus der Küche. In ihrer kleinen Küche muß alles nochmal in den vorgewärmten Ofen. Das Essen muß absolut heiß serviert werden. Ich muß genau aufpassen was die Hausdamen mir anordnen. Jeden Morgen liegt ein Zettel auf dem Eisschrank mit genauen Angaben fürs Frühstück. Orangensaft oder Pampelmuse, (oft aus der Büchse). Müsli zwei Stückchen Toast oder fertig getoastete Brötchen aus dem Paket. Ab und zu auch Schinken mit Spiegelei oder ein gekochtes Ei. Sie liebt Kaffe. Er muß in einem Purculator auf der Gasflamme gekocht werden. Der Kaffee wird auf einen Filter gelöffelt unten ist heisses Wasser. Wenn es kocht, sprudelt es hoch über den Kaffe und füllt die obere Hälfte des Gerätes, ne Art Kaffeetopf aus Metall. Mir würde bei dieser Art von Kaffeekochen der Kaffee zu bitter schmecken.
Miss Nichols hat ein kleines Ess-Zimmer, dort wird alles erst auf die Anrichte hingestellt. Das Essen aus der grossen Küche ist auf heißen Platten mit grossen Hauben abgedeckt. Der Teller wird kurz vorher schnell reingetragen und auf den Untersatz gestellt. Der hochpollierte dunkelbraune Tisch hat keine Tischdecke, dafür viele bemalte Untersetzer.
Teils bin ich froh, dass ich "befördert" wurde. Bin mit meinen 23 Jahren die älteste unter den Mädchen. Vielleicht hat man mich deshalb gewählt ? Ich finde Miss Nichols sehr kühl. Fast kein privates Wort wird gewechselt. Nach dem Essen serviere ich stets den Kaffe auf dem Tablett ins Wohnzimmer. Wenn ich ihn hinstelle höre ich nur: "Thank you" im hohen Tonfall und das hinter der Zeitung vorkommend, die sie liest.

Oft denke ich, ich lege ihr mal einen Frosch ins Bett, vielleicht sagt sie dann mehrere Worte.
Ich war für die ganze kleine Wohnung verantwortlich. Schlafzimmer, Wohnzimmer, Küche, Bad. Die meiste Fläche war mit Teppichboden ausgelegt, also konnte ich staubsaugen.
Wir Mädchen, aus verschiedenen Ländern unterhielten uns untereinander und tauschten unsere Erfahrungen aus, sei es auf dem Flur, Putzdienst, in der Kantine oder auf unseren Fahrten durch London. Miss Nichols, so hörten wir, war zuvor in einem Frauengefängnis als Leiterin tätig. Gisela arbeitete in der Küche und hörte es vom Koch. Nun wurde uns klar, warum sie so eisern reserviert war.
Meine Dienstzeit bei ihr ging bis 14.00 Uhr, dann hatte ich frei bis 17.30 Uhr. Ich mußte ihr das Abendbrot servieren, meistens kalt aus der Küche holen. Dann abwaschen, Tee servieren und gegen 20.00 Uhr war ich frei. Mir gefiel diese Einteilung, denn von 14.00 Uhr an konnte ich bei gutem Wetter bummeln oder mich im Russell Square Park setzen und ausspannen.
Manchmal war unser freies Wochenende nicht an den gleichen Daten, so holte uns Stewart dennoch ab, also einmal die eine, dann die andere. Endlich trafen wir eine richtige englische Familie, wir waren zum Essen beim Onkel von Stewart eingeladen und auch mal bei seiner Mutter. Das Essen schmeckte schon etwas besser aber im Grundriß das gleiche. Roast-lamb war immer der Sonntagsbraten, Beef kommt erst an zweiter Stelle und dann erst der Schweinebraten. Stewart's Mutter wohnte in Kingston on Thames. Ich darf dort einmal übernachten. Zu meiner größten Überraschung wird traditionsmäßig am Morgen vor dem Aufstehen eine Tasse Tee ans Bett serviert. Also man fängt den Tag mit Tee an und wie ich lernte, man beendet ihn auch mit einer Tasse Tee. Tee, das Nationalgetränk!
Stewart stellt mich seinen Freunden und Mitbewohnern seiner Wohnung in der Bayswater Gegend vor. Dort treffe ich einen langen, hageren, blonden Engländer namens Steven. Er hat einen guten Humor und fährt einen echten, alten MG. Für Stewart empfand ich eine rein freundschaftliche Zuneigung. Als ich Steven dagegen traf konnte ich fast einen Funken von dem gewissen "Etwas" verspüren. Was ich nicht wußte, war die Tatsache, dass Steven und Stewart sich gerne gegenseitig die Freundinnen ausspannen wollten, wenn immer eine Chance. Steven flirtete mit mir, er holte mich im MG vom Arbeitsplatz ab, wir fuhren durch das frühlingshafte London. Mein Englisch war noch holprig, aber es machte Spaß sich zu unterhalten. Wir lachten viel. Es kommt zum ersten Kuss. Ich glaubte fast Horst vergessen zu können. Wir

gehen als Vier-Mannhoch aus. Stewart und Karin, Steven und ich. Wir gehen in die alten Londoner Pub's, neue Eindrücke, kein Vergleich mit einem Weinlokal zu Hause.
Man steht viel an der Bar, nur kleine Tische und Stühle ringsumher. Essen tut man dort fast nicht. Und wenn, dann nur Chips und Würstchen im Blätterteig.
In einem Anfall von sich "sauwohlfühlen" lade ich noch Erika, ebenfalls eine Würzburgerin ein, denn sie äußerste sich dahingehend:
"Karin hat Glück Dich zu haben. Du arrangierst alles, ich lerne niemanden kennen." Wir trafen uns mit Stewart und Steven zu einem Drink in einem Pub an der Themse. Nun bemerkte ich, dass ich einen Fehler begangen hatte. Steven fand Erika, die blond, groß und schlank mit dunkler Stimme, einen anderen Frauentyp verkörperte als ich, wohl sehr attraktiv. Ich beobachte wie er seine ganze Aufmerksamkeit ihr schenkte und um meine gekränkten Gefühle zu verbergen, tat ich, was ich wohl nicht hätte tun sollen, ich fing mit einem anderen jungen Mann im Pub zu quatschen an. Dies erweckte wohl den Anschein, dass ich gar kein Interesse an Steven hatte und es mir egal war, dass er mit Erika flirtete, was natürlich nicht die Tatsache war. Aber, das war meine Art und Weise um meine Empfindlichkeit abzudecken. Von Karin hörte ich dann später, dass er sich nun mit Erika verabreden würde. Nun handelte ich, wie ich es damals nur konnte, und für richtig hielt, ich zog mich total von Stewart und Steven zurück.
Ich hatte es so satt, nur als Spielzeug herumgereicht zu werden. Wiedermal typisch, nach aussen hin zeigte ich nicht, wie sehr verletzbar ich eigentlich bin. Die nächste Dummheit die ich dann begab war, da ich meine Großzügigkeit beweisen wollte, dass ich es Karin freistellte, ob sie sich weiterhin mit Stewart, Steven und Erika treffen wolle.
Vielleicht erhoffte ich, sie würde "nein" sagen ? Sie dagegen nützte die gute Gelegenheit aus, weiterhin mit den anderen Dreien auszugehen. Da stand ich nun da mit meinem Talent des Organisierens - ich blieb alleine zurück. Da fällt mir ein Spiel ein von der Kindheit, wir sangen: "75 Bau're Mädli suche sich en Mann", man läuft los und schnappt sich einen Jungen, diejenige, die übrig bleibt steht in der Mitte und die anderen singen: "Da steht sie nun und hat kein Mann und ärgert sich zu Tode, ein andermal pass besser auf, das ist die neuste Mode". So war's denn auch. Ich war sehr traurig und fragte mich warum?
Eine nette Engländerin vom Flur, eine Musikstudentin, mit der ich mich manchmal unterhielt, sprach mir Mut zu, sie lud mich in ein indisches Restaurant Nähe Goodge Street ein. Wir machten 50-50, jede zahlte die Hälfte.

Die Vorhersage und die Tatsache.
Blickte ich am Abend von meinem Bett aus zu Karin hinüber, so sah ich oft Horst's Gesichtszüge und sein Lächeln, es war das gleiche. Warum schreibt er nicht, dass es ihm leid tut und er denkt an mich und alles soll wieder gut werden ? Hat die Wahrsagerin, die gute Rotgeb doch nicht die Wahrheit gewußt ? Sein Geburtsdatum und das meinige zusammengezählt ergab die gleiche Zahl, nämlich 33, aber wo bleibt der Erfolg, wir sollten zusammenpassen, unzertrennlich sein. Ich zweifelte nun stark an jeglicher Vorhersage von Glück und Leben. Pendlerinnen, Wahrsagerinnen, Sternenastrologie zum Teufel mit ihnen allen.

Zu allem Nachteil kam noch, dass unser Sprachkurs erstens nichts brachte, denn die meisten Anfänger aus verschiedenen Ländern u.a. auch den englischen Kolonien, wußten viel weniger als wir und zweitens waren die Gebühren viel zu hoch. So gingen Karin und ich nur noch zur conversation class, also das Sprechen, die Aussprache üben. Aber auch das gaben wir bald auf, bei mir war es die Wahl zwischen Taschengeld oder Schulgebühr. Aufeinmal schien das Englischlernen nicht mehr so wichtig. Die Hauptsache schien die Umgangssprache zu verstehen lernen. Ich nahm jede Gelegenheit war zu einer Unterhaltung mit den Engländerinnen, die wir im Hause selbst trafen. Es gab einen grossen Aufenthaltsraum, mit vielen bequemen Clubsesseln und kleinen Tischchen. Ebenso ein Schreibzimmer, wo man in Stille ungestört Briefe schreiben konnte. Auch eine grosse Empfangshalle mit Sitzgelegenheiten.
Das Schwimmbad war leider geschlossen. Alles in Allem, eingeschlossen das Klingeln der Glocke, morgens, mittags und abends nach Dienstschluss erinnerte mich an ein Internat, oder so stellte ich es mir vor.

Pfingstmontag, ein wichtiger Tag, auch ein Feiertag, den man hier Bank-Holiday nennt. Ich machte mich gegen Abend zur U-Bahn auf. Goodge Street war die nächstliegende, ich wollte zum Swiss Cottage eine Engländerin besuchen. In der U-Bahn Station traf ich auf Gisela und Uschi, die auf dem Wege nach Golders Green waren. Dort sei ein Club, namens "Refectory" sie gingen zum Tanzen.
"Komm doch mit" meinte Gisela. "Leider kann ich nicht, ich bin mit Jenny verabredet" antwortete ich. Gisela ganz spöttisch: "Die kann das verstehen, wenn Du nicht kommst, oder ist es vielleicht ein junger Mann, he ?"
"Nein, absolut nicht" sagte ich. "Also dann kannst Du mit uns kommen, gefällt

Dir bestimmt, nette junge Männer, kannst tanzen, na und?" Zu Uschi hingewandt sagte ich: "Sie meint bestimmt nette junge Griechen, mit denen sie gerne tanzt, sie hat ja einen griechischen boyfriend und hat nur noch Griechen im Kopf. Nein danke, ich möchte keine Südländer kennen lernen."
"Die Nationen sind gemischt, es gibt wirklich auch nette Engländer dort".
"Na gut", gab ich klein bei, "ich schau mir das Ganze mal an und wenn es mir nicht gefällt, dann kann ich ja noch immer umkehren." Sie lachten beide und wir stiegen in guter Stimmung in Golders Green aus.
Der Club war ne Art Café mit vielen Tischen und Stühlen und eine kleine Tanzfläche in der Mitte. Der dritte Mann der mit mir tanzte, verbeugte sich leicht, er war blond etwas größer als ich, hatte ein sehr liebes Gesicht, blaue Augen und ein Schnurrbärtchen und kleinen Bart. Wir stellten uns während des Tanzens vor. Er hieß John. Wir unterhielten uns so gut das ging. Er meinte scherzend ich würde wie eine Mischung von Ingrid Bergmann und Eva Bardock aussehen. Er tanzte gut. Hatte eine Bronzmedallie in Latain-Amerikanischen Tänzen im Tanzkurs gewonnen. Von Beruf Lithograph, auch Künstler, malt gerne.
Es war zu heiß und zu voll im Tanzlokal, wir gehen einen Kaffee nebenan trinken, wir spazieren etwas durch die Gegend und erzählen mehr von uns selbst. Er weiß wo ich herkomme, wo ich hier arbeite. Wir gehen wieder zurück ins Lokal und da stellt man gerade die Paare auf zum Tanzen für Rumba, Samba und Rock & Roll. John holt mir eine grosse Nummer und hängt sie mir am Rücken an. Wir gewinnen den 2. Preis und freuen uns sehr. Es herrscht gute Stimmung im Lokal. Er kam mit seinen zwei besten Freunden, Nick und Peter, doch an jenem Abend hat er mich noch nicht vorgestellt. Gegen Mitternacht bringt er mich auf seinem Roller, eine Maikoletta, zurück zum Warwickshire House. Wir gehen gemeinsam die Treppe hoch und er sagt: "How about a good-night kiss" wie wär's mit einem Gutenacht-Kuss? Ich reiche ihm meine Hand. Er drückt einen Kuß darauf und geht lächelnd weg. Wir verabredeten uns aber für Mittwoch, den 8. Juni nach 14.00 Uhr. Viel später sagte er mir mal: "Ich habe sofort erkannt, dass Du ein Mädchen bist, der man weh getan hat und Du die Nase voll hattest von Männern und dementsprechend wollte ich erstmal sachte Deine Freundschaft gewinnen".

Wir trafen uns also am Mittwoch, 14.00 Uhr vor dem Treppenaufgang zum Warwickshire House. John nennt mich Sieglind. Ich frage ihn, ob er mich nach Harrods fahren könne, denn dort müsse ich etwas abholen.
"Warum und weshalb Harrods"? meinte er verwundert.

"Ha," lachte ich, "dort hole ich mir ein kleines Päckchen ab, das meine Mutti und Schwester einem jungen Mann von unserem Ruderclub mitgaben. Er kommt auch aus Würzburg und arbeitet als Voluntär in der Buchabteilung in Harrods. In seinem Gesicht steht die Neugierde groß geschrieben.
"Wir gehen nach Harrods in die Buchabteilung kurz guten Tag sagen, denn dort wartet eine Überraschung auf mich" erklärte ich und strahlte wie ein Maikäfer. Auf gings, per Motorroller nach Knightsbridge. Ein unwahrscheinlich großes Kaufhaus, so elegant, ich machte so meine Bemerkungen. Wir fanden die Abteilung, ich begrüßte den Ruderkollegen und er überreichte mir mein Päckchen. Es fühlte sich weich an. Zwar schön in Geschenkpapier eingewickelt. John lud mich zu einer Tasse Kaffee ein, vis a vis von Harrods. Nun erzählte ich John, dass ich heute am 8. Juni Geburtstag habe und deshalb das Geschenk von zu Hause. John beugte sich zu mir, lachte und gab mir einen Kuß auf die Wange und fragte:
"Wie alt ist denn mein little girl?" "Vierundzwanzig" war meine direkte Antwort. Viel später sagte er mir dann, dass er damals geglaubt habe, dass ich mindestens 2 bis 3 Jahre jünger sei und mich gerne älter mache, so etwas gäbe es unter girls!
Er sagte nun "happy birthday und willst Du nicht auspacken?"
"Nein, ich weiß nämlich was drinnen ist, meine Mutti schenkt mir immer Unterwäsche und das will ich Dir nicht zeigen." John schmunzelte und meinte "ich habe nichts dagegen".
Ich öffnete vorsichtig an einer Seite und spitzte hinein. Zu meiner Freude lagen oben auf ein Paar eierschalen farbene Sommerhandschuhe. Die zeigte ich ihm dann auch.
Ja, das waren noch Zeiten. Junge Damen gingen durch die Stadt bummeln und auf Reisen mit Costüm, Keid etc. mit Handschuhen, Handtasche und wenn möglich noch die Schuhe passend dazu.
John machte mir Komplimente, meine Garderobe gefiel ihm. Man könne alle continental girls (Europa) schon an ihrer feschen Kleidung erkennen. Kein Vergleich mit den 70iger, 80iger und 90iger Jahren. Es tritt eine Uniformität, Einheitskleidung ein. Fast wie bei den Chinesen.
Alles Jeans, übergroße, lange Pulli's, T-shirts. Rucksäcke auf dem Rücken oder riesengroße Taschen, die man auch über die Schulter wirft. Ein Engländer bemerkte vor kurzem (1997) in einer Rede: "Das Bild in Victoria Station vorm Krieg und heute mit den vielen jungen Männern hat sich eigentlich nur insofern geändert, dass der Rucksack nicht von einem Soldaten getragen wird, sondern von sorgenfreien, jungen Menschen".

Ich traf mich oft mit John. Zu diesem Zeitpunkt traf sich Karin mit Erika, Stewart und Steven. Nach den öden Arbeitsstunden im Warwickshire House, war es für mich ein Lichtblick, wenn John am Abend mich abholte. Wir schlenderten oft Hand in Hand runter zum Trafalger Square. Wir besuchten die "Funnies" (Zeichentrickfilme) nahe am Piccadilly Circus. Ich konnte fast nie genug kriegen. Hatte einen großen Nachholbedarf. Den ganzen Tag liefen dort cartoons, Micki-Mouse Filme udgl. Nur die Nachrichten hörte man ab und zu. Damals zahlten wir 2 shillinge und 6 pence (heute 0.13 pence) und man konnte rein und raus gehen, wie man wollte. Gegen 9 Uhr abends fragte mich John oft: "Hast Du Hunger ?" Ich dachte: 'Ich kann doch nicht immer ja sagen!'
Eines wußte ich, mein Magen knurrte, der sogenannte "tea" (Abendbrot) um 5 Uhr, reichte einfach nicht aus. Wir steuerten zur Goodge Street, dort war ein 3-stöckiges Spaghetti House. Eine Minestrone oder Spaghetti konnte ich immer verdrücken.
John hatte, bevor er mich traf, seinen Urlaub mit seinem Freund Nick organisiert. Sie wollten mit John's Micoletta nach Nord-Italien. John habe ich so ziemlich alles über mich erzählt, das war eben so meine Art, grenzenlose Offenheit ! Er wußte Bescheid von Horst, Karin und allen anderen girls mit denen ich arbeitete. Auch erzählte ich ihm, dass Horst demnächst nach London kommt, um seine Schwester zu besuchen, und ich glaubte, es habe wenig mit mir zu tun. Eine kleine Unsicherheit verspürte ich an diesem Abend in der Art wie er sich verabschiedete. Beim nächsten Rendesvouz überraschte er mich total indem er sagte: "Mein Freund Nick stellt Dir seine Vespa zur Verfügung. Da er ja mit mir auf meinen Roller in Urlaub fährt, hast Du wenigstens keine Langeweile." Wau, das war eine Freude. Ich war ganz aus dem Häuschen.
Mit John besprach ich auch die Situation mit Karin und ihrem Bruder, dem verflossenen boyfriend und dass ich ständig an ihn erinnert werde. Beide Geschwister hatten das gleiche Lächeln. Er meinte, das beste wäre es, ich würde Zimmer wechseln. Es ergab sich, dass Karin und Erika mehr und mehr miteinander ausgingen und ich hatte nun John mit dem ich mich traf.
Karin fing zu rauchen an. Sie bangte um ihre Figur, auch Erika rauchte. So schlug ich vor, ob wir Zimmer tauschen sollten. Erika war sofort einverstanden, Karin machte keine Äußerung, dich mich hätte stoppen sollen. So zog ich zu Barbara, im Zimmer vis a vis, die Nichtraucherin war, aber deren Kleider oft nach "Küche" rochen, denn sie arbeitete als Hilfe in der großen Küche. Die Hausdamen, um deren Zustimmung wir bitten mussten, waren ebenfalls damit einverstanden. Ich dachte damals, es war die richtige Entscheidung. Dass ich Karin damit weh tat, ist mir nicht gleich bewußt

geworden. Es sah so aus, als würde ihr der Wechsel gar nichts ausmachen. John hatte recht, je länger ich mit ihr eng befreundet war und wir ein Zimmer teilten, um so schlechter konnte ich mich von dem boyfriend lösen.
Es kam tatsächlich zu seinem kurzen Besuch. John war in Urlaub. Die Begegnung mit Horst nahm ich als Probe für meine Gefühle John gegenüber. Für wen schlägt mein Herz?
Wir trafen uns in dem grossen Aufenthaltsraum. Er überreichte mir eine Kleinigkeit von meinen Lieben von zu Hause. Es wurde mir klar, er ist nicht meinetwegen gekommen. Es folgte eine kurze, holprige Unterhaltung, es kam mir vor, als wären wir nie intim gewesen - es war vorbei - finished, finito.
Mehr oder weniger ist er wohl gekommen um a) seine Schwester und die neue Ersatzfreundin Erika zu sehen, das versteht sich, und b) um sich London anzuschauen. Abends sah ich dann Karin, mit Erika und einer jungen Engländerin das Hostel verlassen. Meine Zimmerkollegin erzählte mir, man habe die Engländerin für Horst ausgesucht, damit er sich amüsieren könnte. Das tat fast ein bisschen weh. Da verhalf mir der Zufall. Mein alter Künstlerfreund Peter, mit dem ich die Busfahrt nach Paris teilte, tauchte in London auf. Er kaufte für seinen Vater auf dem Antiquitäten-Markt ein. Er meldete sich bei mir. Sein Ratschlag lautete: "Lass Dich bitte auf keinen Fall mehr mit dem Horst ein, der ist Deiner nicht wert. Du solltest die Weiber sehen, mit denen er sich zu Hause sehen läßt!"
Das tat gut. Wir verbrachten einen netten Abend zusammen. Unsere Beziehung war rein freundschaftlich, recht aufheiternd.

Ich freute mich langsam aber sicher auf John's Rückkehr. Zwischendurch erhielt ich eine Karte von ihm von Seeberg in Tirol. Keine gute Nachricht. Nick und John hatten einen Unfall mit dem Roller gehabt. Nick hatte das Bein im Gips und John den Arm in der Schlinge. Sein Motorroller war kaputt, muß per Zug nach London abtransportiert werden. Etwas bemerkte ich, mir gefiel seine Handschrift nicht. So nach dem ersten Eindruck schätzte ich John hoch ein, doch nach dem deutschen "Schema-F-Motto", beweist der Mensch durch eine gute Handschrift seinen guten Charakter. Was nun? Mir fiel ein, dass ein ehemaliger Verehrer von Würzburg, nachdem er meine Handschrift sah, sich einmal äußerte: "Also da fress' ich en Besen, wenn das der Siggi ihre Handschrift ist, passt überhaupt nicht zu ihr". Worauf meine gute Schwester antwortete: "Ihr kennt eben meine Siggi nicht, ihr denkt alle weil sie ne große Klappe hat und lustig ist, sie ist oberflächlich - aber gerade das Gegenteil - sie nimmt oft vieles zu tragisch".

Mit der Vespa durch die Gegend. Ich habe so einige Rundfahrten gemacht. Bald hatte ich das West-End im Griff. Ich freute mich, wie viel besser und schneller man den Stadtkern erfassen kann. Bei einer Tasse Kaffee in Soho traf ich auf einen lieben, netten, jungen Deutschen. Er wollte per Auto-Stop nach Dover. Ich bot an, ihn bis auf halben Weg, also nach Rochester zu bringen. Der Tachometer zeigte englische Meilen. Als ich auf freier Strecke war, drehte ich auf. Der Motor heulte nur so. Ich sah nur die "50", was Meilen waren, das sind 80 Kilometer übersetzt. Plötzlich blockte der Motor, es war so als hätte eine unsichtbare Hand die Bremsen gezogen, wir hatten gottlob einen Straßengraben neben uns, der Soziusfahrer flog gleich ins Gras, der stop war ruckartig, ich hielt noch mit der Hand ganz krampfhaft am Lenkrad fest und zog somit mich und den Roller zur Seite und auch ins Gras. Na, wir hatten einen Schutzengel, er beschützte uns. Außer einem riesen Schreck kamen wir beide ohne jeglichen Schaden davon.

Hinterher, als der Freund Nick seinen Roller wieder fuhr, ging er nicht mehr so gut. Der Mechaniker der ihn überprüfte meinte: "Das Ding wurde zu sehr mit Höchstgeschwindigkeit gefahren, Motor ist im Eimer!".
John bewegte es fast nicht, denn Nick, so erzählte er mir, hat seinen Roller auf den Straßen Österreichs gegen einen Markstein gefahren und total ruiniert. Dazu lagen noch beide in Seeberg fest - es regnete oft und von der Bergwelt umgeben fanden sie, dass der ersehnte Urlaub in Italien wie ein Traum zerfloss. Arztkosten und Pensionskosten verschlangen ihr Urlaubsgeld im Nu. Somit war die Roller-Geschichte beendet.

Wie "großer Bruder " und "kleine Schwester".
John und ich trafen uns jetzt mehr und mehr. Unsere Beziehung war freundschaftlich, herzlich und mit viel Humor umgeben. Ich nannte ihn meinen "big brother" und er rief mich "my little sister". Im Gespräch erwähnte ich auch meine Mutti viel und meinen Opa, meine sister und den verstorbenen Bruder. Auch dass ich mich oft nach Ersatz sehnte. Ich hätte einen ganz lieben Ruderfreund gekannt, aber da er etliche Jahre jünger war, war mir klar, dass diese Romanze nie eine feste Bindung werden konnte. John fragte mich wieso und warum und was Alter mit Liebe zu tun hätte.
"Sehr viel" meinte ich, "meine Mutti war genau 2 Jahre jünger als mein Vati und das ist ein guter Abstand. Der Mann muß auf jeden Fall älter als die Frau sein. Gleichaltrig geht im Notfall noch".

“Das sehe ich aber anders”, meinte John. “Meine Mutter ist z.B. 5 Jahre älter als mein Vater und das sieht man heute kaum”.
Aha, ich dachte nach. Irgendwie wußte ich, dass es für alles was so althergebracht ist, einen handfesten Grund gibt. Im Nachhinein würde ich sagen: Alter schützt vor Torheit nicht. Oder - der Beruf des Mannes und der Verdienst des Ernährers, das alles sind Ausgangspunkte bei einer Eheschließung. Da spuckte mir wiedermal Mutti’s Ansicht im Kopf herum.
Aber - hätte ich damals je gewußt, dass ein junger Mann, wie John 1960 erst mit seiner Gesellenzeit als Lithograph zu Ende war und noch ganz am Anfang seiner Karriere stand, das Einkommen deshalb gering war - ja - was hätte ich dann gemacht ? Ha, mal ganz ehrlich, Hand auf’s Herz ? Da ich nie so sehr auf das Materielle achtete, d.h. das Einkommen eines Mannes nicht als Grundlage zum Verliebtsein verspürte, hätte ich mich wie schon immer in Würzburg, auch als Mitverdienerin gesehen. Verantwortungsbewußt, geprägt durch die Abwesentheit des Vater’s vom 10. Lebensjahr an, sah ich meine Rolle als zukünftige Ehefrau als Mitverdienerin ! Ich glaube, das imponierte John.

Mittlerweile hörte ich von Karin, dass Steven einen Arbeitsvertrag in Süd-Afrika zu würdigen hatte und somit Erika, in die er sich verliebt hatte, zurücklassen mußte. Er ließ sie zur Betreuung in den Händen seines Freundes Stewart. Kurz darauf machte Stewart Erika einen Heiratsantrag, den sie später annahm. Steven war für 1 bis 2 Jahre in Süd-Afrika und dorthin ging man nicht so schnell. Erika hatte ebenso wie ich enge Beziehungen zur Familie in Würzburg. Angeblich sei Steven sehr sauer auf Stewart gewesen.
In meinen Briefen an zu Hause erzählte ich mehr und mehr von John und wie lieb, ritterlich und nett er sei. So berichtete mir Margot später: ‘Mutti und ich wurden recht hellhörig’.
Ich schlug meiner sister einen Urlaub nach Schottland vor. Ingrid aus Heidelberg und deren Bruder’s Freund im kleinen Fiat wollte uns als Benzingäste mitnehmen. Erst zögerte sie, willigte dann doch ein und so wurde Mitte September eine Woche London und eine Woche Schottland geplant. Ich beantragte ebenso meinen Urlaub. Bekam aber nur eine Woche genehmigt.
Ich erfuhr, dass meine Schwester gegen Bezahlung von Kost und Logie auch bei mir im Hostel untergebracht werden konnte. Zuguterletzt konnten wir zusammen in einem Zimmer auf dem gleichen Flur logieren.

Nachdem John und ich die ersten zwei Monate unsere Rolle als Bruder und Schwester gut spielten, hatten wir uns doch sehr genähert. Ne Art langsames

"sich verlieben". Ende Juli schlug er ein Wochenende in Margate an der süd-östlichen Küste vor. Ich freute mich sehr, war ich doch nur einmal mit einer netten Engländerin bei ihr zu Hause in Bideford an der Atlantischen Küste.
An meinem freien Wochenende gings dann per Zug von Victoria Station nach Margate. Dort war der Strand und Promenade zu dicht mit Menschen belagert. Ich fragte John, ob es nicht einen etwas kleineren Ort gäbe?
"Ja, " meinte er, schaute sich an einer Bushaltestelle die Orte an und sagte: "Nehmen wir doch gleich den nächsten Bus der nach Broadstairs geht."
Dort gefiel es mir auf Anhieb gleich viel besser. Eine kleine See-Stadt mit alten Häusern, einigen Hotels gleich am Strand. Der Strand selbst goldgelb - "wie in Italien" jubelte ich vor Freude. Wir suchten Pensionen, also "bed & breakfast". Vorher nahm mich John zur Seite und flüsterte:
"Wir müssen uns als Paar ausgeben, als Mr. & Mrs. Johnston registrieren. Weißt Du auch wie mein Name buchstabiert wird?" Ich lächelte, sagte "ja" und da zog er etwas schmunzelnd einen einfachen goldenen Ring aus der Hosentasche. "Der kommt von Dennis, meinem Arbeitskollegen, der Ring gehörte seiner Frau aus erster Ehe. Er gab ihn mir im Notfall das wir ihn brauchen könnten". Ich war so überrascht das John so gut organisierte, dass ich nur lächelte und mir den Ring an die linke Hand steckten liess. Nach englischem Gesetz, so erfuhr ich, ist man links verheiratet und nicht wie in Deutschland mit Ring auf der rechten Seite. Es wurde mir klar, dass John seinem Kollegen von mir und unserem weekend berichtet hatte !
Ich sagte mir, ich bin ja 24 Jahre und eine erwachsene Frau, wir waren beide verliebt und ledig und da konnte man schon ein Wochenende riskieren. Es war ja kein "dirty weekend" das nennt man so, wenn ein Ehepartner einen Seitensprung macht!
Im 'Royal Albion Hotel' buchten wir uns ein, nachdem alle Pensionen voll waren. Dort soll auch schon Charles Dickens sich aufgehalten haben. Wir genossen so echt den Abendbummel am Strand und durchs kleine Städtchen. Eine erlebnisreiche, echt heisse, romantische Nacht folgte. Voll von Liebeserklärungen .....
Zum Frühstück sassen wir uns an einem kleinen, weißgedeckten Tisch gegenüber. Wir strahlten uns an und vielleicht dachten die Paare am Nebentisch, es handele sich um ein "Honey-moon" Pärchen. Ich schaute ab und zu auf meinen Finger mit dem Ring, also nach aussenhin war ich verheiratet hierzulande, in Deutschland verlobt. Irgendwie beruhigte das mich. Wir verbrachten den ganzen Tag am Strand. Wasser, Sonne, blauer Himmel.

Solch ein Wochenende hatte ich mir schon lange erträumt. Ich wohnte ja auf einer Insel, umgeben vom Meer. Einen kleinen Imbiß fanden wir auch direkt am Strand. Sandwiches und die berühmte Tasse Tee, danach ein Eis.
Gegen Abend gings leider wieder zurück nach London. Fast fiel mir der Abschied schwer von John, aber er versprach gleich Montagabend wieder vorbeizukommen.
Jeder im Warwickshire House fragte: "Did you have a nice time?" Ich erzählte begeistert von Broadstairs. Jemand bestätigte, dass schon Dickens dort seine Sommerferien verbrachte und später sich sein eigenes Haus kaufte.
John und ich machten Fotos. So auch eines, von John auf einem Strandstuhl sitzend. Das wurde gleich an Mutti und Ma geschickt.
Sie fanden ihn sehr nett und Mutti wollte wissen: "Ich habe mich schon eh und je interessiert, wie ein Küsschen mit Schnurrbart schmeckt!" Darüber musste ich lachen und erzählte ihr später mal - "eigentlich nicht viel anders wie ohne".

Margot kommt und Siggi ist verlobt !
Sie traf Ende August im Victoria Station um 8.00 Uhr abends ein. Ich hatte genügend Zeit um auf Plattform 8, wo die Züge vom Continent eintrafen, zu sein. Aber wo war Margot ? Hochsaison, Menschenmengen kamen aus langen Zügen. Touristen, Jugendliche, Verwandte von schon Ansässigen in London. Was ich nicht wußte, war die Tatsache, dass gleich zwei Züge aus Dover eintrafen, aber auf zwei verschiedenen Geleisen. So verpassten wir uns. Sie schaute verzweifelt nach uns. Ich stand mit John geduldig am falschen Bahnsteig. Nach endlosem Warten brachte mich John ins Warwickshire House zurück. Schon in der Rezeption sagte man mir aufgeregt: "Your sister is already here, where were you?"
Meine Güte, ich rannte zum Zimmer. Also, da war sie. Wir umarmten uns herzlich. Es durfte fast nicht wahr sein, meine Schwester hier mit mir in Lodon. Wir plauderten bis tief in die Nacht hinein. Sie wollte unbedingt John kennen lernen. Sie gestand mir auch, dass Mutti ihr hauptsächlich ans Herz legte, sich a) mal den John genau anzusehen, das bedeutete unter die Lupe nehmen,
b) erforschen soll in wie weit das Verliebtsein sich entwickelt habe und
c) mich auf jedenfall zu überzeugen, dass nach dem Englandaufenthalt ich dringend zu Hause gebraucht werde. "Weißt Du Siggilein", sagte sie "wir vermissen Dich schon sehr. Du bringst einfach Leben in die Bude. Wir kennen alle Deine Nachteile aber auch daran haben wir uns gewöhnt. Du bist eben mal ein unruhiger Geist. Wir freuen uns schon sehr auf Weihnachten, gell Du

kommst doch sicher heim ?"
Ich setzte mich im Bett auf, Ma saß mir gegenüber am anderen Kopfende vom Bett. Ich wußte nicht recht wie ich es formulieren sollte, aber rausrücken musste ich jetzt damit:
"Margot, John und ich haben uns heimlich verlobt, er hat mich gebeten seine Frau zu werden".
"Siggi, das darf doch nicht wahr sein", rief Ma entsetzt aus. Ihr liefen die Tränen über die Wangen. "Mutti hatte schon so etwas geahnt. Stell' Dir nur vor, sie hat sogar eingewilligt, wir können den Roller verkaufen und sie gibt etwas dazu, dass wir uns einen gebrauchten VW kaufen können."
"Wirklich?" rief ich überrascht, denn Mutti's Antwort war immer 'kein Auto'.
"Sie kauft sich auch keinen Fernseher" meinte Ma, "sie sagt, sie komme dann zu keiner Arbeit. Jegliches Argument ist umsonst. Sie war vollkommen glücklich und zufrieden mit ihrem Radio. Sie hört' sich den Gottesdienst am Sonntag an. Ein Wunschkonzert oder Hörspiele, das ist Mutti. Sie geht so wenig aus dem Haus. Siggi, seit dem Tode von Opa ist sie noch ruhiger geworden. Du fehlst uns sehr. Auch von den Kosten her gesehen. Hast Du eigentlich kapiert, dass wir die gleichen Unkosten haben, wie Miete, Strom und Heizung, aber keine Pension von Opa und kein Kostgeld von Dir!" Ich schaute hinüber zu Ma und sie sah recht traurig aus.
"Ma, Du kennst mich doch. Ich habe mir Eure Finanzen nicht genaustens ausgerechnet. Ich glaubte immer Mutti hat heimliche Reserven und ihr schafft das blendend ohne mich".
"Ja, schaffen tun wir's schon, aber w i e ? Weniger Fleischgerichte, Mutti geht überall die Lichter ausmachen. Es ist schon etwas knapp."
"Was ist denn mit Deiner Firma ? Keine Aufstiegsmöglichleiten? Du bist doch so eine tüchtige Kraft. Du wirfst doch die ganze Finanzbuchhaltung."
"Ja, schon. Ich warte ja auf eine Gehaltsaufbesserung."
Ich wurde bedenklich. Auch John verspürte das in unserer nächsten Begegnung. Es war schon gut, dass wir uns noch vor dem Eintreffen meiner sister verlobten. Er ahnte wohl den starken Einfluß den Mutter und Schwester auf mich ausübten. Auf meine Bemerkung:
"Ich kann eigentlich nicht so ohne weiteres meine Mutti im Stich lassen und in ein anderes Land umsiedeln. Unsere Mutti hat sich für uns aufgeopfert und sie ist ja Witwe und krank. Also ich muss vernünftig sein." erwiderte er:
"Weißt Du, das mit der Mutterliebe ist so ne Sache. Die Mutterliebe hat auch oft einen egoistischen Einfluß." Na, das war mir ganz neu. So habe ich über Mutterliebe noch nie nachgedacht. Diese Aussage wälzte sich sehr in meinem

Kopf und Herz herum.
Wie wenig wußte ich damals, dass es gerade bei seiner Mutter eine ausgeprägte egoistische Liebe war. Sehr "ich-bezogen", dominierend, kompliziert war die Frau.
John hatte ein sagenhaftes, gutes Denkvermögen und konnte sich gut beherrschen und Panik kannte er nicht oder er zeigte es nicht. Noch vor dem Besuch meiner Schwester lebte ich eine gute Woche in Angst und Sorge, da meine Periode ausblieb. In den 50iger und 60iger Jahren gab es ohne Pille nur das Risiko. Deshalb war jegliches sexuelle Austoben, wie das heute der Fall ist, ein Tabu. Beide Verliebte mussten die Verantwortung teilen. Ich deutete bei John an, in was für einer Lage ich mich befände. Er war beruhigend, überzeugend das nichts passiert sein könnte und gab mir allerhand tips. Auch meinte er, dass über ein Jahr verstrichen sei, zwischen dem letzten boyfriend und es wäre für den Körper eine Umstellung. Was mich wunderte und schwer beschäftigte war der Gedankengang: Wenn er mich liebt, warum sagt er dann nicht: 'Mach Dir keine Sorgen, wenn Du wirklich schwanger bist heiraten wir gleich', nein, kein Wort. Im Stillen dachte ich: Also das wird die letzte Enttäuschung sein die ich über mich ergehen lasse. Ich werde nach Deutschland zurück gehen und mein Kind alleine aufziehen und nie wieder einem Mannsbild vertrauen. Negatives Denken sagt man dazu.
Als mich John einige Tage darauf wieder abholte, liess ich ihn fühlen, dass ich in einer etwas agressiven Stimmung war. Ich hatte endlich meine Periode, somit war ich froh, recht erleichtert und wollte ihn wissen lassen, dass er gerne das 'Freie' suchen kann, wenn er mich nicht wirklich liebt. Wir liefen die altbekannten Strassen entlang und landeten in Soho, wo wir einige Stammlokale hatten, ein bisschen erinnerte mich es an Schwabing. Die beliebten italienischen Café-Bars, dort tranken wir unseren Capuccino. Wieder auf der Strasse, nahe eines kleinen Parkes hielt John plötzlich inne, nahm mich an beiden Händen und sagte:
"Sieglind' if you love me, I would marry you".
"Ach, jetzt sagst Du das - jetzt wo ich alleine gezappelt habe und Angst hatte ich sei in anderen Umständen, das ist nicht fair, warum hast Du das nicht vor einer Woche gesagt?"
"Was heißt nicht fair? Wäre es nicht viel schlimmer und unfair gewesen, hätte ich Dich gefragt mich zu heiraten, weil Du glaubtest in anderen Umständen zu sein? Später hättest Du mir vorgeworfen, dass wir nur geheiratet haben, weil ich glaubte ein Baby sei unterwegs!"
Er sah mich mit seinem liebenswerten Gesichtsausdruck an, ich überlegte,

verdaute seine Worte. Mir war klar, er hatte Recht. "Also was sagst Du?" fragte er. "Ich weiß, dass ich Dich sehr, sehr lieb gewonnen habe und wir verstehen uns gut, haben die gleichen Ideen, Ideale und wir lachen beide über die gleichen Dinge - ich würde Dich heiraten, aber was mache ich denn mit meiner Mutti und Margot?" Ich sah ihn fragend an.
Er legte seinen Arm um mich und meinte: "Weißt Du früher oder später hätte eine von Euch geheiratet. Nun bist Du die Erste. Ich sage auch nicht, dass ich nie nach Deutschland ziehen werde. Ich habe ja schon einen Deutschkurs hinter mir, aber mein Beruf erfordert es, dass ich schon noch einige Jahre Fachkenntnis brauche. Ich will auch noch einige Abendkurse im Print-College belegen."
"Ja, lieber John, das verstehe ich schon, aber ich muß mir das alles mit Ma und Mutti durch den Kopf gehen lassen, eine Lösung gibt es bestimmt und weißt Du, ich freue mich wahnsinning Dich Weihnachten mit nach Hause zu nehmen. Du mußt Mutti kennenlernen und meine Heimatstadt sehen".
"Es ist ja nicht so, dass ich Dich zwinge hier zu bleiben. Du kannst auf jeden Fall einmal im Jahr heimfahren und später lebe ich mal mit Dir auch einige Zeit in Deutschland.".
Das hörte sich alles gut an. So gab ich diese Unterhaltung an Ma weiter und betonte noch, dass John ein feiner Kerl sei und ich müßte blind sein, wenn ich seine Liebe nicht ernst nehmen würde.
Ma traf John. Wir gingen zusammen in ein Musical "West-Side Story". Sie war begeistert von beiden. John lud uns anschliessend zum Chinesen zum Essen ein. Wir kannten ein gutes Restaurant in Soho.
Nach ein paar Tagen London, lernte Ma auch Ingrid kennen, die ich noch von meiner Schiff-Fahrt nach England her kannte. Sie arbeitete als Au-Pair in einer Familie. Wir trafen auch Lutz, den netten Studenten aus Heidelberg, also der Freund von Ingrid's Bruder. Er meinte so nett scherzend, dass er es wage, mit drei Grazien eine Urlaubsfahrt nach Schottland zu machen. Der Plan war, dass wir alle Kosten durch vier teilen.

John schaute etwas skeptisch drein, als ich mich von ihm am Abend vor Urlaubsbeginn verabschiedete. Ma meinte scherzend: "John, don't worry, ich passe auf sie gut auf!"
Das hat sie in die Tat umgesetzt. Wir waren ein herrliches Team, "wie im Harem" scherzte Lutz. Er habe es ja so gut. Jeden Tag wurde Platz gewechselt. Immer durfte die sogenannte 'Lieblingsfrau' vorne neben ihm sitzen, während die restlichen Zwei sich hinten auf den kleinen, engen Sitz, mit wenig Platz

für's Beineausstrecken, reinquälten. Aber man ist ja jung, elastisch und in guter Urlaubsstimmung. Wir fuhren am ersten Tag auf Newcastle zu. Wir alle hatten Ausweise für die Jugenherberge, dort übernachteten wir. Unsere Mahlzeiten waren oft Fish & Chips mit Erbsen und eine Tasse Tee.
Je weiter man nach dem Norden kommt, um so besser schmeckt das traditionelle Fisch-Dinner. Ab und zu, je nach dem Wetter, gab es ein Pick-nick im Freien. Wir kauften vorher in kleinen Markt-Städtchen ein. Der Lake-Distrikt, einmalig schön. Viel Wiesen, Seen, Berge. Alte Burgruinen. Edingburg war unser Reiseziel, so auch Inverness.
Beim Picknick stach mich eine Vespe und im Nu war mein Finger dick, dann meine Hand. Sogar der Arm schwoll bis zum Ellbogen an. Höchste Zeit, einen Arzt aufzusuchen. Die Herbergsleiterin verwies uns an eine Praxis. Zu meiner Erleichterung stellte ich fest, dass ich nichts zahlen mußte. Lediglich meine Adresse/Arbeitsplatz mußte ich angeben.
So einen bösen Stich hatte ich noch nie gehabt. Die Salbe half etwas. In der Nacht tat der Arm sehr weh, war sehr heiß, so dass ich recht unruhig schlief. Am folgenden Tag trug ich meinen Arm in der Schlinge. Somit war ich allen Beschäftigungen enthoben.

In den Sternen steht's geschrieben ....

Es ergab sich, dass ich eines abends kurz vorm Schlafengehen in der Jugendherberge auf der Isle of Sky, diese lag hoch oben auf einer Felsenküste, draußen vor der Tür stand und den wunderschönen Sternenhimmel bewunderte. Plötzlich stand Lutz neben mir und meinte:
"Suchst Du noch nach einem bestimmten Stern oder hast Du ihn schon gefunden?"
Ich wußte sofort auf was er anspielte. Margot hatte ihm nämlich in einer Unterhaltung angedeutet, dass ich schon vergeben sei und nur sie und Ingrid seien noch zur Wahl. Mir sagte sie im scherzenden, doch erzieherischen Ton: "Siggilein, eines liegt klar, wenn Du anfängst mit dem Lutz zu flirten, weiß ich, daß die Sache mit John nicht ernst gemeint ist."
So fühlte ich mich die ganze Zeit beobachtet und wußte, dass ich John sehr lieb habe, und es ihr also beweisen muß. Aber irgendwie konnte ich fühlen, dass ich Lutz gut leiden mochte. Warum er ausgerechnet von uns drei Grazien mich zu einer Unterhaltung unter vier Augen und noch im Mondschein wählte, dass wußten nur die Götter. Er stand dicht neben mir und unter einem sagenhaften

Sternenhimmel beantwortete ich seine Frage:
"Ja, ich habe meinen Stern gefunden - es tut mir leid - aber ich habe Dich ja nur vor drei Tagen kennengelernt." Stillschweigend hielt er meine Hand für kurze Zeit. Das wiederholten wir ab und zu auch auf der Heimfahrt. Die anderen zwei Grazien vermissten uns und suchten uns. Sie fanden uns auf der Terrasse am Philosophieren über Entschlüsse im Leben, ob man Horoskopen vertrauen soll oder nicht. Ich glaube, sie spürten, dass da ne Art 'Draht' zwischen Lutz und mir war. Auf der Heimfahrt wurden wir beide ganz offensichtlich auf den Arm genommen. Es wurde u.a. vorgeschlagen, wir sollten doch gleich nach Gretna Green fahren und uns dort trauen lassen. Dies ist der berühmte Ort in Schottland, wo man sich auf Anhieb ohne jegliche Voranmeldung und langen Formalitäten trauen lassen kann.
Ab Glasgow regnete es "Bindfaden". Im Radio hörten wir den Schlager: "Am Tag als der Regen kam...." Lange verband mich dieser Schlager mit einer lieben Erinnerung an Lutz und der Schottlandreise. Es folgte noch ein kurzer Briefwechsel. Ein kleines Album voll mit Bildern von der Reise und humorvollen Bermerkungen traf ebenfalls ein. Darüber freute ich mich sehr.
Einige Jahre später trafen wir uns in Würzburg. Er hatte noch Kontakt mit Margot und wusste von ihr, dass ich mit Klein-Peter zu Besuch sei. Er hatte sich zwischendurch verlobt. Das Mädchen kam ebenfalls aus Würzburg, aus der Sanderau und hieß auch noch 'Siggi', aber es war die Abkürzung von Siegrid. Wir unterhielten uns angeregt und als Margot ins Zimmer kam meinte sie scherzend: "Störe ich?"
"Ja, das hast Du wohl", meinte Lutz lachend, "damals in Schottland. Ich habe eben erfahren von Siggi, wie Du sie unter Druck gesetzt hast wegen John".
"Was? Hab' ich das wirklich? Na, so was Dummes. Bedeutet das vielleicht, dass, hätte ich meinen Mund gehalten, aus Euch beiden was geworden wäre?" Sie blickte uns beide fragend an, ich kannte den Gesichtsausdruck so gut. "Wer weiß" meinte Lutz, "die Voraussetzungen waren da".
"Ach Du liebe Zeit, das ist ja nicht zum Ausdenken, dann hätten wir unsere Siggi nicht an John und England verloren?"
"Wer weiß - das ist Schicksal", sagte ich. Nach diesem Besuch in Würzburg haben wir uns nie mehr wieder gesehen.

Nach dem schönen Urlaub in Schottland war auch der Gesamt-England Urlaub meiner sister vorbei und sie fuhr mit vielen neuen Eindrücken zurück. Schottland war teils so ausgestorben, ruhig, dass wir auf einer Postkarte an Mutti schrieben: "Außer Rindviehchern auf der Weid' keine Menschenseele

weit und breit!"
Beim Verabschieden in Victoria Station legte mir Margot an's Herz unbedingt darauf zu dringen, dass John mich seinen Eltern bald vorstellt.
"Du mußt in etwa wissen aus welchem Elternhaus er kommt. Du kannst Dich nicht nur auf Deinen Instinkt verlassen!" Ich versprach es. Dann ereignete sich noch etwas total Unerwartetes. Miss Nicols stellte in der Küche ein kleines Geschenk für mich. Es war eine Jenaer-Glas-Form für eine Casserole im Ofen zu gebrauchen. Ich war hocherfreut und bedankte mich bei ihr als ich ihr den Kaffee, wie immer nach dem Essen in ihrem Wohnzimmer servierte. Diesesmal kam nicht nur ihr kurzes "thank you", sondern sie legte die Zeitung nieder und sagte:
"Linda, ich wollte mit Dir mal kurz sprechen. Ich hörte, Du hast Dich mit einem Londoner verlobt. Bist Du sicher, Du hast die richtige Wahl getroffen? Ich hörte von den Hausdamen, dass Du schon eine unglückliche Bindung im Heimatort hattest. Warst Du schon bei seinen Eltern und wo wohnt er?"
Mir blieb fast die Spucke weg. So, so, dachte ich schnell, mein Privatleben spricht sich herum. Nunja in einem Haus voll mit Weibern, das versteht sich. Aber sie die Olle, macht sich Gedanken? Das darf doch nicht wahr sein. Höflich mit meinem noch holprigen Englisch antwortete ich:
"Der Besuch bei seinen Eltern steht mir noch bevor, wir kennen uns drei Monate und meine Schwester hat ihn ja auch kennengelernt und war beeindruckt. Ja, und er wohnt in der Wimpole Street und er ist Lithograph von Beruf."
Sie horchte auf, als sie den Namen der Strasse hörte. Die Wimpole und die Harley Street sind die bekanntesten Ärzte-Strassen in London. Dort geht jeder hin der privat behandelt sein will und der natürlich auch die Rechnungen bezahlen kann. Also die meisten Leute sind "stinkfein" die dort hingehen und meistens auch "stinkreich". So informierte mich John.
Indem sie ihre Zeitung wieder zu sich nahm, sagte sie: "Well, the best of luck then".
Ich erzählte John in den nächsten Tagen von dem Vorschlag meiner sister, seine Eltern unbedingt kennen zu lernen, und von dem interessanten Interview mit Miss Nicols. Ich hatte ne Ahnung wo er in etwa wohnte, nicht weit weg von der Tottenham Court Road. Aus Erzählungen wußte ich auch, dass sein Vater im Afrika Krieg unter Montgommery sechs Jahre kämpfte und erst 1946 wieder zurückkam, da die Armee sich noch durch Italien durchkämpfen mußte. Der Vater war gebürtiger Irrländer, er kam südlich von Dublin. Mit 20 Jahren während der Inflation, kam er in Liverpool an. Von dort machte er sich per

Schustersrappen auf den Weg nach London. Dort lernte er seine Adeline kennen und sie heirateten ca. 1938. Schon 1940, kurz vor der Geburt des zweiten Sohnes wurde der Vater eingezogen.
Nach dem Kriege hatte er wenig Lust im Zoll zu arbeiten, so suchte er sich eine Stelle im Regents-Park als Gärtner. Frische Luft, lange Spaziergänge, ein gutes Buch zum Lesen, ein Bierchen, das waren seine Ansprüche ans Leben. Daran hielt er fest, schon deshalb um alleine zu sein und im Pub ein Bierchen in Ruhe zu trinken. John wußte, dass seine Mutter sehr kompliziert ist und so hatte er ursprünglich die Idee, dass wir heimlich still und leise einfach nur standesamtlich heiraten, ohne jegliche Familie dabei. Das konnte ich wiederum nicht. Obwohl Margot ihn nun kennengelernt hatte, wollte ich ihn auf alle Fälle erstmal meiner Mutti als meinen Verlobten vorstellen. Eine Eheschließung käme dann eventuell so gegen Ostern 1961 in Frage.
Unsere Rendezvous waren oft mit so viel Besprechungen über unsere Zukunft ausgefüllt, dass es schon manchmal von der Sprache her schwierig war, da mein Englisch nur Schulenglisch war. Fünf Monate London reichten noch nicht aus, um flüssig englisch zu sprechen. Verstehen tut man am Anfang eine Sprache immer schneller.
An einem Samstagnachmittag spazierten wir die Shaftsbury Avenue entlang und plötzlich hielt John vor einem Juwelier Geschäft inne. Wir gingen hinein und er kaufte mir einen Verlobungsring. Ich sollte wählen. Der Verkäufer zeigte mir verschiedene Ringe mit Halb- und Volledelsteinen, so sagte ich zu John leise:
“Ich brauche keinen extra Ring mit Stein zur Verlobung und dann nochmal einen Ehering. In Deutschland ist es noch Sitte, dass man einen Ehering kauft, ihn links trägt wenn man verlobt ist und bei Eheschließung kommt er auf den rechten Ringfinger.”
“Bist Du sicher?” meinte John.
“Ja, ganz sicher - dieser hier gefällt mir”. Ich hob einen Ring hoch, der sechs-kandig war und kleine Muster eingraviert hatte. John steckt ihn mir an, er passte. Somit war ich offiziell verlobt. Er bekam einen Kuß von mir. Am Abend zeigte ich ihn stolz den anderen Mädchen im Warwickshire House. John holte sich seinen erst viel später, kurz vor der Heirat ab.

Mit Ring am Finger, Blumenstrauss in der Hand zum ‘Anstandsbesuch’.
John wußte nun, dass eine heimliche Trauung mir nicht zusagte. So wurde ich eines Tages, Ende Oktober am Nachmittag zwischen meiner Freizeit von 14.00 bis 18.00 Uhr zu seiner Mutter zu einer Tasse Tee eingeladen.

Später erzählte mir seine Mutter dass er nur sagte: "Ich bringe 'a friend'. Im Englischen bedeutet dies, dass es entweder ein männlicher oder ein weiblicher sein kann, es sei denn, man sagt direkt 'a girlfriend' or 'a boyfriend'. Die Mutter fragte neugierig: "Kenn ich den Freund? Ist es Nick oder Peter?" Er sagte abweichend: "Nein, ein girl, sie ist aus Deutschland und arbeitet hier."
Sie fügte beim Nacherzählen hinzu: "Ich war erleichtert, dass er endlich mal ein Mädchen nach Hause brachte. Er war ja so schüchtern, dass ich nie wußte wie ich dran war."
Die Begegnung "der Frauen" fand statt. John holte mich ab, ich brachte, wie das von zu Hause her üblich war, einen Blumenstrauß mit. Auf unserem Hinweg erklärte mir John einiges über die Wohnungsschwierigkeiten die auch hier in London nach dem Kriege herrschten und dass seine Eltern froh waren, eine große Wohnung gefunden zu haben. Leider mußten sie dafür als Hausmeister arbeiten. Somit wohnten sie mietfrei. Nichts konnte mich eigentlich stören, denn ich war so verliebt, also war ich eigentlich nur auf die Menschen gespannt.
Die Wohnung war in einem Ärzte-Haus. In Nr. 32 war ein berühmter Physiotherapist, ein Zahnarzt und eine Psychiaterin. Letztere mußte sich schon damals mit Drogenfällen beschäftigen. Wir stiegen aussen ca. 12 Treppen hinunter zu einer Souterrain-Wohnung - in englisch basement - . Die Türe öffnete sich und eine recht zierlich, kleine Frau erschien. Ich stellte sie mir etwas anders vor, nachdem John ja fast einen halben Kopf größer war als ich. Sie hatte dunkles Haar, sehr blasse Haut, dunkle tiefliegende Augen, die mich nur so anblitzten. Schlicht gekleidet, doch überaus freundlich. Sie ging voran ins große, dunkle Wohnzimmer, wo sofort Licht angeknipst werden mußte. Der Nachteil der basement Wohnungen ist - wenig Tageslicht - . Die Größe des Zimmers überraschte mich sehr. Man hätte unser Wohnzimmer in der Weingartenstrasse mindestens viermal reinstecken können. Die wenigen Möbel wurden direkt von der Höhe und Weite des Zimmers verschluckt. Wie üblich in den englischen Wohnzimmern, es wird alles mal erst um den Kamin gesammelt. Wenn auch kein offener, so ersetzte ein Gasofen die Wärmequelle. Ein kleiner, grüner langhaariger Teppich aus Baumwolle lag da, eine Couch, zwei Armsessel, und ein kleiner Couchtisch gruppierten sich um den Kamin. In der Ecke links stand der Fernseher, rechts in der Nische ein großer, weisser, alter eingebauter Schrank. Oben Glas mit vielen Büchern. In der anderen Hälfte des Zimmers war eine riessengroße Kommode, ein Architekt habe sie hinterlassen wurde mir erklärt. Ein Tisch, vier Stühle bildeten den Mittelpunkt und rechts stand zwischen Fenster und Türe ein 'side-board', Anrichte. Mir

erschien alles etwas 'old fashioned', störte mich aber nicht.
Da der Boden aus Parkett war, dachte ich sofort, das Zimmer eignet sich für eine Party mit Tanz. John's Mutter servierte den Tee auf einem Tablett. Sie stellte dieses auf den kleinen runden Tisch, aber wir selbst bekamen unsere Tassen zugereicht und auch die Süßigkeiten. Man balanciert alles dann auf dem Schoß. Das schien in vielen englischen Familien die ich noch kennenlernte das gleiche zu sein. Man sitzt selten um den Kaffeetisch herum, der ist zu niedrig und zu klein, sondern nur wenn es ein warmes Abendbrot gibt, setzt man sich an den Eßtisch. Oft bekommt man, je nachdem wie die Familien eingerichtet sind, ein kleines Tischchen (von einem Nest von Tischchen) nebenhin gestellt, wo man dann Tasse und Kuchenteller abstellen kann.
John und ich saßen nun auf dem Sofa, seine Mutter uns gegenüber in ihrem Sessel. Ich konnte mich nur langsam unterhalten und beantwortete die üblichen Fragen: "Wie lange sind sie schon hier, wie lange bleiben sie noch. Wo haben sie John kennen gelernt ..." usw.
Es war keine direkte Musterung. Es war eine ungezwungene Atmosphäre und ich mußte ja auf die Uhr sehen, da ich meinen Dienst bei Miss Nicols pünktlich antreten mußte.
Auf dem Weg zurück zum Warwickshire House gestand mir John, er habe seiner Mutter noch nicht gesagt dass wir verlobt sind.
"Warum nicht, hat sie was gegen Ausländerinnen?"
Er sagte beruhigend: "Nein, sie ist doch selbst halb italienisch und halb englisch. Ihr Vater kam aus Florenz und heiratete meine Großmutter Amie gegen den Willen ihrer Eltern. Sie war erst 16 Jahre und die Arme wurde daraufhin von der Familie sozusagen 'verstoßen'. Meine Großeltern waren wohlhabend, aber sehr streng mit Sitten und Gebräuchen, wie das so üblich im Viktoria-Zeitalter war. Man hat ihr nie geholfen, auch dann nicht, als der Mann sie nach fünf Kindern verlassen hatte."
Diese Information hat mich sehr überrascht und bewegt. Ich habe oft bei John nachgeforscht um mehr zu verstehen. Vorallem wurde mir bei der zweiten Einladung, wo auch ein Abendbrot mit Toast udgl. gereicht wurde, klar, dass es sich bei der Mutter um einen schwierigen Frauentyp handelt. Sie konnte eifersüchtig sein, das hörte ich aus ihren Erzählungen heraus. Während des Krieges war sie mit den beiden kleinen Buben evakuiert und sie wollte mich wissen lassen, wie gut sie auf ihre Kinder aufpasste und hätte sich nie von ihnen getrennt, wie das so manche Mütter machten und in London zurück blieben.
Den Vater lernte ich nun auch kennen. Ebenfalls einen Kopf kleiner als John.

Breitschultrig, etwas untersetzt. Jedoch seine Art wie er sich unterhielt war sehr gepflegt und er wußte viel über Deutschland, der Sprache udgl. Ich merkte auch sofort, dass er sehr belesen war.
Beide Männer waren aus dem Zimmer, da fragte mich die Mutter plözlich: "Warum wollt ihr denn heiraten? John ist noch sehr jung. Bist Du eventuell in anderen Umständen?" Das englische Wort dafür heißt 'pregnant'. Das verstand ich gleich gar nicht und mußte erstmal zurück fragen: "Sorry, I do not understand pregnant."
Sie darauf: "Are you going to have a baby?"
"Oh no, no," ich glaube ich war etwas entrüstet und verbarg es und lächelte und sagte stolz:
"Nein, John und ich lieben uns und wir wollen eben heiraten, so daß wir zusammen leben können." Ich sah in ihren Augen einen Blick, den ich noch oft zu sehen bekam. Ne Art: 'Aha, also das liegt an Dir, mal abwarten und Tee trinken.'
Ich blickte auf die etwas vergoldeten Tassen, "die immer bei Besuch herausgeholt werden" sagte John , da die Jungens sie mal der Mutter schenkten.
Als ich endlich mal in die Küche durfte und das nur, weil ich das Tablett mit den Tassen und Tellern hinaustragen durfte, war ich schön erschrocken. Der Küchenschrank war rot und so die kleine Kommode, selbst der Tisch hatte eine rot-weiß melierte Platte. Der Guß war uralt. Viereckig, groß, tief aus Gußeisen. Links davon eine meterlange Ablaufplatte aus Holz. Über dem Guß direkt hing ein Gestell, ne Art Regal mit zwei Fächern aus Plastikstäbchen. Darauf kam das abgewaschene Geschirr. Unten in den etwas höheren Teil wurden die Teller und Unterteller aufrecht reingestellt und oben die Untertassen und Tassen.
Mit Gummihandschuhen machte die Mutter den Abwasch. Abgetrocknet wurde nie. Was mich störte war, dass, da die Tassen, die öfters am Tage in Gebrauch waren, jedesmal triefend nass reingestellt wurden und so über die Teller unten das Wasser lief. Meistens auch hatte die Mutter eine Zigarette im Mund, so kam es vor, dass sich die Asche in einem Kochtopf festsetze. Ich entdeckte, dass es mit der Hygiene in der Küche sehr happert. Der Linoleumboden war sehr abgetragen und verkleckert, besonders da, wo sich der Abfalleimer befand. Es war ein einfacher Eimer mit etwas Zeitungspapier ausgelegt. Ein Vorhängchen gehört dahin, dachte ich, um die dunkle Ecke, ebenfalls dunkelrot angestrichen, etwas zu verdecken. Der Gasherd war das älteste Model, das ich je sah. Aber irgendwie war er modern, im Vergleich zu unseren zu Hause. Man kochte ebenfalls auf vier Flammen. Aber - über der

Kochstelle war noch ein extra Aufsatz mit einer länglichen Grillpfanne aus Email. Auf beiden Seiten waren noch Rillen wo man die Teller reinstellte und sie schön anwärmen konnte. Auf dem Grill selbst machte man jeden Tag seinen Toast, oder die verschiedensten Fleisch- und Fischgerichte konnten gegrillt werden. Das modernste in der Küche war ein großer Gasheizer an der Wand, der ständig für heißes Wasser für Küche und Bad sorgte. Eine Türe neben dem Heizer führte ins Bad. Da waren wir altmodisch in der Weingartenstrasse. Wir hatten einen Kohle-Hochofen im Bad, der mit Kohle und Brikett geheizt werden mußte. Wir mußten alles aus dem Keller hochschleppen. Nicht immer erwünscht. Kein heißes Wasser in der Küche. Zum Abwaschen mußte immer das Wasser auf dem Gasherd heiß gemacht werden.
Von der Küche in der Wimpole Street ging wiederum eine Türe in einen kleinen Innenhof. Von dort kam man zu einer Toilette. Im Höfchen selbst wurde die Wäsche auf eine Leine gehängt, je nach Wetter. Eine zweite Toilette fand man noch vom Wohnzimmer ausgehend in einem kleinen Korridor. Das Schlafzimmer der Eltern befand sich gleich neben der Küche, mit zwei Fenstern ins Höfchen blickend. Von diesem kleinen Korridor ging man in einen großen, langen Flur, der bis zur Eingangstür reichte. Es befanden sich mehrere kleinere Abstellräume dort und ein geräumiges Zimmer ganz vorne, wo die zwei Fenster an der obersten Hälfte mit dem Gehsteig auf gleicher Höhe waren. Dieses Zimmer teilten sich John und sein Bruder Micki. Von dort kam etwas mehr Tageslicht herein und auch das Leben und Treiben auf der Straße konnte man wahrnehmen..
Von all' den sachlichen Beschreibungen zurück zu den Menschen. Mir war der Vater sehr sympathisch und bei der Mutter sagte mir mein Instinkt muss ich immer vorsichtig sein, was ich sage und wie ich es sage, aber sie war humorvoll und ich glaubte sie sei o.k.
Auf unserem Weg zurück zum Hostel erzählte mir John wieder einiges über seine Familie. Irgendwie fühlte ich, dass es ihm peinlich war. Er wußte, dass seine Mutter ihren Haushalt etwas lässig führte. Ich beruhigte ihn und beteuerte:
"Weißt Du John ich will mal einen goldenen Mittelweg finden als Hausfrau. Menschen sind so unterschiedlich. Meine Mutti ist zu reinlich. Eine perfekte Hausfrau. Ich glaube fast sie hat einen Saubermachfimmel. Das hat mich oft zu Hause aufgeregt. Jeden Freitag das gleiche Theater, Saubermachen. Staubsaugen, abstauben, pollieren. Jeden Montag Waschtag.
Man kann es auch übertreiben. Ich will mal nicht so eine Hausfrau sein. Wir beide können einen ganz neuen Lebensrythmus für uns gründen. Nun sag'mir

nur hast Du Deiner Mutter von uns erzählt? Sie weiß nämlich, dass wir heiraten wollen."
"Ja, das habe ich schon. Sie war etwas überrascht. Wieso, hat sie was zu Dir gesagt?"
"Ja, als Du aus dem Zimmer warst, fragte sie mich gleich ob ich ein Baby erwarte." Ich musste lachen. John schaute etwas ernst drein und meinte:
"Na, da werde ich mal mit ihr reden."
Irgendwie hat es mich damals nicht gestört, wie und was die Mutter sagte, denn ich sagte mir, dass wir ja nicht mit ihr wohnen müssen und ich war wohl tolerant. Ich liebte John, wollte ihm auf keinen Fall weh tun, ich sagte mir: Er kann nichts dazu wie seine Mutter den Haushalt führt, oder mich dumm ausfragt.
Ich wußte ja von John, dass seine Eltern jeden Abend je eine Etage mit Ärzte Zimmern sauber halten müssen, Wartezimmer, Aufenthaltsraum der Angestellten, Korridore. Es lagen überall wertvolle Perser Teppiche auf dem hochpollierten Parkettboden. Das war schon viel Saubermacherei, vielleicht vergeht einem die Lust, die eigene Wohnung noch auf Vordermann zu bringen. Doch viel später lernte ich, dass man beides schon schaffen kann. Man ist beruflich tätig, kommt nach Hause, hat Kinder und man leitet seinen Haushalt dennoch ordentlich. Alles ne Sache wie man erzogen worden ist? Oder liegt es am Organisieren ? Nicht jedes Weib wird eine gute Ehefrau, Reinemachefrau oder entwickelt sich als gute Mutter, berufstätige Ehefrau, ist verständig, tolerant, liebenswert, hilfsbereit usw. Wir alle erfüllen im Durchschnitt nur das eine oder andere mit Erfolg und auch dann ist vieles noch negativ und positiv aufzuwerten.

Meine Kündigung im Warwickshire House.

Sie mußte formuliert und eingereicht werden. Meine liebe Engländerin, die Musik-Studentin half mir dabei. Also im Text war so in etwa zu lesen, dass ich heiraten werde und mit meinem Mann zusammen wohnen möchte. Ich hörte auch von Karin, dass sie heim wollte, hatte genug vom Putzen. Machte ebenfalls nochmal Urlaub mit zwei deutschen Mädchen in Schottland. Als Kündigungsgrund gab sie jedoch an, dass der Vater plötzlich erkrankt sei und sie müsse sofort im elterlichen Betrieb mithelfen. Sie ging sogar soweit und liess sich ein Telegramm senden. Sie erzählte mir lächelnd:
"Ich drückte sogar einige Tränen heraus, als ich Miss Nicols gegenüber stand."
Sie war somit bereits im Oktober zu Hause.

Mein Abfahrtstermin war für den 20. November angesetzt. John's Mutter hatte am 19.11. ihren 50. Geburtstag. Aber er wurde überhaupt nicht gefeiert, wie man das zu Hause tun würde. Sie war recht angetan, als ich ihr einen schönen Unterrock kaufte. Manche Frauen und Männer zählen nicht gerne die Jahre, sie sind altersscheu. Sie übergehen somit jede Erinnerung, die die Jahresanzahl preisgibt. Ich war mir nicht ganz klar, zu welcher Rubrik meine zukünftige Schwiegermutter eigentlich gehörte.
Mein großer Koffer mit meinen Sommersachen wurde in die Wimpole Street gebracht. Die letzten zwei Tage vor meiner Abreise schlief ich auch dort. Eine Hausdame meinte neckend: "Na Linda, dort darfst Du eigentlich noch nicht schlafen, ihr seid noch nicht verheiratet." Ja, 1960 war das noch so, boyfriend und girlfriend zogen noch nicht bei den Eltern ein und aus, je nach Belieben.
John und ich haben uns oft überlegt, wie wir es machen sollen. Zusammenleben, ohne Ehe oder heiraten. Uns war es egal ob mit, oder ohne Ehe, das war nicht das Hauptproblem. Aber ich konnte als Ausländerin eigentlich nur im Haushalt arbeiten und das für vier Jahre, bis ich auf meinen Beruf arbeiten durfte. Das sei denn, ich fände eine Firma, die mich als Fachkraft bräuchte und somit Arbeitsgenehmigung erteilt würde. In meinem Fall hiess es eben noch weitere drei Jahre als "Putzmädchen oder Haushilfe" weitermachen. Das wollte ich auf keinen Fall. Unser Plan war, dass ich vorerst mal nach Hause gehe, eventuell eine Aushilfe-Stelle im Büro annehme. Weihnachten würde John dann kommen und ich vielleicht dann wieder ihn über Ostern besuchen kommen.

Es hieß Abschiednehmen am Victoria Bahnhof.

Jung und verliebt waren wir und eine sechswöchige Trennung schien sehr lange zu sein. Man verspricht zu schreiben, auch das eine oder andere Telefonat wird zugesagt. Eine letzte Umarmung, ein Kuß, man winkt, der Zug rollt in Richtung Küste - Dover.
Von Dover aus gings wieder per Schiff nach Ostende. Eine lange Zugfahrt mit dem 'Wien-Ostende-Express' folgte. Mein Zug kommt gegen 2.00 Uhr morgens in Würzburg an. Ein Taxi bringt mich nach Hause. Ich läute kurz und Margot wirft mir den Schlüssel runter.

Wieder daheim ?

Mit so vielen neuen Eindrücken, und so viel zu erzählen. Das muß bis Mittag warten. Ich schlüpfe unter mein Federbett. Wie herrlich, keine Decken und Leintücher zum Herumziehen. Beim Einschlafen dröhnen noch die eisernen Räder des Zuges in meinen Ohren.

An den darauffolgenden Tagen wird viel berichtet. Mutti will alles genau wissen. Über John, Familie und unsere Pläne. Auch meine 'Putzfrauenzeit' im Warwickshire House interessiert sie sehr. Viele Anrufe werden erledigt, "guten Tag" gesagt. Im Ruderverein trifft man sich in der Damenabteilung zum Schoppen. Immer wieder hieß es:

"Siggi erzähl' doch mal. Hast Du die Königin und Familie gesehen? Warst Du auch im Wachsfigurenmuseum? Wie sind die Engländer?" usw.

John's Briefe trafen ein, manchmal schickte er sie per Express. Was ihm nicht klar war, dass in Deutschland der Postbote einen Expressbrief schon morgens früh um sieben Uhr ins Haus bringt und 'sturm-klingelt'. Die Briefkästen befinden sich ja innen im Haus. Man muß also oben erstmal auf die Klingel drücken und ihn rein lassen

.

Meinen Briefen, so sagte John später, entnahm er, dass ich mit Ideen kam, die von meiner Mutter und Schwester stammten. So z.B. sollte ich sechs Monate oder ein Jahr in Deutschland bleiben, wieder einen gutbezahlten Job aufnehmen und für meine Aussteuer sparen. Nebenbei auch schon etwas Aussteuer kaufen. Meine Mutti heiratete 1932, sie kannte es nicht anders, als dass eine junge Frau aus guten bürgerlichen Verhältnissen eine Aussteuer aufzuweisen hat. Etwas Bettwäsche, Handtücher, Tischtücher, Geschirr, Eß- und Kaffeeservice, Besteck usw. Das war mir klar, aber es war keine Notwendigkeit. Erstmal irgendwo gemeinsam wohnen, Geld verdienen, dann eins nach dem anderen kaufen. Mutti war verhältnismäßig lange Jahre berufstätig. Sie hatte sich eine schöne Aussteuer zusammengestellt. Wie oft sagte sie: Von allem das beste! Sie saß ja an der Quelle sozusagen, war ja in einem Kaufhaus tätig. Ihre Paradekissen waren mit Klöppelspitze umrahmt, so auch die Einschlagtücher. Aus Damast die Tischwäsche. Frottehandtücher die noch heute existieren, einmalige Qualität. Alle Wäsche war mit ihrem Monogramm versehen. 'L.K' - Liesl Klos.

Ein Teeservice, hauchdünn mit dem Drachenmuster, echtes Porzellan für Kaffee und Eßgeschirr. Sie konnte außer ihren Möbeln, die leider in Würzburg untergestellt waren, alles vom Bombenangriff retten, indem sie es aufs Dorf holte. In einem großen Schließkorb war die Wäsche eingeschlossen. Als Kinder

wunderten wir uns oft über den Inhalt des Korbes, der mit Eisenstange und Schloss abgeriegelt auf dem Boden stand.
So schrieb ich in einem Brief an John, ca. Ende November, dass es wohl in unserem Interesse sei, wenn ich erstmals einige Zeit in Würzburg bleibe, arbeite und Geld spare. Das gefiel ihm gar nicht.

Am Telefon schlägt John gleich heiraten vor.
Er komme Weihnachten, ich könnte nach der Eheschließung dann als Mrs. Johnston in London im Büro arbeiten und müsste mich nicht mehr mit Hausarbeit abplagen.
Das wirkte auf mich elektrisierend. Ich merkte schon nach zwei Wochen, wie schwer es mir fallen würde, nochmal Teil einer Drei-Weiberwirtschaft zu sein, wo ich doch mit meinem lieben John meinen eigenen Haushalt haben könnte. Der Drang zur Selbständigkeit und eigenem Leben war schon stark in mir. Kurzentschlossen willigte ich ein und leitete alles in die Wege. Standesamt - Aufgebot aushängen - Unterlagen die ich von John brauchte, so z.B. eine Aufenthaltsbescheinigung von ihm in London usw. Mutti und Ma waren unseren Plänen sehr skeptisch gegenüber. Heute weiß ich auch warum. Als Mutter will man, dass das Kind oder die Tochter kein hartes Leben haben soll, es soll ihr besser gehen wie einem selbst. Man möchte gern alle Gefahren aus dem Weg räumen. Doch das geht nun mal nicht.
Ich fühlte mich immer etwas unterdrückt, mißverstanden von Mutter und sister, vorallem nach dem Aufenthalt in London. Man kritisierte mich zu viel. Was ich anziehen soll, wie ich mich kleiden soll. Was ich sagen soll und was man nicht sagt. Mutter und Schwester waren sich zu oft einig und ich war die Außenseiterin - gedanklich, geistig lag ich dem Vater nahe, doch er war nicht mehr da, kein Gesprächspartner mehr für mich, wie sehr ich ihn vermisste, den Vater, die väterliche Umsorgung, das Verständnis.
Mittlerweile rief ich auch in der Verwaltung der Uni an und fragte nach einer Kurzbeschäftigung. Man offerierte mir im Handumdrehen eine Aushilfestelle in der Besoldungsstelle. Ich war recht erleichtert, jeder Pfennig zählt. Von der Weingartenstrasse mußte ich nur quer durchs Glaci laufen und da war die Uni. Man kannte mich noch gut, teils vom Verwaltungsausschuß her. Auch von Betriebsausflügen war mir die ganze 'Belegschaft' bekannt. So fing ich in der Besoldungsstelle an.
Zu Hause wurden Pläne geschmiedet. Mutti meinte: "Um Gotteswillen bitte kein langes weißes Kleid. Warum Brautkleid, wir können doch gar keine große Hochzeit finanzieren."

“Ja, das verstehe ich schon. Aber weißt Du, dass meine Tanten auf dem Land mir eine Hochzeit mit allem Drum und Dran angeboten haben. Das wäre ein wahres Fest. Trauung in der Kirche meiner Kindheit-Schulzeit-Konfirmation!”
“Nein, blos das nicht” wehrte Mutti ab. “Ich kann mich nicht in dem Brautzug sehen, der zur Kirche hochläuft. Auf keinen Fall - und Blumen ins Haar stecken?”
Es wurde hin und her beratschlagt. Endlich verstand man auch, dass ich von Herzen gerne eine weiße Braut sein wollte. Früher hieß es, ein schwarzes Kleid für die Frau die in anderen Umständen ist. Die moderne Ehe wurde auf die Schnelle gemacht. Frau im Kostüm, das schlug man mir vor.
Zuguterletzt schenkte mir meine Schwester den Stoff für’s weiße Kleid. Ich bezahlte die Schneiderin selbst. Frl. Hensler unsere gute Schneiderin stellte fast ein Modellkleid her. Enges Kleid, kurzer Arm, oben rund ausgeschnitten. Darüber eine Tunika mit dreiviertel langem Arm, vorne ganz schick, wie ein tulpenartiger Rock.

Im Büro im VA wurde eine lange Unterhaltung über die Ehe, das Kinderbestellen usw. eingeleitet. Man versuchte mich total ‘aufzuklären’.
John’s Ankunftstag rückte immer näher. Ich lud seinen Bruder und seine Eltern ein, aber keiner konnte kommen. Arbeitsmäßig und aus finanziellen Gründen war es leider nicht möglich. Bei meinen Freundinnen auf der Neuen Welt, wo die Eltern englisch sprachen, da sie ja jahrelang in New York lebten, wollte ich sie unterbringen. Ich wählte Vater Tavan als meinen einen Trauzeugen, der andere war Dieter, der damalige Freund meiner Schwester. Er war gleichzeitig unser Fotograf. Ein Tisch wurde bestellt in einem kleinen Hotel. Wir wählten als Menü: Eine Suppe als Vorspeise, English Beef, Gemüse, Pommesfrittes als Hauptgericht mit einem guten Schoppen Frankenwein. Nachtisch war glaube ich ‘Birne Helene’.
Ein Rosenstrauß mußte bestellt werden. Standesamtliche und kirchliche Trauung zeitlich organisiert. Ein Sektfrühstück am Hochzeitsmorgen ward zu Hause geplant. Der Friseur zum Schleieraufstecken. Ich wählte einen kleinen kurzen Schleier, mit einem ganz kleinen Krönchen. Nach dem Mittagessen soll es Kaffee und Kuchen bei uns zu Hause geben, gefolgt bei einem kleinen Abendbrot. Die engsten Freunde wurden eingeladen. John und ich zahlen unser Mittagessen selbst. Soweit schien alles reibungslos zu gehen. Etwas Hektik zu Hause, Kuchen mußten ja auch noch gebacken werden.

John’s Ankunftstag der 22. Dezember. Ich fahre mit der letzten Straßenbahn

zum Bahnhof. Der Ostende Express sollte gegen 2 Uhr früh eintreffen. Ich setze mich ins Lokal 'erster' Klasse, trinke viel Kaffe und Tee. Kein Zug, der Lautsprecher verkündet, dass der Wien-Ostende Express leider wegen Streik an der belgischen Grenze aufgehalten wurde. Man gebe die neue Ankunftszeit später bekannt. Da entdeckte ich ein junges Fräulein, ebenso enttäuscht wie ich. Sie wartete auf ihren Michael, ihren Verlobten. Sie wohnte in Schweinfurt und auch sie heiratete um dann nach England zurückzukehren. So warteten wir gemeinsam im Bahnhofsrestaurant 1. Klasse. In die 3. Klasse geht man nicht in der Nacht, dort treiben sich die Einzelgänger und Betrunkenen herum. Wir erzählten von unsrem Londonaufenthalt und unseren Begegnungen und teilten unsere Vorfreude auf die Ehe und das neue Leben in London. So verging eine Stunde nach der anderen. Wir hatten noch kein Telefon, so konnte ich zu Hause nicht Bescheid sagen. Ich wußte, dass sich meine Mutti und Schwester wohl Gedanken machen würden.
Der nächste Morgen war da und gegen 8.00 Uhr traf der langersehnte Express endlich ein.
Wie glücklich war ich, als John mich in seine Arme nahm. Er erzählte vom Streik und wie die jungen Leute im Abteil mit einer Gitarre und singend sich die Zeit um die Ohren schlugen. Ich nahm ein Taxi, wir waren beide übernächtig. Ma war schon im Büro. Mutti hatte den Kaffeetisch gedeckt. So lernte sie nun auch John kennen. Sie hatte einen guten Eindruck, sagte sie mir. Er war angetan von unserer hübschen, kleinen Wohnung. Er schlief in Opa's Zimmer, jetzt Margot's kleines Wohnzimmer mit Liege. Ma und ich teilten uns ja, wie eh und je das grosse Schlafzimmer.
Am Heiligen Abend wurde unsere Verlobung nachgefeiert. Als 1945 eine Flasche Sekt noch von Vati's Einkauf gefunden wurde, sagte Mutti damals: "Dieses gute Tröpfchen heben wir für diejenige auf, die sich zuerst verlobt." Nun war ich, die Kleine, die glückliche, erste Braut. Zwischendurch in den 50iger Jahren wurder der Sekt mal umgefüllt. Das machte ein Angestellter der Sektkellerei Oppmann.
Es war ein herrlicher, guter Tropfen. Goldgelb schillerte er im Sektglas. Es wurde angestossen: "Zum Wohl der Glücklichen, alles Gute für John und Sieglinde".
Der Weihnachtsschmauss war Rehbraten, Klöße und Rotkraut. Auch Plätzchen hatten wir vorher schon gebacken. Ein kleiner Weihnachtsbaum in der Ecke im Wohnzimmer. Margot dachte sogar an einen Misselzweig, ein englischer Gebrauch. Es war ein geglücktes Fest. John war beeindruckt vom deutschen Weihnachten. Es wurde doch so viel anders und ruhiger in Deutschland

gefeiert als man es im Durchschnitt in England tut.
Der erste Besuch zu meinen Verwandten nach Wiesenbronn fand statt. Er lernte alle Tanten kennen. Überall wurde Wein eingeschenkt und langsam aber sicher merkte ich, dass es John reichte, er bewahrte jedoch seine Haltung. Da war ich sehr stolz auf ihn. Ich wusste, dass die Bauern gerne den Städter auf die Probe stellen, wieviel Wein er vertragen kann.
Wir schliefen in einem noch mit Strohsack ausgestattetem Bett und hatten ein dickes, schweres, altes Federbett zum Zudecken. Nur - in der stockdunklen Nacht hätten wir den Weg zum Klo runter nie gefunden. So tat ich das einzig mögliche, ich suchte nach einem Nachttopf. Was ich fand war eine grosse Porzellankanne in einer weissen Schüssel auf der Kommode. Am nächsten Morgen schlich ich mich leise zum Klo, säuberte das Gefäß in der Küche, wo ich so tat, als würde ich frisches Wasser zum Waschen holen.
John gefielen meine Verwandten. Besonders aufmerksam fand er es, dass bei Anna meiner Cousine und Familie, die ja bei Tante Babette mit Tante Käthe wohnten, er wie ein Ehrengast behandelt wurde. Das beste Geschirr kam auf den Tisch. Klöße und Braten, dazu einen Krautsalat mit Speck angemacht, der ihm besonders gut schmeckte. Ich mußte diesen in mein handgeschriebenes kleines Kochboch mit aufnehmen. Es freute mich, auch meine Verwandten sagten: "Er ist ein netter Kerl". Sie waren überrascht und erfreut das er etwas deutsch sprach und sie auch verstehen konnte.

Polterabend ! Vom Freitagabend vor dem Hochzeitstag wußte nur meine Schwester Bescheid, nicht ich. Es klirrte aufeinmal schrecklich laut, man konnte sofort erkennen, es werden Scherben gemacht. Draußen im Treppenhaus auf dem kleinen Flur standen die Ruderkameradinnen und einige Freundinnen. Es war ein kleiner Polterabend. Ich mußte John alles schnell erklären. Mit dem Besen, Schaufel und Handbesen gingen wir raus um gemeinsam alles einzukehren. Das sollte bedeuten, dass wir in unserer Ehe auch alle Scherben (Zusammenbrüche) gemeinsam bewältigen sollen.

Der 7. Januar, der schönste und zugleich der aufregendste Tag war da. Standesamtliche Trauung um 11 Uhr. Margot machte uns ein Sektfrühstück. Das half den Nerven, wirkte wie ein Beruhigungsmittel. Mein Trauzeuge Nr.1, Vater Tavan, der Vaterersatz traf mit seinem alten Mercedes Diesel ein und fuhr uns alle zum Rathaus. Ich weiß gar nicht mehr recht was ich trug. Es war ja Winter. Nichts Neues.
Eines ist mir aber sehr in Erinnerung haften geblieben. Als der Standesbeamte

den Namen von John, Patrick Johnston und das Geburtsdatum vorlas, hörte meine sister und Mutti zum erstenmal das John Jahrgang 1938 ist und somit ganze zwei Jahre jünger als ich war. Darüber waren sie etwas erschrocken, denn sie ahnten wohl, was mir natürlich total entging, dass ein junger Mann mit 22 1/2 Jahren noch ganz am Anfang seiner Berufskarriere stand. Dementsprechend das Einkommen auch gering war. Sie hatten natürlich recht. Ich bekam das erst zu spüren, als wir unseren Haushalt in London gründeten. Ich fragte John nie vor der Ehe nach seinem Einkommen, wußte nur von einem Gehaltsstreifen, der aus seiner Hosentasche rutschte, dass er ca. DM 800 im Monat verdiene. Mutti meinte, dass ich mit dieser Summe gut auskommen müßte.
Nach dem Standesamt gings kurz heim, dann fuhr mich Dieter mein Trauzeuge Nr.2 schnell zum Friseur. Der Schleier wurde aufgesteckt. Ich trug damals eine Hochfrisur, Scheitel an der Seite, über die Ohren nach hinten zu einer 'Banane' zusammengesteckt. Mein Schleier reichte nur bis zur Schulter. Zurück zur Wohnung. John wartete geduldig mit Mutti im Wohnzimmer, während Margot mir beim Anziehen meines Brautkleides half. Da wurde auch der Rosenstrauß geliefert. Dunkelrote Rosen, das wünschte ich mir.
John trug einen dunkelblauen, fast schwarzen Anzug, weisses Hemd mit grauer Fliege. Die silbergraue Weste wurde vorher noch schnell in Würzburg besorgt. Auch weiße Handschuhe wurden von dem Mann einer Geschäftskollegin meiner sister geborgt.
Ich betrat das Wohnzimmer, John sagte gleich: "You look wonderful". Ich erwiderte: "Ich finde Du siehst auch sehr gut aus in Deinem dunklen Anzug". Wir gingen zum Auto hinunter. Mein Schleierchen mußte überm Gesicht getragen werden, bis nach der Einsegnung. Die jungen Hausbesitzer waren vor der Türe und machten einige Fotos. Mutti und Ma fuhren beim Trauzeugen Dieter im Auto mit. John und ich stiegen bei Vati Tavan ein.
Die Trauung fand in der St. Stephan's Kirche statt, die nicht weit von der Weingartenstrasse liegt. In der Kirche waren viele Freundinnen und Frauen von unserer Ruderabteilung anwesend. Leider, keine Verwandten. Mit der Würzburger Verwandtschaft standen wir seit Opa's Tod auf Kriegsfuß und die Wiesenbronner wussten, dass es bei uns eng zu ging in der kleinen Wohnung. Deshalb machten wir einige Tage vorher den speziellen Besuch nach Wiesenbronn.

Als ich mit John in die Kirche einzog, war unser einziges Brautmädchen Klein-Ingeborg. Sie war nicht ganz drei Jahre alt. Ihre Mutti Alice, der Vati Bernhard, Mutti Malika Tavan, meine Freundinnen Emma und Pauline waren

ebenfalls in der Kirche.
Am Altar stehend, blickte ich zu den schönen Kirchenfenstern hoch und beobachtete, dass die Sonnenstrahlen ab und zu mal durchblitzten. Das Wetter war an jenem Tag sehr unbeständig. So wird wohl auch eine Ehe sein, dachte ich mir, mal Regen, mal Sonnenschein.

John verstand gut deutsch und trotzdem war mir etwas bange, dass er nur nicht verpasst auf das "so sprich ja" das "ja" auch zu sagen. Er gab sein "Ja-Wort" und ich das meinige. Getraut wurden wir von Dr. Alt, unser Trautext lautete: "Befiehl dem Herrn deine Wege und hoffe auf ihn, er wird's wohl machen." Psalm 37, 5.
Die Zermonie verging so schnell, schon zogen wir wieder Arm in Arm aus der Kirche aus. Wie das mal so ist, einige Damen, darunter auch meine Mutti, wischten sich schnell einige Tränen weg. Erst einige Jahre danach, wurde mir bewusst, warum wir Frauen so gerührt sind. Man sieht das junge Paar, so glücklich, strahlend dahinschreiten und man weiss aus eigener Erfahrung, dass manchmal viel Unerträgliches auf die jungen Leute zukommt. Die Kenntnis dessen, was man Erfahrung nennt, bringt eine emotionelle Rührung, das sind die Tränen. Also eine ganz natürliche menschliche Reaktion.
Ingeborg streute fleißig ihre Blumen aus dem Körbchen. Wo kommen die alten Traditionen nur her? Soll man auf Blumen gebettet durchs Leben gehen? Jetzt erst mache ich mir darüber Gedanken. Damals akzeptierte ich alles, so wie es eben auf Hochzeiten war.
Vergessen durfte ich nicht, nach der Trauung meinen kleinen Schleier vom Gesicht hochzunehmen und das bevor wir das Kirchenportal erreichten.
Alle meine Freundinnen und alle Damen vom Ruderverein kamen zum Gratulieren. Fotos wurden gemacht. Wir bestiegen wieder das Auto und fuhren zum Hotel zum Mittagessen. Wir waren eine kleine Runde, Mutti, Margot, John und ich und unsere zwei Trauzeugen. Es verlief alles zur Zufriedenheit der Gäste und des Brautpaars.
Hinterher fuhr Vater Tavan uns schnell auf die Neue Welt, wo wir einst wohnten. Seine Schwester M. Langguth weilte dort zu Besuch. In ihrer Weinhandlung a.d. Mosel war ja Vati einst tätig. Sie war sehr überrascht uns als frischgetrautes Ehepaar begrüßen zu können. Sie schenkte uns einige Flaschen Moselwein und wünschte mir alles Gute in der neuen Wahlheimat.
Zwischendurch machten Mutti und Margot die Kaffee-Tafel fertig. Einige Freundinnen waren zum Kaffee eingeladen, ganz speziell auch Frau Lore Tavan und Mutti Tavan, andere wiederum zum Abendbrot. Wir konnten

eigentlich nur 10 Mann um den Tisch platzieren. Karin, Rosele, Freund Armin und Tante Maria, Alice mit Bernahrd, Emma und Pauline, Dieter, Margot, Mutti, John und ich - irgendwie ging es dann doch noch. Das kleine Wohnzimmerchen von Margot benützten wir auch zum Plaudern und Ausbreiten. Es wurde ein gemütlicher, feuchtfröhlicher Abend. Vati Tavan erzählte von unserem Vati, den er gut kannte und einige Geschichten von mir und meiner Schulzeit auf der Neuen Welt. Tante Maria, trug mit ihrem hellen, herzlichen Lachen viel zur Stimmung bei.
Bei den jungen Hausleuten waren wir auch noch kurz zu einem Glas Wein. Sie zeigten uns ihre Hochzeitsbilder und wir tauschten frisch erlebte und vergangene Erfahrungen aus. John und mir war das Ehepaar Appel sehr sympathisch.
Zu John's größter Überraschung fand nach 'Sitten & Gebräuchen' eine Brautentführung statt. Pauline, Schwestern und Margot "entführten" mich auf die "Main-Kuh" ein Restaurant am Main-Kai, nahe der Löwenbrücke. Ich machte alles mit, denn wie das mal so ist am Hochzeitstag, man wird einfach mitgerissen von der Freude am Fest. Doch wurde ich etwas nervös, als nach abgelaufener Zeit John mit Dieter nicht auftauchten. Die Armen hatten zwar einen kleinen Tip bekommen, aber suchten erst mal vergebens in zwei anderen Lokalen.

Jedes Brautpaar empfindet wohl das gleiche. Der ganze Tag vergeht wie im Flug, wie ein Traum. Nun war ich Frau Johnston. Meine Hochzeitsnacht durfte ich mit John im Ehebett des alten Schlafzimmers verbringen; während sich Margot mit der Liege in ihrem kleinen Wohnzimmer begnügte.
John spottete hinterher oft mal über das rießengroße deutsche Ehebett, wo man seine Frau suchen muss. In England gibt es im Durchschnitt das sog. französische Ehebett. Also Doppelbett mit einer Matraze und einer Zudecke.

Mit viel Freude betrachteten wir am nächsten Morgen unsere Hochzeitsgeschenke. Oh meine Güte, nun muss alles aber auch eingepackt werden. Alte Koffer wurden vom Speicher geholt, mit Holzwolle und Zeitungspapier wurde das Geschirr eingewickelt. Für den täglichen, sofortigen Gebrauch 2 Tassen, U-Tassen, Teller und Suppenteller von Mutti's weißem Service, direkt aus dem Küchenschrank. Das beglückte mich, war es doch ein bisschen von dem vertrauten Haushalt. Die leeren Dosen von Jacob's Kaffee legte Mutti auch dazu. Sie meinte so nett: "Du wirst schon sehen, wenn man von vorne anfangen muss, ist jedes Stück von Nutzen!" Der gute, alte

Schließkorb war voll, mit Federbett, Kopfkissen, dazu die geschenkte Bettwäsche - alles blütenweißer Damast - Tischwäsche, ich hatte mindestens 6 verschiedene Tischdecken mit Servietten, bunte und weisse, ein Bügeleisen, Vasen und Kerzenhalter, obendrauf lag dann noch meine warme, braune Kamelhaardecke.
Ein Koffer mit der restlichen Kleidung musste auch noch gepackt werden. Die Hälfte war ja in London geblieben. Das wertvollste Geschenk jedoch war mein Rosenthal Kaffee- & Ess-Service. Zwar nur 6-teilig, aber für die damaligen Verhältnisse schon ein Prachtgeschenk.
Ein Geldgeschenk meiner Tante Babette, der Schwester meines Vaters von Wiesenbronn, erlaubte mir die Abberufung meiner Bestellung. Vor ca. 2 Jahren besuchte ein Vertreter von Rosenthal uns, das Angebot war, dass man mit einer Anzahlung von DM 50 sich je nach Wunsch ein Service bestellen konnte. Bei Eheschliessung, den Auftrag abberuft und die Restsumme voll bezahlt. Ich entschloß mich, das in zwei Original-Karton verpackte Geschirr auf meiner Reise selbst zu tragen, während ich meine Kleiderkoffer mit allen anderem Gepäck aufgab. Die Kartons waren fachmännisch verpackt, sogar mit kleinem hölzernen Griff versehen, so war ich mir sicher, alles heil nach London zu bringen. Der Bundesbahn, der Verladung auf das Schiff und wieder Zugfracht, dem traute ich nicht.
John gestand mir hinterher, dass er zweifelte, ob er die richtige Frau geheiratet habe? Es sah so aus, als wäre ich übermässig sorgsam und vorsichtig mit 'Tassen und Tellern'. Aber er hatte keine Ahnung, was sich hinter dem Wort 'Rosenthal' verbarg und erst beim Auspacken wurde er sich bewußt, dass meine Fürsorge total berechtigt war!

Der entgültige Abschied von zu Hause.

Er war tränenreich. Mutti und Schwester waren die am härtesten Betroffenen, ihnen wurde klar, dass dieser Abschied für unbegrenzte Zeit ist.
Der liebe John zeigte grosses Verständnis. Ich hatte einen neuen Lebensabschnitt vor mir, so war ich etwas aufgeregt und glücklich zugleich. Endlich kann ich mein eigenes Heim gründen.
Früh gegen 4 Uhr bestiegen wir den 'Wien-Ostende Express'. Mit meinen zwei Kartons in der Hand und meiner Handtasche um die Schulter gings in Abteil. Eine lange Fahrt lag vor uns. Wegen des noch anhaltenden Streik's konnten wir nicht durch Belgien nach Ostende - so rollte der Express durch Holland. Von

Hock van Holland setzten wir nach Harwich über. Von dort gings per Zug nach dem Londoner Bahnhof - Liverpool Street. Die Schiffahrt ist auf dieser Strecke ganze drei Stunden länger. Es war schon stockdunkel, ca. 20.00 Uhr, als wir uns ein Taxi nahmen. Gut, dass die guten, alten, schwarzen Londoner Taxis so viel Platz für Gepäck vorne neben dem Fahrer haben. Wir wohnten vorerst mal bei John's Eltern in der Wimpole Street. Wohnungssuche, Stellensuche, das lag alles noch vor mir.

So wie ich im Dunkeln die Stadt London erreichte, so stand auch meine Information über mein auf mich zukommendes Leben sehr im Schatten. Ich war zu romantisch veranlagt, zu glückseelig und setzte all mein Vertrauen auf den guten, lieben Menschen, der mich gefreit hatte. Auf alle meine Fragen, nach Wohnung und Arbeit antwortete er mir immer sehr positiv. Warum sich dann Sorgen machen? Als Mädchen, aufgewachsen ohne den Versorger, den Vater hatte ich wenig Ansprüche an einen Mann. Mir war nur bewußt, dass man für das was man sich anschaffen, erwerben, kaufen möchte, man eben arbeiten muß. John und ich hatten viele ideale Vorstellungen vom Leben, Land und Leuten. Sein Motto war: Live and let live.
Lebe, und lass die anderen auch leben. Wir wollten zusammen leben, zusammen arbeiten, zusammen ein Zuhause aufbauen. Nach ca. zwei Jahren eventuell auch Kinder.

Wie das nun alles weitergeht werde ich in einer anderen Ausgabe erzählen. Mein Leben, meine Jugendjahre, meine Kindheit, mein Zuhause, meine Heimat - Deutschland - das habe ich nun alles aufgezeichnet, mir somit eine Erinnerung wachgehalten, die mir jahrelang auf der Seele lag, oder man könnte auch sagen - gespeichert im Gehirn sass. Nun bin ich erleichtert, froh und weiss, dass die eine Hälfte meines Lebens, die später als sehr wichtig erschien, abgelagert ist. Schwarz auf weiss liegt alles vor mir. Dass man unter Heimweh leiden kann erfährt man ja erst, wenn der Schritt getan ist, wenn man sein Lager in einem anderen Land aufschlägt. Ich, der Typ der so gerne verreist, andere Länder besucht, immer wieder neuen Menschen begegnen möchte, ich ausgerechnet bin mit Herz und Seele meiner eigenen Heimat zutiefst verbunden. Meine Wurzeln wurden einst tief im Herzen von Franken gepflanzt, Würzburg und Steigerwald..
"Im grünen Wald, dort wo das Rehlein springt, ja Rehlein springt, und im Gebüsch das muntre Vöglein singt, Vöglein singt - wo Tann' und Fichten stehn' am Waldessaum, verlebt ich meiner Jugend schönsten Traum".

Wenn ich das heute im Alter von 62 Jahren so hinschreibe, dann werden meine Augen wässrig und von der Kehle kommt kein Klang, sondern ein Weh'.

Die Franken sind fröhliche, humorvolle Bürger. Ich erhielt mal eine Postkarte darauf war zu lesen: "In Würzburg nimmt man sich noch Zeit zum Leben". Die Stadt selbst, bekannt durch den Wiederaufbau und die Instandhaltung der barocken Bauten und Denkmäler. Eine Beamtenstadt, steif nicht amüsant genug sagen die einen, eine Universitäts-Stadt, voll mit Studenten, Leben und Treiben, bestätigen die anderen.
Es bleiben wach, stets bildlich vor Augen, die Residenz, die Marienkirche am Marktplatz und die Stadtbücherei, das Falkenhaus.
Das Käppele links oben im Grünen, rechts die Festung Marienberg, prächtig erhebt sie sich, von Weinbergen umringt. Ein Spaziergang nach oben, dann die Ansicht geniessen, vor einem erstreckt sich die Stadt, es fliesst der Main unter zwei Brücken sichtbar, die Löwenbrücke und die alte Mainbrücke mit ihren vierzehn Heiligen. Der grüne Gürtel, der die Innenstadt umringt, das sogenannte Glaci, das die ehemalige Stadtmauer mit Wallgraben ersetzt, zieht sich im Halbkreis um die Stadt. Ich muss nur nach der Adolbero-Kirche in der Sanderau, rechts suchen, dann weiss ich auch wo die Weingartenstrasse liegt, mein ehemaliges Zuhause.

Ich wiederhole nochmal was ich auf Seite 5, ganz am Anfang meiner Erzählungen zitierte und zwar aus dem Büchle "Zwischerlichten" von Dr. H. Bauer:

"Es wäre bedauerlich, ja beschämend, wenn wir uns nicht immer wieder auf das zurück besännen, was wir als Heimat empfnden....., das Dorf am Stiegerwald, das romantische Winzerstädtchen am Main...."

Marianne Niemeyer, die im Jugendamt Frankfurt arbeitet, schreibt ....

..... dass eine meiner besten Freundinnen, die ich seit 1973 habe, eine Autobiographie schreibt, ist schon toll. In Deinem Leben so nahe bei Dir zu sein, in der Vergangenheit, wohlgemerkt, denn ich bin ja immerhin wichtige 15 Jahre hinter Dir auf der Lebensleiter ...... ist eben so schön, wie damals der unvergessene Saunabesuch für mich bei Dir zuhause, mit viel erzählen, erzählen, erzählen.
Das ist wirklich Deine Stärke. Erinnerung, auch hier Deine Stärke schonungsloser Darstellung.
So gern wäre ich Deine Schwester. Es ist klasse, Deine Schwester zu sein in der Vorstellung.
Da ich jetzt "beim Amt" bin, das für die Jugend da ist, paßt auch auf uns beide, denn in unserer Seele bleiben wir doch immer die kleine Linde, kleine Nanne.....

Dr.med. Silke Collins schreibt ....

.... Sieglinde hat einen sehr großen internationalen Freundes- und Bekanntenkreis, den sie hegt und pflegt. Sie ist von Natur aus ein kontaktfreudiger Mensch. Ihre große Liebe zu den Menschen gibt ihr die Kraft sich - trotz eines chronischen Leidens - um ihre Mitmenschen zu kümmern.
Die Betreuung von älteren Mitmenschen, kranken Menschen und Kindern macht ihr besonders Freude und ist neben ihrer wachsenden Familie ein wahrer Lebensinhalt geworden.
Ihre Lebensfreude und Liebe zum Nächsten ist ansteckend und es ist ein Priveleg Ihr zu begegnen, geschweige denn, sie zur Freundin zu haben......

Mai 1940, Tante Ilse geht mit uns spazieren,
Dom Straße Würzburg

Frühjahr 1944, Hans-Peter
und Sieglinde in Oma's Garten

Vati's erstes Auto, ein Opel.
August 1925

Mutti, Vati und wir drei Kinder
beim Sonntagsspaziergang ca. 1943/44

Erna und Hans-Peter, Weinlese ca.1945

Tante Maria und Rosele

Letzte Aufnahme mit Vati, Sommer 1944

Hans-Peter und sein Jahrgang in der Kinderschule mit Schwester Mina ca. 1945/46

Hans-Peter mit Lieblings Cousine Ruth wo er sagt: 'Ruth warte auf mich, ich will Dich heiraten'.

Meine Konfirmation 1949, Pfarrer Hugo Maser, Lehrer Landsberg

Frau Lore Tavan mit
Maja und Micki

Meine drei Freundinnen von Wiesnbronn
Erna - Waltraud - Rosemarie

Meine Freundin Pauline auf
der Neuen Welt ca 1949

Unsere Familie mit Opa 1945

Unsere kleine Familie,
Margot, Mutti, Sieglinde & Opa

Besuch im Salzbergwerk zu
Berchtesgaden 1955

Fasching im Bootshaus 1958
Siggi singt "das Mauerblümchen"

Fasching im Bootsdhaus 1958
Frau L. Stefan trägt vor

Der ganze Elferrat singt

Wanderfahrt im Ruderboot
nach Kitzingen

Abreise von Köln 1.4.1960

Die Tower-Bridge öffnet sich für ein Schiff 1960

Linda das Zimmermädchen mit Nelly Apri/Mai 1960

John und Sieglinde, das Brautpaar 7.1.61

Bernhard, Alice, Emma, John, Sieglinde und Pauline stossen an 7.1.61